道德情感与道德教育

高德胜 著

中国教育出版传媒集团
高等教育出版社·北京

图书在版编目（CIP）数据

道德情感与道德教育 / 高德胜著. -- 北京：高等教育出版社，2025. 6. -- ISBN 978-7-04-064825-6

Ⅰ. D648

中国国家版本馆 CIP 数据核字第 2025CA3468 号

DAODE QINGGAN YU DAODE JIAOYU

策划编辑	王玉衡	责任编辑	卢彦名	封面设计	李小璐	版式设计	马 云
责任校对	张 然	责任印制	刁 毅				

出版发行	高等教育出版社	网　　址	http://www.hep.edu.cn
社　　址	北京市西城区德外大街4号		http://www.hep.com.cn
邮政编码	100120	网上订购	http://www.hepmall.com.cn
印　　刷	涿州市京南印刷厂		http://www.hepmall.com
开　　本	787mm×1092mm 1/16		http://www.hepmall.cn
印　　张	18.75		
字　　数	310 千字	版　　次	2025 年 6 月第 1 版
购书热线	010-58581118	印　　次	2025 年 6 月第 1 次印刷
咨询电话	400-810-0598	定　　价	59.00 元

本书如有缺页、倒页、脱页等质量问题，请到所购图书销售部门联系调换
版权所有　侵权必究
物料号　64825-00

目　　录

绪论　如何理解道德情感 …………………………………… 1
　一、有些情感为什么是道德的 ……………………………… 1
　二、主体样态与道德情感 …………………………………… 5
　三、不同情境下的反道德情感 ……………………………… 8
　四、道德情感的实质与分类 ………………………………… 10
　五、道德情感的意义 ………………………………………… 14
　六、本书架构 ………………………………………………… 17

第一编　母道德情感

第一章　同情的伦理价值及其教育境遇 ……………………… 20
　一、同情的发生与阻滞 ……………………………………… 22
　二、仁慈："事前同情" ……………………………………… 30
　三、同情的伦理价值 ………………………………………… 37
　四、同情在当代教育中的处境 ……………………………… 45
　五、唤醒同情，找回教育的灵魂 …………………………… 51

第二编　"责人责己"的道德情感

第二章　羞耻教育：可为与不可为 …………………………… 56
　一、羞耻及其产生的根源 …………………………………… 56
　二、不是德性胜于德性 ……………………………………… 64
　三、教育：在可为与不可为之间 …………………………… 68
第三章　愧疚的道德教育意义 ………………………………… 76
　一、愧疚：因错而生的情感 ………………………………… 77
　二、谁会愧疚 ………………………………………………… 83

三、愧疚之后 ………………………………………………… 85
　　四、愧疚与道德成长 …………………………………………… 88
　　五、发挥愧疚的道德教育意义 ………………………………… 91
第四章　愤怒的道德价值与可教育性 ………………………………… 96
　　一、作为自然情感的愤怒 ……………………………………… 97
　　二、愤怒的道德价值 ………………………………………… 103
　　三、愤怒教育观的校正 ……………………………………… 109
　　四、愤怒教育的基本方式 …………………………………… 113
　　五、愤怒的道德地位与教育安身 …………………………… 118

第三编　"赞人赞己"的道德情感

第五章　道德勇气及其培育 ………………………………………… 122
　　一、勇敢都是道德的 ………………………………………… 123
　　二、道德勇气及其儿童形态 ………………………………… 131
　　三、道德勇气的培育 ………………………………………… 138
第六章　道德自豪及其激发 ………………………………………… 145
　　一、自豪及其道德性 ………………………………………… 147
　　二、道德自豪及其意义 ……………………………………… 153
　　三、道德自豪激发的"基本原理" …………………………… 158
第七章　感恩教育：从直觉到自觉 ………………………………… 165
　　一、直觉性的感恩教育及其危险 …………………………… 166
　　二、感恩的人际与心理结构 ………………………………… 171
　　三、探索感恩教育的基本理路 ……………………………… 179

第四编　混合性的道德情感

第八章　爱与教育爱的复归 ………………………………………… 190
　　一、爱：人之根 ……………………………………………… 192
　　二、教育爱：类母爱 ………………………………………… 198
　　三、拿什么去拯救爱 ………………………………………… 204
第九章　宽容美德与宽容教育 ……………………………………… 206
　　一、宽容概念的演化 ………………………………………… 208
　　二、作为美德的宽容 ………………………………………… 214

三、宽容教育之难 …………………………………………… 223
四、自在的宽容教育 ………………………………………… 228
五、自觉宽容教育的基本理路 ……………………………… 234

附论　作为反道德情感的自恋及其疗治

一、自恋的本质 ……………………………………………… 245
二、自恋对道德与道德教育的伤害 ………………………… 251
三、自恋的社会与教育"孕育" ……………………………… 258
四、自恋的教育疗治 ………………………………………… 264

参考文献 ………………………………………………………… 270
索引 ……………………………………………………………… 285
后记　以言行事 ………………………………………………… 287

绪论　如何理解道德情感

近现代伦理学与道德教育理论偏重理性和认知,对情感,尤其是道德情感在道德发展、道德教育中的作用重视不够。实际上,古典哲人,比如中国的孔子、孟子,西方的亚里士多德(Aristotle)等,都是将情感视为道德之根基的。孔子讲仁者爱人,以爱体现仁,德即仁德;孟子讲不忍之心,仁即不忍之心的扩展。亚里士多德认为道德德性不是感情与能力,而是品质。所谓品质,实际上就是感情与实践的适度或中道。感情的适度是德性,而实践的适度实际上也是感情的适度,因为实践同样伴随着痛苦与快乐的感情,也有一个感情适度问题。① 后世那些理性主导,主张情感本位的哲人,包括萨夫茨伯利(A. Shaftesbury)、哈奇森(F. Hutcheson)、休谟(D. Hume)、斯密(A. Smith)等,则被冠以带有贬义的"情感主义"标签。

情感的遭遇如此,更为下位的道德情感的遭遇也是同样的。伦理学、道德教育理论对道德情感的研究与理性、认知相比,可以说相当不对称。也正因为如此,我们对道德情感的诸多基本问题还认识不清。比如,什么样的情感才能称为道德情感?处在什么情境状态下我们才会产生道德情感?不同的情境状态产生的道德情感有什么不同?道德情感的本质是什么?什么情感是反道德情感?道德情感到底有什么样的意义?这些问题正是本章所要探索的核心问题。

一、有些情感为什么是道德的

人有各种各样的情感,从情感性质上看,并不是所有情感都与道德有关联,甚至最基本的情感,比如喜、怒、哀、乐、惧,在性质上难以用道德或不道德来衡量。我们所称的道德情感,比如自豪、羞耻、愧疚、勇气、恐惧,都是从最基本的情感衍生出来的。其中,羞耻、愧疚与痛苦(哀)密切相关,是由痛

---

① 〔古希腊〕亚里士多德:《尼各马可伦理学》,廖申白译,北京,商务印书馆,2003,第1版,第43—44页。

苦衍生出来的情感;勇气与恐惧密切相关,是由如何对待恐惧衍生出来的情感;自豪是快乐的一种形式,是由快乐派生出来的一种情感。为什么这些基本情感不能称为道德情感,由此衍生出来的情感却可以称为道德情感呢?海德特(J. Haidt)从情感的利他性的角度来区分道德情感与一般情感,在他看来,道德情感就是与作为整体的社会与作为个体的他人之利益、福祉相关的情感。① 也就是说,一种情感,如果是关系到社会与他人福祉的,具有利他性,就是道德情感。对道德情感作如此理解,在理论上比较安全,因为这样的情感其道德性明显,可以毫无疑义地归入道德情感。可是我们的情感如此复杂,诸多情感很难说是利他的,但这些情感同时也有道德意义,因此能归入道德情感之中。比如,道德自豪,即"我对自己的道德行为或道德品质感到高兴或光荣",虽然对社会与他人福祉也有间接意义,但主要不是他人导向的,而是指向自我的一种精神满足;再比如,羞耻,在多数情况下同样是指向自身缺陷或不足的,与社会、他人的联系是非常间接的。

有研究者从情感的对象性(比如恐惧一般是对某事、某物的恐惧,因此我们说恐惧有对象性)来区分道德情感与一般情感。比如,愧疚的对象是自己的错误行为,是对自身错误的否定,所以是道德的;道德愤怒是对伤害行为与不正义事态的反抗情绪,所以是道德的。因此,"一种情感是道德的,只是因为其所指向的对象具有某种道德价值"。② 从情感对象那里寻找情感性质的思路虽然有启发性,局限性也很明显。从上述事例中可以看出,不是对象的道德性,而是我们对事情的反应或态度决定了情感的性质。比如面对错误行为,如果我们感觉对他人有所亏欠,有改正与补救的冲动,才会产生愧疚这种道德情感;如果感到无所谓,或者合理化自己的错误行为,为自己开脱,就不会产生愧疚这种道德情感。同样,不正义的事情既可能激发出道德愤怒,也可能导致道德冷漠。

也有学者从能否激发道德行为的角度来判断情感的道德性,认为能激发道德行为的就是道德情感,反之则不是道德情感。③ 这是从情感功能的角度来判断情感性质的。确实,道德情感具有道德功能,否则就不能称之为道德情感。问题是,我们看待道德情感不能只从道德功能的视角来看,否则也会造成道德情感与其他情感的混淆。一些情感,明显不是道德情感,但在特

---

① J. Haidt,2009:"The Moral Emotions", *Handbook of Affective Sciences*, Oxford, Oxford University Press, p. 852-870.
② F. Cova et al.,2015:"Introduction:Moral Emotions", *Topoi*, September.
③ J. P. Tangney et al.,2007:"Moral Emotions and Moral Behavior", *Annual Review of Psychology*, January.

定情况下,也会发挥一定的道德功能。比如,移情或共情(empathy)在道德上可善可恶,但有时候我们感受到了他人的快乐与痛苦,即使没有作出情感反应,也有一定的道德意义。我们不能因此而判定共情就是道德情感,共情要成为道德情感,还需要符合另外的一些条件,包括共情范围的缩小,不是对他人快乐的共情,而是对他人痛苦的共情;共情指向的限定,对他人痛苦不是幸灾乐祸,而是为他人的痛苦而痛苦。对道德情感的这一判定标准,还存在着行为中心的问题。道德情感确实有激发道德行动的功能,但不能以能否激发道德行为来判定道德情感,有些情感本身就是值得追求的心性价值,不能用能否激发道德行为作为衡量标准。比如,仁慈是阻止我们伤害他人的情感,往往不能激发我们主动性的道德行为,所起的作用主要是不忍心去伤害别人。但仁慈心性的生长发育,对我们作为一个人的品性,对诸多道德品质的发展都具有基础性作用。

厘清为什么有些情感是道德性的,是理解、定位道德情感的关键。以上三个方向的思考虽然各有片面性,但为探究道德情感的性质开辟了一些路径。利他性虽然不足以界定所有道德情感,但揭示了道德情感与道德的关联;情感对象虽然不能定义情感本身的性质,但揭示了道德情感的对象相关性,即道德情感不是凭空产生的,而是有所指向的;道德行为虽然不足以作为界定道德情感的标准,但是思考道德情感的一个相关因素与维度。

我们可以将这些思考继续推进。首先,道德情感是道德主体的某种反应或态度。比如,我遇见某人正在遭受痛苦,为其难过,我的这种"难过"就是一种同情反应、同情态度。问题是,我们的反应或态度各式各样,在各式各样的反应或态度之中,有没有一致性的成分?如果没有,那为什么我们的反应或态度就是道德情感?如果有一致性的成分,到底是什么?实际上,18世纪的情感主义学派在这个问题上已经作出了先驱性的探索,情感主义者非常看重反思(reflection),即对内在意识的考察。一旦对感情进行反思,就有一个认可与不认可的问题,道德情感就是我们对内在意识的认可与不认可态度。① 这样的观念,在今天来看不是没有问题。首先,将情感纳入反思,与我们当今对情感的理解有所冲突,因为很多情感都是自然、自发的反应,可以先于反思。其次,我们的情感可以来自对内在意识的考察,也可以来自外在对象。即便存在这些问题,情感主义用认可与不认可来定义道德情感,依然是富有解释力的创见与洞见。我们的情感,包括道德情感,就是一种认

---

① 〔美〕迈克尔·L.弗雷泽:《同情的启蒙:18世纪与当代的正义和道德情感》,胡靖译,南京,译林出版社,2016,第1版,第25页。

可或不认可的反应或态度。比如,崇敬就是对他人道德行为或道德品质的认可,愤怒则是对他人不道德行为的否定性反应(不认可),自豪则是对自身道德行为、道德品质的认可。

  情感作为一种认可或不认可的反应或态度,总是有针对性的,即对某事、某物的认可或不认可。在这种认可或不认可的反应或态度中,道德情感有什么特殊性呢?比如,我们对某种食物的认可,体现出我们在口味上的喜好,但这种喜好显然不是道德情感。格林鲍姆(R. Greenbaum)等人对道德情感进行了一个富有创见的分类,将道德情感分为"赞赏他人的情感"(other-praising emotions)、"为他人而痛苦的情感"(other-suffering emotions)、"责备他人的情感"(other-condemning emotions)、"自我意识情感"(self-conscious emotions)。① 我们可以从他们的这一分类中看出两种基本的反应与态度,即赞赏与不赞赏,这与18世纪的情感主义学派用认可与不认可来定义情感与道德情感是相通的。从格林鲍姆等人对道德情感的归类来看,我们赞赏他人的不是别的,而是他人的道德行为。我们对他人道德行为的赞赏,再进一步看,就是对道德行为所体现的善的赞赏。我们对他人的责备,责备的不是别的,而是不道德行为。我们对他人不道德行为的责备,再进一步看,其实就是对恶的谴责。由此我们可以推论出,道德情感就是对善恶的好恶态度与反应。

  如果道德情感是对善恶的好恶态度与反应,那么格林鲍姆所说的"自我意识情感"与"为他人而痛苦的情感"该如何解释呢?愧疚、羞耻、自豪等都可以归入自我意识情感之中。愧疚是因错而生的情感,这种情感不是认可,而是否定。否定的是什么呢?否定的是自己的错误。由此看来,愧疚也是一种责备性情感,所责备的不是别人,而是自己,即自己的错误与不善。在真实愧疚体验中,我们多是将愧疚体验为一种对他人的亏欠,似乎不是对自己的责备。确实,愧疚是一种复合情感,自责中掺杂着亏欠。亏欠是指向他人的,它在愧疚体验中比较突出,掩盖了愧疚情感中的自责。实际上,亏欠他人的原因在于自身错误,亏欠是由自身错误伤害了他人而引发的。羞耻是由自身缺陷与不足的暴露而产生的负面情感,羞耻体现的也是对自身缺陷、不足与错误的否定。自身缺陷、不足与错误虽然不能说都是恶,但起码不是什么值得骄傲的东西,在自身价值判断中,是接近自身之恶的维度。自豪是对自身道德行为与道德品质的良好感受,是对自身之善的直接认可。

---

① R. Greenbaum et al., 2020: "Moral Emotions: A Review and Research Agenda for Management Scholarship", *Journal of Organizational Behavior*, April.

从以上三种自我意识情感的分析来看,我们对善恶的好恶,不单是指向他人的,也是指向自身的。也就是说,在善恶问题上,我们是"举善(恶)不避己"的。

"为他人而痛苦的情感"即同情,是否可以以对善恶的好恶反应与态度来解释呢?同情中的善恶问题稍微复杂一点。同情首先是对他人之痛苦的不认可,他人痛苦对同情者来说是一种恶,是不可以接受的。但同情之中也有认可,即对他人作为道德主体、作为人格性存在的关心与尊重。因此,同情中既有不认可,也有认可。同情者以自己的痛苦反应表现出对他人所遭受痛苦或不幸的不认可,同时在这种否定之中体现出对他人作为道德主体的认可与关怀。

道德情感确实与对象有关,但不是一般的具体的对象,而是善恶问题。因为道德情感是对善恶的反应与态度,当然能够激发道德行为。也就是说,如果我们将道德情感定位为对善恶的好恶反应与态度,便能够更好地解释道德情感的利他性、对象性及道德情感与道德行为的关联性。

二、主体样态与道德情感

道德情感各式各样,性质各异,甚至带有很大的反差性,这给我们理解道德情感造成了很大的困难。同一个人,作为道德主体,在不同的情境下,可能产生的道德情感类型与性质也有很大的不同,如表0-1所示。道德情感是对善恶的好恶反应,这一定义如果成立,就应该适用于所有主体样态。也就是说,我们对道德情感的这一定义,首先要接受不同主体样态的检验。

表0-1 道德情感的主体样态

主体样态		道德情感	情感指向	情感性质
相遇者	旁观者	崇敬	他人指向(行善者)	认可
		愤怒/勇气/恶心/蔑视	他人指向(作恶者)	不认可
		同情	他人指向(受害者)	认可/不认可
	交往者	同情	他人指向(不幸者)	认可/不认可
		宽容	他人指向(差异者)	不认可(双重否定)
		仁慈/关爱	他人指向(相关者)	认可
行动者	助人者	自豪	自我指向	认可
		勇气	他人指向	不认可
	伤人者	愧疚/羞耻/悔恨	自我指向	不认可

续表

主体样态		道德情感	情感指向	情感性质
承受者	受惠者	感恩/崇敬	他人指向(施恩者)	认可
	受害者	悲伤/羞耻	自我指向	不认可
		愤怒	他人指向(加害者)	不认可
		原谅	他人指向(加害者)	不认可/认可

人是关系性存在,总是不可避免地与他人相遇,在这个意义上,我们都是相遇者。相遇又可以分为两种基本的形态,一种是旁观,一种是交往。旁观者在汉语中有贬义,但其所指其实是描述性的,旁观之后的反应才可以作价值判断。作为旁观者,如果我们看到了他人的道德行为或道德品质,就会由衷地产生崇敬之情。崇敬作为道德情感,具有他人指向性,指向他人的道德行为或道德品质,是对他人行为或存在所体现出的善的认可。我们也可以对他人的卓越能力产生崇敬,但由此而产生的崇敬不是道德情感,而是一般情感。作为旁观者,如果我们看到了他人的不道德行为或低劣人格,则可能产生愤怒、恶心、蔑视等道德情感,这些情感同样是指向他人的,是对他人行为与人格所体现的恶的不认可。愤怒、恶心、蔑视同样有非道德情感的形态,旁观者如果能够不顾自身危险与不道德行为、不道德之人作斗争,去反对恶行、恶人,就展现出道德勇气这种极为可贵的道德情感。道德勇气也是指向他人的,是对他人之恶的制止与对抗,是对恶的不认可,也是对善的认可。旁观者在遭遇他人痛苦时,会产生一种为他人痛苦而痛苦的感情,即同情这种最为基本的道德情感。同情也是指向他人的,但同情所指向的他人,不是行善者,也不是作恶者,而是受苦者。如前所论,同情是一种复合情感,在同情中,既有对他人痛苦的不认可,也有对他人作为道德主体的尊重与关怀(认可)。

我们不仅是他人遭遇的旁观者,还会与一部分人发生交往关系,成为他们生命与生活的相关者。在交往关系中,他人的痛苦与不幸,会引发我们的同情。交往关系与旁观关系中的同情是类似的,要说有什么区别的话,旁观关系中的同情主要是针对特定痛苦的,而交往关系中的同情不仅针对特定痛苦,还针对交往对象的整体生活之不幸或困苦。作为交往者,我们可能不认可他人的做法或观念,但又不去否定、干涉他人的做法或观念,这就是宽容。宽容是一种道德情感,也是一种美德。宽容是指向他人的,指向的是差异,即他人与自己的不同。宽容是不认可,即对他人行为与观念的不认可;但宽容又是认可,即认可他人有权如此行为、如此思考。多数道德情感都是对善恶的好恶选择,而宽容是一种中间性情感。宽容主要发生在交往关系中,因为相关才需要宽容,但宽容也可以发生在旁观关系之中。比如,我们旁观他人行事,可能完全不赞同他们的做事方式,但他人并未违背道德与基本的社会规范,作为道德主体,其有权与我们如此不同地行事,我们也就不好去表达自己的不赞同。在交往关系中,我们因不忍心伤害别人而克制自己的欲望,就是仁慈。仁慈是他人指向的,体现出对他人道德主体地位的认可,同时也是对自己不道德念头与行为的不认可。关爱则是更为积极的情感,也是他人指向的,是对他人主体地位与价值的积极认可。

我们是相遇者,更是行动者。道德主体的行动有正反两个方向:一个是助人,一个是伤人。在助人这一方向上,有两种积极的道德情感:一种是自豪,即我作出了道德行为,因而感觉良好、感到荣耀。自豪可以分为一般自豪与道德自豪,一般自豪是因为优异而产生的自豪,道德自豪是一般自豪的一个亚类,是单指道德优异而产生的自豪。道德自豪是自我指向的,是对自身道德行为、道德品质的认可。另一种是勇气。勇气也有一般勇气与道德勇气之分,一般勇气是不顾危险捍卫道德的激情与行动;道德勇气是他人指向的,是对恶或不道德行为的否定。作为道德主体,我们能助人,也可能伤人,因为我们在道德上都是不完善的。伤人是一种恶,但如果能正确对待自身之恶,则可以产生道德情感。自己做错了,而这种错误又伤及了他人,我们就会感到有愧于人,就有一种改过与补救的愿望,这就是愧疚。愧疚是双重指向的,既是自我意识的,意识到自身错误;又是他人指向的,觉得亏欠他人。愧疚基本上是不认可,对自身错误行为的不认可。羞耻虽然主要不是由错误行为引发的,但个人的错误其实也是自身缺陷与不足的体现,如果暴露于众人面前,就会感到羞耻。羞耻主要是自我指向的,是对自身错误、不足、缺陷的不认可。后悔是希望未做已做之事,已做之事既可能是伤己的,也可能是伤人的,或者是二者兼而有之。后悔是自我指向的,也是对自身不良行为的不认可。

人是关系性存在,我们的行动往往会作用于他人,这时候他人就成了我们行动的承受者。反过来也是如此,我们也会成为他人行动的承受者。承受者也有两种类型:一种是受惠者,另一种是受害者。如前所论,助人者的助人行为所激发的道德情感主要是勇气与自豪,那么助人者道德行为的受惠者、受益者会产生什么样的情感呢?我们得到了他人帮助、受了他人恩惠,正常情况下都会产生感恩之情。感恩之情是他人指向的,是对他人道德行为的认可。旁观他人的道德行为,我们会产生崇敬之情,作为他人道德行为的直接受惠者,我们在感恩的同时也会产生崇敬之情。作为受惠者的崇敬之情,也是他人指向的,是对他人道德行为及行为主体道德品质的认可。

我们会成为他人行为的受害者,他人也可能成为我们行为的受害者。受害者的直接情感是痛苦与悲伤。当然,痛苦与悲伤作为直接情感不一定符合道德情感的标准,不一定就是道德情感,受害者还会感到羞耻。既然是受害者,是别人伤害了我们,我们自身并没有什么过错,为什么会感到羞耻呢?根本的原因在于,我们所处的受害者地位暴露了我们的脆弱性。脆弱不值得骄傲,在一个关系中被伤害了,我们往往并不想将在这一被伤害过程中所暴露的自身脆弱性展示在另外一个关系之中。作为受害者的羞耻,也是自我指向的,是对自身脆弱性的否定。受害者地位所引发的情感除自我指向之外,还有他人指向的,他人指向的情感包括愤怒与原谅。旁观他人的不道德行为可以引发愤怒,他人的不道德行为直接作用于自身,则更可能引发愤怒。愤怒是对他人不道德行为的强烈否定形式。作为他人错误行为的受害者,在一定条件下,比如错误行为的无意性、伤害并不严重、犯错者有悔过诚意,我们也会给予原谅。原谅是他人指向的,既有对他人错误行为的不认可,也是对他人悔过态度的认可。

三、不同情境下的反道德情感

面对善恶,如果我们的情感反应是正确的(道德的),产生的就是道德情感。那么,是否存在不正确的情感反应呢?因为人是不完善的,再加上后天影响所形成的道德缺陷,在面对善恶问题时也会产生不正确的(不道德的)情感反应与态度。这种不正确的情感反应与态度,就是反道德情感。作为相遇者、行动者与承受者,我们可以产生道德情感,也可以产生反道德情感,如表0-2所示。

表0-2 不同主体样态下的反道德情感

主体样态		反道德情感	情感指向	情感性质
相遇者	旁观者	冷淡	他人指向(行善者)	不认可
		崇拜	他人指向(作恶者)	认可
		冷漠/幸灾乐祸	他人指向(受害者)	认可
	交往者	自恋	自我指向/他人指向	认可/不认可
		嫉妒	他人指向	认可
		冷漠	他人指向	认可
		幸灾乐祸	他人指向(不幸者)	认可

续表

主体样态		反道德情感	情感指向	情感性质
行动者	助人者	/	/	/
	伤人者	恶意快感	自我指向	认可
		冷漠/残忍	他人指向	不认可
承受者	受惠者	忘恩负义	他人指向（施恩者）	不认可
	受害者	仇恨	他人指向	不认可（认可）

　　作为旁观者，在遭遇他人的道德行为时我们应该产生崇敬的道德情感，如果没有这种道德情感，就会体现出冷淡这种反道德情感。冷淡是他人指向的，是对他人道德行为的不认可（不置可否意义上的不认可）。作为旁观者，如果对作恶者有崇拜之情，那么这种崇拜之情是他人指向的，是对他人恶行、恶品的认可。对恶行、恶品的崇敬是道德情感的悖拗，是典型的反道德情感。旁观者不仅可以遭遇作恶者，也会遭遇受害者。遭遇受害者时可能产生的道德情感是同情，可能产生的反道德情感是冷漠与幸灾乐祸。受害者正在遭受的痛苦对于遭遇者来说就是一种道德召唤，既召唤遭遇者的同情，也召唤遭遇者基于同情的帮助。如果遭遇者对这种召唤无动于衷、置若罔闻，那就是道德冷漠。道德冷漠只是不关注、不帮助，幸灾乐祸则更为恶毒，不但不同情、不援手，反而以他人的痛苦为乐，在他人痛苦之上再撒盐。冷漠与幸灾乐祸都是他人指向的，是对他人痛苦的漠视与认可。

　　在交往关系中，也存在着冷漠与幸灾乐祸等反道德情感。除此之外，还有自恋与嫉妒这两种反道德情感。自恋是双重指向的，一方面是自我夸大、自我迷恋，另一方面则是贬低他人。从认可关系上看，自恋是对自我的过度认可与对他人的否定。嫉妒则是由他人能力、成就所引发的消极情感，是他人指向的，是对他人成就带有仇恨性的认可。自恋之所以是反道德情感，就在于这种情感既对自己不诚，也对他人不敬，害人害己。嫉妒的反道德性在于，不能坦然接受他人的卓越，他人的卓越在嫉妒者那里引发的不是共乐同喜，而是仇恨，于人于己都是有害的。

　　助人者那里只有道德情感，没有反道德情感，而伤人者则有反道德情感产生的可能。品质好的人因助人而快乐、自豪，品质劣的人则可能会因伤人而有恶意快感。恶意快感是自我指向的，也是一种"自我意识情感"，是对自身恶意、恶行的认可。认可恶意、恶行，从两个方面来看，都是反道德的。一方面，人作为道德存在，认可善才是正当的，而恶意快感则反其道而行之；另一方面，我们是不完善的存在，不可避免会有恶意、恶行，如果我们能够意识到恶意、恶行之恶，对恶意、恶行怀有愧疚、羞耻、后悔之感，也可孕育出道德情感，但恶意快感不是反思、反对、厌恶恶意、恶行，而是给予认可。伤人者还可能产生冷漠与残忍等反道德情感。伤人者与旁观者一样，也可以对他人的痛苦漠然置之，只不过伤人者所漠然的是自己给他人带来的痛苦，而旁观者所漠然的是由第三方对他人所造成的痛苦，从这个角度看，伤人者的冷漠比旁观者的冷漠更甚，在很多情况下，更接近残忍。残忍是伤害他人而毫无情感障碍，甚至伴随着恶意快感。残忍主要是他人指向的，是对他人痛苦的不认可。当然，残忍也有自我意识成分，也有一定的自我指向，反映出对自己恶行的认可。作为反道德情感，冷漠、残忍本身就是不道德的，而且也是对道德情感的否定，是道德情感的反面。伤人者的冷漠，是对同情的反对，是同情的反面；而伤人者的残忍是对仁慈的否定，是仁慈的反面。

在承受者那里也存在两种反道德情感。对受惠者来说，道德情感是崇敬与感恩，与之相对的反道德情感是忘恩负义。"忘恩"是情感描述，而"负义"则是情感之性质判断。这种反道德情感由于过于悖逆道德，人们对其普遍深恶痛绝，所以直接将其性质标识出来。忘恩负义是他人指向的，是对他人善意、善性的遗忘与否定。作为受害者，对伤害行为产生愤怒情感，有助于阻止伤害的继续发生，也是对自身人格和道德价值的维护，所以属于或接近于道德情感。但受害者也可能产生仇恨这种反道德情感。仇恨是他人指向的，是对他人之恶的否定。仇恨之所以是反道德情感，就在于这种否定之中包含着认可，那就是不认可他人那样对待自己，却还要以同样的方式反击他人。

四、道德情感的实质与分类

正因为道德情感千差万别，如何对其进行分类始终是一个理论挑战。很多研究者都是力图通过对道德情感进行归类，发现各式各样的道德情感背后统一起作用的东西，也就是说，分类只不过是探寻道德情感本质的一种方法。上文提到格林鲍姆等人将道德情感分为"赞赏他人的情感""为他人而痛苦的情感""责备他人的情感""自我意识情感"，很明显，这一分类不是按一个标准进行的，既有"赞赏—指责"标准，也有"他人痛苦"和"自我意识"标准。也就是说，格林鲍姆等人在对道德情感进行分类时，还是没有找到一个统一的、可以一以贯之的分类标准。没有找到统一的、可以一以贯之的分类标准，其实也就是没有找到理解、界定道德情感的核心点，没有抓住道德情感的本质。

也有研究者用积极价态(positive valence)与消极价态(negative valence)作为标准对道德情感进行分类,比如内疚、羞耻、同情属于消极价态的道德情感,而自豪、感恩、崇敬属于积极价态的道德情感。① 这一分类的意义在于预示了道德情感的认可与不认可反应,积极价态道德情感是一种认可反应,而消极价态道德情感则是一种不认可反应。但这种认可是对什么的认可与不认可,这一分类依然没有说透。而且,积极价态或消极价态作为道德情感的限定语,并不准确,比如,愧疚虽然是否定性的情感,但否定的是错误与不善的行为,从价态讲反而是正面积极的。麦欧提(T. Malti)等人将道德情感分为自我意识道德情感(self-conscious moral emotion)与他人中心道德情感(other-focused moral emotion)两种类型,愧疚、羞耻、尴尬、自豪属于前者,而愤怒、蔑视、恶心、崇敬、感恩则属于后者。② 这种分类只是情感指向上的分类,在同一个方向上,比如在自我意识方向上,存在着愧疚与自豪这类性质相反的道德情感。也就是说,道德情感的这种分类还是比较表面的分类,同样未能揭示道德情感的实质。

哈特曼(E. von Hartmann)对道德情感的分类也是以情感指向为主线索,在主线索之下再按性质进行分类。以自我为核心的道德情感包括道德自身情感、道德追复情感与道德逆向情感。道德自身情感有正反两种,正向的是自豪,反向的是羞耻;道德追复情感包括愧疚与后悔;道德逆向情感包括感激与报复。以他人为核心的道德情感包括同情、虔敬、忠诚与爱。③ 哈特曼对道德情感有比较系统的研究,在自我与他人指向之外,他还对不同道德情感的性质进行了精确的现象学描述,但陷于烦琐复杂,同样未能发现各种道德情感现象之中那种能够一以贯之的东西。

前述对道德情感不同主体样态的分析,验证了道德情感就是对善恶的好恶反应与态度。作为道德主体,我们会遭遇不同的道德情境,善恶问题在不同的道德情境中有不同的形态变化。无论何种道德境遇,善恶是以何种形态出现,我们对善恶都会有一个基本的好恶反应,都拥有基本的道德情感。当然,不同的人在面对类似或同样的善恶问题时情感反应有方向、性质、程度上的差别,这种差别折射的正是人们在善恶是非观念与道德品质上的高低之别。在对善恶的正常反应之外,也存在着逆反应,即喜恶与厌善,

---

① T. Malti et al., 2015: "A Developmental Perspective on Moral Emotions", *Topoi*, October.
② T. Malti et al., 2012: "Moral Emotions", *Encyclopedia of Human Behavior*, Amsterdam, Elsevier Science & Technology, 2nd ed, p. 644-645.
③ 〔德〕爱德华·封·哈特曼:《道德意识现象学——情感道德篇》,倪梁康译,北京,商务印书馆,2012,第1版,第15—22页。

这种对善恶的逆向好恶反应,则是反道德情感。

既然道德情感是对善恶的好恶反应,那我们就可以此作为标准对各式各样的道德情感进行归类,以对道德情感进行条理化的理解,见表0-3。总体说来,道德情感有三种类型:一种是对善的认可反应与态度;一种是对恶的不认可反应与态度;一种是善恶混合所引发的混合反应与态度。对善的认可反应,既可以指向他人,也可以指向自己,也就是说我们对善的认可与称赞是不分人己的,既"赞人"也"赞己",不会因为人己之别而不去认可善本身。当然,赞人与赞己所产生的道德情感虽具有内在一致性,但在表现形态上还是有所不同的。赞人的道德情感主要是崇敬与感恩,而赞己的道德情感主要是勇气与自豪。

表0-3 以对善恶的好恶反应为标准的道德情感分类

好恶反应	对他人	对自己
称赞 (认可)	崇敬	勇气
	感恩	自豪
指责 (不认可)	愤怒	愧疚
	恶心	羞耻
	勇气	后悔
	蔑视	/
混合 (认可/不认可)	同情	原谅
	宽容	自爱
	原谅	/
	关爱	/

我们不仅对善会产生认可反应、认可态度,也会对恶产生否定反应、否定态度。我们对善的称赞是不分人己的,我们对恶的否定同样也是不分人己的。一个人如果对他人之恶深恶痛绝,对自己之恶则宽忍容之,那这个人就是是非不分、极端伪善的。虽然在恶的问题上,我们对人、对己会有宽严区别,多少都有"严人宽己"的倾向,但只要还有基本的是非观念,对自身之恶也会有否定性反应与态度。对他人之恶的不认可或者说指责反应,包括愤怒、恶心、蔑视等;对自身之恶(说轻一点,是错误、缺陷、不足)的不认可反应包括愧疚、羞耻、后悔等。对自身之善、自身之恶的认可与不认可反应,都是自我指向的,很多学者将其归入自我意识情感之中。如果不从道德情感是对善恶的好恶反应这一核心观念去思考自我意识情感,我们就很难理解

同是自我意识情感,为什么自豪、勇气那么昂扬向上,愧疚、羞耻、后悔却又那么消极。从对善恶的好恶反应的角度去看,这些问题都可以迎刃而解。自豪、勇气是对自身之善的认可,而愧疚、羞耻、后悔则是对自身之恶的否定,对善的认可也就是对恶的否定,对恶的否定也就是对善的肯定。

如果只是赞善与责恶,即使有人己区分,道德情感也会相对清晰明了。但在很多情况下,善恶是纠缠在一起的,无法截然分开。另外,我们经常遭遇的道德情境本身也是混合复杂的。比如作为旁观者,在一个伦理事件中,我们要同时面对作恶者和受害者,在这种情况下,我们对两种不同处境的道德主体的情感反应就会混在一起。因此,也就很难用单一的赞善或责恶来标定道德情感类型,在这类混合性道德情感中,往往既有认可,也有不认可。

混合性的道德情感,指向他人的包括同情、宽容、原谅、关爱等。同情是对他人所遭受痛苦的不认可,但这种不认可又以对这个人的道德主体地位与人格的认可为前提;宽容则是不认可他人之观念、思想与行为,但又因为认可他人之道德主体性,认可他人有权如此,因此否定自己的不认可,呈现一种双重否定结构;原谅也是不认可对方之行为,却因为认可对方的认错、改错态度,所以不再介怀与追究;关爱不同于同情,同情是对他人不幸与痛苦的怜爱,关爱之中有同情,又大于同情,不但怜爱对方的不幸与痛苦,而且对对方正常的需要给予充分的关注并竭力满足。关爱一方面是对对方道德主体地位的充分肯定,另一方面也是对一切危及对方的因素的否定,同时还包含着对自身私利的否定,也即我们日常所说的牺牲性。指向自身的道德情感包括原谅与自爱。原谅既是他人指向的,也是自我指向的。说原谅是他人指向的,是因为原谅的对象是他人;说原谅是自我指向的,是因为原谅又是对自我负面情感的否定。我们原谅了别人,实际上也是放过了自己:不再对他人错误耿耿于怀,实际上也就是不再让自己沉溺于负面情绪。当然,指向自我的原谅之所以是混合情感,是因为原谅既是对自身负面情感的不认可,也是对自身气量的认可。我们一般都会认为自爱是对自身之善的认可,实际上自爱也包括对自身之恶的否定,真正自爱的人就是在这种认可与不认可之中不断实现自我超越的。

有一个问题需要补充说明。如果说道德情感是对善恶的好恶反应与态度,那么这种好恶反应与态度是意识性的还是非意识性的? 前文提到,18世纪的情感主义者将道德情感奠基于反思,认为对善恶的认可与不认可是以反思为基础的。有一些道德情感确实是以反思为基础的,比如愧疚。如前所论,愧疚是基于对自身错误,包括错行、错念的认识与反思而产生的一种消极情感。也有一些道德情感是自发、自动的反应,反思不必是这种反应的必经环节,比如恶心、愤怒,在多数情况下,我们目睹丑行、败德,厌恶与愤怒自然产生。也就是说,道德情感既可以是自然反应的结果,也可以是反思评价的结果。两种反应方式都可以导向道德情感,该如何解释呢? 关于自然德性与人造德性的区分,可以给我们提供一个解释框架。自然情感是人之本性、天性的反应,由此生出自然德性,比如同情,见到他人痛苦,我们无须思考,恻隐之心油然而生。自然德性虽然是本源性的德性,但并不足够,所以才有人造德性。当然,人造德性不是逆自然德性,而是对自然德性所进行的人为扩充与发展。在面对人造的、社会确定的善恶问题时,我们往往不会产生自然情感那样的自然反应,而会经过思考与反思。当然,自然与人为的区分不是绝对的,人造德性也可以在具体个人身上自然化,我们也会对违反社会德性产生自动化的情感反应;在一些特定的情况下,我们也会对自己的自然情感进行反思、调控,以寻求情感的适度与适中。亚里士多德认为道德德性就是情感的适中,就是要"命中中间",如何才能命中中间呢? 靠理性思考、靠习惯、靠实践智慧。① 在亚里士多德看来,道德德性本身就是情理交融的。由此我们可以推论,情感是道德情感的主导性成分,但道德情感也可以由理性与认知引发,本身也可以包含认知成分。

五、道德情感的意义

道德情感是道德的,按理说,道德情感的意义因其性质而自现,无需再特别强调。但长期以来,道德情感在学术上、实践中处于被忽视的地位,所以有必要特别加以说明。

哈特曼说:"情感是意识直接可达及的最终心灵深度。"②套用过来,我们也可以说道德情感是道德意识直接可及的最终心灵深度。哈特曼是把情感也当作意识的,我们对某事某物有了情感反应,也就意味着对其有了意识,虽然我们不一定"意识到这种意识",因为后者已经带有反思或元意识的意味。从这个角度看,情感在很多情况下是先于反思的,道德情感也是如此,我们看到了善,无论来自他人还是来自自身,就会感到舒畅,看到了恶的行为与现象就会感到厌恶,我们的这种好恶反应,在很多情况下甚至是无意识的,无需理性认识的参与。由此看来,18 世纪的情感主义者虽然强调情

---

① 〔古希腊〕亚里士多德:《尼各马可伦理学》,廖申白译,北京,商务印书馆,2003,第 1 版,第 55—57 页。
② 〔德〕爱德华·封·哈特曼:《道德意识现象学——情感道德篇》,倪梁康译,北京,商务印书馆,2012,第 1 版,第 15 页。

感的作用,但他们将情感奠基于反思,实际上还是降低了情感的作用。在这一点上,孟子看得最为透彻——仁义礼智等基本道德情感是道德之端与根,我们的道德都是由此生长发育出来的。比如,见到童子落井,我们每个人都会产生恻隐之心,这种恻隐之心是先于反思的,根本没有功利考虑。从道德的本源来认识道德情感的意义,对当今的伦理学和道德教育来说具有特别的重要性,因为时下流行的观念是将情感与认识、意志、行为一起作为品德的一个构成性环节和动机性环节,很少从道德情感本身是道德之源的角度去认识其意义,已经淡忘了道德情感能够为道德奠基这一更为根本的作用。

  道德感情的意义还体现在与道德行动的关系上。首先,道德情感具有明显的行动激发作用。对善的认可可以直接激发善的行动,对他人之善的崇敬可以引出对善行的模仿与跟随,对他人的感恩可以激发出感恩回报行动。对他人之恶的不认可,包括愤怒、恶心、蔑视可以激发阻止恶行、与恶行抗争的行动。需要说明的是,对恶的不认可情感,在很多情况下,本身就是行动。面对恶行,即便我们尚未行动,但恶心、愤怒情感的流露,本身就是对恶的"亮剑",本身就是行动。恶意恶行的肆意,往往就是因为周围的人,不敢流露对恶应有的道德情感,导致其没有遇到道德情感的阻挡。混合性的道德情感,包括同情与关爱可以激发助人与爱护行动。我们的诸多助人行动,包括勇敢、救急、慷慨、慈善都有同情的驱动,儒家的道德金律"己所不欲,勿施于人"的内在依据其实就是共情与同情。当我们爱一个人时,我们总是对其抱有浓厚的善意,总会为其着想,愿意做一切对其有益的事情,阻止一切对其有害的事情。在关爱驱动下的行动,已经不限于具体特定的行动,而是整体上都是道德的行动。

  如前所论,有些道德情感是行动之后产生的,比如自豪。道德自豪是为自己的道德行为,尤其是他人指向的道德行为而自豪,行为在前,自豪在后。行动与情感的先后,已经揭示了二者之间的因果关系:不是道德自豪激发道德行动,而是道德行动衍生出道德自豪。即便如此,这类事后的道德情感依然有其意义。此类道德情感的主要作用不是激发道德行动,而是确认、强化道德行动。一项道德行动让我们感觉良好或感到光荣,而不是感到勉强、患得患失,说明那项道德行动是我们真正想要做的,我们真正拥有体现在该行动中的道德品质。从单一因果关系来看,自豪等道德情感是道德行动引发的,但从连续关系来看,自豪这类道德情感也具有激发道德行动的功能:为了保有这种美好的道德情感,我们需要持续作出同样的道德行动,坚实相应的道德品质。由行动到情感,再由情感到行动,我们的道德品质就是在这种循环往复中得到生长、发育并走向成熟的。

道德情感的另一项作用是阻止不道德行动,最典型的是仁慈,即不忍心伤害他人。人是复杂的,一方面是道德存在,另一方面又有各种欲求,在有些情况下,为了满足个人欲求,免不了试图伤害别人,这时候就需要仁慈发挥作用了。一个有仁慈心的人,不忍心去伤害别人,就会克制自己的不良欲求,不去做伤害别人的事。其实,不仅仅仁慈具有阻止不道德行动的功能,诸如自爱、愧疚、羞耻、后悔等道德情感都具有阻止不道德行动的作用。一个自爱的人,如果作出了不道德行动,既是伤人也是害己,是不自爱的表现。真正自爱的人,总是竭力避免作出不道德行动以维护自身的道德认同。原谅是不去追究他人错误,也具有预防不道德行动的作用,因为我们如果对他人的错误斤斤计较,就会产生仇恨、报复等反道德情感,就会"以自己之错误去应对他人之错误",错上加错。宽容里包含着克制,即通过克制以自我观念与行为压制他人观念与行为的意愿,发挥着阻止自身侵犯他人自主的实际作用。

如前所论,愧疚、羞耻、后悔等自我意识道德情感都具有明显的"事后性",是行动之后衍生的道德情感,在这一点上与道德自豪类似。作为衍生情感,按理说不具有预防、阻止等"事前性"功能,但借助道德想象力这一中介环节,"事后性"的道德情感,同样可以发挥预防、阻止不道德行动的"事前性"功能。比如,当我们有做坏事的冲动时,道德想象力就会介入,就会想象做坏事的后果,在头脑中预演不道德行为给别人带来的伤害,给自己带来的消极评价,坏事还没做,我们就感到愧疚、羞耻、后悔了。借助想象力,这些自我意识道德情感就发挥了"事前性"作用,成了预防我们做坏事的力量。在道德动机与其他动机发生冲突,需要作出道德决定时,借助道德想象力,自我意识道德情感也会发挥"事前性"作用。比如,面对他人的道德急需,我们也可能会比较多地考虑自我保护、自我利益,犹豫是否放弃自我利益去帮助处在道德急需之中的人。有道德感的人在这种冲突之中,可能会想象如果自己不去援手,事后会感到愧疚与不安,为了避免预料之中的愧疚与不安的发生,就会克服犹豫心理作出道德选择。

道德情感有预防、阻止不道德行为的作用,但这些道德情感不是万能的,也有失灵的时候,因为我们还有做错事、伤害他人的时候。在做错事的情况下,道德情感是促使我们改错的力量。如前所述,哈特曼将愧疚、后悔称为道德追复情感,准确地解释了这类道德情感的改错意义。我们做错了,感到愧对、亏欠他人,要平复这种让人不舒服的消极情感,最好的办法就是改正错误,对受到伤害的人作出弥补,获得他们的原谅。后悔的直接反应是渴望已经做过的事情没有做过,这种渴望显然不现实,我们所能做的就是吸取教训、改正错误、不再重犯。我们所羞耻的主要是自己的缺陷与不足,担心自身的"暗面"会暴露。在很多情况下,羞耻与愧疚是纠缠在一起的,不易区分开来。虽然我们在没有犯错的情况下也会感到羞耻,因为我们生而有缺,但我们所犯错误往往是自身缺点与不足的暴露,所以错误行为也会让我们感到羞耻。那么,免受羞耻的及时有效的办法是改正错误,避免更多地暴露自身缺陷与不足;免受羞耻的根本性办法则是弥补缺点与不足,尽可能完善自身,减少令自己蒙羞的可能。

道德情感的意义还在于道德情感本身的沉淀、净化与调适可以成为道德情操和道德品质。如前所论,道德情感是道德的源头与开端。既然是开端,就有扩而成德的潜能与实能。第一,诸多道德情感都有规范性,即在该有的时候应该有,否则就是反道德的,比如该同情的时候同情,该羞耻的时候羞耻,不然就是道德缺乏的表现。一方面,作为规范性情感,在该出现的情境出现,体现的是一个人的基本道德品质;另一方面,在适当的时候产生适当的道德情感,本身也是道德修养的过程,可以反哺道德品质,使一个人的道德品质经由一次次道德情感的哺育得到生长、发育。第二,道德情感也有一个适度的问题,比如,同情是道德情感,但也不是越多越好,一些人见到别人遭受痛苦,别人还没有怎样,自己先崩溃了,这样"浓郁"的同情不能成事,反而坏事。再比如,我们犯了错误,有适度的愧疚即可,重要的是如何改错、如何补救,如果过度愧疚,陷入自责泥潭不能自拔,道德情感反而发挥不出道德意义。亚里士多德说,我们不是因为有情感而成为好人的,而是因为在适当的时间、适当的场合,对于适当的人,出于适当的原因,以适当的方式感受这些感情而成为好人的。① 道德情感的适度如何获得呢? 亚里士多德的答案是理性、习惯与实践智慧,这当然是正确的,但也不能忽视了道德情感体验自身。有了道德情感的丰富体验,我们才能对其进行理性思考,才能形成良好的情感习惯,才能由此生发出实践智慧。第三,我们的道德成长过程总是伴随着与反道德情感的斗争,而道德情感的生长、发育、丰富本身就是克制、抵消反道德情感的力量。道德情感与反道德情感的此长彼消,导致人之内在情感的和谐,慢慢才能触及"从心所欲而不逾矩"的至境。

六、本书架构

本书共分四编与附论。第一编是同情研究。同情之所以作为本书开

---

① 〔古希腊〕亚里士多德:《尼各马可伦理学》,廖申白译,北京,商务印书馆,2003,第 1 版,第 47 页。

篇,在于同情是"母道德情感"。如前所论,同情是一种混合性的道德情感,在不同的主体样态与道德情境中存在,其他多数道德情感都与同情密切相关,没有同情,诸多道德情感都不可能存在。

第二编研究"责责己人"的道德情感,即因为不认可自身或他人言行、思想而产生的道德情感,包括羞耻、愧疚与愤怒。从道德情感本质来看,这类情感反应,不认可的是人己所犯之错、所作之恶。当然,不认可的方式有所不同,指向自身的更多是羞耻与愧疚,指向他人的往往是愤怒。如前所论,同类情感还包括恶心、蔑视与勇气。勇气具有多面性,放在第三编讲。恶心、蔑视,限于能力与篇幅,暂时未能涉及。

第三编研究"赞赞己人"的道德情感,包括勇气、自豪与感恩。勇气是双向的,既指向危险与恶,也是对自我道德品质的坚定与坚信;自豪是对自我道德行为与道德品德的赞赏;感恩则是对他人善意、善行在赞赏基础上的感报(感恩之情与报答行动)。这些情感都是基于对善的喜好而产生的情感反应,都是"赞善"反应。在这类情感中还包括崇敬,本书暂时未能对崇敬展开研究。

第四编研究混合性的道德情感,包括宽容与爱。宽容与爱很难用"赞善"或"责恶"的单一维度来衡量,其中既有对善的肯定,也有对不善的否定,呈现混合性特征。这种混合性的道德情感,已经不是停留在道德情感的层面,而是上升到道德品质的层面,可以从德性的维度来理解宽容与爱,或者宽容与爱不仅是道德情感,还是德性本身。

附论部分是对自恋这种反道德情感的研究。有道德情感,就有反道德情感,道德情感的意义也因反道德情感的存在而更加凸显。自恋是我们这个时代的"情感流行病",虚夸自身、贬低他人,骗己伤人。在自恋的控制下,诸多正常的道德情感都会被压抑,自恋的人缺少同情,较少产生愧疚与后悔,更不会有崇敬与感恩之心。

需要说明的是,本书展开的不是伦理学研究,而是德育学研究。但作为本书之绪论,这一部分并未论及道德情感的培育。这样处理,出于几种考虑:第一,道德情感是主体,道德情感的培育需要以对道德情感本身的认识为前提。本书虽然是德育学著作,却是由伦理学出发的德育学;第二,不同的道德情感,比如愧疚与感恩,内在生成、发展的机制差异巨大,只能放在各个部分有针对性地进行探索;第三,道德情感虽然千差万别,归根结底是对善恶的好恶反应,还是有共同的培育规律,一个品德良好的人,其道德情感也相应更为纯正,从这个角度来说,道德情感培育的共同规律,其实也就是道德教育的基本规律。这方面的研究虽然非常重要,但不是本书之重点。

第一编　母道德情感

　　道德情感是对善恶的好恶反应。同情既不是单纯的责恶，也不是单纯的赞善，而是混合性的道德情感。

　　同情是由他人痛苦引发的痛苦体验，包含认知与行为成分，在道德情感中居于核心位置。同情是"母道德情感"，即同情是诸多道德情感或类道德情感的根基，诸多道德情感或类道德情感在一定程度上都是由同情派生出来的。自恋、冷漠则是同情缺乏的表现，这从反面证明了同情作为母道德情感的地位。

　　从应然看，同情是教育的灵魂，但从现实来看，同情在教育中有被"流放"之势。没有同情的教育之树，其实是没有生命的"塑料树"。唤醒同情，不仅是为了同情教育，也是为了找回教育的生命与灵性。

第一章　同情的伦理价值及其教育境遇

　　研究道德情感及其培育,绕不开同情,因为同情是诸多道德情感的共同"底色"。比如愧疚,我做错了,给别人带来了伤害与痛苦,所以才感到愧疚,才有改过、补救的愿望与行动。如果没有同情能力,对自己的过错给他人带来的伤害与痛苦毫无所感,愧疚也就根本不可能存在。再比如义愤(道德愤怒),往往也是同情的"伴生物",即在同情受害者的痛苦的同时,对违反道德与正义的加害者感到愤慨,受害者的痛苦越严重,同情越深,义愤也就越强烈。一个对他人痛苦没有同情的人,或者在特定情况下对他人痛苦没有感觉的人,同样根本不可能产生义愤情感。其他道德情感,包括羞耻、感恩、宽容、自豪等都包含着同情(后文再论)。"反道德情感",比如自恋、冷漠、残忍则是同情的缺乏,它们反向证明了同情在道德情感中的根基性作用。

　　同情的重要性当然不限于道德情感。虽然可以对同情作多维度的理解,但其核心是对他人痛苦与不幸的共情反应。孟子讲,见到童子落井,任何人都会毫无外在目的地去救助,这种救助行为甚至是不受个人理智控制的。"我突然不再是我一举一动及其所含私利的主人,是存在本身,通过我,为他人利益而行动起来。"[①]按照于连(F. Jullien)的解读,孟子其实是通过童子落井这个事例揭示了同情对存在、对人性的标识作用:我们是人,所以有同情;我们有同情,我们才具有做人的资格。按照当代流行的"原子自我论",人是单子式的存在,首要的冲动是自我保存。不可否认,人有单独实体的一面,有自我保存的冲动,但人之所以成为人,还在于人有社会性,能够与他人感通,与他人有情感共鸣能力。关于这一点,情感主义流派的先驱沙夫茨伯里(Shaftesbury)已有论述,他将前者称为私人的、自利的情感,将后者称为自然的、和善的、社会的情感,两种情感同样植根于人的本性。[②]

---

① 〔法〕弗朗索瓦·于连:《道德奠基:孟子与启蒙哲人的对话》,宋刚译,北京,北京大学出版社,2002,第1版,第3页。
② 〔德〕弗里德里希·包尔生:《伦理学体系》,何怀宏、廖申白译,北京,中国社会科学出版社,1988,第1版,第159页。

同情植根于人性,是人性的标识。同情如此重要,但在当代社会,同情处在"孤独的流放"(lonely exile)的苦境:一边是纸醉金迷,另一边是几亿人在贫困线上挣扎;电子媒介以远方的苦难与不幸作为娱乐资源;到处是激烈的竞争,在竞争的逻辑下,同情别人无异于自残;世界上暴力充斥,暴力与压制如此常见,受害者已经抽象化,抽象为一组组统计数据。① 实际上,对同情的怀疑与轻视不是自今日方始,早在古希腊时期,苏格拉底、柏拉图对理性的推崇,倡导以理性驾驭情感,已经为同情等情感的"流放"埋下了伏笔。同时期产生且延续至后世的斯多葛学派就将同情视为一种恶,比如塞涅卡(L. A. Seneca)就认为,同情心其实不是美德,而是一种心灵的缺陷,被他人受苦受难的遭遇困扰是人格软弱的表现。② 这一点甚至得到了斯宾诺莎(Spinoza)的响应:同情是恶,因为同情是痛苦这种恶的传递与扩散。③ 18世纪的哲学家态度稍有变化,这个世纪既是"理性主义的天下,也是同情的时代"④,休谟(D. Hume)、斯密(A. Smith)等人重新发现了同情等情感的意义,但好景不长,到了康德那里,情感又变成不可靠的、需要在道德判断中剔除的因素。当代道德教育领域影响巨大的认知发展理论,也是以公正为核心建构的,同情等道德情感虽然没有被完全排斥,也是发展过程中需要被超越的过渡性心理状态。

　　当下社会对同情的"流放",根本原因不在于哲学、伦理学对同情的轻视与排斥,而在于以物质追求、利益竞争作为建构社会的基本驱动力。当然,哲学、伦理学、教育学对同情的轻视也不是毫无干系,起码为当下社会对同情的"流放"预备了"理论依据"。教育与道德教育是同情的事业、同情的活动,无论社会与思想理论对同情持何种态度,教育研究都必须重视同情,甚至社会越"流放"同情,教育研究就越应深入研究同情。这种"逆流而上"的精神,虽然不一定能够阻止社会对同情的"流放",但起码可以为教育与道德教育保留一丝同情的温度。

　　本章就是这样一项努力的体现。本章的第一部分从同情的发生及其阻滞开始,着重研究同情的发生与构成、同情的"相邻情感"(neighbor emotions)以及作为同情反面的冷漠。本章的第二部分研究同情的另一种形态——仁

---

① M. Fox, 1999: *A Spirituality Named Compassion: Uniting Mystical Awareness with Social Justice*, Rochester, Inner Traditions International, p. Preface xi-xxi.
② R. White, 2017: "Compassion in Philosophy and Education", *The Pedagogy of Compassion at the Heart of Higher Education*, Gewerbestrasse, Springer International Publishing AG, p. 24.
③ 〔荷〕斯宾诺莎:《伦理学》,贺麟译,北京,商务印书馆,2005,第1版,第208页。
④ 〔美〕迈克尔·L. 弗雷泽:《同情的启蒙:18世纪与当代的正义和道德情感》,胡靖译,南京,译林出版社,2016,第1版,第2页。

慈。同情发生于旁观、见证他人痛苦与不幸的伦理关系原型之下,在不忍心伤害他人的情况下,同情就变成了仁慈(其反面是残忍,即伤害他人而无不忍),这一点是以往关于同情研究所缺失的部分。本章的第三部分研究同情的伦理价值,包括同情是人与人之间最深厚伦理关系的体现,同情是"母道德情感",同情是"道德金律"之根等内容。与当下社会对同情的"流放"相呼应,教育与道德教育也存在着对同情的"流放"。本章的第四部分重点研究当下教育以什么方式"流放"了同情,提出教育唤醒同情的几个方向与一些具体方法。

一、同情的发生与阻滞

(一)同情的发生与构成

人有情感,既是理性动物,也是感情动物。人之理性可以互相交流与理解,人之感情也可以相互感染与交流。人的情感极为丰富多样,但最为根本的是快乐与痛苦,其他情感要么是由此衍生出来的,要么与此相关。两种最为基本的情感,即快乐与痛苦,都可以在人与人之间"流淌"。我可以感受他人的快乐,为他人的快乐而快乐,也可以感受他人的痛苦,为他人的痛苦而痛苦。前者没有一个专门的概念加以指称,后者则用同情这一概念来命名。

每一种道德情感,其发生都有典型的伦理关系原型。"目睹"他人遭受痛苦与不幸是同情发展的伦理关系原型。用霍夫曼(M. L. Hoffman)的话说,同情的典型主体是"无辜的旁观者"(innocent bystander)。[1]"无辜的旁观者"所要表达的是,作为同情的主体,我遭遇了他人的痛苦与不幸,而这痛苦与不幸不是我造成的。如果是我造成的,那就不是同情的问题,而很可能是羞耻与愧疚的问题了。只不过在中文语境中,"旁观者"已经包含冷漠、不去帮助的意味,因此可以对霍夫曼的这个表达加以修正,即同情的典型主体是"无辜的遭遇者"。作为无辜者、无错者,我遭遇到了他人的痛苦与不幸,这遭遇的方式主要是目睹、是看见,但又不限于目睹、看见,也包括用身、用心地体察与感受。比如,接听一个朋友(甚至一个陌生人)的电话,我们都能从其语音语调中觉察到对方的痛苦情绪。

他人遭遇痛苦,我如果没有反应,或者反应的方式不对,同情也不能发生。也就是说,同情的发生在于我对他人的痛苦与不幸有情感反应,且是符合条件的反应。比如,目睹他人痛苦,我毫无反应,那是无视与冷漠;或者有

---

[1] M. L. Hoffman, 2000: *Empathy and Moral Development: Implications for Caring and Justice*, New York, Cambridge University Press, p. 3.

所反应,却是高兴,当然也不是同情,而是幸灾乐祸。那么,"目睹"他人痛苦与不幸所产生的符合条件的情感反应是什么呢？是痛苦。关于这一点,亚里士多德已经有所论述,在他那里,同情是一种特殊的痛苦,是由他人痛苦所引发的痛苦,是痛苦之痛苦。① 纳斯鲍姆(M. C. Nussbaum)认为同情虽然是一种痛苦情感,但这种痛苦是次要的,不具有独立性,是由判断引发的,是"关于"什么的痛苦或"为"什么而痛苦。② 纳斯鲍姆在同情研究上成就显著,但就这一点来看,她的观点是不合逻辑的。任何感情都是有来由的,不能因为同情中的痛苦之情是由认知或其他因素引发的,就认为同情中的痛苦是次要的、没有独立性的。按照这个逻辑,凡是有来由的感情都是来由重要,感情本身不重要,我们甚至可以由此反推出没有来由的感情才是重要的这样荒唐的结论。实际上,这个逻辑,马克思·舍勒(Max Scheler)也用过,但他针对的不是同情者的痛苦,而是同情本身,因为同情是由别人的感情所引发的感情,是一种回应性情感,不是自发性情感,所以是次要的。③ 同情者的痛苦虽然是由他人痛苦与不幸引发的,但依然处在同情之核心,这种核心作用不是体现于来源上,而是体现于同情情感本身及后续反应上。同情虽然有认知成分,甚至也会与愧疚、愤怒、关爱等情感交织、纠缠在一起,但其主要色彩是痛苦,即为别人的痛苦而痛苦。而且,这种痛苦还是驱动助人行动的动力,同情者通过助人行为减轻、消除的不但是受害者的痛苦,还包括自身的痛苦。

　　同情的核心是情感,但并不意味着同情之中没有认知成分。同情有认知前提,即我与你的区分。同情者无论有多么强烈的情感,都清楚明了自己与痛苦者、受害者的区分,认识到受害的、受苦的是他人而不是自己。正是在这个意义上,卢梭(J. J. Rousseau)认为同情之中有庆幸:"怜悯心(卢梭所说的怜悯更接近于当下的同情,不同于如今的怜悯)乃是甜的,因为在为受苦之人设身处地之余,人亦会为自己不似此人一般苦痛而快慰于心。"④ 这样的情况不是没有,但对于多数真正有同情心的人来说,即便有也是一闪而过,主导性的情感还是痛苦,为受苦者而痛苦。霍夫曼对同情之中的认知因素有比较好的归纳,包括元认知意识,即自身感受到痛苦,且明白这痛苦来

---

① 罗念生:《罗念生全集 第一卷:亚里士多德〈诗学〉〈修辞学〉佚名〈喜剧论纲〉》,上海,上海人民出版社,2007,第1版,第231页。
② M. C. Nussbaum, 2001: *Upheavals of Thought: The Intelligence of Emotions*, New York, Cambridge University Press, p. 326.
③ 〔德〕马克思·舍勒:《情感现象学》,陈仁华译,台北,远流出版事业股份有限公司,1991,第1版,第3—5页。
④ 〔法〕弗朗索瓦·于连:《道德奠基:孟子与启蒙哲人的对话》,宋刚译,北京,北京大学出版社,2002,第1版,第3页。

自他人;也知道多数人遇到这种情况会如何反应;知道受苦者的外在行为与其内在苦痛的关系;同情者的同情受受苦者个人信息的影响。[①] 当然,也有那种分不清自己与受苦者的情况,即看到别人遭遇不幸,同情者自己先崩溃了,沉浸在自己的痛苦情感之中不能自拔,不但不能帮助受苦者,自己反而成了需要帮助的人。这样的人,实际上不是同情别人,而是感伤自己,即借由他人的痛苦勾连出自身的痛苦经历,陷入自己的痛苦之中。这样的人,与其说是同情者,不如说是自怜者。

遭遇他人痛苦,我们的反应既有自然、自发的一面,也有认知的一面。孟子列举的由童子落井引发的恻隐之情与救助行为,就是同情的自然、自发的一面。但在另外一些情况下,我们也会对他人不幸与痛苦进行评判与归因,这种评判与归因体现的正是同情之中的认知因素。亚里士多德将同情中的评判与归因归纳为三个判断:第一,确信同情对象遭遇真实而严重的不幸与痛苦;第二,这不幸与痛苦不是应得的;第三,相信自己或亲近之人也可能遭遇同样的不幸与痛苦。[②] 按照亚里士多德的理解,同情是基于以上三个判断的:第一个判断是严重性判断,如果对方的痛苦微不足道,也就没有同情的必要;第二个判断是公平性判断,即对方是否应得,如果是"罪有应得",那也不值得同情,如果是无辜遭受,则值得同情;第三个判断则是相似可能性判断,即不幸虽然是别人的,但我及我的亲人也可能遭遇此等不幸。由亚里士多德对同情的理解来看,同情中的认知成分浓厚,也难怪纳斯鲍姆由此推论出同情中的痛苦情感是次要的,是附着于判断的。从同情有自然、自发,或者说有"先于思考"这一层面来看,也能看出纳斯鲍姆的推论是不严密的,不是所有同情都是基于亚里士多德所设定的三个判断的。

同情是对他人的同情,是指向他人的,而被同情的人正处在不幸与痛苦之中,那么减轻他人痛苦的欲求就内在于同情本身。我们在同情他人的同时却没有减轻他人痛苦的欲求,这在逻辑上是说不通的。虽然这一欲求受主客观条件限制,有时候很难得到表达与实现,但只要条件许可,同情者就会竭力去实现。因为减轻他人痛苦的欲求具有双重效应,既是减轻他人的痛苦,也是对自身痛苦的消除(如前所论,同情本质上是"痛苦之痛苦")。减轻他人痛苦这一欲求的表达与实现,就是行为。由此看来,理想的、完备的同情是情感、理性、行为的统一,或者说情感、理性、行为是同情的"三要

[①] M. L. Hoffman, 2000: *Empathy and Moral Development: Implications for Caring and Justice*, New York, Cambridge University Press, p. 63.
[②] 〔古希腊〕亚里士多德:《修辞学》,罗念生译,北京,生活·读书·新知三联书店,1991,第1版,第89页。

素"。当然,不是所有同情都要"三要素"完备,很多时候同情是不那么完备的,尤其是行为,因为感情产生、作出判断相对容易,作出帮助行为相对难度较大。如果我们对行为的界定宽泛一些,也可以说同情在多数情况下都是包含行为的,有时候,显露同情或同情的自然流露对遭遇不幸者就是一种友善的行为。遭遇不幸与痛苦,是对正常生存、生活状态的剥夺,对承受者来说,就是一种"被弃",他人即便没有提供什么帮助,同情情感的流露,其实意味着对承受者的接纳与承认。[①] 有时候,面对别人的不幸与痛苦,我们虽然做不了什么,适当的安慰与陪伴其实就是帮助行为。同情行为既有即时与长期之分,也有直接与间接之别。比如,面对一个处境艰难的少年,同情者可以帮他买顿饭、买张返程票,这是即时行为;也可以给他长期资助,帮助其完成基本教育,这是长期行为。直接减轻、解除受苦者的痛苦,这是直接帮助;针对痛苦产生的根源作出努力,则是间接帮助。

（二）同情的"临近情感"

同情不是一种孤立的情感,多种情感与同情相邻、相近,甚至交织在一起,你中有我,我中有你,难以区分。就目前的文献来看,可以初步推断,同情的普遍使用,进入中国学术话语体系应该是近现代的事情。中国古典文献中虽然有"同情"字样,但基本上是文学用语,不是伦理学概念,与作为道德情感的同情语义有很大的不同。古典文献中与同情最为接近的是"恻隐"。"恻"是伤,"隐"是痛,连起来就是"为他人之伤而痛",反过来说就是"不忍他人受到伤害",所以"恻隐之心"其实也是"不忍之心"。从恻隐的含义来看,恻隐与同情确实是相通的情感,二者都是由他人的不幸与痛苦引发的,都是对他人遭遇与痛苦的反应。相通不是相等,二者的区别也是明显的。第一,恻隐是古代汉语词汇,在今日的日常生活中已经较少使用,在描述类似情感时,我们已经习惯于使用同情这一用语。第二,恻隐更侧重对他人痛苦的自然反应,根据上文对同情的分析,同情既可以是自然反应,也可以是认知判断的结果,由此看来,同情宽于恻隐。对于恻隐的自发性、自然性,孟子虽然强调"无恻隐之心,非人也",但并没有将恻隐之心当作德本身,而仅仅是德之端,即恻隐是"仁之端"。所谓端,是开端、始点,也就是说,恻隐需要发展成仁,才能成为德性与品质。在从恻隐到仁的发展过程之中,理性与判断的融入是必不可少的。因此,我们可以说,恻隐既是同情的一种自然、自发形式,也是需要保护、丰富与发展的同情形式。第三,恻隐比较突出

[①] 〔美〕迈克尔·L.弗雷泽:《同情的启蒙:18世纪与当代的正义和道德情感》,胡靖译,南京,译林出版社,2016,第1版,第120页。

"不忍"的一面,这种不忍既包括不忍他人遭受不幸与痛苦,也包括不忍伤害他人、给他人带来痛苦。《孟子》中与童子落井一样经典的恻隐事例是梁惠王的"以羊易牛",即牛在眼前,"不忍其觳觫","见其生,不忍见其死"。恻隐的这一含义,是"目睹"他人遭受不幸与痛苦这种伦理关系原型所生发的同情所没有的。

在英语中,"pity"虽然也可以用来指同情,但更多的时候是怜悯。怜悯一开始并没有贬义,卢梭研究同情,使用的概念就是怜悯。无论是英文的"pity",还是中文的"怜悯",如今都已经有了贬义。怜悯与同情的最大区别在于主体关系差异。在同情中,同情者与被同情者是平等主体关系,我对你的同情是对你与我平等主体关系的承认,而且还联想到你的不幸与痛苦也可能降临到我身上,所以亚里士多德突出同情判断中的"相似可能性"。怜悯则不同,怜悯者与被怜悯者的关系是不平等的,怜悯是有优势地位的人俯视他人。怜悯预设了怜悯者的优越地位,怜悯是一种屈尊,即我虽然比你优越,但还是可怜你。怜悯的屈尊姿态,对被怜悯者也是一种"定义",即被怜悯者是低下的、虚弱的、有缺陷的。怜悯与同情的关系预设、情感出发点不同,其人际效果也不同:同情给予被同情者的是承认与痛苦减轻,而怜悯给予被怜悯者的则是二次伤害。比如,有尊严的不幸者面对怜悯者往往会有这样的反应:"我不需要你的怜悯!""你不用可怜我!"怜悯与同情的显著不同,反而有助于我们认识同情,与怜悯的优越感、人际分离、行动驱动力弱、对对方是二次伤害不同,同情则是作为平等主体,对他人痛苦的卷入(engaged),行动驱动力强,是对他人的认可与支持。[1]

同情的另一个相邻情感是共情或移情(empathy)。人有一种特殊的能力,即我虽然不是你,但可以通过想象或直觉的方式进入你的心灵之中,通过"移入"的方式去体会:处在你的位置的你的情感与思想,处在你的位置的我会如何。如果我"移入"你的身心之中,聚焦的是你的感受(other-focused),那就是分享你的感情,即"共情";如果我"移入"你的心灵之中,聚焦的是我会如何(self-focused),那就是替代式体会,即"移情"[2](由此看来,中文的"共情"或"移情"在与英文"empathy"对应上各有优势,本章更突出感情共享,选择使用"共情"这一表达方式)。不难看出,共情与同情有很多相通之处:第一,共情与同情都是对他人感情的体会或认识,都是对他人心灵与情感状态的关注,都是我们由"自我王国"走向"人际王国"的方式。第

---

[1] A. Peterson, 2017: *Compassion and Education: Cultivating Compassionate Children, Schools and Communities*, London, Palgrave Macmillan, p. 43.

[2] L. Agosta, 2010: *Empathy in the Context of Philosophy*, London, Palgrave Macmillan, p. Preface xiv.

二,共情与同情都是人性的反映。同情是对他人痛苦的体察与反应,反映的是人性之善。共情虽然具有价值未定性,既可以走向善,也可能走向恶(比如通过共情能力体察别人之痛苦,由此发明、使用酷刑来折磨他人),但共情是"将人放在人的位置"(empathy puts the "human" in "human being"),即便用于恶的目的,也是以对他人作为人的承认为前提。① 我们说一个人缺少同情,就是缺少"人味",就是人性缺失。同样,一个人如果没有共情能力,同样是人性的缺失。无共情能力,其实是将自己"囚于"(imprisoned)"我"("I")中,把他人都当作没有生命的物,而把他人当作物是我"对他人所能做的最坏的事情"。② 第三,共情虽然不一定是同情,或者说共情有多种发展方向,不一定走向同情,但一般情况下,同情之中都有共情,或者说,同情以共情为基础。

共情与同情虽然有相通之处,但二者的区别也是明显的。第一,共情在情感反应上比同情宽广。同情是对他人不幸与痛苦的感应与认识,而共情既可以是对他人不幸与痛苦的反应,也可以是对他人快乐情感的反应。比如,我们可以说"为你的快乐而快乐"(共情),不能说"我同情你的快乐"。第二,对痛苦的共情,与同情已经很接近了,霍夫曼所讲的"共情痛苦"(empathy distress),即因为与他人痛苦发生共情而自己感到痛苦,其实就是我们所说的同情。③ 但霍夫曼"共情痛苦"已经将共情的方向与结果都囊括在内了,与我们日常所说的对他人痛苦的共情有所不同。对他人痛苦的共情,事实上可以有不同的走向,既可以走向霍夫曼所说的"共情痛苦",即同情;也可以走向反面,即利用对他人痛苦的感知来操控、折磨他人。也就是说,在面对他人痛苦的时候,既存在"共情又同情"的情况,也存在"共情而不同情"的可能。第三,共情突出的是我们感受他人情感的能力,而同情则向前一步,包含了帮助处在痛苦之中的人的欲求与行为。④ 也就是说,即使不包括快乐共情的痛苦共情,与同情相比,对助人行为的驱动相对弱很多。有些人共情能力毫无缺陷,能够真切感受到他人痛苦,但缺乏同情心,就是不能向前一步,由共情升华为同情,产生减轻、消除他人痛苦的愿望和行为。第四,共情可以自我沉溺,同情则指向他人。如前所论,共情有他人指向的,

---

① L. Agosta,2010:*Empathy in the Context of Philosophy*,London,Palgrave Macmillan,p. Preface xiv.
② S. Baron-Cohen,2011:*The Science of Evil*:*On Empathy and the Origins of Curelty*,New York,Basic Books,p. 8.
③ M. L. Hoffman,2000:*Empathy and Moral Development*:*Implications for Caring and Justice*,New York,Cambridge University Press,p. 30.
④ P. Gibbs,2017:*The Pedagogy of Compassion at the Heart of Higher Education*,Gewerbestrasse,Springer International Publishing AG,p. 3.

也有自我聚焦,即我处在你的位置我会如何。正是有这样的共情,才有自我沉溺这样的共情现象,即沉溺在由他人痛苦引发的自我痛苦之中,他人及其痛苦反而被遗忘、忽略,似乎已经不再存在。同情就没有这个问题,同情总是指向他人的,自身的痛苦只是一种驱动力,驱动我去行动,去减轻、消除他人之痛苦。

(三)同情的反面是冷漠

我们也可以从反面去理解同情。同情的反面是冷漠,即一个人遭遇、面对他人痛苦毫无反应,或者虽然感受到了他人痛苦,却因种种自私的考虑故意对他人的痛苦视而不见、不加帮助。衡量一个人是同情还是冷漠,是其面对他人痛苦的反应与态度。如果有所反应,有帮助愿望与行为,就是同情;如果没有反应,没有帮助欲求与行为,就是冷漠。一个人对他人不幸与痛苦没有反应,或者说不能与他人痛苦共情,又可以细分为两种情况:一种是暂时性的,一种是一贯性的、固化的。奥克斯雷(J. C. Oxley)认为,共情虽然总体上是中性的,可善可恶,但依然是一种认识或理智美德,因为共情使我们能够走向他人、向他人敞开心灵。[①] 共情能力,是人的基本社会能力,一个明显的证据是,在正常情况下,我们都能被他人的感情(热情、关心、痛苦)感染。也就是说,一个正常人在正常情况下都能感受到他人的痛苦。之所以强调正常情况,是因为存在非正常情况,在非正常情况下,一个正常人也可能不能感受他人的痛苦。比如,一个沉浸在游戏之中的儿童,对身边发生的他人的痛苦遭遇可能毫无感觉。再比如,一个平时很有同情心的人,也可能在身心非常疲惫的时候,对朋友、亲人的痛苦没有反应。这种由非正常情况导致的冷漠,一旦非正常情况解除,冷漠也随之消失。因此,由非正常情况导致的冷漠不是人格性的冷漠,而是一种暂时性的冷漠,即在特定情况发生时的冷漠。这种冷漠有一种明显的特征,即非主观、非故意,也就是说,其冷漠主要是受外在因素的左右,不是故意的。另一种是一贯性的、固化的不能痛苦共情,是人格性的。这种人格性的冷漠,既可能来自暂时性冷漠的积累,也可能是故意冷漠的沉淀,总之是已经对他人痛苦免疫,感受不到他人痛苦,对他人痛苦是无视、不闻、无感的。

在感受到他人痛苦之后采取回避、寻找借口,不去帮助,这是冷漠的第二种形式,也是最为常见的形式。如前所论,同情从一开始就以我与你的分立为前提,即我虽然感受到了你的痛苦,被你的痛苦所感染,但你是你、我是

---

① J. C. Oxley, 2011: *The Moral Dimensions of Empathy Limits and Applications in Ethical Theory and Practice*, London, Palgrave Macmillan, p. 131-132.

我的基本状态并未改变。这一主体分立或者主体缝隙为冷漠的渗入留下了空间,作为分立的主体,在感受到他人痛苦的同时,自我中心的动机依然存在。比如,在有加害者或者担心加害者报复的情况下,目睹者虽然感受到了受害者的不幸与痛苦,也可能因为害怕而回避同情、伸以援手。在一些情况下,即使有了帮助痛苦者的动机,人们也会权衡精力支出、经济成本、时间花费、机会成本等,也可能在这些个人动机的拉扯之下放弃表达同情、采取行动的意愿。[1]

除自我动机与同情、助人动机的冲突导致冷漠的情况之外,还有一些客观条件也能给人以冷漠的理由。比如,其他人的大量在场就会干扰遭遇者的同情表达与助人行为。他人大量在场情况,会有一种"责任消散"效应,即这么多人都在,为什么要我出手?这么多人在,即使我不管,肯定有别人去管。[2] 人是有限存在,一个人不可能将自己的关注无限制地投向所有人。如何在过好自己的生活与同情他人之间达到一个良好的平衡是做人的使命,也是做人的智慧。有限性就要求人将同情更多地投向具有相似性、时空接近性、有血缘关系或亲近关系的人身上,而我们普遍的人性则要求在需要的时候超越这些限制,将同情指向处在痛苦之中、有情感急需的人身上。正是有限性的存在,给了一些人压制同情倒向冷漠的借口:对那些相异的、不在眼前的、有社会距离的人之痛苦没有反应。

与不能痛苦共情的冷漠不同,有借口的冷漠都有"主观故意",即不是感受不到他人痛苦,而是感受到了也没有反应。一个有同情心、同情情感品质发展成熟的人,不是没有个人动机,也不是不考虑客观条件,而是能在两者之间实现一种平衡,总是倾向于向自己遭遇的不幸者、处在痛苦之中的人表达适当的同情,给予力所能及的帮助。这样的倾向与同情的品性是相互建构的,可以形成一种良性循环,而那些以个人动机为主导的人,在遇到类似情况的时候,倾向于置他人痛苦于不顾,事前找借口,事后合理化。这样的倾向与个性品质也是互相建构的,久而久之就会形成一种冷漠的人格,成为"心硬之人",走向人格化的冷漠固化。

如前所论,感受到他人痛苦,没有情感反应、不予帮助,还不是最坏的。最坏的是幸灾乐祸,利用他人痛苦以折磨他人。幸灾乐祸的恶劣在于,这是一种落井下石,即在别人的痛苦之上再加上新的痛苦,是二次伤害。在这种

---

[1] M. L. Hoffman, 2000: *Empathy and Moral Development: Implications for Caring and Justice*, New York, Cambridge University Press, p. 33-34.

[2] A. Peterson, 2017: *Compassion and Education: Cultivating Compassionate Children, Schools and Communities*, London, Palgrave Macmillan, p. 86.

情况下,受害者连痛苦反应的自然权利都被剥夺了,因为你越表达痛苦,带给对方的越是因折磨你而带来的更大快乐。幸灾乐祸也好,利用痛苦以制造痛苦也好,都超出了冷漠的尺度,走向了残忍。当然,冷漠与残忍之间也存在交叉地带,比如见死不救,是冷漠的极致,也是残忍的体现。

二、仁慈:"事前同情"

(一) 同情所预设的伦理关系原型

行文至此,我们所讨论的同情,作为一种伦理情感现象,是有伦理关系原型预设的。第一,同情发生于两个(或两个以上)平等的主体之间,如果主体不平等,所产生的情感就很可能不是同情,而是怜悯、可怜等"临近情感"(这也是为什么在封建等级社会里,同情讲得少而怜悯讲得多的根本原因)。平等主体,可以是亲人、熟识的人,也可以是素不相识的陌生人。第二,在平等主体之间,有人遭遇了不幸和痛苦,同情是未遭受者对遭受者的情感反应。也就是说,同情的发生,以给平等主体赋予的临时身份为前提,有人是不幸者、受害者、受伤者,有人是目睹者、同情者。两种身份的人都存在,同情才能发生。第三,受苦者的痛苦不是目睹者所造成的,目睹者在他人所遭受的不幸与痛苦问题上是完全清白的,没有任何责任。

将同情局限于这样的伦理关系原型之中,这是一种"事后同情",也就是说同情发生于痛苦发生之后,是由真实发生的痛苦所引发出来的感情。不幸与痛苦一旦发生,就会对遭受者造成伤害,这时候的同情虽然有减轻痛苦、慰藉他人的作用,但终归是一种事后补救,这种补救无论如何有效,都无法让已经发生的成为没有发生的,都无法改变伤害已经造成这一事实。人是有限存在,不可能完全避开痛苦,不可能完全不让痛苦发生,如果能够尽量减少痛苦的发生,显然比在痛苦发生之后再去补救要好。对个体来说,痛苦是一种腐蚀性的力量,是一种恶,同情是抑制这种恶的力量,当我们同情时,实际上恶已经现形,已经部分得逞。如果我们将同情仅仅限于事后补救,是不是本身就窄化了同情本身,阉割了同情的作用呢?

如前所论,同情的一个核心预设是同情者对不幸者的痛苦没有责任,这种预设在具体情境下是成立的,确实,他人的痛苦不是我所造成的,在他人的痛苦问题上我是清白无辜的,正是这清白无辜给了我同情他人的道义地位。然而现实生活中,人与人之间的关系远比这种预设要复杂,我与他人之间即使素昧平生,也可能存在着这样那样的冲突与纠缠。在现实生活中,人与人之间的关系没有那么纯粹,实际上存在着这样那样的联系,即使是陌生人,也存在利益冲突与机会竞争的关系。基于纯粹关系的同情,很容易被人与人之间复杂多样的关系冲淡、阻隔。

孟子其实已经揭示并超越了单纯的"事后同情"。他的不忍有两个维度,一个是不忍非自己造成的他人之不幸,一个是不忍去造成他人的痛苦。前者的典型事例是童子落井,后者的典型事例是以羊易牛。童子落井之不幸,不是目睹者所造成的,但目睹者都不忍这样的惨剧发生在童子身上。以羊易牛事例,则与童子落井大为不同。齐宣王见到牛时,牛还未被宰杀以作祭品,也就是说,人为的不幸还未降临在牛身上,但齐宣王看到牛的"觳觫",不忍加害,体现的是"事前同情"。在孟子看来,两种不忍都是同情。前一种同情是痛苦发生之后的救助情感与行为;后一种同情则是痛苦尚未发生时,想象伤害所造成的痛苦所引发的同情,是一种抑制伤害冲动、阻止伤害行为的感情。由此看来,孟子的不忍应该有两个方向,一个方向是恻隐、怜悯,另一个方向则是不忍给别人带来痛苦,这两个方向结合起来才能构成完整的同情。但在伦理演化过程中,我们忽略了第二个方向,只将同情定位于第一个方向,实际上是窄化了同情的含义与功能。当然,我们知道儒家的恻隐只是一个过渡性情感,只是仁德的开端与过程性阶段。儒家思想并不是没有第二种意义上的不忍,而是将这种不忍汇入仁德之中。仁德虽然由不忍发展而来,却已经超出同情太多,可以说已经"脱胎换骨",离同情已经很远了。

(二)作为"事前同情"的仁慈

如前所论,单将同情限定于目睹不是自己造成的他人痛苦这一伦理关系之中,在很大程度上是对同情的窄化,即使从孟子的不忍之心来看也是有所不足的,忽略了不忍的另一面,即不忍心伤害别人,不忍心给别人带来痛苦。实际上,以痛苦为线索的人与人之间的关系远不止这一种,霍夫曼认为应该有五种:(1)无辜旁观者与受害者;(2)侵犯者与受害者;(3)虚拟侵犯者与虚拟受害者;(4)旁观者与多种受害者;(5)遭遇者与对个人或对原则的伤害。[①] 我们可以将这五种以痛苦为线索的伦理关系归为两种,一种是前文所说的旁观者与受害者,另一种是侵犯者与受害者。霍夫曼的第三种可以归入第二种,第四种可以归入第一种,至于第五种类型,则与每种类型都有交叉,但基本上可以归入第一种。在旁观者与受害者伦理关系中,同情的作用在于通过同情(同情本身就是一种对他人作为人的认可以及其不该遭受如此痛苦的肯定)、同情表达与多种行动以

[①] M. L. Hoffman, 2000: *Empathy and Moral Development: Implications for Caring and Justice*, New York, Cambridge University Press, p. 3-4.

减轻他人之痛苦。至于有多种受害者的情况,其实只是基本原型的扩展,在这种情况下,同情者所面临的问题与反应的方式没有什么实质性的差别,差别只在于能力大小,在于反应的优先顺序,犹如几个人落水先救谁的问题。在通常情况下,对个人的伤害,尤其是不公平对待,往往也是对原则的破坏。在这种情况下,同情肯定是指向受害者个体的,但减轻、消除痛苦的补救行动则可以有所不同。有时候,同情者遭遇的受害者虽然是特定的人,但不在眼前的同样遭遇的人还很多,这时候只同情眼前的人对深怀仁慈的同情者来说就是不够的;或者如果同情者只帮助受苦者解决眼前的困难,并不能保证其在今后免受同样的痛苦。在类似的情况下,同情者的行动既可以直接指向受害者,直接针对受苦者的痛苦本身,也可以指向痛苦产生的根源,寻找治本之法。皮特森(A. Peterson)将前者称为"作为关心的同情",将后者称为"作为正义的同情"。①"作为正义的同情",已经带有了预防痛苦的发生、阻止已经发生的痛苦再发生的功能,已经走向了作为仁慈的同情。

霍夫曼关于五种关系类型的分析,最大的贡献是对侵犯者与受害者这一伦理关系的描画,这种关系是以往关于同情研究中所忽视、所缺少的。如前所论,人与人之间的关系没有那么单纯,他人的痛苦既可能是由不确定因素、第三人带来的,也可能是由我引发的。不是我引发的他人痛苦,对他人来说,是处于一种急需帮助的状态,我应以同情来加以回应。如果只将同情的功能与应用局限于此的话,那同情就会大打折扣,也不符合人性与同情之本性。试想,不是由我引发的痛苦,我都应该去响应,我怎么能自己去伤害别人、制造别人的痛苦呢?在不伤害别人、不给别人带来痛苦的情境下,同情的作用与旁观情境大不相同,已经由减轻、消除他人痛苦变身为预防、阻止伤害与痛苦上。霍夫曼所谓的虚拟侵犯,其实就是一种想象性侵犯,即在头脑中通过想象预演侵犯他人。这种侵犯预演其实相当复杂,对品性良好的人来说,可能带来的是想象化同情、内疚与羞耻,导向侵犯的终止。对品性不好的人来说,这种侵犯预演带来的可能是侵犯的快乐,虽然不一定都转化为真实的侵犯,但可能成为真实侵犯行为的诱发因素。对于品性良好的人来说,虚拟侵犯其实正是"事前同情"发生的时机,所谓虚拟侵犯,其实就是激发"事前同情",并由此预防、阻止侵犯的发生。对品性不好的人来说,在虚拟侵犯中体会到的所谓快乐,其实是冷漠与残忍,是同情的反面,也掺

---

① A. Peterson, 2017: *Compassion and Education: Cultivating Compassionate Children, Schools and Communities*, London, Palgrave Macmillan, p. 69.

杂着想象性报仇、报复等负面情感。

霍夫曼对以痛苦为线索的伦理关系类型的区分丰富了我们探索同情发挥作用的伦理空间,但遗憾的是,霍夫曼关注的是事实上的侵犯与被侵犯关系,并由此滑向了对内疚的研究,认为旁观是发展同情(痛苦共情)的道德遭遇原型,而侵犯则是激发、发展内疚的道德遭遇原型。① 也就是说,霍夫曼的侵犯与被侵犯关系原型本来是思考同情的良好基础,却被他忽略了。确实如霍夫曼所论,如果侵犯行为已经发生了,主导性的道德情感要么是后悔、内疚,要么是恶意得逞后的快感,不是同情。同情发生在伤害他人之前或意图伤害他人之时,是与伤害动机斗争的力量。人的同情的发生有双重原因,既有自我动机,也有社会动机。在旁观同情中,同情虽然有自发性,却是社会动机主导的,即克服自我动机(包括自私动机)去帮助别人,在这种情况下,自我动机是同情的"干扰因素",同情的充分抒发需要克服自我动机的干扰。在预防侵犯情境下,我们所产生的侵犯动机,其主要构成基本上是自我动机,比如自我保护、恐惧、占有欲、嫉妒、愤怒。在这种情况下,作为社会动机的同情,即朝向他人的情感,尤其是对痛苦的感受与领悟(不忍他人遭受痛苦)则成了"干扰因素"。如果后者力量不足以预防、阻止前者,侵犯行为就可能实施,作为仁慈的同情就未能得到舒展。

仁慈作为"事前同情",与旁观情境中的"事后同情"有诸多不同。第一,最大的不同是同情发生的时机,一个是在痛苦发生之前,一个是在痛苦发生之后。痛苦发生前后的差异,不但是时间上的,还是发生与未发生上的差异。第二,"事前同情"意味着痛苦尚未发生,还有预防和阻止的可能;"事后同情"则是痛苦已经发生,预防与阻止已经变得不可能,我们所能做的只能是减轻或消除痛苦。由此可以看出两种同情的第二个差别,即功能上的差别,"事前同情"的功能在于预防与阻止痛苦的发展,而"事后同情"的功能在于给予受苦者以支持和帮助以减轻或消除痛苦。第三,两种同情虽然都是以痛苦为线索的,但造成与可能造成痛苦的主体完全不同。在"事后同情"中,痛苦的"肇事者"要么是第三人,要么不确定,但绝不是同情者;在"事前同情"中,同情者则可能是痛苦的引发者或制造者。一般来说,同情别人引发的痛苦容易,以同情抑制自我动机不给他人带来痛苦则相对困难,因为在这一过程中,同情者不但要与自我动机作斗争,还要充分调动想象力,预演侵犯行为给他人可能带来的痛苦。第四,别人有痛苦了,而这痛苦不是

---

① M. L. Hoffman,2000:*Empathy and Moral Development*:*Implications for Caring and Justice*,New York,Cambridge University Press,p. 114.

我造成的,我却有同情反应,体现出一种情感与行为助人的主动性。比较起来,作为"事前同情"的仁慈是一种否定性的力量,即不去伤害他人、不给他人带来痛苦,有一种被动意味。但仁慈是预防性的,发生于伤害与痛苦发生之前,所以又带有一定的主动性。

英语中"sympathy"与"compassion"都是用来表达同情的术语,其中后者更为常用,一个原因就在于后者在同情之外还包含有仁慈意味,是同情与仁慈的统一。过去关于同情的研究,局限于无辜旁观伦理关系原型,没有注意到同情在预防、阻止伤害与痛苦发生上的作用,不能不说是一种缺憾。霍夫曼关于侵犯与被侵犯伦理关系的理论,启发我们去思考同情的"仁慈面",打通仁慈与同情之间的关隘,也拓展、丰富了我们对同情的理解,更是唤醒了孟子与儒家不忍与恻隐中的古老智慧。可以说,同情与仁慈是一枚硬币的两面,或者是一种感情的两副面孔。同情也好,仁慈也罢,归根结底,就是不忍、不愿他人遭受不幸与痛苦。这种情感,在目睹旁观情境中,以同情的形态现身;在预防、阻止自己伤害他人的情境下,以仁慈的面貌出现。包尔生(F. Paulsen)认为仁慈是同情经过理性调节和教育提升之后而形成的德性,作用在于阻止纷扰、提升周围人的福祉。[①] 包尔生看到了同情与仁慈的相通,也看到了仁慈在阻止侵犯行为上的作用,但他的这一论断包含贬低同情的意味,即仁慈是同情的提升,已经上升为德性,而同情则是单纯情感性的,没有理性成分。如前所论,同情虽然是以情感为核心的,有自然、自发的一面,但同情也有认知的成分。如果我们前面的论述能够成立的话,同情与仁慈也不存在高下之分,同情与仁慈本是一种情感,只是在不同情境下有不同的表现形态而已。

人是有限存在,单独个体是不自足的,无法生存,必须过群体生活,正是因为人走出了个体、走向他人,有了关心和爱,才使自身的生命获得了超越性的意义。为了适应这一特性,也许是一开始,也许是漫长进化过程的沉淀,人这个物种在生理上已经设置了阻止伤害同类的"装置"。比如,血腥味让人反胃,伤害他人身体让人发抖、发软,解剖、肢解尸体让人呕吐等,这些生理反应,其实就是进化在人身上所预装的阻止我们残害同胞的先天"装置"。除了"生理装置"外,还有"心理装置",同情,尤其是仁慈,就是这样的"心理装置"。作为人,我们不但在生理上有阻止伤害他人的"装置",在心理上也有预防、阻止伤害他人的机制。当然,还有社会机制,不同的人类群

---

① 〔德〕弗里德里希·包尔生:《伦理学体系》,何怀宏、廖申白译,北京,中国社会科学出版社,1988,第1版,第514页。

体都以人类的身心特性为"端点"发展出道德与法律,道德与法律可以说就是预防、阻止我们伤害他人的"社会装置"。但悲哀的是,即便有了这些生理的、心理的、社会的"装置",人类之间互相伤害的事情还是不能完全消除,可以说,人类大多数的痛苦是自己造成的。人类发展到今天,地球上的其他物种已经不是人类的对手,对人威胁最大的往往是人自己。由此也能看出这些"装置"之重要,有了这些"装置",人与人之间的互相伤害还如此之深,可以想象,如果没有这些"装置",人类恐怕不会延续至今。

(三)仁慈的反面是残忍

如前所论,同情的反面是冷漠,即面对他人的痛苦毫无反应或有意掉头避开,仁慈作为同情的另一面,其反面与冷漠也有所不同,是我们日常都能感受到的残忍。仁慈是不忍以自己的言行去造成他人的痛苦,是预防、阻止我们伤害他人的情感力量,那么残忍就是没有仁慈或仁慈失效,就是伤害他人、造成他人痛苦而没有情感障碍。如前所论,在正常情况下,我们见到他人痛苦就会有自发、自然反应,不愿意他人痛苦,而且我们也"不忍"以自己的言行给他人带来伤害与痛苦,况且遗传已经在我们身体上设置了阻止我们伤害同类的先天"装置",为什么还能没有情感障碍地伤害他人(残忍)呢?对这一问题的思考一直是宗教与哲学的重大问题。基督教以"原罪"来解释,即残忍等罪恶衍生于人的原初堕落;佛教则从个人的贪欲、贪念来解释残忍等罪恶的根源。哲学对这一问题的思考也从未停歇。柏拉图、苏格拉底从外物对人的诱惑入手,解释道德恶来自人没有完成作为人的使命:"关心你自己。"孟子认为是"失性",即人天生有不忍之心,但往往未能意识到自己的本心而任其迷失。康德则用"根本恶"来揭示恶的存在,即人的先天禀赋是善的,理性也是善的,却有作恶的意志。在康德看来,能够意识到道德法则,却可以选择不守道德法则而去作恶,正是人的自由之体现。如果没有作恶的选择,人人天生为善,后天不需要意志努力而为善,那善也就没有意义了。①

以上关于恶的哲学思考虽然千差万别,但也有相通的一面。人有向善性,或者说本性为善,或者说可以为善;人也可以为恶,至于为恶的根源,或者是本性的、根本的,或者是对善性的忽视、遗失。具体到残忍,用孟子的思想来解释,就是自然的"不忍之心"受到了阻碍,未能"扩充"到"所忍"之处,未能上升到仁的高度;从结果的角度看,则是"不忍之心"的遗失,丢掉了作为人的本心,"忍不忍之事"而不知其严重性。用康德的"根本恶"概念来解

---

① 〔德〕康德:《单纯理性限度内的宗教》,李秋零译,北京,商务印书馆,2012,第1版,第45页。

释,残忍要么是"人心不洁"的后果,要么是"人心的恶劣"。①"人心不洁",指人有多重动机,既有由"事前同情"(仁慈)驱动的与他人为善的动机,也有将他人视为获取利益的工具的动机,如果后者战胜了前者,"事前同情"被克服、窒息,残忍就发生了。"人心的恶劣"即人明知有道德法则的存在,却故意选择非道德法则,故意去做坏事,比如,通过"事前同情"明知伤害会给他人带来痛苦,却故意去做伤害他人的事情。对残忍的这些哲学思考揭示出同情、仁慈不是万能的,其功能的发挥是有限度的,对冷漠与残忍之人来说,同情、仁慈往往就是失效的。但冷漠与残忍的危害之深,并不能降低同情与仁慈的价值,反而更加凸显了同情与仁慈的可贵——正是同情与仁慈对冷漠与残忍的制衡与中和,人性中的善良才得以发育、舒展并放出光芒;没有同情与仁慈,人性就会被冷漠与残忍所败坏,人之存在也就岌岌可危了。

正如冷漠有不同的形态,残忍也有不同的类型。第一种残忍可以称之为"激情残忍",即人在做残忍的事情时被某种激情控制,没有心理空间去进行"事前同情"。比如王同学极度想被某大学录取,却未能如愿;而李同学并未将某大学视为理想学校,却轻松被录取,王同学极为嫉妒。李同学并不知道王同学的情况,面对其他同学的道喜,说"某大学其实并不怎么样,我不会去的",王同学受到刺激,突然爆发,仗着自己身高体壮,辱骂、殴打了李同学,给李同学造成了极大的震惊与伤害。王同学在作出伤害李同学的行为的那一瞬间,整个人都被嫉妒与愤怒支配,完全不能控制自己的言行,不能预想自己的行为会给李同学带来伤害与痛苦。事后,王同学自己都不能相信,竟然作出了如此出格、恶劣的事情,非常后悔、愧疚,并在这种"道德追复情感"②(哈特曼用语,指在犯错之后推动人去弥补、改错的情感,包括后悔、愧疚、自责等)的驱动下心甘情愿接受了学校的严厉处罚,主动向李同学赔礼道歉。由这一个案可以看出,"激情残忍"是暂时性的,等激情过去之后,残忍也随之消失,伴随而来的是后悔与愧疚,在这些道德追复情感的驱动下,去反思自己的错误并努力改正错误。当然,也存在另外一种可能,即虽然承认自己的行为是错误的,但将其合理化,为自己的错误寻找合理化借口。就这一案例而言,王同学可能会说自己的错误是李同学的高调与炫耀引发的,自己的行为虽然是错误的,李同学也有责任。"激情残忍"之后两种不同的反应,反映出不同的人格发展走向,前一种可能走向杜绝伤害、发展

---

① 〔德〕康德:《单纯理性限度内的宗教》,李秋零译,北京,商务印书馆,2012,第1版,第4—5页。
② 〔德〕爱德华·封·哈特曼:《道德意识现象学——情感道德篇》,倪梁康译,北京,商务印书馆,2012,第1版,第35页。

仁慈的道德方向,后一种则更可能走向习惯性指责他人、开脱自身、故意伤害、有意施暴。

如前所论,同情与仁慈是预防、阻止人与人之间互相伤害的"心理装置",但是人心复杂,有诸多社会与心理因素可以突破同情与仁慈的"防线",比如竞争、利欲、自我防卫、群体排斥与争斗、道德败坏。在这些因素的作用下,就会产生"故意残忍"。"故意残忍"与"激情残忍"不同,不是不能控制自己的言行,而是故意以自己的言行去伤害他人、造成他人痛苦。"故意残忍"也可以分为两个层次,一个层次是为了自我动机、自我利益,不惜伤害他人,至于这种伤害会给他人带来什么样的痛苦不是重点,重点在于自己的利益与得失;另一个层次则是比较"在意"自己的伤害给他人所带来的痛苦,他人痛苦就是自己想要的结果。第一个层次的焦点在自我利益,为了自我利益,不惜伤害、牺牲他人;第二个层次的焦点在他人痛苦,即刻意制造他人痛苦,以他人痛苦为乐。两个层次都是残忍的,都是故意的,但第一层次的故意主要放在自我利益上,伤害他人只是附带的;第二个层次的故意主要放在他人痛苦上,他人痛苦就是所要获得的利益。比较起来,第二个层次的残忍更残忍,是"残忍的残忍"。

作为同情反面的冷漠与作为仁慈反面的残忍是不同的,但也是相通的。在故意冷漠中,看到他人痛苦,但为了自我动机、自我利益不管不顾,与"故意残忍"的第一层次结构是一样的,都是为了自我利益而不顾他人痛苦,仅仅在痛苦是由谁带来的这一点上有所区别。前面讲过,看到别人处在危难之中"见死不救",因为他人危难不是自己带来的,总体上还是极端冷漠,但同时也有残忍的性质。第一个层次的残忍,只聚焦于自己的利益,不顾他人痛苦,因为他人痛苦是自己带来的,总体上还是残忍,但同时也是冷漠。冷漠与残忍的相通还在于残忍中都有冷漠。无论是"激情残忍"还是"故意残忍",都体现出对他人痛苦的漠然、漠视,都有冷漠的成分。

三、同情的伦理价值

(一) 最深沉伦理关系的体现

情感主义的先驱哈奇森(F. Hutcheson)通过"对人心的观察","发现"人在视、听、嗅、味、触这五感之外,还有美感与道德感(主要是同情),并将美感与道德感称为人的"第六感""第七感"。[①] 哈奇森以人的感觉功能来标识

---

① 〔美〕迈克尔·L. 弗雷泽:《同情的启蒙:18世纪与当代的正义和道德情感》,胡靖译,南京,译林出版社,2016,第1版,第26页。

同情的作用,带有明显的18世纪启蒙时代的科学气息,虽然形象,还不足以揭示同情的伦理价值。人有意识和自我意识,能够意识到自己与他人的不同、分立。如果只有这一个方向的意识的话,人就是一种"被抛"的存在,就会体会到无法与他人联结的深深孤独。好在人还有共情、同情等感情,正是这些感情的存在,使孤立的人能够彼此联结起来,进而能够成就既独立又团结的人之卓越。正如霍克海默(M. Horkheimer)所说,一个人犹如一座房子,每个房子都是有窗户的,人的房子由于这样那样的原因,总会将窗户关闭起来,导致房子与房子之间互相封闭,但一个共享的痛苦(同情)就足以将各自的窗户吹开。① 这是从同情对人之存在的意义上来看的,而孟子揭示的是同情在人身上的体现,即存在通过同情在人这里得到显示。如前所述,孟子正是通过"童子落井"这个事例来阐明在紧急状态下,人不再是自己的主人,而是存在的化身,存在通过我的不忍之心与自发反应得以显身。同情作为存在的化身,可以将分离的个体打通、联结起来。于连将孟子的这一思想理解为"通个体性",即在我们的生存深处,分立的我们实际上是通接的。这种通接性,平时隐而不彰,随着痛苦显身而显身,因为痛苦威胁的不单是个体,还是我们的共同存在。人与人之间的同情,既是对个体的保护,同时也是对存在的保卫。②

　　人可以说是个体的存在,但没有人与人之间的扶持与依存,人甚至连靠本能生存的野兽都无法战胜。从这个角度看,同情是对人之有限性的弥补,通过同情,人们彼此互帮互助,克服了单个人的有限性,使人变得强大起来。从现世生存的角度看,人也是脆弱的,十分强大的人,遭遇一个命运的转折,就可能被击垮,连英雄盖世的阿喀琉斯(Achilles)都无法承受脚踵之伤。我们对他人的同情,其实也是对人之脆弱性的承认。今天遭遇不幸的是别人,我虽然暂时幸免于难,但我也随时都有遭受不幸的可能。对于这一点,亚里士多德是有所洞察的,他的"相似可能性"判断虽然饱受质疑,但隐隐有对人之脆弱性的提示。后世诸人,比如纳斯鲍姆就以卢梭所揭示的富人不能同情穷人、贵族轻视农民来质疑"相似可能性"判断的有效性,并以此为据将亚里士多德的"相似可能性"判断改为"幸福判断",即我是否同情他人,以他人之痛苦是否影响我的良好生存,或者说他人痛苦是否卷入我的生活为前提。③ 比

---

① P. O. Ruiz et al., 1999: "The Role of Compassion in Moral Education", *Journal of Moral Education*, March.
② 〔法〕弗朗索瓦·于连:《道德奠基:孟子与启蒙哲人的对话》,宋刚译,北京,北京大学出版社,2002,第1版,第26页。
③ M. C. Nussbaum, 2001: *Upheavals of Thought: The Intelligence of Emotions*, New York, Cambridge University Press, p. 317-322.

如,我对一个陌生人的痛苦不同情,就是因为陌生人的痛苦对我的生活没有实质性的影响,如果是一个亲密朋友遭遇同样的痛苦,因为生活与感情的相关性,那就不同了。这样的修正,虽然更符合现实生活中的同情现象,但降低了同情的形而上与伦理高度。与我相关,卷入我的生活才能产生同情,那"我"就成了是否同情的唯一标准,失去了孟子所喻示的存在共通性,也失去了亚里士多德"相似可能性"判断中所暗示的人之脆弱性(人人都可能遭遇不幸,也就是中国人所说的人有旦夕祸福)。当然,如果我们把亚里士多德的"相似可能性"判断仅仅理解为,如果有可能遭遇同样的不幸就同情,否则就不同情,那这个判断确实需要修正;如果我们从中看出对人之脆弱性的理解,看作对命运无常的共情,那亚里士多德的洞察力与深刻性今天依然无人能够超越。

同情是对人"通个体性"的体现,是对人之脆弱性的体悟,也是人与人之间的承认。休谟认为不同情感背后都蕴含着"认可"(approbation)与"不认可"(disapprobation)。① 我同情某人,其中的认可既包括对同情这种情感的认可,也包括对同情对象人格的认可。我能同情他人,体现了我作为人的基本品质,证明我有作为人的资格。我作为人的资格与我的同情能力是互证的,因为我是人,所以我能同情他人;因为我能同情他人,我获得了作为人的情感与资格。对于这一点,孟子是深有体悟的,只不过他是从反面说的:"无恻隐之心,非人也。"我同情你,其实就意味着我对你作为与我是同样的人这一地位的认可。反过来,冷漠与残忍,就意味着对他人的不认可,起码是在那一瞬间、那一场景下我对你的否认。对他人的承认本身就是减轻痛苦的力量,对他人的不承认本身就是引发与加剧他人痛苦的因素。

(二)"母道德情感"

同情作为最为深沉的伦理关系之体现,还表现在同情是"母道德情感",即同情是诸多道德情感或类道德情感的根基,或者说,诸多道德情感或类道德情感在一定程度上都是由同情派生出来的。

后悔是一种"道德追复情感",即渴望自己未做已做之事。为什么渴望已经发生的最好没有发生呢?根本的原因在于行为、事情错了,对自己、对他人造成了伤害与痛苦,如果是对自己造成了伤害,后悔就是一种直接反应,似乎与同情没有关联。但按照斯密的理论,我们在判断自身行为的时候,往往也会站在别人的立场上来进行观察,甚至会引入"公正旁观者"的视

---

① 〔美〕迈克尔·L.弗雷泽:《同情的启蒙:18世纪与当代的正义和道德情感》,胡靖译,南京,译林出版社,2016,第1版,第50页。

角来衡量自己行为的对错。① 从斯密的理论出发,我们可以看到同情与后悔的关联:我之所以后悔,是因为我能以公正旁观者的身份来同情我自己,如果我的行为对他人造成了伤害,引发了他人的痛苦,驱动我后悔的则主要是愧疚与同情。我造成了他人的痛苦,如果我是冷漠或残忍的,对这痛苦没有感受,也就没有后悔,我之所以后悔,就是因为我感受到了他人的痛苦(同情),且明白这痛苦是自己造成的(愧疚)。

愧疚与羞耻也是以同情为根基的。愧疚是因错而生的情感。愧疚的"错"有两种,一种是已经发生的,一种是尚未发生的、想象的。已经发生的错,如果伤害的是自己,引发的情感主要是后悔;如果伤害的是他人,引发的情感主要是愧疚。愧疚不同于同情,愧疚因为自己伤害了他人,造成了他人痛苦,觉得亏欠他人。但愧疚的底色是同情,即对他人痛苦的感受,在愧疚情感下,我不仅感受到了他人痛苦,且明白这痛苦是自己造成的。在痛苦感受与错误认知双重力量推动下,我会感到愧疚与后悔。正是愧疚与后悔推动我去改正错误,弥补对他人所造成的伤害,减轻他人痛苦。由此看来,愧疚以同情为底色,但又不止于同情,比同情有更强的补救驱动力。引发愧疚的错误也可以是尚未发生的、想象性的,比如,我在头脑中预演对同学的伤害,等预演结束,随之而来的是愧疚(如果暴露,还会感到可耻),虽然这伤害尚未发生。想象性愧疚,与同情、仁慈都是密切相关的。虽然未对他人造成真实伤害,但我有伤害他人的念头,已经预演了这伤害可能给他人带来的痛苦,我之所以感到愧疚、后悔与羞耻,同情发挥着关键作用。我从想象性伤害的沉溺中自拔而出,既是整个心灵的综合作用,也有仁慈的力量,即不忍他人真正受到伤害。

羞耻是缺陷、隐秘、丑行的真实暴露或想象性暴露所产生的消极情感。在羞耻的心理结构中,暴露是一个关键环节,暴露即伤害,羞耻就是由暴露伤害所产生的痛苦。缺陷、隐秘、丑行的暴露为什么让人受伤呢?这里面的机制是一种反向的同情,即在羞耻中,我跳出自我,站在他人的立场上来看自己,体会他人看到自己被揭开一切遮盖物之后的尴尬与不堪。人都有脆弱的一面,这是人之有限性的体现,也是同情的基础,在通常情况下,我们都会将这脆弱的一面隐藏起来,而羞耻则是这脆弱一面的暴露,结果是别人对自己的透视、轻视或同情。也就是说,羞耻虽然不是以同情为基础,却是反向同情在其中起着作用。

---

① 〔美〕迈克尔·L.弗雷泽:《同情的启蒙:18世纪与当代的正义和道德情感》,胡靖译,南京,译林出版社,2016,第1版,第120—121页。

同情与愤怒的联系比较明显。在很多情况下,同情与愤怒是伴生的,同情是愤怒的原因。在有侵犯者的情况下,我们对受害者的同情往往与对侵害者的愤怒是同时发生的,二者是正相关关系,即对受害者的同情愈深,对侵害者的愤怒也就愈强烈。作为同情者,我们的帮助行为不单指向受害者,还指向侵犯者,用对侵犯者的回击与惩罚来帮助受害者。在没有第三方侵害的情况下,我们也会对受害者既同情又愤怒,爱恨交加。比如,一个朋友沉溺游戏不能自拔,导致学习成绩一落千丈、生活一团糟,我作为他的朋友对他既同情又愤怒,同情的是他的遭遇与痛苦,愤怒的是他的不能自制与意志薄弱。有时候我们也会对自己愤怒,比如在我们的行为给别人造成伤害的情况下,我们会产生愧疚、后悔、愤怒掺杂一起的情感,愤怒自己怎么会如此行为。如前所论,仁慈是"事前同情",残忍是"事前同情"的失效,如果这种失效不是有意的,而是"激情残忍",那么在激情过后,等冷静下来,往往也会对自己的不冷静、不理智行为给他人造成的伤害与痛苦感到后悔与愤怒。

　　与后悔、愧疚、羞耻这些"类道德情感"不同,感恩、自豪自身就是美德。感恩与同情的联系比较间接,他人的同情与帮助,是感恩的引发因素。我们对他人的感恩,有可能是由他人的同情激发的。以孟子的"童子落井"为例,救人者虽然不是要"内交于孺子之父母"或"要誉于乡党朋友",纯粹是一种本能性的同情反应,但被救的孺子之父母只要是正常人,都会对救人者由同情驱动的救人行为(施恩行为)油然而生感恩之情。在正常情况下,救人是自然而发的,感恩也是自然而发的,都不是来自勉强与被迫,虽然救人者并没有"施恩图报"的意图与要求,但一个人受了别人很大的恩惠而不予感恩回报,即便施恩者没有回报要求,也是有悖情感正义的。非正义对待是一种伤害,也会带来痛苦。比如,我基于同情帮助了同学很多,虽然从来都不是为了回报才帮助他的,但他视我的帮助为理所当然,一点感恩的情感都没有,从情感上来说,对我也是不正义的,也会给我带来伤害。由此看来,感恩一方面可以由同情引发,另一方面也是不伤害施恩者的方式,也是一种"事前同情"。

　　自豪是因自身成就或品质而感觉良好、感到光荣,是基于积极自我评价而产生的一种情感。道德自豪是自豪的一种,是由良好道德行为与道德品质激发的一种积极情感,同情虽然还不能说是一种道德品质,但起码可以说是一种道德情感,有规范意蕴,同样可以激起道德自豪。如果同情推动了助人行为,那这助人行为一定是道德行为,可以激发道德自豪。当然,激发道德自豪的道德品质与道德行为多种多样,不限于同情与助人行为,如果诸多道德情感都以同情为底色,由这些道德情感所激发的道德自豪也有同情的一份贡献。后面还会论及,同情是诸德之根,我们的诸多德性都是以同情作为根基的,"己所不欲,勿施于人"这一道德金律就是以同情为根基的道德原则。由此我们可以推论,诸多道德品质所引发的道德自豪,虽然不一定直接与同情相关,但基本上也都有同情的贡献。

也可以从"反道德情感"来看同情的意义。前文所论的冷漠与残忍就是反道德情感,阻碍道德行为的实施、损害道德品质的获得与提升。冷漠与残忍,之所以称为反道德情感,根本的原因在于同情缺乏,是同情的反面。自恋是另外一种反道德情感。自恋是对自我的迷恋,这种迷恋与自赏不是以真实的成就与品质为依据,而是以自夸与"他贬"为基础的迷恋。自恋者将自己安置于虚幻的自我美好之中,对他人要么漠不关心的(冷漠),要么是通过贬低他人来维护自我的虚夸。贬低他人是一种伤害,会给他人带来痛苦,其实也是一种残忍。因此,自恋看上去与同情没有什么关系,但其之所以是反道德的,归根结底还是同情(包括"事后同情"与"事前同情")的缺乏。

(三)"道德金律"之根

同情,包括仁慈,核心在于为他人考虑。当我们产生同情时,虽然清楚自己与他人的分立,自我依然是同情的支点,但也意味着我们已经将关注点由自身转向他人,是对他人正在遭受或可能遭受痛苦的情感反应。这些情感反应,无论是自然自发的还是经过思考判断的,都是应该的,理当如此、情当如此的,即在那种情况下,作为人应该如此,正如孟子所设定的"童子落井",在那种情况下,作为人都应该产生恻隐之心。正是在这种意义上,我们可以说同情是一种规范性情感。这种规范性情感如果表达出来,或者化为助人行为,就由规范性情感走向了道德行为。在多数情况下,有同情之情易,有同情之行难,从情到行,还要克服很多内外困难。内在的困难主要是自我动机的克服,外在困难则包括人际障碍、条件欠缺等。即使只有同情之情,没有同情之行,纳斯鲍姆也认为起码是"半伦理成就"(quasi-ethical achievement)[①],理由就在于同情之情一旦产生,就意味着在为他人考虑,已经将感情投向了他人。

同情的道德价值如果仅仅限于一种规范性情感的话,即便重要,也没有什么值得大书特书的。同情的道德价值更在于同情是"道德金律"的内在逻辑。"道德金律"或者说"黄金道德规则",在中西文化中有不同的表达。在

---

① M. C. Nussbaum, 2001: *Upheavals of Thought: The Intelligence of Emotions*, New York, Cambridge University Press, p. 336.

西方文化中,提倡"爱邻如己",像爱自己一样爱护你的邻人,就是以"己"为标准来对待他人,自己期望的他人同样期望,自己所厌恶的他人也同样不喜欢。为什么能以"己"作为对待他人的标准呢? 内在的逻辑就是共情与同情,即作为人,我们的内在精神与需求有一致性,我们都有同样的人性与需要。就痛苦来说,我厌恶之,别人也不想要,避开痛苦对我是一种爱护。以"己"为标准来对待别人,就要求既不给别人带来痛苦,又要帮助别人减轻痛苦。"道德金律"的儒家表达是"己所不欲,勿施于人",其内在逻辑虽然也与共情相关,但与"爱邻如己"相比,同情的味道更浓了。我所不欲的虽然很多,归根结底是不幸与痛苦,那么就不要将我所不想要的不幸与痛苦加在别人身上。比较起来,"爱邻如己"奠基于共情与同情之上,而"己所不欲,勿施于人"则更多以同情为根基。有学者将"道德金律"概括为"每一个人都应当得到符合人性的对待",又细分为由"不要杀生、不要偷盗、不要撒谎、不要奸淫"组成的消极形式,以及由"坚持尊重生命的文化""坚持公正的经济秩序""坚持宽容与诚信的生活""坚持性别平等"构成的积极形式。① "每一个人都应当得到符合人性的对待"是正面表达,却是从其反面推导出来的:不符合人性(不人道)的对待是伤害,带给人痛苦。"道德金律"的细分,消极方面的"四不要",就是同情与仁慈的具体化。四个积极方面,也都是从同情衍生出来的。由此看来,无论作为文化与宗教遗产的"道德金律",还是全球化时代世界伦理的"黄金道德规则",都是以同情为根基的,没有同情作为内在依据,这些"金律""规则"也就没有光泽了。

对于同情在德性之中的根基性作用,并不是所有哲学家都认同的,比如舍勒就认为同情是被动、次生的情感,并未贯穿所有伦理判断的始终,在正义等德性中的作用不大,甚至是需要克服的障碍。② 对舍勒的这一质疑,18世纪的情感主义学者其实已经作出了回答,自然美德以同情为基础,更多的是人性自然反应的凝结。自然美德虽然直接、自然,但并不足够,比如人与人之间存在阻碍自然情感反应的空间距离、心理距离、社会距离,如何缩短这些距离,实现对他方远处、心理疏远、阶层种族差异巨大的人道与公平对待,就需要自然美德之外的人造美德。人造美德不是天然的,而是人与人之间的约定,是理性的选择。③ 人造美德因为其人为约定性,与同情的关系间

---

① 〔德〕孔汉思、〔德〕库塞尔:《全球伦理——世界宗教议会宣言》,何光沪译,成都,四川人民出版社,1997,第1版,第16—55页。
② 倪梁康:《心的秩序——一种现象学心学研究的可能性》,南京,江苏人民出版社,2010,第1版,第132页。
③ 〔英〕休谟:《道德原则研究》,曾晓平译,北京,商务印书馆,2001,第1版,第35—40页。

接一些,但并非如舍勒所言没有关系。比如,正义原则就是人造的,但不是随意制造出来的,而是人性需要的体现。休谟对这一点看得很清楚:一个缺乏同情的人,既不可能获得自然美德,也无法获得人造美德,甚至根本无法获得分辨是非的基本道德情感。① 实际上,将美德分为自然美德与人造美德,只是一种理论思考的需要,在现实生活中,诸多德性都是混合的,甚至世界伦理的"黄金道德规则"或儒家的"道德金律",都是自然情感与理性约定相结合的混合形态。

  同情作为德性之根直接体现在其与主要美德的关联上。诚实与同情的关联体现在两个方面:一方面是"情同此理",我不愿意被欺骗,他人也同样不愿意受欺骗;另一方面是不忍伤害,欺骗对别人是一种伤害,有同情心的人因为不愿意伤害他人而诚实,其中的心理机制是作为"事前同情"的仁慈。诚实虽然是主要的美德,但也不是绝对的,有时候需要将其悬置,因为"残酷"的真相对相关者是一种伤害。特定情况下悬置诚实之所以在道德上是被允许的,就在于同情的作用,即我们不能用残酷的真相去伤害他人。勇敢是为了高尚的目的不顾危险的行动,由三个要素构成:一是危险,二是行动,三是目的。危险给人带来的是伤害与痛苦,那么人为什么还要不顾危险呢?原因在于高尚目的,比如为了群体或他人免受伤害。也就是说,勇敢是在群体、他人还是自己受伤害之间选择了自己受伤害(可能),以自己的受伤害(可能)来免除、终止群体、他人受伤害,同情是内在的构成要素。一个人如果是冷漠或残忍的,别人受伤害与否根本无法引起其关注,也就不可能作出勇敢行动。在勇敢中,"事后同情"与"事前同情"都可以发挥作用。不顾危险救助受到伤害、处在危险之中的人,就是"事后同情",比如与歹徒搏斗救下被刺伤的人;不顾危险救助将要受到伤害的人;又如危险时刻扑上去拉开下一秒就要被车撞上的儿童,就是"事前同情"。尊重有两种形态:一种是认可性尊重,即对他人作为人的主体地位的认可;另一种是评价性尊重,即基于对他人成就与品质评价的认可。认可性尊重更为根本,我们作为人可以"不劳而获",而评价性尊重则与个人的努力与成就相关,是一种获得性尊重。同情与两种尊重都有联系,如前所论,同情基于认可,即对他人作为平等主体的认可,本身就是尊重。获得性尊重既是差别对待,也是情感正义的要求,我希望别人看到我们的努力与成就,希望获得匹配的认可,别人也是如此,那么我对他人的获得性尊重其实遵循的还是共情与同情的逻辑。宽

---

① 〔美〕迈克尔·L.弗雷泽:《同情的启蒙:18世纪与当代的正义和道德情感》,胡靖译,南京,译林出版社,2016,第1版,第95页。

容之所以是美德,是因为宽容包含尊重,即对他人自主性、多样性的尊重,不去干预他人与己不同的情感、观念与行为,因为这种干预侵犯了他人的自主性,会给他人带来伤害。

四、同情在当代教育中的处境

(一) 同情是教育的灵魂

皮特森说,将学校教育视为同情培养的关键机构并不正确,父母、家庭、同侪群体、媒体、社区等在同情培养上都发挥着重要作用,尤其是父母与家庭,在同情培养上的作用是其他因素所不能比拟的。① 霍夫曼也认为父母的约束与引导在同情培养上起着关键作用。② 但学校教育在同情培养上的作用,也不容小觑。从规范的意义上看,学校是一种同情性机构,其存在的一个重要意义就是以自己对年轻一代的同情与关心来促使他们成长并学会同情与关心。我们常说,学校是向善的机构,学校教育是向善的活动,这是从正面说的;从反面说,就是与恶斗争,就是止恶,向善与止恶是一体的。痛苦对人来说是一种恶,正是学校及教育活动所要预防、消除、制止的,而这正是同情之要义。从事实层面看,学校教育在年轻一代成长中所扮演的角色愈发重要,在一定程度上,儿童的成长重心已经由家庭转向了学校。一个简单而有力的证据就是,人的成长历程不是以家庭为标准,而是以学校教育为标准来划分阶段的,诸如学前阶段、小学阶段、中学阶段、大学阶段等。从伦理关系上看,家庭与学校是各有边界的伦理实体,但在学校教育日益重要的今天,两个伦理实体的平衡关系已经严重失衡,家庭有变成"附属学校"、家长有变成教师"助教"的趋势,可以说学校已经占据了儿童成长过程中的主要时间与空间。在这样的趋势下,对年轻一代的同情培养,固守家庭教育,不重视学校教育的作用,显然存在"刻舟求剑"式的错误。

学校在同情培养上具有别的机构所没有的优势。第一,如前所论,教育本身就是一种同情(仁慈)活动,不但关注受教育者当下的遭遇,帮助他们减轻、消除正在经受的痛苦,还要通过增强能力以避免、战胜未来的痛苦。可以说,教育就是以同情与仁慈的方式对待年轻一代的有意识活动。第二,同情类似于一种"伦理与精神慷慨"③,即将关切、时间、注意力投向他人,为他

---

① A. Peterson, 2017: *Compassion and Education: Cultivating Compassionate Children, Schools and Communities*, London, Palgrave Macmillan, p. 10.
② M. L. Hoffman, 2000: *Empathy and Moral Development: Implications for Caring and Justice*, New York, Cambridge University Press, p. 140.
③ R. White, 2017: "Compassion in Philosophy and Education", *The Pedagogy of Compassion at the Heart of Higher Education*, Gewerbestrasse, Springer International Publishing AG, p. 30.

人的遭遇与痛苦而动情、行动，放下的是自我利益、自我动机。教育遵循的也是同样的精神逻辑，即将物力、精力、注意力投向学生，为他们的成长与幸福而行动，体现出一种"类同情结构"。或者说，从应然角度看，理想的学校应该呈现"同情学校"(compassionate schooling)①的状态。这样的学校，以同情的心对待学生，不为同情教育，本身却具有巨大的同情教育效应。第三，如前所论，同情有关心的同情与正义的同情之分，学校教育以关心的方式体现对年轻一代的同情，更以正义的方式与行动来体现同情。一方面，学校教育针对的是不幸与痛苦产生的根源，用教育的方式来消除痛苦产生的原因，用的是"治标"的同情方式；另一方面，学校教育还给弱势者以特殊的补救与帮助，体现社会正义与情感正义的要求。第四，学校教育的目标与同情是一致的。教育有为每一个人的发展提供辅助、条件与支持的价值预设，但每一个人的发展都不是纯粹自我利益与自我动机的发展，而是将自我与社会、世界结合起来，将个人从自我、当下、地方的束缚中解放出来，学着去关注他人、过去、未来、远方与世界。学校教育的这种价值预设与引领方式，其实是一种更为宽广的同情引导。

现代学校还有一个其他社会机构所没有的独特性，即同龄人大量聚集。同龄人聚集有这样那样的问题，比如很容易被成年人以激发竞争的方式加以操纵，但从同情引发的角度看，也有益处。生活的相似性，使得同龄人更容易体察、理解彼此的感情。比如，父母总是抱怨孩子不能体会自己的难处与痛苦，这有孩子的问题，也是生活的巨大差异这一客观事实所导致的自然结果。一方面，孩子虽然生活在家庭里，但多数人没有进入父母的生活与工作世界，对父母的世界很陌生，产生共情隔阂与同情阻隔确有客观原因。另一方面，父母出于同情与爱护，总是倾向于将成人世界的痛苦与孩子分割开来，长辈痛苦对孩子变得"不可见"。这是对孩子的保护，因为在心智并不成熟的状态下，过度曝光痛苦，反而会让孩子的心灵受到伤害。但过度保护也会使孩子生活在刻意制造的快乐世界中，只能与父母同甘，不能与父母共苦，并不利于同情的培育。同龄人则不一样，他们有共同的生活、共同的世界，了解彼此的快乐与痛苦，而且彼此都不会刻意、过度隐藏自己的情感，也没有成人那样的隐藏能力。从同情培育来看，同龄人的痛苦具有"可见性"，就在身边，就在眼前，这样的人际关系是同情引发与同情发育的良好基础。

---

① A. Peterson, 2017: *Compassion and Education: Cultivating Compassionate Children, Schools and Communities*, London, Palgrave Macmillan, p. 135.

(二) 需求导向与对同情的"流放"

马克思维尔(B. Maxwell)以同情作为视角观察高等教育,发现高等教育是需求驱动(demand-driven)的,即驱动高等教育的不是公共善,而是个人需求,高等教育的存在以服务个人利益追求为导向①,在这一导向之下,同情是个人利益的干扰因素,是需要排斥的。学生上大学的目标是为了个人的成长,是为了在就业市场上占据优势地位,大学的吸引力也在于能够在多大程度上满足学生个人发展的需求。在这样的逻辑下,从学生的角度看,同情落后的同龄人,同情处在不幸与痛苦之中的人,对自己的目标追求是一种游离。高等教育如若在这方面着力过多,也是偏离"消费者"利益的表现,由此来看,在高等教育中同情被"流放"也就合乎现实、合乎逻辑了。根据马克思维尔的观察,除一些特定领域外,整个高等教育都是看不到同情的位置的。②马克思维尔所揭示的高等教育对同情的排斥,虽然以西方大学为事实参照,同样也适用于中国高等教育。现在的大学生从一入大学校门开始,就为四年之后的就业焦虑,整个上大学的过程就是就业准备的过程,至于周围人的遭遇,社会与世界的发展状况,都只不过是就业准备过程的背景性因素而已。

如果说上大学就是就业准备的话,接受基础教育就是上大学的准备。过去我们总说"高考指挥棒",即基础教育受高考的指挥,高考考什么,基础教育就重点准备什么。"高考指挥棒"归根到底还是"大学指挥棒",即大学是整个教育体系的标准制定者,整个教育体系是受大学牵引的。既然大学是需求驱动的,那么受大学牵引的基础教育也相应地是需求驱动的。近些年来,关键能力(核心素养)在 OECD(经济合作与发展组织)的大力推动下全球流行,但仔细检视 OECD 的关键能力框架,其背后的理论基础其实还是人力资本理论,即人的价值在于作为人力资本的价值,教育的功能则在于提升每一个人作为人力资本的价值以获得一个高回报的职位。

如今是一个测评与排名的时代。为了证明自己排名与测评方案的科学与权威,各种评估机构开发了一个又一个复杂多样的指标体系。在这些指标体系之下,能够被量化测评的活动与工作才是有意义的,不能被量化测评的活动与工作都是没有意义的,导致的结果是活动、工作不是为了活动、工作本身的卓越,而是为了获得漂亮的量化评价结果。在这样的逻辑推动下,

---

① B. Maxwell, 2017: "Pursuing the Aim of Compassionate Empathy in Higher Education", *The Pedagogy of Compassion at the Heart of Higher Education*, July.

② B. Maxwell, 2017: "Pursuing the Aim of Compassionate Empathy in Higher Education", *The Pedagogy of Compassion at the Heart of Higher Education*, July.

同情、心灵沟通等属于教育之精髓的维度被遗弃了。一方面,我们未见到哪个量化评估指标里有对一所学校的同情度进行测评的;另一方面,因为同情度无法表现在量化指标上,在现实教育中也就被放弃了。比如,基础教育阶段屡禁不止的快慢分班,不知给那些被打入另册的学生带来了多少人为的痛苦,但这些痛苦不会反映到量化指标之中,或许正是因为这些痛苦的存在,学校的评估指标才更亮眼。

俗话说,种瓜得瓜,种豆得豆,以需求为导向的教育,所培养的人自然多是自我成功、自我利益的追逐者。在我们的生活中,这样的人太多了,他们只关心自己的利益与升迁,而他人的痛苦,社会的发展,人类的命运,都很难进入他们的视野,即使进入了,也是可利用的工具。在我们这个充分尊重个人权利的时代,追求自我利益、自我成功本身为社会所接受,并没有什么可以指责的地方。问题是,教育是公共事业,应该有更为高尚的目标。教育如果放弃其他目标,以有助于实现个人利益、个人成功来吸引学生、获得自身存在的根据,这样的教育本身也是沉沦的。人有自我利益追求的动力,教育等社会因素对此应该是既支持又引导,如果变成了单纯的火上浇油,个人在自我利益追求的道路上就会越走越远了,甚至会走向冷漠与残忍。当下情境中的诸多教育通道上的成功者,被人批评为"精致利己主义者",虽然可能失之偏颇,但确实是值得警惕的社会不良趋向。

(三)"见物不见人"与对同情的"流放"

人有自我意识,对人来说,认识清楚自己是谁是最有吸引力与挑战性的课题。教育在很大程度上就是帮助人去认识人本身的,过去的教育基本上都是以对人的探索为核心的,"关心你自己"就是教育的"本心"。[①] 教育对人本身的探索,既包括引导一代又一代的受教育者探索他们自身,对他们当下的生活与存在进行反思,也包括引导他们将自身放在所处时代的大背景下,参照时代生活来认识自身与同时代的人,找到自己在世生活,尤其是与他人关联的位置。而且,对人的认识不能局限于受教育者的当下生活,还要有历史的、世界的维度,正是基于这样的认识,过去时代的教育对历史极端重视,希冀用人类已有的智慧积累启迪每一代受教育者达到他们所能达到的高度。过去时代,尽管交通、交流不便,但很多地方的教育也都已经有意识地从可以获得的异己文化中学习,参考世界其他人群对人性进行探索。过去的教育,重视对经典的学习,一个重要的原因在于这些经典代表了人类

---

① 高德胜、安冬:《"关心你自己":不能失落的教育之"本心"》,《教育研究与实验》2018 年第 2 期。

对人本身、对人性探索的高度。作为普通人，如果各自探索的话，终其一生都无法达到那些伟大心灵之万分之一。值得庆幸的是，伟大心灵者的成就不是他们独享的，而是人类可以共享的，对经典作品的学习，就是聆听伟大心灵的教诲，与他们对话，用他们的智慧照亮我们自己的人生。当然，过去时代的教育对宇宙、自然的探索也从未停歇过，但这种探索总是参照对人性的探问，比如，找到人在宇宙中的位置、以天道悟人道。以人为中心、重心的教育，虽然并不一定直接进行同情教育，但因为关注点在人本身，从精神气质上看，就是一种蕴含式的同情教育，或者说，同情在过去时代的教育中既是有目的的追求，也是教育运行无意识的边际效果。

教育的这种朝内看的传统在现代被反转，可以说现代教育基本上是朝外看的，教育的关注点不是人、人性本身，而是人之外的自然与物质世界。教育的外向化，最直接的证明是人文教育的弱化与科学教育取得压倒性优势地位。曾经主导教育几个世纪的人文教育，在当今世界各国的教育体系中都是弱势存在，甚至是科学教育的辅助性环节。世界上一次又一次的教育改革，无论口号有多动听，最后往往以削弱人文教育收场。已经边缘化的人文教育虽然还"顽强"存在，其实在很大程度上也已经为科学教育所"调谐"过，人文色彩淡化，科学痕迹明显。科学教育之所以能够主导教育内容，一方面在于，科学在现代社会中的巨大成就，如果说过去时代是宗教的时代，人们在精神上依赖上帝或各种神祇的话，现代社会就是科学的时代，科学就是我们时代的"新宗教"，科学成了我们新的精神依赖。另一方面也在于，通过科学课程掌握科学知识能够显著提升人的能力，尤其是创造物质财富的能力。现代学校教育，对受教育者的这种功用动机与需求有深刻的理解，总是以自身的功用性成就作为吸引受教育者的手段。从生理上看，人的双眼本身就是向外的，很容易被外面的"精彩世界"吸引，向外看是不学而能的。反过来，向内看，认识人自身，不是生来就有的能力，需要克服外在的吸引，在教育的引导下，打开看向自身的"内眼"。教育的传统智慧就在于开发难度更大的"内眼"，如今这一传统似乎已经被丢弃。一代又一代人通过教育的过程，看到的更多是物理世界、物质世界，"见物不见人"，不反观自身，不关注他人，同情由此失去了教育根基。

"见物不见人"是就教育内容而言的。如果说整个正规教育体系都是"见物不见人"，也不符合事实，教育场域是人的活动空间，人在这里不可能消失不见，关键在于我们以什么面貌向别人展示自己，我们看到的别人又是什么面貌的。与教育内容的"见物不见人"相匹配，我们呈现给别人的也更多的是物质化的一面，即我们有什么生存技能、有什么样的功用，我们是什么"人才"、可能成为什么人才。简言之,我们呈现给别人的是我们物质化、工具性的维度,即"我是什么",而不是我们作为主体的维度,即作为人的"我是谁"。同样,别人也以同样的面貌向我们展示他们的存在与价值,准确说来,不是"看不见人",而是只看到人的物质性。我用我的物质性眼光去看你,你用你的物质性眼光来看我,彼此看到的都是物化的人,看不到人心与情感。如前所论,同情以对人心之体察为基础,看到人心与情感才有同情。我以物质之眼去看人,看人的眼光不是同情的;我看到的也是他人的物质性,不会激发我的同情。"物质见物质",不是"人心见人心",在这样的场域里,哪里有同情的位置!

（四）激烈竞争导致的同情"流放"

激烈竞争可以说是当下正规教育运行的主导性逻辑,竞争成了教育的"发动机"。在这样的逻辑下,一个人接受教育,已经主要不是为了在自身已有基础上的发展与完善,而是与他人比较而言的进步,亦即要比有直接竞争关系的同龄人强,获得比较优势位置。利用竞争管理教育运行、控制学生,幼儿园老师都深谙其道,他们已经能够非常娴熟地利用幼儿的好胜心来管理班级了,比如幼儿园老师经常会说:"看哪个小朋友坐得最端正。"在小学里,这样的竞争话语已经是无处不在了,到处都是"看谁做得最好"的话语刺激。

教育中竞争的激烈化,或者说被竞争附体,原因多样。现代教育是大众化的,同龄人一起接受教育,结果是同龄人的大量聚集,这是以往个体化、私人化的教育所没有的新情况。在现代教育中浸润已久的现代人,会不假思索地以为同龄人大量聚集是很自然的现象,实际上并非如此,在现代以前少有这样的社会安排,在学校教育之外的社会生活中也很少有这样的情况。同龄人大量聚集是为了提高教育效益而进行的人为社会安排。这样的社会安排,最容易激发出竞争。同龄人在一起生活,有那么多的相似性,要想不被同龄相似性所淹没,每个人都要努力做到出类拔萃。群体生活,尤其是同龄人聚集的群体生活,是好胜本能激发的温床,同龄人大量聚集,如何管理是一个巨大的挑战,而激发竞争是一个现成且有效的管理方式。克里希那穆提(J. Krishnamurti)说得透彻:"一个班级里有很多学生,老师必然会利用很多方式和手段控制学生。他会告诫学生:'要努力,要和那个男孩竞争,因为他比你聪明,所以要努力追赶他。'"[1]

当下教育是生存需求导向的,生存需求本身就是竞争性的,就是通过教

---

[1] 〔印〕克里希那穆提:《恐惧的由来》,凯锋译,上海,学林出版社,2007,第1版,第52页。

育获取更加有利的生存地位。生存位置是稀缺的,不是人人都能获得同样的位置,我获得一个位置,就意味着你失去一个位置。精神、伦理导向的教育就没有这个问题。精神、伦理、情感都是无止境的,你有我也可以有,共同拥有只会增加,不会减少。当然,精神导向的教育往往发生在生存之外,即受教育者已经没有生存问题,接受教育更多的是为了精神修养;而那些有生存需要的人,多在为生存而挣扎,没有接受教育的条件。生存需求导向的教育有其大众、公平的一面,那就是每个人都可以通过教育来获得一个更好的生存条件,但代价也是巨大的,即教育成了生存竞争的一部分,甚至成了生存竞争的工具,教育本身应有的修身养性的气质被消耗殆尽。

现代教育的结构在很大程度上也是以竞争为基本逻辑进行设计的。福克斯用"爬梯文化"(ladder-oriented culture)[①]来概括现代教育的特性,即现代教育的结构是"阶梯型"的,受教育者进入教育世界,就要与同龄人比赛爬梯子,谁落后谁失败,谁爬得高谁获胜。幼儿园是"起始阶",然后一路向上,直到"最高阶"。为了提升竞争的"含金量",横向同阶之间也是分等级的,比如同样是小学,你上的小学与我上的小学可能是有天壤之别的。在"爬梯结构"与"爬梯文化"下生存已久的现代人,对教育的理解已经无法与竞争剥离,比如"起跑线""不让一个人落后""分数是命根""绩点决定一切"等日常教育话语,都蕴含着明显的竞争本性。

如前所论,同情首先是走出自我,将注意力转向他人,而竞争则不同,竞争的核心是为己,而且这种为己还以战胜他人为手段。在竞争中,我们的注意力在自身,对他人也不是完全不关注,但这种关注不是同情,而是找到他人的弱点与短处。他人之痛苦,恰好是我可以利用的弱点与短处,这也是为什么一个很有同情心的人在竞争中似乎换了一副面孔,变得那么冷漠、残忍。在竞争中,为己与自保是第一位的,这时候对他人的同情就是自我伤害,将自己置于不利位置。竞争不仅排斥同情,还给予同情的反面——冷漠以理由:我没有办法同情对手,否则失败的就是我自己。可以说竞争是同情的敌人,却可以与怜悯结盟。竞争优胜者可以给予失败者以怜悯,而这种怜悯并不导致助人行为,只不过是再一次对自己的胜利与优越的确认,更是对失败者弱小与低下的再一次确认。

五、唤醒同情,找回教育的灵魂

从应然角度看,同情是教育的灵魂;从现实角度看,同情在当代教育中

---

① M. Fox, 1999: *Spirituality Named Compassion: Uniting Mystical Awareness with Social Justice*, Rochester, Inner Traditions International, p. 70.

的处境堪忧。通过教育唤醒同情,其价值不仅仅在于同情教育,还在于找回教育的灵魂。如果把教育比喻成一棵树,没有同情,那么这棵树就是"塑料树";有了同情,这棵树才是有灵性的生命之树。

从以上分析来看,同情教育有直接与间接两种方式。间接教育方式,即本身不是专门为了同情教育的,但因为包含人性追求或以尊重人性的方式进行,因而具有强大的同情教育效果。显然,间接的同情教育是生活化的,更具有弥散性与穿透力,更容易进入人心深处,因而也更有效果。我们可以从同情在当代教育中的处境看出间接同情教育的方向。第一,在培养目标上,不能只是培养人的适应市场的"关键能力",还要培养人追求公平正义的"素养"。教育有适应社会、市场需求的一面,也有引领社会价值、改变社会的一面,完全倒向需求、倒向人的自我利益追求,不是教育之所应为,教育之所应为的是"追求更有道德意蕴的核心素养"。① 第二,教育是培养人的活动,不能"见物不见人",而应始终将人放在所有活动的核心。教育对自然、物质世界的"热心",不是为了人之"物欲",而是为了人性的丰富与发展,对自然、物理世界的探究始终应以对人的认识为参照。第三,当代教育有选拔功能,但不能将这种工具功能视为教育的本体功能,而应将这一功能放在培养人的整体格局之中。教育说到底是教人向善,重在育人,如果退化为单纯的竞争与选拔,那就是对自身的异化,就是"教育之变性"。

同情是由痛苦引发的感情,那么在同情教育中,如何面对痛苦就是一个根本问题。我们常说教育的功能在于增进幸福,这当然没有错。问题是,如果不能消除痛苦,哪里谈得上幸福？或者,只要自己的幸福,不顾他人的痛苦,那这所谓的幸福,也就有了自私的味道,不是真正的幸福了。我们的教育有一种倾向,总是将痛苦隐藏起来,似乎痛苦并不存在,实际上,如何面对痛苦,是教育不能回避的使命。第一,教育所要做的,就是要排除遮蔽、阻碍因素,让学生看到他人痛苦。看不见痛苦,也就不存在如何面对痛苦的问题。自己的痛苦可以直接感受到,在痛苦时刻,痛苦可以控制整个人,因此,自身痛苦不存在看不见的问题,我们看不见的往往是他人痛苦。如前所论,我们对他人痛苦其实是有天然感受力的,之所以看不见,不是真看不见,而是受到了干扰与阻碍。第二,教育要对教育场域、学生身边的痛苦有敏感度,引导学生关注当下的、身边的、同龄人的痛苦。教育对这些痛苦的敏感,其实就是同情教育;教育对这些痛苦的麻木,其实就是冷漠与残忍示范。第三,教育不仅要引导学生对眼下的痛苦敏感,还要引导学生去关注远方的、

---

① 高德胜:《追求更有道德意蕴的核心素养》,《西北师大学报(社会科学版)》2021年第1期。

过去的苦难,感受这些苦难给人们带来的巨大伤害,思考如何避免类似苦难的重演。当然,更为重要的是还要与学生一起思考可能发生的苦难,探究预防、阻止未来苦难发生的方法。

直接的同情教育也不容忽视。霍夫曼将直接的同情教育归纳为两种:一种是"规训"(discipline),另一种是"引导"(induction)。① 规训是对错误行为的约束与矫正,比如儿童伤害了他人,父母与老师就要对其行为进行约束与矫正。处在发展之中的儿童,伤害他人而不自知的情况并不少见,这时候外在干预就是必要的。父母与老师通过改变儿童的行为,慢慢可以达到改变其意识与情感的目的,使其意识到他人的存在,意识到自身行为与他人的关系,为同情的生发奠定基础。引导的重点有两个:一是注意力,即将儿童的注意力引向受害者的痛苦,使他们摆脱自我中心,看见他人痛苦;二是认识因果关系,认识到他人痛苦与自身行为的关系,引发愧疚与补救行动。

在同情教育中,叙事性文学具有不可替代的作用。纳斯鲍姆说,古希腊悲剧就是雅典人的"同情教科书",她将文学,尤其是悲剧文学在同情培育上的作用归纳为:(1)共情训练与相似可能性判断培养;(2)痛苦程度判断与是否应得判断的磨练;(3)对他人痛苦与命运的想象式代入。② 也有人质疑千百年来对叙事文学在同情培育上的推崇,比如,奥克斯雷就认为文学作品所引发的共情是"消极共情"(passive empathy)③,是指向遥远、虚拟他人的共情,不能引发反思,不能融入当下生活,不能激发直接行动。"消极共情"概念的提出确实揭示了文学叙事在同情熏陶上的不足,但并不足以动摇文学叙事在同情培育上的重要地位。就单个故事来说,其所激发的同情确实具有被动性,但长久来看,文学作品对人的影响是性情与人格的塑造,可以改变心灵,心灵改变了,所谓的"消极共情"也就不再是问题。当然,"消极共情"概念的提出还是有相当的启发意义,比如学校教育可以进行"对照性阅读"教学,即参照当下生活来阅读文学作品,让文学作品能够照进现实、照进学生当下生活,成为他们反思当下生活的"酵素"。

---

① M. L. Hoffman, 2000: *Empathy and Moral Development: Implications for Caring and Justice*, New York, Cambridge University Press, p. 140–150.
② M. C. Nussbaum, 2001: *Upheavals of Thought: The Intelligence of Emotions*, New York, Cambridge University Press, p. 351–352.
③ J. C. Oxley, 2011: *The Moral Dimensions of Empathy Limits and Applications in Ethical Theory and Practice*, London, Palgrave Macmillan, p. 137.

第二编 "责人责己"的道德情感

道德情感是对善恶的好恶反应。这种反应既指向他人，也指向自身。对自身缺陷、不足、错误的厌恶引发隐藏动机，由自身之恶的暴露所引发的情感就是羞耻。与羞耻一样，愧疚也是责己的情感，是对自身所犯错误的反应。愤怒则不同，愤怒是指向他人的，不是责己而是责人，是对他人不正当伤害行为的情感反应。

羞耻是一种本能性的情感，本身不是德性，却有胜于德性之处。羞耻与教育密切相关，羞耻是教育的一种动力，教育也是克服羞耻的一种方式。在羞耻情感的培育上，教育有可为之处，也有不可为之处。

愧疚是令人不快的情感，因错而生，错行与错念都会让人产生愧疚，有时候也会"无错而疚"。愧疚自身不是美德，但愧疚是一种规范性情感，是美德的预示，诸多美德都以愧疚为基础。根据愧疚的本性，可以总结出愧疚教育的基本思路。

思想上、教育中对愤怒的种种成见由来已久。愤怒主要是对不当伤害的反应，愤怒的内在价值在于其是对道德恶的反抗。愤怒道德地位的确立，为愤怒的教育安身提供了依据。长久以来附加在愤怒之上的种种成见需要去除，愤怒过度与愤怒不足对人都是伤害，愤怒中道又是不易达到的境界，因而愤怒教育有其存在的必要性。

第二章　羞耻教育:可为与不可为

朱熹说:"耻者,吾所固有羞恶之心也。存之则进于圣贤,失之则入于禽兽,故所系为甚大。"①也就是说,羞耻的有无,是人高尚还是卑下的决定性因素。即便如此,我们关于羞耻的研究,包括中西方学界,都是相对少的,因为"我们不公开说羞耻,我们羞于说羞耻"。② 羞耻作为人的一种本能性情感,具有跨文化性。而这种本能性的情感,一直与暴露和隐藏相关,即我们因为暴露而感到羞耻,因为羞耻所以想隐藏。我们之所以不愿意公开说羞耻,就在于羞耻本身所内含的隐藏倾向。至于教育与羞耻,虽然《柏拉图对话录》中的苏格拉底,已经开始娴熟地运用人们的羞耻心引出深藏在灵魂深处的道德德性,虽然孔子与弟子们的对话中已经对羞耻进行了情境化的分类阐述,但从教育史上看,教育与羞耻基本上还是一种疏离的关系,也存在着羞于说羞耻的倾向。既然羞耻是"我们与生俱来的七情"③,就有必要讨论何为羞耻、为何羞耻,羞耻与德性到底是什么关系,羞耻与教育到底是什么关系,教育在人的羞耻感发育中到底能起到什么样的作用。

一、羞耻及其产生的根源

(一) 自我意识是羞耻产生的前提

羞耻虽然是一种与生俱来的本能性情感,但个体真实的羞耻体验不是无条件的,而是以自我意识为前提。人是有自我意识的动物,能够意识到自己与世界、他人的分离,能够意识到自身的独有性。动物做不到这一点,它们与自然世界、生存环境是一体的,本身就是构成自然世界的一部分。因此只有人能够感到羞耻,动物不能。正是在这个意义上,舍勒说动物不会感到

---

① 朱熹:《四书章句集注》,济南,齐鲁书社,1992,第1版,第188页。
② H. Lerner,2009:*The Dance of Fear:Rising above Anxiety, Fear, and Shame to Be Your Best and Bravest Self*,New York,Harper Collins Publishers,p. 117.
③ 〔法〕弗朗索瓦·勒洛尔,克里斯托弗·安德烈:《我们与生俱来的七情》,王资译,北京,生活·读书·新知三联书店,2015,第1版,第1页。

羞耻,神也不会感到羞耻,只有居于动物和神之间的人才有羞耻。神不会感到羞耻,在于神不同于人,神是完美的。① 从个体的角度看,自我意识尚未形成的幼儿,羞耻还是一种潜能,不是一种"实能",作为一种天生的情感,羞耻在婴幼儿身上还是一种"沉睡"状态,等待自我意识的发育来唤醒。在一定程度上,婴幼儿一开始所过的生活,类似于动物,也是与外在世界融为一体的。经过与外在世界的分离,"自我意识直到两岁左右才开始形成"②,因此,幼儿基本上是从两岁开始才有初步的羞耻感。

(二) 羞耻源于暴露:暴露的是什么

羞耻源于暴露,自我意识的作用在于意识到暴露(exposure)。有自我意识,若没有暴露,也不会有羞耻感的产生;有暴露,若没有自我意识,既没有意识到暴露,也不会有羞耻体验。也就是说,在羞耻结构中,自我意识和暴露是两个构成性环节,缺一不可。在一个暴露结构中,又有两个构成性环节:一个是暴露的是什么,另一个是在哪里暴露(或者说暴露给谁)。

暴露的是什么呢? 显然是需要隐藏的"东西",如果没有需要隐藏的东西,也就不存在暴露。对一个人来说,什么是需要隐藏的东西呢? 首先是身体和生理上的秘密,尤其是与性相关的个人隐私。羞耻总是与身体、生理、性紧密相连,因此不少人将羞耻等同于身体羞耻、性羞耻。确实,身体羞耻、性羞耻是羞耻的自然状态,或者说是一种原初状态的羞耻,但不是羞耻的全部,不能用身体羞耻、性羞耻来解释一切羞耻。英文中无论身体羞耻还是其他羞耻,都是 shame,汉语羞耻由"羞"和"耻"两个字组成,这两个字可以表达羞耻的不同层次,即"羞"的层次和"耻"的层次。在"羞"的层次,我们会感到不好意思,感到尴尬,感到难为情;而在"耻"的层次,则会进一步感到不光彩,感到耻辱、羞愧。显然,由身体、生理和性吸引引起的羞耻,多处在第一个层次,即"羞"的层次。比如,一个少男或少女,在别人的注视下所感受到的更多的是羞,而不是耻,但身体、生理和性的不适当暴露,就会引起"耻"这个层次的感受。由性引起的羞耻很容易进入耻的层次,由生理缺陷暴露引起的羞耻,往往也会是耻这个层次的感受。

除了身体、生理和性之外,产生羞耻的暴露显然是不值得骄傲的,值得骄傲的是不怕"暴露"的,除了极个别境界高的人之外,对多数人来说,值得骄傲的东西反而是需要"暴露"的。有一个现象很值得玩味,即羞耻虽然是

---

① 〔德〕马克思·舍勒:《道德意识中的怨恨与羞感》,林克等译,北京,北京师范大学出版社,2014,第 1 版,第 169 页。
② 〔法〕弗朗索瓦·勒洛尔、克里斯托弗·安德烈:《我们与生俱来的七情》,王资译,北京,生活·读书·新知三联书店,2015,第 1 版,第 237 页。

"我们与生俱来的七情"之一,但关于羞耻的文献不多,而在这不多的文献中,关于羞耻的阐释常常通过与内疚(guilt)的对比来展开。比如罗勒尔(H. Lerner)说,"内疚来自'做',羞耻来自'在'"(guilt is about doing, shame is about being)。① 纳斯鲍姆说,内疚聚焦于行动,而羞耻则事关整个人。② 雷斯(R. Leys)也说,羞耻关心自我,即你是谁(你怎么样),而内疚关心的是你的行为,或你做了什么。③ 暂且不论内疚,这些观点的一个共同点是,羞耻与一个人的整体性或者说整个存在状态相关。舍勒说神和上帝不会羞耻,因为神和上帝是完美的存在,而人则不同,人都是不完美的存在,都有这样那样的不足。人有缺陷和不足,这是事实,但人又是向往神性的存在,想让自己变得完美,哪怕看上去完美一些,因此总是有意或无意隐藏自己的缺陷和不足。非全能的人不可能完美地将自己的缺陷与不足隐藏起来,总有暴露的时候,而羞耻就产生于这种暴露之中。当然,也存在这样的情况,即直到暴露的那一刻,我们才意识到自己有某种弱点。也就是说这些弱点不是自己有意或无意隐藏的,而是一种自己也不知道的弱点,这种情况的存在,一方面说明羞耻有让我们发现自身弱点的功能;另一方面也说明人可以遗忘,可以"自我欺骗",即我们不希望自己有某种弱点。就将其隐藏起来,不但是向别人隐藏,而且也向自己隐藏,久而久之,我们就完全忘记自己有这种弱点了。就如我们将某种见不得人的东西藏起来,藏得很深,以至于自己都忘记了这东西的存在,不知道自己还有这么一件东西。

罗尔斯(J. Rawls)将羞耻理解为自尊受到伤害或打击后产生的情感体验。④ 从以上分析可以看出,对羞耻的这种理解并不准确。罗尔斯用自尊来界定羞耻,自尊与羞耻当然有关联,但不是直接的关联。自尊是对自身价值、品性的珍视与维护,从正面来说,自尊会带来尊严感;从反面来说,别人对我们自尊的伤害带来的直接情感是屈辱与愤怒,不是羞耻。羞耻来自于自身弱点、不足的暴露,自身弱点、不足的暴露当然有损于自尊,但这种损害是一种间接损害。自尊所维护的价值、品性与自身所存在的不足虽然不是

---

① H. Lerner, 2009: *The Dance of Fear: Rising above Anxiety, Fear, and Shame to Be Your Best and Bravest Self*, New York, Harper Collins Publishers, p. 124.
② M. C. Nussbaum, 2009: *Hiding from Humanity: Disgust, Shame, and the Law*, New Jersey, Princeton University Press, p. 208.
③ R. Leys, 2009: *From Guilt to Shame: Auschwitz and After*, New Jersey, Princeton University Press, 2007, p. 130.
④ 〔美〕约翰·罗尔斯:《正义论》,何怀宏、何包钢、廖申白译,北京,中国社会科学出版社,1988,第1版,第429页。

毫无关系,但毕竟是两个不同的事物。当然,我们对自身不足的隐藏也可以起到维护自尊的作用,自身不足的暴露也会对自尊造成伤害。但无论是隐藏所起到的正面作用,还是暴露所起到的负面作用,对自尊来说都具有间接性。总之,自尊对应的是对自身价值、品性的珍视,而羞耻对应的则是自身不足、弱点的暴露。

如前所论,羞耻与性有直接的关联。哈特曼甚至说,真正意义上的羞耻仅仅涉及性的领域,其他羞耻都是转用性羞耻的意义而来的。① 为什么羞耻总与性有扯不断的关联呢?纳斯鲍姆的解释深富启发性:因为性是我们动物性的标志,是人摆脱动物之后向神之境界进发时挥之不去的缺陷之象征物。② 柏拉图《会饮篇》中阿里斯托芬所讲的神话故事暗示了羞耻与性、羞耻与人的有限性的关联。被神劈开一分为二的人,脸被扭到劈开的伤口那一面,可以看到自己的伤疤和性器官。伤疤和性器官暴露在人眼前,它们向人诉说的不是其他,而是人的非全能性、非完美性,原始的羞耻由此而生。

罗勒尔、纳斯鲍姆、雷斯等人以人的存在与行为作为标准在羞耻与内疚之间划出了一道坚硬的实线,马陶谢克(M. Matousek)干脆说:"我们为自己成为一个坏人而倍感羞耻,因为做了坏事而满怀内疚。"③但这种区分一方面与我们的真实体验不符,另一方面也与中国文化的羞耻概念有矛盾。生活中的羞耻体验,既可产生于作为一个人的缺陷与不足,也可来自错误的行为。大概每个人都有过这样的体验:我们竭力掩饰、隐藏的错误暴露了,在那一刻,羞耻感自然而来。如果这被暴露的错误性质十分恶劣,我们的羞耻感也会十分强烈,甚至"恨不得找个地缝钻进去"。在中国文化中,羞耻与内疚的区分没有那么绝对,词典中这两个词是用来互相解释的,即用"愧""疚"来解释耻,耻本身也有"愧"与"疚"的含义。而且,有一些词可以用来联结羞耻和内疚,比如"羞愧""愧疚"。在我们使用"羞愧""愧疚"这些过渡词汇时,实际上已经忽略了羞耻与内疚的区别,突出的是二者的相通性。

我们的不足的暴露会让我们感到羞耻,我们的错误行为的暴露也会让我们感到羞耻。将我们是什么样的人与我们做过什么作为区分羞耻和内疚的标准,看来是不合适的。实际上,我们是什么人与我们做过什么本身就不

---

① 〔德〕爱德华·封·哈特曼:《道德意识现象学——情感道德篇》,倪梁康译,北京,商务印书馆,2012,第1版,第28页。
② M. C. Nussbaum, 2009: *Hiding from Humanity: Disgust, Shame, and the Law*, New Jersey, Princeton University Press, p. 186.
③ 〔美〕马克·马陶谢克:《底线:道德智慧的觉醒》,高园园译,重庆,重庆出版社,2013,第1版,第32页。

是截然分开的,我们是什么样的人来自我们做过什么,是过去的行为成就了现在的我。与此同时,面对一个情境,我们为什么这样做而不那样做呢?不排除有偶然因素的诱导,但归根结底取决于我们是什么样的人。面对一个选择,什么样的人会做出什么样的选择,在很大程度上是可预测的,这是一个人的人格状态决定的。也就说,我们如何做,往往是我们人格存在的反映。如果将我们是什么样的人与我们做过什么截然分开,那前者就变成了一个抽象的存在,根本无法理解。不仅错误行为的暴露会让我们感到羞耻,甚至一个阴暗的念头、一个肮脏的想法的暴露,都会让我们感到羞耻。这里的任务不是要辨析羞耻和内疚的异同,但从以上分析已经可以明了将错误行为对应于内疚,将其与羞耻的关联排除,实际上是窄化了羞耻。羞耻与内疚虽然紧密相连,但并不是完全相同的情感体验,二者是不同的概念。简单说来,羞耻是指向自我的,即为自己而羞耻;而内疚则是指向他人的,即感到对不起别人。羞耻来自暴露,但当我们做了不好的事情,伤害了别人,无论是否暴露,都可能产生内疚之情。当然,暴露本身也有多种层次,这一点后文再论。

还有一种羞耻现象需要解释。诸多研究纳粹大屠杀幸存者的学者都发现,多数幸存者不愿意回忆那段地狱般的经历。我们一般都会以为他们是不愿意再次体验那种非人的伤痛,但一些研究发现,阻止幸存者回忆的不仅仅是伤痛,还有羞耻。他们普遍为自己的经历感到羞耻,为自己活下来感到羞耻。总体来看,被纳粹迫害的人,都是无辜的,他们本身并没有什么错误。幸存者更是如此,他们本身是无辜的,更没有做错什么,能够活下来是不幸中的万幸,但为什么还感到羞耻呢?这种极端经历的羞耻体验,在正常生活中也可以体会得到。比如,一个儿童,在学校遭到了身强力壮的同学毫无道理的欺负,即使他本身毫无过错,也会觉得不光彩,也会觉得羞耻,事情过去之后,不愿意再提起,如果不是特别严重,也不愿意让父母、老师知道。小孩子如此,成年人也是如此,我们都愿意提"当年勇",而不愿意说"当年辱",即使自己毫无过错。原因就在于,在这些受辱的经历中,虽然我们没有任何过错,但受辱本身已经表明了我们作为人的软弱、弱小与无助。正是这种软弱、弱小、无助标识了我们的存在状态,标识了我们在受辱时刻是什么样的人,因此让我们感到羞耻。

由此看来,羞耻来自暴露,来自我们的不足(包括作为人的不足与行为、心理、身体状态的不足)。也就是说,在羞耻结构中,暴露是关键。那么该如何理解暴露呢?起码有两种意义上的暴露:一种是真实意义上的,一种是想象意义上的。比如,一个人做了坏事,在他人面前真的暴露了,会让他感到很羞耻。但实际上,在这真实暴露之前,他已经在内心想象过暴露的场景,这种想象也会让他感到羞耻并伴随害怕。这种想象的暴露一般是促使我们隐藏自己错误的力量,也是让我们感到害怕与后悔的力量。还有一种想象的暴露,则是促使我们不去做坏事的力量。当我们有了做坏事的欲念,在尚未付诸行动的时候,会去想象一旦败露的羞耻后果。这种想象中的暴露,不知道阻止了我们多少不善的念头。

(三)羞耻源于暴露:在哪里暴露

暴露什么的问题解决之后,紧接着的问题就是在哪里暴露。人是结群的动物,活着就是活在人中间。那么,在哪里暴露的问题显然是清楚的,就是在人中间暴露。古希腊谚语说,"羞耻存在于眼皮之下"(shame lives on the eyelids)。雷斯将羞耻的这种特点概括为"镜面反射性"(specularity)[1],即他人的眼光犹如一面镜子照出了我们的不足,让我们的弱点暴露出来,我们的羞耻感由此而生。身体和性羞耻可以作为羞耻的原型,借助衣物的遮蔽,我们可以自然相处;突然除去衣物,让我们裸立于人群中,我们都会感到羞耻。同样,我们借助各种方式,将自身不足与缺陷隐藏起来,突然暴露在别人的眼光下,犹如被剥去了衣物,羞耻的产生不可避免。

他人的眼光与注视是羞耻构成的另一个关键性环节。但我们生活中的他人,是有不同性质的。一般情况下,只要我们的不足暴露在他人的注视之下,都会令我们感到羞耻。但多数情况下,熟人的注视更让我们感到羞耻,而陌生人的注视则会让我们轻松一些。陌生人与我们萍水相逢,照面即难以再见,我们的不足在他们的眼光下暴露,不那么令人难堪,也不会有严重的后果,羞耻感也因此降低强度。当然,即使是陌生人,生理暴露、与性有关的暴露及一些特别不想让别人知道的秘密的暴露,也会让我们有强烈的羞耻感。比较而言,熟人的眼光具有人际黏性,更能"黏住"我们的不足,也给我们更强的羞耻感。尤其是那些我们看重的人,即我们生活中的"重要他人",当我们的不足被他们的眼光"照亮"的时候,也是羞耻感最强烈的时候。当然,特别亲近的人,其眼光给我们的压力则与一般熟人是不同的。他人的眼光,犹如镜子,又不同于镜子,因为镜子只是一个客观物体,而人的眼光则是带有立场和态度的。无论陌生人的眼光,还是熟人、重要他人、亲人的眼光,如果这眼光带有厌恶、鄙视、可怜,我们所感受到的羞耻则会更加一等。

---

[1] R. Leys,2007:*From Guilt to Shame:Auschwitz and After*,New Jersey,Princeton University Press,2007,p. 126.

正如暴露可以是真实的暴露,也可以是想象的暴露,他人的眼光可以是真实的,也可以是想象的。"尽管羞耻及其动机总是以某种方式包括着一种涉及他者注视的观念,但重要的是,在它发挥作用的大多数场合,只要有一个来自想象的他者注视就行了。"①这种想象中的羞耻,多数人都体验过,当我们欲做坏事时,常会在想象中感受到重要他人的注视,这种想象中的注视,在错误行为实施之前会成为一种及时阻止我们做坏事的力量。当错误已成,这种想象性注视的一次次现身,则会让我们体会到一次又一次的羞耻。在成长过程中,我们确实可以有一个内化的他者,总是与其相伴,受其注视;在成熟阶段,我们也可以脱离想象他者,感受到来自自身的注视。苏格拉底信奉"宁愿受恶,也不愿作恶",因为受恶是遭受来自他人的伤害,而作恶则是遭受来自自己的伤害。在作恶的情况下,意味着人必须忍受自己对自己鄙视的眼光,意味着自己要与那个"作恶的坏人"终身相伴。在这种情况下,作为一个人的最后"城堡"也已沦陷,那是何等可耻而又可悲的人生! 也许我们会说,不是所有人都能达到这种境界,但实际上,从世界上暂时退隐,回到内心,成为自己邪念、劣行的注视者,并不要求很高的道德境界,有心灵生活的正常人都可以做到。值得说明的是,这种情况下的羞耻,与内疚已经融为一体、密不可分,犹如硬币之两面,一面是对自己的羞耻,另一面则是对相关者的愧疚。

羞耻以自我意识为前提,是我们的不足暴露于他人注视(特殊情况下也可以是我们自身眼光)之下的一种情感反应。显然,这种情感反应不是什么愉快的、享受性的,而是令人不快的、有痛苦意味的一种情感体验。人有趋乐避苦的倾向,面对羞耻所带来的不快与痛苦,我们多数时候的第一反应是逃避。这种逃避反应,甚至有生理行为模式,比如低头、垂目、脸红等,身心一体的反应则是逃离现场,从他人的目光注视下消失。第一反应之后,我们慢慢发现,逃避是不能解决问题的,只有改过,才能真正消除羞耻的痛苦。引发羞耻的不足既包括作为一个人的不足,也包括一时一地的行为错误,因此,改过既包括对特定错误行为的更正,也包括作为整体自我的完善。如前所论,羞耻可以在想象中发生,我们既可以想象自身劣行、劣性的暴露,也可以想象他人眼光的注视。这种想象中的羞耻,也可以说是一种"前瞻性羞耻",可以起到阻止与预防的作用,即在我们想做未做之时,通过羞耻的现身来阻止我们实施劣行。当然,也存在着"羞耻脱敏"的可能,即一个人反复做

---

① 〔英〕伯纳德·威廉斯:《羞耻与必然性》,吴天岳译,北京,北京大学出版社,2014,第 1 版,第 90 页。

坏事,反复体验到羞耻,却没有什么改进,慢慢地也就感受不到羞耻了,进而达到"做坏事而脸不红、心不跳"的状态。

(四)"二手羞耻"现象

如上所论,羞耻源于自身不足的暴露,但我们也会对别人的特性、品质、观念、行为感到羞耻。也就是说,暴露的不是我们的不足,而是他人的不足,我们成了这种不足的目睹者,但我们同样感受到了羞耻。该如何理解这种"二手羞耻"现象呢?第一,"二手羞耻"是羞恶的作用。作为有道德感的人,都会对丑恶的东西产生自然、自发的排斥,我们为他人感到羞耻,实际上表达的是我们对丑恶的厌恶。庞朴对孟子"羞恶之心"的解释很有启发性。他说,所谓"羞",是耻自己之不善,所谓"恶",则是憎别人之不善。[1] 由此看来,羞恶一体,我们既会对自身之恶感到羞耻,也会对他人之恶感到厌恶。第二,"二手羞耻"是移情在起作用。人有感同身受的能力,既可以对他人之乐产生共鸣,也可以对他人之苦产生共鸣。为他人感到羞耻,在很多情况下其实就是一种换位体验,即将自己放在他人所处位置上的一种体验。第三,"二手羞耻"也可能是一种扩大的自我在起作用。在生活中,亲近之人的羞耻也会让我们感到羞耻。虽然,不足与错误不是我们自己的,但我们还是感到羞耻。比如,儿子的丑行会让父亲感到羞耻,父亲的不堪也会让儿子感到羞耻。根由在于,当只有父子两人的时候,父是父,子是子,但一旦将此父子放在更大的群体之中,父亲和儿子会将对方视为自我的一个构成,这时的自我就是一个包含了对方在内的扩大的自我。在这种情况下,对方的羞耻,实际上就是自我的羞耻。这种自我的扩大显然不限于父子之间,甚至可以扩大到国家、人类的范围。比如,我们会为自己的同胞在外国人面前的丑行感到羞耻,这时候我们已经将同胞纳入一个巨大的自我(中国人)之中;再比如,面对人类对动物的灭绝性屠杀,我们也会感到羞耻,这时候我们已经将这些屠杀者纳入一个更巨大的自我(人类)之中。

(五)羞耻的先天性与后天性

羞耻是一种本能性的情感,这说明羞耻具有先天性。羞耻的先天性,可以从每个人的羞耻体验当中观察得到。只要生活在人群中,即使没有人告诉我们什么是羞耻,在事关性、身体、缺陷、劣念、劣行、恶品的情境中,我们都会自发地感到羞耻。而且,羞耻有明显、确定的生理反应,包括低头、垂目、脸红等。我们也可以从人的本性中去理解羞耻的先天性:第一,人注定是一种不完美的存在,但又希望完美,对自己的不足总是不能释然;第二,人

---

[1] 庞朴:《当代学者自选文库·庞朴卷》,合肥,安徽教育出版社,1999,第1版,第546页。

有自我意识,总能意识到自我的不足,总能敏感地意识到他人对这种不足的态度;第三,人是结群性动物,总要生活在人群中,自身的不足不可避免地会暴露。但复杂的是,羞耻也具有后天性,否则就不会有"无耻之徒"了。无耻之徒的存在,已经证明先天性的羞耻感可以在后天得到呵护、培育,也可以得到破坏、消除。另外,对什么感到羞耻,认为什么是自己的不足,都受后天的社会风气、习俗和教育的影响。倪梁康的概括比较准确:"羞感既是先天的,又是后天的。说它是'先天的',乃是因为在人性中包含着羞感的能力……说它是'后天的',乃是因为如果没有习俗性影响或教育传授,这种能力就没有具体实现的可能。"①

二、不是德性胜于德性

（一）羞耻不是德性

亚里士多德关于羞耻有一些著名的论断,包括:羞耻只是一种感情,不能算是一种德性;羞耻不适合于老年人,只适合于年轻人;好人不会感到羞耻,羞耻是坏人的特点;等等。② 暂且不论其他,先说羞耻是不是德性。确实,羞耻不是德性。第一,羞耻是一种情感,类似于愤怒、害怕等。正如我们不认为愤怒、害怕是一种德性一样,我们也不说羞耻是一种德性。亚里士多德对此的解释很有说服力:我们被称为好人或坏人,不是因为我们有某种情感,而是因为我们有某种优秀品质或某种恶;感情不是出于选择,而德性则出于选择。感情不是德性,但也不是与德性毫无关系,德性或品质是正确处理与这些感情的关系。③ 第二,在多数情况下,羞耻与德性近在咫尺,但咫尺也是距离,羞耻依然不是德性。比如,我们说"知耻近乎勇",但"知耻"不是"勇"本身,只是"近乎"（接近于）而已。第三,有些羞耻与德性密切相关,有些羞耻与德性距离很远。比如,由自身相貌、体重而产生的羞耻,与德性的距离就比较远。第四,当我们意识到自己的不足和错误暴露于人前,进而感到羞耻,这是一种正常的情感反应,并不等同于高尚。羞耻不是高尚,一方面在于这是我们作为人应该有的正常反应和起码要求,另一方面则在于,在这种反应之后有多种可能性,我们既可能因此去做好的事情,也可能因此去做坏的事情。

---

① 倪梁康:《心的秩序——一种现象学心学研究的可能性》,南京,江苏人民出版社,2010,第 1 版,第 145 页。
② 〔古希腊〕亚里士多德:《尼各马可伦理学》,廖申白译,北京,商务印书馆,2003,第 1 版,第 124—125 页。
③ 〔古希腊〕亚里士多德:《尼各马可伦理学》,廖申白译,北京,商务印书馆,2003,第 1 版,第 44 页。

羞耻可能倒向坏事情的一个典型例子是伪善。伪善不是真善,而是在人面前显得善。伪善者知道将歪念劣行暴露于人前是不光彩的,所以他们竭力将自己的真实面目掩藏起来,在人前显得很真诚友善。他们有羞耻感,或者说对羞耻很敏感,但也在一定程度上克服了羞耻,存在着一定程度的无耻。对正常人来说,错误的暴露和为了隐藏错误而说谎都会产生羞耻。说谎是伪善者的典型特征,他们的伪善就靠谎言来搭建,伪善者一般都是克服了说谎之羞耻的人,能够做到大言不惭。

(二) 羞耻作为人之存在的标识

羞耻不是德性,却胜于德性。之所以有此论断,首先在于羞耻可以用来标识人的存在,任何单一的德性都没有这种功能。如前所论,罗勒尔、纳斯鲍姆、雷斯、马陶谢克等人都是将羞耻与整个人、人的存在、人性相联系,他们的问题不在于这种联系,而在于割裂了人的存在与人的行为之间的关系。孔子区分了什么行为是可耻的,孟子则直接将羞耻与人性相联系:"耻之于人,大矣!"(《孟子·尽心上》)"无羞恶之心,非人也。"(《孟子·公孙丑上》)朱熹也说:"耻者,吾所固有羞恶之心也。存之则进于圣贤,失之则入于禽兽,故所系为甚大。"[1]所有这些观点,都是将羞耻作为人的存在标识,有羞耻才是人,无羞耻则不配为人。

羞耻能作为人之存在的标识的根源在于羞耻是人性的"守护者"。人之所以为人,一方面在于对善的追求,另一方面在于对恶的排除。没有前者,我们就没有人性的无限可能;没有后者,我们就没有人性提升的基点。羞耻就是我们戒备恶、排除恶的"人性官能",没有这个官能,人性提升的基点没有了,不要说善的无限可能没有了,我们连做人的资格也跟着失去了。我们的本性让我们去追求善,我们却天生有为恶的能力,这就是康德意义上的"根本恶",或者说是人性的"后门"。人性的提升就是在这种向善去恶的张力中实现的,对恶的戒备与斗争一刻都不能停,否则恶就会从"后门"乘虚而入,从根基上腐蚀人性。哈特曼关于伦常骄傲与伦常羞耻的论述与此相契合。所谓伦常骄傲,就是我们对自身作为道德存在的珍视性情感;所谓伦常羞耻,就是道德弱点暴露所产生的痛苦情感。这两种情感都是道德自身情感,一个是积极面,一个是消极面,犹如两个"门神",在所有其他道德动力都失效的情况下,这两种情感依然会拱卫我们作为人的存在。[2] 与此相通,倪梁康将"恻隐之心"与"羞恶之心"作为构成道德意识的两个重要

---

[1] 朱熹:《四书章句集注》,济南,齐鲁书社,1992,第1版,第188页。
[2] 〔德〕爱德华·封·哈特曼:《道德意识现象学——情感道德篇》,倪梁康译,北京,商务印书馆,2012,第1版,第29页。

来源①,前者驱使我们行善,后者则警示我们不要为恶。二者缺一不可,否则我们就无法以善立人、立世。

人是道德存在,没有德性当然也不能称之为人,在这个层次上,德性也可以作为人之存在的标识。但任何单一的德性,都不具有羞耻与整体德性所具有的这种人性标识。比如,勇敢是一种重要的德性,但勇敢不能作为人之为人的标识。不是所有人都拥有勇敢的德性,但我们不能因此将不那么勇敢的人,甚至是懦弱的人从人的类属中排除出去,说他们不是人。再比如,诚实是一种重要的德性,但同样不是每个人都具有诚实的德性,我们也无法将那些在诚实德性上有瑕疵,甚至是有严重问题的人排除在人之外。不是德性的羞耻可以作为人之为人的标识,羞耻正是在这一点上高于任何单一的德性。

(三) 羞耻是诸德性的基础

羞耻不是德性,却是诸德性的基础,这是因为,羞耻是诸德性的反向保证。每一种德性之所以成为德性,就在于一方面我们以此为"乐",另一方面我们对其反面则保持警惕和排斥。比如一个拥有公正德性的人,一方面在于其对公正的热爱,另一方面也在于其对不公正的厌恶。后一方面,即德性的反向保证,是我们成就任何一种德性所必不可少的一个要素,这个要素的主要构成就是羞耻,是羞耻让我们对诸德性的反面进行戒备与斗争。当然,对一种德性的"善"与对其反面的"耻"是相辅相成的,正是因为有正面的"善",才有对其反面的"耻";正是因为对其反面的"耻",其正面的"好"才是真实的,才有可能。一个人如果对自身的不公正行为不感到羞耻,是很难去追求公正的。

从时间的角度看,羞耻起码有两种类型:一种是体验到的羞耻(occurrent experience of shame),一种是想象的羞耻。体验到的羞耻是已经发生的羞耻,这种羞耻体验不是令人愉快的体验,起码可以从两个方面为人的德性建构奠定基础。一方面,羞耻体验来自自身不足或错误的暴露,让人体验到了自身缺陷或错误所带来的痛苦,促使人认识到自身的局限性,为自我完善提供了动力;另一方面,羞耻体验的积累会让人形成一种羞耻倾向(the disposition of shame),即对令人羞耻的事物的一种敏感。② 这种倾向或者说敏感有益于诸多德性,因为它是让人远离、不做羞耻之事的力量。想象性羞

---

① 倪梁康:《心的秩序——一种现象学心学研究的可能性》,南京,江苏人民出版社,2010,第1版,第151页。

② C. H. Tarnopolsky,2010: *Prudes, Perverts and Tyrants: Plato's Gorgias and the Politics of Shame*, New Jersey, Princeton University Press, p. 153.

耻也有两种类型：一种是有了歪念尚未实行，通过想象去体会暴露的后果；另一种是有了尚未暴露的劣行，通过想象体验暴露的后果。前者是阻止我们去做坏事的力量，借助想象力，歪念的后果与由此而生的羞耻就像真正体验到的羞耻一样真切。这种想象性羞耻所能成就的是"不为恶"，显然，不为恶不等于为善，不等于德性，但起码为为善、为德性的成长扫清了障碍。因为一旦为恶，为善就变得不可能，更何况，在特定的情境下，不为恶本身就是为善。比如，在纳粹时代，多数人毫无障碍地加入种族清洗的恶行之中，而极少数拒绝加入的人，就是德性的承载者，在他们身上闪耀的是人性的光辉。至于后者，通过想象劣行暴露而产生的羞耻，可以成为我们改过的力量，成为我们不再重蹈覆辙的指引。人非圣贤，孰能无过？关键是有过之后怎么办。想象性羞耻的存在，虽然无法保证一个人一定去改过，但起码能够让我们意识到自己的错误。没有这种羞耻，也就意味着失去了反省错误的能力，失去了改过的可能。

羞耻的道德意义还在于羞耻与"道德追复情感"密不可分。在哈特曼的道德意识现象学里，伦常羞耻与骄傲属于道德自身情感，而后悔则属于道德追复情感。作为道德存在，每个人都有一个起码的道德水准，做了一件坏事，其实就是对这个水准的破坏。一个人所设定的道德水准，其实也是对自身的道德要求，在很大程度上，也是自身认同的一个标志。对这个标准的破坏，其实也是对自身认同的破坏，这当然会令人产生沮丧、后悔的情感，即道德追复情感。道德追复情感实际上是一种驱使人去修复、弥补的力量，即驱动人将因为错误或劣行降低的道德水准恢复到正常状态的力量。道德追复情感的存在是阻止人直线堕落的关键，起到错误之后尽快回到原有水准的作用，没有道德追复情感，人就可能在犯错之后经历"断崖式"下坠。后悔作为道德追复情感，总是与羞耻密不可分，"伦常后悔总是从伦常羞耻开始，而羞耻对于后悔的整个延续而言，也始终是它的一个组成部分"①。也就是说，羞耻不仅是后悔的开端，还会伴随后悔的整个过程。与此同时，羞耻也是后悔的原因，即因为感到羞耻之痛苦，所以后悔，渴望事情没有发生或不再发生。羞耻与后悔的严格区分只是理论上的，在实际生活中，二者往往是交融在一起的，"你中有我，我中有你"。正是羞耻与后悔的综合作用，才使得人的德性能够在迂回锻炼中成长。

（四）羞耻是人回到自我的方式

说羞耻不是德性胜似德性的另一个理由是羞耻是人回到自我的方式。

---

① 〔德〕爱德华·封·哈特曼：《道德意识现象学——情感道德篇》，倪梁康译，北京，商务印书馆，2012，第1版，第41页。

羞耻是人回到自身的一个"机缘",是他人的目光注视引导我们将向外的目光回照自己。人回到自身的方式有多种,比如骄傲和自豪。如果说骄傲与自豪是"衣锦还乡"的话,那么羞耻则是"回家疗伤"。"衣锦还乡"可以增强自信,但也容易让人飘飘然而认不清自己;"回家疗伤"虽有可能损及自尊,但能让人对自己有一个清醒的认识。

羞耻的这一功能对人来说意义非凡。第一,有自我意识,意识到自己与世界的分离是人的特性,但与人分离的对象化世界充满诱惑,人很容易在对象的世界中迷失自己。人有双眼,但这双眼是看世界的,不是看自己的。人看对象化的世界可以直接进行,但人看自己必须借助"工具":看外表需要镜子之类的工具,看内心则需要想象、羞耻等"工具"。人类的一些伟大创造,包括文学、艺术、教育,在很大程度上就是帮助人认识自己的"工具"。第二,认识自己之所以如此重要,一方面在于通过自我认识,我们才能确知自身的有限性。认识到有限性,是我们超越这种有限性的第一步,人的超越性是以对自身有限性的认识为起点的。在这个意义上,古希腊德尔斐神庙上的箴言"认识你自己",就是亘古不衰的警世之言。第三,回到自身,有一个内心生活,能够与自己对话,才有自我精神成长,才有道德。因为道德有外在约束的一面,所以总有人单纯从外在规范的角度来理解道德,但实际上如果没有人对自身的爱护,哪里有道德存在的可能?"己所不欲,勿施于人。""像爱自己一样爱你的邻人!"这样的"道德金律"都是将"自己"作为道德标准的,没有这个标准,所谓道德根本无从谈起。

三、教育:在可为与不可为之间

(一) 羞耻作为教育之动力

厘清羞耻的构成、羞耻与德性的关系,为探索羞耻与教育的关系奠定了良好的基础。显然,教育不可能与作为人的一种基本情感的羞耻毫无干系,我们可以从以下几个方面来梳理二者的关系。首先,我们可以将羞耻理解为教育的一个动力。如前所论,羞耻让我们看到了自己的不足和缺陷,显然,只停留在"看到"是不够的,必须找到弥补不足、补救缺陷进而使自身得到提升的方式,否则我们就会陷于羞耻之境而不能自拔。其次,教育是弥补不足、提升自我的一种方式。正是在这个意义上,我们说羞耻是教育的推动力之一。人对自身不足的发现也是一个过程,在一个阶段,人以某种不足为耻,通过教育我们将这种不足克服了,该不足引起的羞耻减低或消失了,此时的人即进入了另一个阶段,又会认识到或发现自己所具有的新的不足。在这个意义上,我们也可以将教育理解为产生羞耻的一种根源。

如果说羞耻是教育的一种动力,那么也可以反过来将教育理解为克服羞耻的一种努力。羞耻不是愉快的体验,强烈的羞耻是痛苦的,没有人愿意陷于羞耻。个体如此,群体如此,人类(作为人的类存在)也是如此。从群体、人类的维度,什么才是走出羞耻的适当方式呢?教育显然是最为重要的一种方式。人类可以通过生产等其他活动提升自身能力,但只有教育是专门的自我提升活动。教育有两个努力的方向,一个是提升人的优良品质,一个是克服人的弱点。人是综合存在,优良品质的提升,虽然不是直接针对弱点的,但实际上也起到了克服弱点的作用;反过来,弱点的克服,也意味着优良品质的提升。因此,无论哪个方向上的教育,都可以视为克服、摆脱羞耻的一种努力。

羞耻是人存在的标识,无耻就意味着失去了作为人的资格。但亚里士多德关于羞耻仅仅适合于年轻人、不适合于老年人,羞耻是坏人的特点、好人不会感到羞耻的论点,还是指明了存在一种"无耻"可以作为教育的追求。他不是从事实上说老年人没有羞耻感,也不是从事实上判定好人没有羞耻感,而是从应然的角度说老人、好人不应该做坏事,因而才不会感到羞耻。年轻人常常犯错误,因而常常感到羞耻,这是情有可原的,错误与羞耻是年轻人淬炼德性之火。亚里士多德是在好人不做坏事这个意义上认为好人是不会感到羞耻的,一如孔子"从心所欲不逾矩"的境界。人不能无耻,但亚里士多德所说的"无耻"则是一种可欲的人生境界,可以作为教育的一种崇高追求。虽然作为凡人,我们不太可能达到这种"无耻"之境界,但心向往之,尽力去靠近总是可以的。

(二) 教育之不可为

羞耻作为一种情感的特别之处在于,虽然本身是痛苦的,但意义重大。从羞耻的痛苦性来讲,教育只能帮助人摆脱羞耻的痛苦;从羞耻作为德性基础的意义来说,教育又应该对羞耻有所作为,包括培养羞耻感。由此看来,在羞耻问题上,教育处在一个尴尬与矛盾的境地,我们可以将教育的"贡献"分为可为与不可为两个方面。所谓可为,就是积极作为,为学生的羞耻发育作一些教育引导;所谓不可为,就是不去干预学生自然存在的羞耻感,可以说是对羞耻的一种消极保护。可为是贡献,不可为也是贡献。

先说教育之不可为。舍勒说:"教育对于羞感只有消极意义,而没有任何建设性的积极意义。"[①]勒洛尔(F. Lelord)等人也持类似的观点:"主动激

---

① 〔德〕马克思·舍勒:《道德意识中的怨恨与羞感》,林克译,北京,北京师范大学出版社,2014,第1版,第211页。

发孩子的羞耻是很不应该的行为。经常感到羞耻的孩子比其他孩子更为懦弱、退缩,或更具有攻击性,他们的自尊也更低。"①遗憾的是,他们虽然旗帜鲜明地表达了观点,却未对其内在机制加以阐释。我们可以从羞耻的本性出发对此进行尝试性解释。第一,羞耻从本性上看是一种自主的、内在性的情感,人为激发的羞耻违背的正是羞耻的这一本性,使羞耻变成一种外在性、非自主的情感。自主、自发的羞耻给人的是警醒和督促,而外在的、他人制造的羞耻给人的是羞辱。第二,激发、制造的羞耻,即让别人处在缺陷暴露的境地,本身就不是一种友善的待人方式,不可避免地带有伤害性。我们每个人都不会主动将自己置于羞耻境地,"己所不欲,勿施于人",将学生置于羞耻境地,即使打着为学生着想的旗号,这一做法本身所内含的对学生的不友善,甚至是故意侮辱,学生都会感受得到。第三,羞耻是负面情感,其德性意义不在于羞耻体验本身,而在于羞耻"之前"和"之后"的效应。激发的羞耻是他人主导的,很少是想象性羞耻,不具有"之前"的阻止性功能;激发的羞耻,主体感受到的更多是伤害,如何逃避伤害、从这羞耻境地中摆脱出来是关注的焦点,"之后"的改过、改善功能大大降低。

具体说来,教育的第一个不可为之事是借羞耻之名行羞辱之实。羞辱与羞耻一字之别,差之千里。羞耻是由内在原因(不足、错误)引起,而羞辱则是外在原因引起的。用以羞辱他人的外在原因大体上有两类:一类是恶意暴露,一类是恶意贬低。每个人都有弱点和不足,由我们自己的原因或他人非故意的原因而暴露,这时我们感受到的是羞耻。如果他人明知我们的缺陷和弱点,却故意将之暴露,在我们心里引起的就不是羞耻而是羞辱了。缺陷、弱点在这里成了他人攻击、贬低我们的手段。恶意贬低针对的不是我们的缺陷和弱点,而是我们整个人,是对我们自尊的冒犯。羞辱是对人的贬低与冒犯,毫无疑问是不道德的。但因为与羞耻有一定的近似性,所以在教育中总有误用,有些教师以为用羞辱的方式可以唤起学生的羞耻感,进而起到教育的作用,但实际上恰恰相反,羞辱所带来的往往是愤怒、好斗与报复。对自我认同尚未稳定的学生来说,侮辱所带来的贬低甚至会影响他们的自我评价,导致自我贬低。更糟糕的是,羞辱也许在一开始会让学生感到羞耻,但这种羞耻因为混有恶意,羞耻感受者不会将原因归于自身的不足和错误,而是归于羞辱者的恶意,因而失去了由自身原因引起的羞耻的德性功能。总的来看,常被羞辱的未成年人,要么形成懦弱、畏缩的性格,要么形成

---

① [法]弗朗索瓦·勒洛尔,克里斯托夫·安德烈:《我们与生俱来的七情》,王资译,北京,生活·读书·新知三联书店,2015,第1版,第238页。

攻击、仇恨性人格。比如,那些常被教师骂为"脸皮厚"的学生,一部分变得内向、寡言,一部分则真的慢慢变得"脸皮厚"了,变得满不在乎,不要说羞耻,对羞辱也都没有感觉了。

学生总会犯错误,这本身是正常现象,问题在于学生犯错误之后教师的处理方式。从羞耻的角度考虑,教师不可为的是拿学生具体的行为错误来否定学生这个人。如前所论,羞耻既与人的整体存在有关,也与具体行为有关。人的人格状态与具体行为具有一致性,在具体情境下,什么样的人格状态就会有什么样的行为反应,这是人格与行为不可分离的一面。但人是复杂的存在,同一人格状态的人,在不同的心境下,对类似情境的反应可能大不相同,这是人格与行为可分离的一面。因此,用单个的行为去定性一个人,去界定其整个人格,并不总是恰当。比较理性的做法是"对事不对人",即只针对具体的事情或行为,不上升到对整个人的评价。对成长中的学生来说,尤其应该如此。学生是未成熟的人,他们的人格状况尚未定型,做事也不会考虑那么周全,犯错误是难免的。他们所犯错误虽然会有这样那样的危害,但多数情况下,危害的后果并非他们行为的本意。如果由他们的错误行为而上升到对他们整个人格状况的评价,既不符合事实,也不公平,更不符合教育要求。对学生整个人格状况的否定,带来的要么是自卑,要么是反抗,而这两种反应,都对他们羞耻感的发育有害。"对事不对人",意味着并不迁就他们的具体错误,该批评的批评,该处罚的处罚,也意味着对其人格尊严的尊重与维护,即不因为具体行为错误而否定其整个人。

教育的第二个不可为之事是让学生暴露于丑恶之中。如前所论,羞耻是对自身缺陷和错误暴露所产生的负面体验,从更抽象的意义上讲,羞耻其实也是我们对丑恶的敏感。我们对自身的"丑恶"感到羞耻,对他人的丑恶也会感到不舒服(二手羞耻),体现的就是对丑恶的敏感与预防。成长中的人也不可能生活在纯善的环境中,生活中总会有这样那样的丑恶与他们照面。但在丑恶事物中过度曝光,会让学生失去对丑恶的敏感性,将丑恶视为"正常"之事,甚至可能以丑恶为美善。对丑恶的敏感性是我们产生羞耻的心理基础,而过度曝光的结果,是使学生看不到自身的问题,因而即使做了丑恶之事,也不会感到羞耻。

在过去,成人社会基本上都懂得将儿童过度曝光于丑恶之事的后果,所以总是将阴险、色情、谋杀等丑恶事物隐藏起来不让孩子过早接触。但电子媒介时代的到来,这一传统被颠覆,电子媒介所要做的是竭尽全力去暴露过去时代所要隐藏的,结果是社会的"裸体化"。不是各种媒介故意去伤害儿童,而是因为只有这样的信息才能吸引眼球,才能获得注意力和利益。电子媒介让各种"门"洞开,这一个个的"门"对未成年人来说,就是一个个丑恶展览馆,对他们起着对强大的丑恶与羞耻脱敏的作用。在这样的时代背景下,教育的不可为一方面是不要跟着社会走,在教育场域毫无节制地呈现丑恶;另一方面则是与家庭一起努力,共同应对社会"裸体化"给未成年人所带来的伤害。

教育是心灵事业,而心灵活动往往具有间接性,话语上的直接要求往往无法在孩子的心灵降落。关于羞耻教育,另一个不可为就是做可耻之事。教育者、教育机构坚决不做无耻的事,这种坚决即使本身无意于教育学生,其给学生的影响却是巨大的。反过来,教育者、教育机构如果做了无耻之事,即使反复解释和美化,都是枉然。我们可以将这一现象命名为"无耻移情"或"羞耻移情",即教育者和教育机构的羞耻心可以"位移"到受教育者那里。从这个维度看,教育不需要为培养学生的羞耻专门做什么,只需要按照教育之道,不去做无耻之事就行了。如果做了无耻之事,或者总是做无耻之事,甚至以无耻之事为荣,那么,在羞耻教育这一问题上,教育再去作任何努力,都是没有意义的。

有学者认为羞耻是自律与他律的结合,自律体现在对自身缺陷与错误的体认,他律体现在他人目光的注视。羞耻中既有自律也有他律,但从羞耻的构成中,我们可以看出,羞耻更多的是自律,或者说是一种借助他律的自律。在羞耻构成中,他人目光是体现他律的环节,但这里的他律以个人对自身缺陷或错误的意识为前提,没有这个前提,他人目光根本算不上他律。更何况还存在着想象性羞耻,在这种羞耻中,他人目光可以是一种想象性存在,甚至连想象性存在都可以不要,这说明,在羞耻构成中,自律始终是主导性因素。也就说,羞耻主要是人对自身缺陷与错误的意识,是人对自身不足的敏感,是人对更好自我的要求。从这一原理出发,要求教育不能他律过度,否则就有损于自律进而有损于羞耻发育。成长中的人需要外在约束,但这种他律性的约束需要有一个度,如果过于强大,就会导致人过于服从和依赖他律,自律就得不到发育。我们可以看到这样一个基本规律,他律强大的地方自律往往萎缩。在一个纪律触角伸到每一个地方的学校,学生的注意力在于外在的纪律,不在内心生活上,羞耻与自律一起萎缩、消逝。问题是,当今教育的自身魅力下降,学校主要靠功利和纪律来维持运行。功利吸引运用的是外在动机,纪律约束运用的是他律策略。在外在动机和他律策略的双重引导下,学生过的基本上是一种外在的约束生活,离内心生活,离羞耻的根基越来越远。这是教育的整体洪流,不是一校一师所能改变的。但作为个体的学校、个体的教师,可以在自己能主导的领域作出自己的努力,不给学生那么多外在的诱惑,让他们自己去体会知识的魅力;不给学生过分的外在约束,让他们学着过内心生活,学着自己管理自己。

(三)教育之可为

在羞耻问题上教育的不可为,其实已经标识了可为之处。教育对羞耻来说,也并不如舍勒所说是全然消极的,也有可为之处。如前所论,羞耻有先天的一面,但对什么羞耻,即羞耻的内容基本上是后天的,这正是教育的可为之处。我们对羞耻可以有不同的反应,"羞耻之后"如何反应就是一个可以着力的教育点。想象性羞耻意义重大,这是教育可以发挥作用的地方,在具体的情境中,也可以以羞耻为武器进行道德教育。

以何为耻是羞耻构成中的一个关键。如前所论,人都是以自身的缺陷和不足为耻的,问题在于什么是自己的缺陷和不足。如何看待自身的缺陷和不足,不单纯是个人看法,往往受时代文化影响。比如在一个道德感较强的时代,清贫不见得是羞耻,而无德而富则是羞耻的;在一个道德混乱的时代,无德而富却遭人艳羡,而清贫自守则变成了羞耻的事情。社会风气,变化多端,作为成年人,我们都难免受风气影响,未成年人尤其如此。教育存在的一个理由,就在于在社会风潮中保留一块灵修之地,在这里,年轻一代能够在教育者的引导下体悟到什么是真正美善的,什么是真正丑恶的,什么是真正可耻的,什么是不应该羞耻的。

教育对以何为耻的引导不是靠直接的话语申说,而是靠实际行动。教育是离不开话语的,但教育中最有力的话语不是说出来的,而是做出来的,教育要靠行动来说话。教育对学生进行以何为耻的引导在于教育自身以何为耻。教育是一个行业,如果说教育行业有羞耻心的话,这羞耻心在教育者身上,教育以何为耻,实际上就是教育者以何为耻。

如前所论,人在体验到羞耻之后,反应是多向的,既可能是逃避,也可能是悔过、改错,也就是说,羞耻不一定转化为德性,羞耻的德性意义取决于羞耻之后的反应。"羞耻之后"正是教育的着力之处,羞耻虽然有外在行为反应,但让教育者去抓每一个羞耻显露的教育时机,显然不现实,"羞耻之后"的引导主要还是靠间接方式。教育不仅仅是关于物质世界的,更是关于人类生活经验的,人类生活经验以各种各样的叙事进入教育,这里面不乏羞耻反应的叙事。有意识地运用他人"羞耻之后"的反应,可以给学生虽然间接却有效的引导。叙事不是一种直接要求,只是一种陪伴,正是在陪伴中给人以温暖、共鸣和启示,他人的叙事犹如一面镜子,讲述的是他人的故事,却能映照出我们自己的生活。

"羞耻之后"的反应依赖于自身品质,品德较差、心理脆弱的人往往选择逃避、为自己找各种借口,而品德良好、心理素质较高的人更倾向于面对自身不足和错误。羞耻与德性的关系不是单向的,而是双向的,也就是说羞耻可以促进德性的形成,而德性也可以让人以正确的方式面对羞耻。因此,"羞耻之后"引导的另一个间接方式是致力于道德品质的培养。也就是说,如果学校能以道德品质的培养为核心组织教育活动,即使没有专门进行羞耻教育课程,实际上已经进行了羞耻教育。比如,诚实品格在羞耻反应中起着关键性的作用,一个诚实的人,相对来说更可能承认自己的不足与错误,这种承认是正确应对羞耻的一个基础。学校教育如果能够进行有效的诚实教育,实际上也是在进行间接的羞耻教育。

伪善可以将羞耻引入歧途。伪善者有羞耻,却不真心改过,而是用不存在的善去掩饰,从这一点出发,教育应该反对伪善、破除伪善。至于如何破除伪善,说起来容易,难在真正做到。首先是教育对伪善的态度。教育中的人,包括受教育者,多多少少都会表现出伪善的苗头,这时候教育的态度就显得异常重要,是姑息纵容,还是厌恶弃绝,所产生的教育效果迥然不同。更重要的是,教育者自身是否言行一致,如果学校一方面要求学生、教育学生做道德高尚的人,另一方面却不践行自己所倡导的,这种伪善给学生的影响,只能是伪善自身。

如前所论,想象性羞耻是我们不为恶、为恶之后改过迁善的重要心理机制,具有重要的道德价值。想象性羞耻有自发成长的成分,也可以通过教育进行培养。想象性羞耻的基础是想象力,那么想象力培养就是羞耻教育的一个切入点。所谓想象力,就是跳出现实、现场、现在,在内心建构图景的能力,这种能力对成人、做事的意义不言而喻。没有想象力,我们甚至无法理解他人;没有想象力,我们根本做不成任何带有创造性的事情。想象力培养,一直是教育的使命之一。过去时代的教育重视文学、艺术,正是因为文学、艺术是想象力成长所要依赖的活动。现代教育中广泛存在的知识灌输、标准化是扼杀想象力的罪魁祸首,从培养想象力的角度,现代教育需要改革的地方有很多。此外,外在化,即将学生的注意力引导到外在事物上,既是对想象力的破坏,也是对想象性羞耻的排斥。教育是人的活动,认识世界与认识人本身是一体的,认识世界的内容也需要以认识人的内容为参照,否则就会失去人性的意义。现代教育在外在化的歧途上走得太远了,应该回到人本身,将教育场域中人的生命体悟,尤其是学生的生命经验纳入教育的全过程。

在羞耻结构中,他人的目光注视是一个重要环节,如前所论,他人不一定是在场的,也可以是想象的,在想象性羞耻中,重要他人起着重要作用。

起了歪念,我们会想象重要他人的态度;做了错事,我们会想象重要他人知道之后的反应。根据想象性羞耻的这一原理,教育者应努力成为学生生活中的重要他人。父母往往是子女成长过程中的重要他人,这一角色的获得,既有自身努力,更得益于血缘关系所奠定的优势,教育者没有血缘基础,只能靠自身的努力,才能成为学生生活的重要他人。要成为学生的重要他人,首先需要进入他们的内心,使他们心里有你。学生心里是否有你,取决于你心里是否有他。感情是桥梁,但只有感情显然是不够的,教育者的品格和能力是成为学生重要他人的另外两个关键性因素。教育者通过自身努力,如果被学生当作自己当下生活的重要他人,即使一言不发,即使没有陪在学生身边,也能发挥羞耻结构中他人注视的作用。

勒洛尔认为主动激发学生的羞耻应该是教育中的禁止性行为,但《柏拉图对话录》中的苏格拉底总是将自己的对话者置于羞耻之地,甚至利用对话者的羞耻心来进行论证和说服,这说明教育在羞耻问题上也不全然是消极的,也可以适当利用羞耻,甚至以羞耻为武器。苏格拉底激发对话者的羞耻,置对话者于羞耻之地,实际上是创造一种有益的不适,促使人回到自身,学会反省,可以说他是利用羞耻来唤醒麻木的意识、沉睡的心灵。如前所论,根据羞耻的本质和构成,羞耻确实具有这样的功能。苏格拉底所开创的教育传统应该得到继承和发扬,但有一点必须澄清,即苏格拉底所面对的是成年人,可以说他的教育对象是成人。利用羞耻进行教育,在面对未成年人时,有几个关键性问题必须注意。第一是信任气氛,如果没有师生、同辈之间的信任,利用羞耻进行的教育就会引发猜疑、造成伤害。第二,教育者在利用羞耻进行教育时,一定是出于善意,否则就是故意伤害。第三,最好是针对群体,而不是针对个体;针对事情,而不是针对特定的人。在方法上可以采取"代入主体",即针对他人的歪念、劣行,由此折射、映照学生自身。

第三章　愧疚的道德教育意义

一个正常的人,在生活中都会有愧疚(guilt)体验,因为我们都是不完美的,都会犯错误,愧疚就是错误的伴生情感体验。我们不是完人,所以会犯错误;我们犯了错误之后会感到愧疚,所以我们是正常人。从这个角度看,愧疚是一种非常自然的情感。有人说愧疚是天生的,有人认为愧疚是"次生情感"(secondary emotions),与愤怒、恐惧这种"原初情感"(primary emotions)(天生就有,有生理基础和独特的生理表达,与动物共有)还是有所区别,前者出现较晚,需要在自我意识发育之后才能获得。[①] 次生并不意味着次等重要,人人体会得到的愧疚是一种重要的伦理现象,在我们的思想、情感和行为中发挥着重要作用。可以说,愧疚是美德的预示,愧疚的存在,证明一个人道德感的存在并证明其在发挥着作用。一个人如果没有了愧疚感,他只有两种可能:一种是圣人,像孔子所说的"从心所欲不逾矩"的理想境界;一种是纯粹的坏人,没有了是非观念和道德感受力。前者罕有,后者的可能性更大,一个没有愧疚的人,更可能是道德败坏者。

愧疚在伦理生活中如此重要,但伦理学对愧疚的研究很少。莱维斯(H. D. Lewis)指出:"道德哲学家对愧疚问题似乎没有太多可说的。在很多伦理学著作中,愧疚没有位置,当代伦理学尤其忽视愧疚问题。"[②]人们常说,教育就是道德教育,既然愧疚在人的道德发展中如此重要,教育及道德教育应该重视愧疚的理论与实践研究。事实并非如此,检索文献,我们发现"愧疚""内疚"等术语多出现在文学评论性文章中,教育学文献鲜有涉及。托德(S. Todd)说,教育研究领域对愧疚的消极态度是根深蒂固的,"不像移情,愧疚被视为一种'教育学失败',因为愧疚在道德上、政治上都没有生产性,因而没有更多的教育价值"。[③]

[①] H. Katchadourian, 2009: *Guilt: The Bite of Conscience*, Stanford, Stanford University Press, p. 5.

[②] H. D. Lewis et al., 1947: "Symposium: The Problem of Guilt", *Proceedings of the Aristotelian Society* (Supplementary Volume, *Explanation in History and Philosophy*), New York, Oxford University Press, p. 175–196.

[③] S. Todd, 2001: "Guilt, Suffering and Responsibility", *Journal of Philosophy of Education*, November.

神学、宗教领域向来重视愧疚,愧疚是神学研究的核心课题,伦理学、教育学对愧疚的轻视也许与此有关。在神学与宗教中,愧疚与罪纠缠在一起,人生而有罪(错),所以即使没有做错什么,也要愧疚。有罪之人必然有愧疚,这对已经摆脱宗教桎梏的现代人来说,无疑是巨大的精神重压和负担,也是近代以来的教育启蒙所要竭力破解的。正是在这个意义上,我们才能理解洛克(J. Locke)的儿童心灵"白板"说的革命性,因为"白板"喻示着心灵的纯洁与无罪。与伦理学、教育学不同,心理学对愧疚是关注的,尤其是心理分析流派。心理分析认为神学将愧疚视为天生,在形而上学和心理学上都是不能接受的;而神学则认为心理分析将愧疚理解为对打破禁忌的恐惧,贬损愧疚的价值,在道德上是不可接受的。[①] 而且,心理分析,尤其是心理分析治疗对愧疚的研究越来越聚焦于价值中立的技术化立场,即愧疚对人而言是一种不愉快的情感,那么心理治疗的任务就是帮助人们化解愧疚,至于愧疚的来源和道德发展意义,则不在考虑之列。

神学、心理学对愧疚的重视有这样那样的问题,伦理学、教育学则干脆忽视愧疚。但愧疚在日常生活中并不少见,我们每个人每天可能都有愧疚体验,愧疚也是生活的常见现象与惯用语。比如,道歉是日常生活中的常见活动,人们为什么道歉呢?虽然道歉的原因很复杂,但一般是做了对不起他人的事情,在很多情况下,道歉就是表达愧疚的方式。在教育场景中,老师也会经常说:"你这样做不觉得内疚吗?""你怎么能做出这样的事情?我都为你感到羞愧(羞耻与愧疚)。"也就是说,愧疚在日常生活和教育中,是一个使用频率很高的词语。日常使用是一回事,在学术上将其说清楚是另外一回事。愧疚在学术上得到厘清,对日常使用也是一种校正,能够帮助人们正确面对愧疚现象,正确使用愧疚,避免误用、错用造成的伤害。本章的目的就在于厘清愧疚现象的基本构成,在此基础上发现愧疚产生的基本理路。

一、愧疚:因错而生的情感

(一) 有错而疚

愧疚是自然的情感,却是不那么愉快的体验。既然是不愉快的体验,为什么不能去掉,或者用愉快一点的体验来替换呢?谁都不想愧疚,但谁都无法完全摆脱愧疚,根本的原因在于我们每个人都不是圣人,都会犯错误,"羞耻与愧疚就是用来描述我的非完美性的词汇"[②]。当然,犯错误并不是愧疚

[①] M. C. Aufhauser,1975:"Guilt and Guilt Feeling:Power and the Limits of Power",*Ethics*,July.

[②] J. Wilson,2001:"Shame,Guilt and Moral Education",*Journal of Moral Education*,March.

的充分条件,人之所以会在犯错误之后愧疚,在于人有道德意识和自我要求,还有避免错误、使自己逐步得到完善的追求。正是因为人有自我要求,所以犯了错误之后就会"感觉不好"(feel bad),这是一种本能性的情感。正是在这个意义上,鲍美斯特(R. F. Baumeister)等人才认为愧疚虽然是到 4 岁之后才有,但愧疚情感依然是天生的、普遍的,只不过是 4 岁之后才能学会表达而已。① 错误之为错误,一定对人、对己有所危害,如果没有危害,也就算不上错误。错误有害,但我们又不可能不犯错误,那么就需要有一种心灵力量来减轻错误危害,阻止错误蔓延、恶化,愧疚就是这种力量。犯了错误,我们会感觉不好,就会愧疚,愧疚因此就有了"刹车"功能,提醒我们错误的发生、错误对人对己所造成的危害、我们需要停止错误并对错误进行补救。从这个意义上看,愧疚体现的是我们作为人的不完美,同时愧疚也是我们由不完美逐步走向完善的力量。

既然愧疚是因错而生的一种情感,那么在愧疚的产生中,错误就处在核心位置。错误首先是犯错,即做了错误的事情。比如,身体强壮的学生欺凌了弱小的同学。欺凌之错,有主观故意,是故意之错。有时候无主观故意,也会犯错,即过失或意外之错。比如,一个学生急着冲下楼梯,把上楼的同学撞倒,就是过失之错。一般而言,过失或意外之错更容易唤醒愧疚,我们因为无意之失,给别人造成了伤害,因为自己没有主观故意,心理上的负担较轻,关注的焦点不在自己而在受害者身上,产生的是一种负担较轻、他人指向的愧疚。故意之错与愧疚之间的联系相对复杂一些,因为犯错主体有心理负担。以欺凌者为例,他在做出欺凌行为时,被其他动机支配,当时没有愧疚产生的空间。欺凌发生之后,如果他不是一个"惯犯",那么自我反省、被欺凌者的痛苦、他人的批评与提醒都可能唤醒他的愧疚感。这时候的愧疚感是有心理负担的"双向"愧疚,既指向自身的"不善",又指向受害者的痛苦。无论是有意还是无意,错误行为发生与愧疚产生之间都有一个"时间差",也即"错行时刻"与"愧疚时刻"一般并不同时,愧疚发生于"错行"之后。这说明,愧疚发生于与"错行"拉开一定距离之后,所谓此一时、彼一时,时间不同,心态不同,看法也就不同。多数情况下,我们做一件事,注意力都在这件事上,事情发生之后,才有更多的机会去反观事情本身,才有可能从他人视角、社会视角来看待自己的行为,才更可能发现、体悟自己行为之错,愧疚才有机会从时间的缝隙中伸出头来。

"错行"不仅是指做了错事,还包括没有去做正确的事。从行动的角度

---

① R. F. Baumeister et al., 1994: "Guilt: An Interpersonal Approach", *Psychological Bulletin*, March.

来看,行动与缺少行动都可能引发愧疚,当然,行动也好,缺少行动也好,性质上都是错的。比如,欺凌别人是行动,是做错事;而看到同学被欺凌,不去制止,在那里旁观、看热闹,则是未做正确的事。未做正确的事,未制止恶的发生,甚至以他人痛苦为"观赏"对象,实际上增加了受害者的痛苦,在这种情况下,未做正确的事情就成了错事错行的一个构成部分,等到自悟或他人提醒,旁观者意识到自己行为的危害性,也会因此而愧疚。当然,直接做错事与未做正确的事,行为性质上还是有所差别。这种差别,正是阿伦特(H. Arendt)区分纳粹统治下那些直接作恶者与允许恶行发生的普通德国民众不同责任的依据,在她看来,一个人做了坏事与一个人被动地允许坏事发生(允许别人做坏事)还是有巨大的区别,前者"有罪"(guilt),后者可以有"负罪感"(feel guilt),但不一定有罪,更多的是一种政治责任。①

  法律与外在的道德舆论同样只追究"错行"、不追究"错念"。别人不追究是一回事,我们自己追不追究是另外一回事。多数情况下,我们有一些错误的闪念,有的自然过去了,有的很快就被我们"掐掉"了,但有的"错念"比较有力量,比如反复出现、持续时间长、演绎比较详细、性质比较恶劣等,这类"错念"也会让我们感到愧疚。比如,老师严厉地批评了某个学生,该生当时感到愤恨,心中产生了针对老师的一些恶毒念头,等情绪平复,再见到老师,该生也会感到愧疚。这一心理过程,都只发生于该生的心理世界之中,除了他自己,无人知晓,但他本人体会到了情感的波澜,不敢相信自己怎么会有那样的恶念,也因此感到十分羞愧。"错行"是实际发生的,有实际的危害,由此产生愧疚是自然的。"错念"只发生于内心世界之中,未付诸行动,也未产生后果,为什么也会产生愧疚呢?原因在于,人是有思想的动物,思和行有分离的一面,也有一体的一面,有时候思是行之端,或者就是行本身。此外,严重的"错念"虽然未化为行动,未对他人产生危害,但依然有一个是非问题,如果性质很恶劣,说明在那一刻"错念"主体在道德上也是相当恶劣的。从这个角度看,未付诸行动的"错念"虽然未伤及他人,但已经伤及自己,伤及自己的品格与心灵。

(二)"无错而疚"

  "错行"也好,"错念"也好,总是有所错,有时候即使没有造成不良后果,我们也会感到愧疚。比如,自己生活得很好,看到别人在贫困线下苦苦挣扎,我们也会感到不好意思、感到愧疚,虽然我们生活好不是什么坏事,他人的贫困也不是我们造成的。再比如,一对双胞胎姐妹,一个考上了大学,

---

① I. M. Young, 2011: *Responsibility for Justice*, New York, Oxford University Press, p.77.

一个未考上大学,人生道路从此殊异,前者在面对后者的时候,也会产生愧疚。最明显的例子是幸存者愧疚(survival guilt),在一场灾难中幸存下来的人,在面对死者及其亲人时,往往会为别人失去生命而自己幸存下来感到愧疚。① 这种愧疚是"无错之疚",愧疚得没有理由,所以也被称为"非理性愧疚"(irrational guilt)。这种愧疚因比较而生,愧疚者虽然没有"错行"与"错念",却有比较意义上的优势,如果非从错误的角度来理解这种优势的话,就是"优势之错"。通常情况下,优势不是错,但如果从宽泛意义上看,不少情况下的优势也经不起深究,也可能来自不公平的积累。"非理性愧疚"的"无错之疚"并未推翻愧疚是因错而生这一基本规律,不过是将错做了更为宽泛的直觉性理解罢了。"非理性愧疚"的存在,体现的正是人天生的公平感、正义感以及对他人的同情。说这种愧疚是非理性的,其实也并不准确。比如,一个雇主在招人时,常常面临着"最合适的人"与"最需要的人"的选择,当然,绝大多数雇主都会择优录用,如果他对被淘汰的最需要者有隐隐的愧疚,大家也不觉得奇怪。这种愧疚并不奇怪,已经说明其具有一定程度的自然性,并不是什么非理性的东西。

还有一种"无错之疚",即"存在之疚"。愧疚因错而生,错主要来自"做",不是来自"是"或"在",也就是说,我们的"是"或"在"不是错,不用因此而愧疚。但也有一些超越凡俗的人,能够体会到超验性的存在之疚。这一点也可以用感恩来类比,感恩主要是人际的,但也有一些人能够体会到存在的幸运,感恩上苍、自然的赐予。既然有超验感恩,有超验之疚也就不奇怪了,一些精神境界异于常人者,能够感受到存在的缺陷与问题,因而为存在本身而感到愧疚。关于这一点,不少哲学家都有所涉及,比如雅斯贝尔斯(K. Jaspers)就认为存在一种"形上愧疚"(metaphysical guilt),即仅仅因为是人,哪怕什么错都没有,但面对人类、世界的痛苦与恶,依然感觉愧疚。这种愧疚不但存在,而且还是道德愧疚的根基。② 维特根斯坦(L. Wittgenstein)也认同存在之疚,认为其来自人的有限性,有限的人不能改变世界、不能实现绝对价值,因而产生愧疚感。列维纳斯(E. Levinas)认为我们需要为自己的存在合法性辩护,因为我的存在已经掠夺了他人的位置。③ 从形而下的角度看,存在不是错,做才能有错,但从形而上的更为宽广深厚的维度来看,我们的存

---

① J. Räikkä, 2005: "On Irrational Guilt", *Ethical Theory and Moral Practice*, January.
② S. Pihlström, 2007: "Transcendental Guilt: On an Emotional Condition of Moral Experience", *Journal of Religious Ethics*, March.
③ S. Pihlström, 2007: "Transcendental Guilt: On an Emotional Condition of Moral Experience", *Journal of Religious Ethics*, March.

在本身就有某种错,某种"无错之错"。

（三）对错标准

愧疚因错而生,那么就有一个什么是错的问题,或者以什么为标准来判断是非对错。如果没有是非标准,即使行为错误,行为者却不觉得有什么错误,也就没有愧疚问题。比如,一般人都有财产所有权观念,小孩子在很小的时候都知道一个玩具是有主人的,由此出发,如果侵占了别人的物品,就是错误的,就会感到愧疚。但对一些人来说,侵占私人物品与侵占公共物品性质有所不同,他们不觉得侵占公共物品是一种错误,也就不会因此而感到愧疚,甚至会有沾沾自喜。在愧疚理论中,是非对错的标准大致有两种:一种是规范标准,一种是伤害标准。关于愧疚的心理学与神学研究,一般都突出规范标准,行为的性质由是否违背规范来衡量,违规就是错,不违规就不存在错的问题。[①] 这样的理解,依赖于规范的性质。如果规范是符合道德的,以规范为标准就没有问题,但如果规范本身就是不道德的,人们对规范的违反就不一定是错的,也就不会因此而产生愧疚。比如,个别高中以节约时间为由头禁止女生留长发,这一规定本身在道德上就是可疑的,违反者并不认为自己的违反是错误的,也就不会为自己的违反行为而愧疚。[②] 另一派则从人际的角度理解愧疚,用是否对他人造成伤害作为行为是非对错的标准,对他人有伤害,行为就是错的,没有伤害,就无所谓对错。[③] 以是否造成伤害为标准就牵涉关系的亲疏问题。关系亲近、亲密,意味着双方的情感牵涉深厚,一个不好的行为给对方造成的伤害也就更大,我们的愧疚也就更深;关系疏远,或者说是陌生人关系,人们彼此停留于法律与伦理所限定的关系之内,即使我们的行为稍微出格,也会因与对方的情感浅一些而无愧疚或少愧疚。伤害标准也有自身的问题。一方面,愧疚虽然多是人际性的,也有一些无特定对象的愧疚,这时候伤害标准就不好运用;另一方面,有时候是否造成伤害不能单独作为标准,还要参考规范标准。比如,学生有了不良习惯,老师纠正性的教育措施,单独来看对他是有所伤害的,但从整体看,是为了纠正他的不良习惯,又是符合规范的。总体来看,多数情况下,规范标准与伤害标准可以一同使用,二者一致的情况还是多于不一致,在二者有冲突的情况下,可以结合具体的情况进行判断。

有两点需要补充。第一,规范的标准与伤害的标准虽然主要用于实体行为,即已经实然发生的行为,也可以用于尚未发生的行为,即"错念"。我

---

① J. P. Tangney et al.,2003:*Shame and Guilt*,New York,The Guilford Press,2nd ed,p. 12.
② 高德胜:《道德教育的 30 个细节》,北京,中国人民大学出版社,2018,第 1 版,第 134 页。
③ R. F. Baumeister et al.,1994:"Guilt:An Interpersonal Approach",*Psychological Bulletin*,March.

们有了一个"错念",就会发挥道德想象力,在心中预演这个念头真正兑现之后的情景。在这一想象的过程中,我们就会用规范或伤害的标准对其进行衡量,对其后果进行思虑。第二,规范的标准也好,伤害的标准也好,都是经验世界的标准,如果我们将愧疚扩展到超验领域,这两个标准就不能完全适用了,就要用超验的标准,比如存在的价值与缺陷。

（四）愧疚与羞耻

卡克多瑞恩(H. Katchadourian)说,不参考相邻情感[1],比如羞耻、尴尬、后悔、恶心等,对愧疚的思考几乎无法进行。此说法虽然夸张,但不无道理。与愧疚最为纠缠不清的是羞耻,在日常生活中我们经常将二者混用、互相替换,在中文中甚至可以将二者合并起来统称"羞愧"。心理分析将愧疚定位于自我与超我的冲突,将羞耻定位于自我与理想自我的冲突。且不说愧疚的定位是否准确,当下的心理学研究、日常体验都显示羞耻不是理想自我的问题,而是真实自我存在缺陷和不足的问题。[2] 在二者的区分上,莱维斯算是抓住了要害,他以自我为核心来区分愧疚与羞耻:在愧疚中,"我做了糟糕的事",评价的重点在"做";在羞耻中,"我做了糟糕的事",评价的重点在"我"。[3] 也就是说,愧疚的焦点在具体行为,而羞耻的焦点在于自我（品性、能力）。此外,愧疚是行为错误,引发的是自责与补救,而羞耻是自我的不足与缺陷,引发的反应是隐藏。在羞耻结构中,暴露是一个关键环节,即自我不足与缺陷的暴露。[4] 愧疚则不同,做错了事,无论他人是否知晓,我们都会自责、内疚。

从性质上看,愧疚是行为不好,而羞耻则更为严重,是人本身不好。正是在这个意义上,高班尼(M. Ghorbani)等人认为愧疚具有激发性(agitation-based),激发人去行动、去补救,而羞耻则是消沉性情感,引发的是隐藏。[5] 高班尼对愧疚与羞耻作为情感性质的判断有一定道理,但也有值得再思考的地方。比如,羞耻的直接反应是隐藏,但隐藏不是根本的解决办法,根本的解决办法是弥补自己的不足与缺陷,使自己得到发展与完善。因此,羞耻也有激发人进行自我修炼的功能。此外,愧疚与羞耻的两个核心,即行为与自我,也不是完全割裂的。第一,愧疚来自具体行为,不是来自自我整体品格与能力,但错误行为是我做的,我是行为主体(agent),我也应对此负责。

---

[1] H. Katchadourian, 2010: *Guilt: The Bite of Conscience*, Stanford, Stanford University Press, p. 5.
[2] J. P. Tangney et al., 2003: *Shame and Guilt*, New York, The Guilford Press, 2nd ed, p. 13.
[3] J. P. Tangney et al., 2003: *Shame and Guilt*, New York, The Guilford Press, 2nd ed, p. 18.
[4] 高德胜:《羞耻教育:可为与不可为》,《教育研究》2018年第3期。
[5] M. Ghorbani et al., 2013: "Guilt, Shame, and Reparative Behavior: The Effect of Psychological Proximity", *Journal of Business Ethics*, May.

单个行为虽然不能标识我的整体存在,但起码我在做这个错误行为的时候是令人羞耻的。具体行为与自我有可分的一面,也有相连的一面。第二,我们的不良行为,在小范围内产生的主导性情感是愧疚,暴露于更大的范围,就是羞耻。比如一个老教师,因自己的情绪不佳向学生发无名火,事后对该生感到愧疚,如果这一行为暴露于同行之中,这位老教师也会为自己呈现如此不专业的状态而羞耻。

二、谁会愧疚

(一) 愧疚的主体是个人

解决了愧疚因何而生的问题之后,下一个需要面对的问题是:谁会愧疚?即愧疚的主体问题。按理说,愧疚的主体是人,愧疚的主体不是一个问题。但人有多种形态,是个体的人还是群体的人?虽然一讲到愧疚,在多数情况下我们直觉性地将其与个人联系起来,但还是有"集体愧疚"(collective guilt)的说法,群体、集体也能愧疚吗?也能作为愧疚的主体吗?

维特根斯坦提出过一个有趣的问题:为什么狗会感到害怕却不会后悔?[1] 维特根斯坦是针对后悔的,但也可以对愧疚提同样的问题。这一现象,一方面表明了诸如愧疚、后悔、羞耻等情感相对于害怕或恐惧来说是次生的情感;另一方面也说明这类情感是专属于人的层次较高的情感,以人所特有的能力为条件。如前所论,愧疚作为一种自省意识,以自我意识为条件。婴幼儿虽然有愧疚的潜能,但因为自我意识尚未发育,所以还不能体现愧疚的"实能",等到自我意识形成,愧疚能力也就随之而来。从自我意识这一愧疚条件来看,个人是完全符合的。愧疚的另外一个条件是移情,即对他人情感的感受与体会能力。如果没有移情能力,一个人做了错事,伤害了别人,却体会不到自己的伤害给别人带来的痛苦,也就不会感到愧疚。[2] 虽然每个人的移情能力有差异,但作为正常的人,都有基本的移情能力,移情能力缺乏,就会有心理障碍与人际交往障碍。

个体作为愧疚的主体没有问题,那么集体呢?按照愧疚情感存在的两个条件,如果集体能够满足,那么集体就可以是愧疚的主体;如果不能满足,那么集体就不能成为愧疚的主体。先看自我意识。群体要成为道德主体,就需要有自我意识,有一个"意识单元"(unity of consciousness)。[3] 但群体

---

[1] J. Deigh,1999:"All Kinds of Guilt",*Law and Philosophy*,July.
[2] H. Katchadourian,2010:*Guilt: The Bite of Conscience*,Stanford,Stanford University Press,p. 74.
[3] I. Ashman et al.,2007:"For or Against Corporate Identity? Personification and the Problem of Moral Agency",*Journal of Business Ethics*,March.

没有这种个体才拥有的意识单元,只有个体之间的共识与一致。我们说"群体心灵",只不过是一种比喻罢了。至于移情,因为没有"意识单元",群体无法体会其他群体的快乐与痛苦,同样是没有移情能力的。我们看到其他群体成员的快乐与痛苦,会产生移情,是作为个体,至多是作为群体成员意义上的个体而移情,不是群体在移情。

(二) 为群体之错而愧疚

关于愧疚的主体,理论上的分歧不大。比如,雅斯贝尔斯认为愧疚只关个体、不关群体[1];阿伦特也坚持认为愧疚或负罪感应该严格限于个体,如果泛化用于群体或共同体,就会失去意义。[2] 但有一个问题需要解决,既然愧疚是因错而生的情感,无论集体有没有自我意识、移情能力,群体都有犯错能力。如果群体犯了错误,谁该愧疚?是群体还是个体?"集体愧疚""群体愧疚"的概念之所以能够存在,根源就在于此。实际上,群体或集体的行为出现错误,群体无法感到愧疚,感到愧疚的依然是个体,即个体因为群体错误而愧疚。如果个体参与了群体行为,是群体错误的参与者、执行者,个体感到愧疚与个人犯错感到愧疚没有什么实质性的区别。问题是,有些群体错误,并未直接参与的个体也会感到愧疚。个体为什么要为自己并未直接参与的群体错误而愧疚呢?人的自我是一个弹性概念,不是被皮肤包围着的身体,皮肤不是自我的边界,自我可以延伸扩展到不同层次的群体。比如相对于另外一个家庭来说,"我"代表的是我的家庭;相对于另外一个学校来说,"我"代表的是自己的学校;相对于另外一个国家来说,"我"代表的是自己的国家。从这个角度看,个体为群体所犯错误、为群体其他成员所犯错误感到愧疚是自然而然的事情。由此看来,所谓集体愧疚,不是"集体的愧疚",而是"个体因集体错误而愧疚",依然是"个体的愧疚"。

愧疚的主体是人,是个体的人。那么,愧疚的对象呢?也就是人对谁愧疚呢?如前所论,愧疚因错而生,而人的"错行"既可以是对人的,也可以是对物的,有时候也可以是对形而上的存在。对人的错误,一般是针对个人的,比如一个语文老师冤枉了自己所教班级的某个学生,其愧疚的对象就是这个学生。对人的错误,也可以是针对群体的,比如一个学校的校长在处理一个争议事件时亏待了某一班级,其愧疚就是针对该班级的。群体因为缺少"意识单元"和移情能力,不能作为愧疚的主体,但群体可以成为"错行"

---

[1] S. Pihlström, 2007: "Transcendental Guilt: On an Emotional Condition of Moral Experience", *Journal of Religious Ethics*, March.

[2] I. M. Young, 2011: *Responsibility for Justice*, New York, Oxford University Press, p.76.

的伤害对象,因此可以成为愧疚的对象。愧疚主要指向人,但有时候也可以指向动物或文化历史存在。如前所论,在愧疚类型中有形而上的愧疚或存在的愧疚,这种愧疚指向的正是超出人的超验存在。

三、愧疚之后

（一）错而不疚

愧疚是因错而生的情感,而且是一种令人不快的情感。如果这种令人不快的情感不能成为进一步反应的驱动力,仅仅停留于自身,其价值就相当可疑。因此,愧疚之后如何反应,或者说愧疚推动我们去做什么,对愧疚的价值来说至关重要。一个前提性的问题是,愧疚是因错而生的情感,那么是不是有错之后就一定愧疚呢？显然不是。如前所论,无论以规范为标准,还是以伤害为标准,"错行"与愧疚不是同时发生的,"错行"与愧疚之间都有一个"时间差",正是这个"时间差"的存在,导致其他情感有乘虚而入的机会,使本该产生的愧疚有可能不会产生。此外,还有一个"客观有错"与"主观无疚"[①]的问题,即一个人客观上犯了错误,甚至是严重的罪过,但主观上没有认识到自己的错误与罪过,不感到愧疚。无论什么原因,错而不疚都是令人愤慨的,这时候犯错者已经是双重犯错,即错误行为与之后的错误态度。错而有疚,是我们有人性和道德要求的基本表现。一个人做错了,伤害了他人,却没有愧疚,如果是暂时的,那还有救;如果成了常态,就说明这个人已经严重堕落。一个没有愧疚的人,是对他人失去了基本的尊重和同情,也是对自我没有基本的尊重。做错了,也是对自己的否定,愧疚及相关情感就是对这种否定的情感反应,这是一种自反性的情感,无论他人如何反应,都会产生;如果没有产生,说明这个人已经不再尊重自己,不再要求向善。[②] 错而无疚,对受害者来说是双重伤害,往往会引发受害者及相关者的愤怒与憎恶。对暂时性的无疚者来说,他人的愤怒与憎恶是一种提醒,提醒之下,沉睡或休眠的愧疚就会苏醒,而对那些常态无疚者来说,他人的提醒多数情况下也是没有作用的。

（二）自责与亏欠

由错误行动引发的情感多种多样,比如尴尬、羞耻、后悔、愤怒、怨恨等,愧疚只是其中之一,却是基础性的,要么与其他情感伴随而生,要么是其他

---

① A. O'Hear,1976:"Guilt and Shame as Moral Concepts", *Proceedings of the Aristotelian Society*, December.
② W. Neblett,1974:"The Ethics of Guilt", *The Journal of Philosophy*, October.

情感反应的来源。① 愧疚,在中文世界里更多地使用"内疚","疚"是情感性质,"内"则标明了情感指向,即这种"疚"是向内的,愧疚不是凭空产生的,而是来自行为评价,即对行为的是非对错的评价。一说评价,我们就以为是认知的,我们对行为是非的评价实际上并不一定发生在意识层面,有时候是直觉性、情感性的。愧疚产生于对自身行为的否定性评价,即自身行为是错的。单有否定性评价还不够,还有一个错误的归因问题,即将错误归于自己而不是他人或外在因素。② 将评价与归因串联起来,就是"行为错了,而且是我的错"或者"是我做错了"。承认错误,将错误归于自身,紧接着就是自责。既然是自己做错了,不需别人责备,自己就会指责自己,因此愧疚中有明显的自责,往往会在内心说:"我怎么会这样做?""我怎么能做出这样的事情呢?真是太不应该了!"③与自责同时产生的是对他人的负罪感与亏欠感,因为我的错误,对别人造成了伤害,如果一个错误只是对自己造成了伤害,就是悔恨的问题,不是愧疚的问题。亏欠感在愧疚中居于核心地位,"guilt"就是从古英语中的"debt"派生出来的。④ 这说明愧疚这种复杂的情感,既是向内的,即"疚在内",同时也是向外的,被亏欠感和负罪感驱动着朝向错误行为的受害者。比如,一个父亲,因工作压力而情绪不佳,迁怒于儿子,对儿子作业上的一点小错误大发雷霆,给儿子造成了明显伤害。事情发生之后,父亲自责自己不能控制情绪,对儿子也就有了亏欠感。

(三) 补救行动

愧疚是一种情感体验,是一种心理过程,但我们对愧疚的理解如果仅仅限于此的话,还是不够的。愧疚无疑是一种心理过程,呈现的是主体因为"错行"而产生的复杂的情感起伏,无论从来源、结果还是从功能来看,愧疚都有人际与行动的维度。愧疚的来源主要是行动,即错误的行动,因错而生;这种错误往往会对他人造成伤害,也即错误的后果要由他人来承受;愧疚具有行为驱动性,驱动着愧疚者拿出实际行动对他人作出弥补。也就是说,愧疚虽然"疚于内",却是"愧于人",所以"内疚"并不能涵盖其全部意义,这也是本章选择"愧疚"而弃用多数文献所使用的"内疚"一词的原因。

---

① S. Brinkmann, 2010: "Guilt in a Fluid Culture? A View from Positioning Theory", *Culture & Psychology*, May.
② J. P. Tangney et al., 2003: *Shame and Guilt*, New York, The Guilford Press, 2nd ed, p. 57.
③ G. Karlsson et al., 2009: "The Experiences of Guilt and Shame: A Phenomenological—Psychological Study", *Human Studies*, September.
④ H. Katchadourian, 2009: *Guilt: The Bite of Conscience*, Stanford, Stanford University Press, p. 21.

愧疚情感中既有自责，也有负罪感、亏欠感，二者对主体来说都是心理负担。如何才能卸下心理负担呢？改正错误、对他人作出补救才能卸下心理负担。英语中的"guilt"与德语中的"Geld"相连，而"Geld"在德语中所要表达的就是"repair"（补救）努力，即因某事补偿某人。① 比如，父亲迁怒于儿子，事后感到自责与亏欠，就会用更多的和善与关心来弥补自己的过失，甚至会满足儿子稍微过分一点的要求。这也是前文高班尼所论的愧疚与羞耻的一个显著区别，即羞耻导向隐藏，想将自己的缺陷与不足掩盖起来，而愧疚则具有激发性，激发出他人指向（other-oriented）的补救行动。② 通过补救，愧疚者弥补了对他人造成的伤害，卸下了自己的心理负担。也就是说，补救具有双重功能，即外补他人、内救自己。补救行动是指向他人的，同时也具有自我拯救的功能：补救行为是将我从错误之中重新拉上正确轨道的方式。

（四）"真诚解决"与"非真诚解决"

如前所论，人在犯了错误之后并不一定会感到愧疚。错误是一回事，如何归因是另外一回事，如果犯错者将错误归为外在原因，归为自己无法控制的因素，归为自己别无选择等，就会为自己的错误找到借口，就可能"有错而无疚"。为自己找借口避免愧疚发生在错误之前，错误发生之后，人们还会找借口以减轻愧疚。愧疚让人感觉糟糕，怎么摆脱这种糟糕体验呢？以道歉、补救等方式进行"真诚解决"（authentic resolution），也可以以转移注意力、对错误轻描淡写、重新解释界定行为、技术性承认错误以推卸责任、贬低受害者、强调自己没有主观故意等方式，对愧疚进行"非真诚解决"（inauthentic resolution）。③ 由此看来，补救虽然是解脱愧疚负担的应然方式，但愧疚并不必然走向补救，愧疚的解脱也有另外的可能。席尔沃（M. Silfver）指出，愧疚情感产生之后，人们通常有三种反应方式，包括补救反应（"真诚解决"）、合理化反应（"非真诚解决"）、内在惩罚反应。补救反应是建设性的反应方式，另外两种则是非建设性反应方式，只有建设性反应方式才会导向补救。④ 内在惩罚反应的表现是陷入深深的自责之中不能自拔，也就是过度愧疚。陷入过度愧疚之中的人，其情感指向焦点已经不是他人，而是自我，不断自

---

① G. Karlsson et al., 2009: "The Experiences of Guilt and Shame: A Phenomenological-Psychological Study", *Human Studies*, December.
② M. Ghorbani et al., 2013: "Guilt, Shame, and Reparative Behavior: The Effect of Psychological Proximity", *Journal of Business Ethics*, May.
③ H. Katchadourian, 2010: *Guilt: The Bite of Conscience*, Stanford, Stanford University Press, p. 78-79.
④ M. Silfver, 2007: "Coping with Guilt and Shame: A Narrative Approach", *Journal of Moral Education*, June.

责,极端情况下,会陷入祥林嫂那样的病态。显然,过度愧疚虽然没有推脱责任、给自己的错误寻找借口,但同样不具有建设性,因为过度愧疚的人,在一定程度上已经忘记、无视外在世界的存在,只陷入狭隘自我的消极情绪泥潭之中,不能自救,何谈补救他人?

愧疚是一种关系性情感,受害者可以利用犯错者的愧疚进行关系再平衡。受害者以愧疚作为"武器"进行反抗,可以发生在两种情况之下。在犯错者"有错无疚"的情况下,受害者可以引出犯错者的愧疚;在犯错者感到、表达愧疚的情况下,要求犯错者改正错误、进行补救。这两种方式,只要适度,不但有帮助犯错者改正错误的作用,也可使自身受到的伤害得到弥补,使失衡的关系得以校正。如果过度,也会有代价。比如,一个人总是夸大自己所受的伤害,以此作为提出过分要求的依据,就会导致犯错者的对抗性情感与憎恶情绪。① 其中的心理机制并不复杂,还是愧疚本性使然,即做错了事情,伤害了别人,也伤害了自己,表现在我犯了错误,虽然不能因此而否定我这个人,但起码表明了我的缺陷。愧疚作为不快的情感,既有对他人的"愧",也有对自己的"羞"。在这种情况下,如果受害方的反应过度,虽然是维护自身,其实也是在犯错者自己的伤口上"撒盐",就会遭到犯错者的对抗与憎恶。

四、愧疚与道德成长

(一)愧疚的规范性及其对美德的预示

我们在比较宽泛的意义上将愧疚称为道德情感,但严格说来,愧疚虽然离美德很近,但还不是美德本身。虽然不是完全意义上的道德情感,但愧疚起码是规范性情感,是带有"应该"意味的情感。如前所论,一个人犯了错误,如果不感到愧疚,那就是双重错误,即行为与态度的双重错误,之所以是双重错误,就在于"犯了错就应该感到愧疚"。犯了错,不感到愧疚,对犯错者来说是双重错误,对受害者来说则是双重伤害,即行为与态度的双重伤害。错误行为是一重伤害,错了还没有愧疚感,这种态度对受害者来说就是轻视,是又一重伤害。这是从反面来看的,从正面来看也是如此。一个人犯了错误,有愧疚感,"错而有疚",就容易得到受害者的原谅和相关者的赞赏,因为犯错者的愧疚本身就是对错误的一种弥补,就是一种应该有的状态。如前所论,愧疚因错而生,我们很容易将愧疚理解为一种因果性情感,但布林克曼(S. Brinkmann)从人们赞赏有错而疚的人、加重谴责有错而无疚的人

---

① R. F. Baumeister,1998:"Inducing Guilt", *Guilt and Children*, San Diego, Academic Press, p. 130.

出发,推论出愧疚是规范性的,不是因果性的,即"不是因为有错,所以愧疚",而是"犯了错误,应该愧疚"。①

愧疚作为规范性情感,虽然不是美德本身,但起码是美德的预示。如前所论,愧疚之后有多种可能,并不必然是作出道德选择与道德行为,但有愧疚毕竟是走向道德的第一步,因为没有愧疚也就没有道德选择的可能。一句话,有疚不一定有德,但无疚一定无德。愧疚之所以是美德的预示,在于愧疚是道德思考的基础,没有愧疚就无法进行道德思考。愧疚因错而生,但错本身不会直接产生愧疚,而是我们对错的认识与评价,也就是说,愧疚是对行为进行是非评价的产物,在这个意义上,愧疚与道德思考是同时发生的。② 如前所论,愧疚既是对自身行为的评价,也是对他人感受的移情,愧疚之中带有一种亏欠感、负罪感,驱动着我们作出道德行为以弥补自己的错失。

历史地看,人类的道德一直有一个超验根基。中国传统伦理学将人道视为天道之体现,是天道的一部分。西方伦理学的源头——古希腊哲学,与中国传统伦理学有异曲同工之处,也是将人的道德视为"宇宙道德"的一个构成部分,人的道德是"宇宙道德"的体现,是宇宙与自然所赋予人的使命的实现。③ 基督教产生之后,道德更是有了超验性的宗教根基。当今时代是世俗化的时代,宗教在人们生活中的重要性已经消退、减弱。如果我们就道德讲道德、就经验讲道德,总是缺乏一种更大的背景与参照,道德也就因此而失去了一些光彩与神圣。形而上愧疚或超验愧疚的意义即在于此。作为人,我们是有限的、相对的,在超验的层次上有愧于宇宙,在经验的层次上又有愧于同胞,那么作为人,我们唯有时刻警醒、处处努力,才能对得起宇宙与同胞,才有资格在世界上立足。正是这种说不清、道不明的超验愧疚,为我们的道德提供了形而上的根基。

愧疚虽然是规范性的情感,正常的人都有愧疚体验,但体会愧疚情感的能力有很大的个体差异,有的人对愧疚很敏感,在错误尚未发生时就已经预感到愧疚的不可避免,在错误发生后,比一般人有更强烈的愧疚体验,心理

---

① S. Brinkmann, 2010: "Guilt in a Fluid Culture? A View from Positioning Theory", *Culture & Psychology*, June.
② S. Pihlström, 2007: "Transcendental Guilt: On an Emotional Condition of Moral Experience", *Journal of Religious Ethics*, March.
③ 〔法〕吕克·费希:《什么是好生活》,黄迪娜、许世鹏、吴晓斐译,长春,吉林出版集团有限责任公司,2010,第1版,第169—175页。

学上把这种个性特征称之为"易疚性"(guilt proneness)。① 心理学的研究发现,"易疚性"预示着人们如何思考、感受与行动,通过了解一个人的"易疚性"水平就可以预测一个人道德与不道德行为发生的可能性。对"易疚性"高的人来说,他们做事以自律为主,不需要外在监督,靠良知指引,更可能表现出诚实、谦虚、尽责等品质;反过来,"易疚性"低的人则更可能傲慢、推诿、不可靠、不宽容。② 一项持续8年的跟踪研究发现,五年级时儿童的情感风格就可以预示8年后的行为与品格状态,五年级时"易疚性"高的学生更可能申请大学、参加社区服务,更少自杀、更少使用毒品与酗酒。另一项长期研究也显示,8岁时"易疚性"高的儿童预示了22年后较少产生违法、犯罪行为。③ 我们说愧疚是美德的预示,"易疚性"就是这一观点的一个证明。

(二) 愧疚是诸美德的基础

愧疚是一种规范性情感,是美德的预示,但"愧疚本身不是美德,感到愧疚或有愧疚倾向也不是美德"。④ 愧疚不是美德本身,并未降低愧疚的意义,正如羞耻本身不是美德,但在有些情况下其重要性甚至超过具体的美德。愧疚不是某种美德,却是诸多美德的基础。诚实是一种美德,但诚实离不开愧疚。人是不完美的,"错行"与"错念"是难以避免的,关键是如何面对。愧疚感情的存在,就是提醒人们要对自己的错误诚实以对。如前所论,有真实发生的愧疚,也有预期的愧疚,即想象做错事之后的愧疚。因为愧疚是一种令人不快的体验,为了避免愧疚的产生,人就会克制自身冲动,不去做其他动机、欲望驱动的错事,因此克制也与愧疚密切相关。犯了错误,诚实以对并对他人作出补救,是对公平与道德的维护,体现出一种道德勇气,勇敢与道德勇气之中有愧疚的力量。此外,愧疚还是爱与渴望被爱的统一。我做错了事,伤害了别人,我的愧疚是对这种伤害的弥补,我是在用愧疚来表达对对方的在意与关心。同时,我的愧疚虽然主要源于自省,但也会担心失去他人之爱,我做错了事,如果没有愧疚,就会将他人推离,就会失去他人的情感,我的愧疚恰是对这种感情的慰藉。

愧疚之所以能够成为诸多美德的基础,在于愧疚本身的内在机制。如前所论,愧疚产生于对行为的是非判断,已经内在地包含着内省成分。这种

---

① 一般将guilt proneness直译为"愧疚倾向"或"内疚倾向",这种译法未能表达出英文的确切意味,这里尝试将其翻译为"易疚性"。
② T. R. Cohen et al.,2012:"Guilt Proneness and Moral Character",*Current Directions in Psychological Science*,October.
③ J. P. Tangney et al.,2003:*Shame and Guilt*,New York,The Guilford Press,2nd ed,p.134-135.
④ P. S. Greenspan,1994:"Guilt and Virtue",*The Journal of Philosophy*,February.

内省不但是"错后"的,还是"错前"的,包括对"错念"的自省。人有多种驱力,总是处在多种动机的拉扯之中,愧疚与羞耻就是预防我们"出轨"的情感力量。犯了错误之后,对愧疚的"真诚解决"其实就是一种自我诚实,一种慎独。而且,愧疚的"真诚解决"本身就是一种道德选择,一种自罚、改过、补救的道德选择。

因为愧疚是不好的感觉,感到愧疚的人并不好过,所以没有人愿意愧疚。为了不愧疚,一般有两种选择,一种是错后道歉、补救;另一种是错后为自己找借口、推脱责任。第一种选择是愧疚的"真诚解决",是有道德要求者的选择;第二种则是愧疚的"非真诚解决",是品德败坏的标志或滑向品德低下的过程。除了这两种选择之外,其实还有第三种选择,即尽力避免做错事,不让愧疚发生。愧疚具有避免做错事的功能,从这个意义上,我们说愧疚具有道德守护功能,这也是诸多宗教突出愧疚的原因。他们突出愧疚,不是故意让人陷于愧疚的痛苦之中,而是力图借助愧疚的力量来守护道德。人的道德成长,既需要美德享受、道德自豪、爱等积极向上的力量,也需要诸如愧疚、羞耻、后悔等反面阻止沉沦的力量。愧疚之所以具有这种阻止沉沦的功能,一方面在于愧疚令人不快,人们不愿有愧疚之感;另一方面则是人可以体会到"预期愧疚"(anticipatory guilt),即在错误念头产生之后尚未付诸实施时就可以预想到愧疚。[①] 为了避免预期愧疚变成现实愧疚,就会熄灭错误念头。

五、发挥愧疚的道德教育意义

(一)建构积极的人际关系

愧疚是一种令人不快的情感,如果没有错误发生,教育者即使是以道德教育的名义无端引发受教育者的愧疚反应,在道德上也很难过关,因此"愧疚教育"是一个有歧义的说法。单纯引发愧疚意义上的"愧疚教育"是不值得提倡的,但如上所论,愧疚本身具有多方面的道德成长意义,发挥愧疚在道德成长功能意义上的"愧疚教育"是值得认真对待、深入探索的。

如前所论,愧疚以情感关系为基础,情感联系越深,越容易产生愧疚,交往双方越是在意、关心对方,越不愿意对方受到伤害,尤其受到来自自己的伤害。在家庭生活中,良好的亲子关系、亲人关系是愧疚发挥作用的关系基础。在学校生活中,互相关心、爱护的师生、生生关系同样是愧疚发挥作用

[①] M. L. Hoffman, 1998: "Varieties of Empathy—Based Guilt", *Guilt and Children*, San Diego, Academic Press, p. 130.

的必要条件。学校生活中,如果人际关系紧张,人与人之间充满戒备、嫉妒、恨意,主导性的情感不是尊重与关心,愧疚没有产生的条件,也就无从发挥作用。因此,要发挥愧疚的道德教育功能,首先要做的不是去引发愧疚,而是建构、维持正常的、积极的人际关系。如果可能,可以更进一步,即将正常的人际关系升级,变得更加友善亲密。我们可以将这一条归纳为"愧疚教育,功夫在愧疚之外"。

情感纽带与良好的人际关系的意义是多方面的。以师生关系为例,如果学生是热爱老师的,就不愿意老师受到伤害,犯了错误,就会感到深深的愧疚,就会想办法去改正、去补救。如果犯了错误,自己认识不清,就需要老师的批评指正。这时候如果学生对老师是热爱的、信任的,老师的批评指正就比较容易接受,起码不至于因为不信任老师而导致逆反与对抗情绪的产生。有错误,就免不了要面对纪律约束与惩罚处理。情感纽带与良好的人际关系有助于纪律的实施,因为在充满关爱的人际关系环境中,学生对老师、对他人是信任的,知道纪律与惩罚背后的公平与善意,不从消极、恶意的角度去理解纪律与惩罚,学生更能心甘情愿地接受惩罚以摆脱愧疚心理负担。

(二)"因情施教"

愧疚因错而生,但错与疚之间有诸多错位。错与疚的错位为教育引导与介入留下了空间。第一种情况是"有错而无疚",即错误没有引出应该有的愧疚。这时候教育的重点就在于提醒错误、唤醒愧疚情感。还以欺凌现象的旁观者为例,旁观者虽然有隐隐的不安,但不是自己动手欺凌,往往不觉得自己有什么过错,因此也就没有相应的愧疚感。这时候教育引导的重点是帮助学生认识道德旁观对欺凌者的鼓励作用、对受害者伤害的放大效应,与他们交流旁观时的心理状态,是一心看热闹还是想阻止欺凌但又缺乏勇气。通过个别化的教育引导,旁观者才能意识到自身不作为的性质与危害,才能对受害者感到愧疚。第二种情况是"有错也有疚",即犯了错误,愧疚相伴而来。在这种情况下,教育者首先要对犯错者的愧疚给予肯定,因为愧疚体现了犯错者对自己的道德要求。如果犯错者的愧疚比预期的愧疚更强一点,表明犯错者有较强的道德感,值得称赞。[①] 既然犯错者体会到了愧疚,教育引导的重点就可以放在愧疚的"真诚解决"上,即帮助犯错者学会如何承认错误,进行道歉、补救,接受惩罚,以及如何才能做到不再重复犯错。第三种情况是过于愧疚,即"无错而疚"或"错疚失衡"。愧疚作为一种规范

[①] W. Neblett,1974:"The Ethics of Guilt",*The Journal of Philosophy*,October.

性情感,不是越多越好,也有一个适度问题。"无错而疚",如果是一种淡淡的心绪,可以化为自我修炼的精神力量;如果过于沉重,就是过度愧疚,就需要给予减负、疏解。"错疚失衡"是指愧疚远远超过了必要的程度,陷于愧疚泥潭不能自拔。过于愧疚,其实是陷入自我情绪之中,导致的不是补救行动而是非行动。在这种情况下,教育引导的重点一方面在于安抚、减轻犯错者的不必要的愧疚,另一方面在于帮助犯错者用积极行动去消除消极情绪。总之,愧疚教育不能没有针对性,不能盲目进行,要根据不同的情况,采取不同的方式方法。

如前所论,人们在感到愧疚之后,既可能"真诚解决",也可能"非真诚解决"。如果是前者,教育的重点就是帮助犯错者掌握解决愧疚的能力;如果是后者,教育引导的重点则在阻断,即阻断犯错者滑向为愧疚寻找借口的歧路。阻断也是贯彻"不同的情况,不同的教育"这一基本教育原则。愧疚的"非真诚解决"所使用的策略无外乎降低错误严重性、将错误归结为客观原因、他人也犯过类似的错误、贬低受害者、自己没有主观故意等。要阻断愧疚的"非真诚解决",教育引导要有针对性,将犯错者的注意力引向错误行为本身及错误行为给他人带来的伤害,促使犯错者反思犯错的主观原因。当然,这样的教育引导,最好以个别化的方式进行,因为集体教育的群体心理背景,会让犯错者将主要注意力放在自我防卫上,很难进行自我反省。值得说明的是,抓住具体愧疚情境进行教育引导是较佳选择,但并不排斥平时进行间接的愧疚教育,比如德育课程中,可以向学生提供愧疚"真诚解决"与"非真诚解决"的事件与范例,让学生从他人叙事中学习,以他人为鉴反观自身。

(三) 发挥受害者的作用

愧疚虽然是一种令人不快的情感,同时也是一种规范性情感,犯了错误,就应该感到愧疚。正是在这个意义上,霍夫曼才说对犯错者来说,最有效的教育方法就是"引出愧疚"(inducing guilt)。[1] 引出愧疚的方法包括指出错误何在、批评、责备、将注意力放在对他人所造成的伤害上等。尤其是后者,如果犯错者能够意识到、体会到自己的行为给他人所造成的痛苦,通常愧疚之情就会产生。需要注意的是,通过批评、责备等方式引出愧疚时,应始终将错误限定于行为之错,不能上纲上线到人格、品格之错。因此,愧疚教育中另一个基本的原则是"对事不对人",即只论行为的是非,不论人

---

[1] M. L. Hoffman, 1998: "Varieties of Empathy—Based Guilt", *Guilt and Children*, San Diego, Academic Press, p. 101.

格、人品的优劣。学生犯了错误,就错误讲错误,就行为讲行为,不能上升到品德败坏上,否则就越界了。一旦越界,就是对犯错者的过度指责,就会导致犯错者启动自我防卫机制,产生对抗性情感。

愧疚教育容易忽视的对象是错误的受害者。在学校生活中,一旦有错误发生,教师往往将注意力放在犯错者身上,错误的受害者反而被放在了一边。受害者应该是优先保护的对象,教师应该与受害者一起向犯错者讨回公道。我们知道,教师不是万能的,也不可能时时刻刻与学生在一起,更不能查觉每一个错误行为的发生。那么,对犯错者的保护就需要"功夫在平时"。在平时就要教育学生学会如何应对侵害行为。第一,不能一味隐忍,过分隐忍对自己是伤害,对犯错者是纵容;第二,学会用适当的方式提醒、批评、责备犯错者,让犯错者知道其行为给自己造成的后果,既引出愧疚,又不上纲上线;第三,犯错者道歉、作出补救之后不提过分要求,愿意原谅他人过错。教育总是朝着放手的方向努力,学生自己学会如何处理来自同龄人的侵犯,形成处理错误行为的能力,才是"修己安人"的长久之策。

(四)"非理性愧疚"与教育"易疚性"的作用

"非理性愧疚"并不是真正无理的,有情感与道德修炼功能。发挥"非理性愧疚"教育功能的常用方式是将学生暴露于痛苦之中。他人痛苦具有多方面的教育意义,除了引发同情,也会引发愧疚反应。比如,衣食无忧的城市学生,看到世界上有那么多同龄人还在进行着艰难的生存挣扎,可能产生自己什么都没有做、未给那些受苦者任何帮助的愧疚。学生本身并没有什么错误,但他们被他人痛苦所震惊,并因此而感到愧疚,虽然被冠以"非理性",但真的没有道理吗?由他人痛苦开始质疑自己所拥有的特权,其实正是对社会正义进行思考与探索的开始。何况,自我是有弹性的,他人痛苦可以激发年轻一代站在人类的高度来思考问题:作为个体的"我"并没有犯错,但作为人类的一员,"我"感受到了"我们"人类所犯的巨大错误。将学生暴露于他人痛苦之中,如果能够产生这种"非理性愧疚",促使学生开始思考社会正义,开始摆脱个人私己视角,站在人类的高度来看问题,就有着非凡的教育意义。

如前所论,人的"易疚性"可以预示品德,由此类推,教育的"易疚性"同样有多种意义。一方面,教育有"易疚性",对学生来说是一种示范;另一方面,教育的"易疚性"也是阻止教育少犯错误、犯了错误能够改正的力量。教育的"易疚性"不过是一种隐喻,其实还是教育者的"易疚性"。教育从业人员的"易疚性"可以赋予教育以谦逊、审慎的品性,能够对学生以诚相待。教育行政人员和教师应该有愧疚预期,在做每一个决定之前,都要仔细思考会在学生那里产生什么后果,以及教会学生犯了错误之后,如何坦承、自责、补救。教育者不用扮演全知全能者,因为教育者一样也会犯错误,在尽量少犯错误的前提下,犯错之后的态度与行为就显得尤为重要。教育者可以用自己的愧疚及对愧疚的"真诚解决"给予学生有效的愧疚教育。

愧疚教育不是容易的事情,但从以上所论来看,还是"有章可循"的。第一,以情感纽带与积极健康的人际关系为基础;第二,不同的情况采用不同的教育,以增强教育的针对性;第三,对事不对人,只论行为是非,不论人品优劣;第四,引导受害者作出适当反应;第五,以教育的"易疚性"进行愧疚教育。

第四章　愤怒的道德价值与可教育性

愤怒是我们相对激烈的情绪，普遍存在，有人的地方就有愤怒，是人都会愤怒。经过生活的历练，有些人也许可以做到"喜怒不形于色"。对这种"境界"可以不作价值评判，即便达到如此"境界"的人，还是有喜有怒，只不过不表达出来而已。一个从未愤怒过的人，是很难想象的。

愤怒是人的基本情感，也是基本情感中受到责难最多的，不同时代的掌权者、宗教领袖、思想者，甚至是普通人都对愤怒情感有偏见与戒备。对愤怒的偏见与戒备首先来自愤怒情感本身。一方面，愤怒是我们基本情感中比较激烈的情感，如果过度，就可能产生攻击行为、产生破坏性。另一方面，愤怒不利于既定秩序的维持，所以对愤怒的偏见有"意识形态与宗教根源"[1]，政治统治者、主导性的宗教流派都担心人们愤怒情绪的汇集危及自身的统治与主导地位，对愤怒抱有过度的警惕与戒备。虽然有亚里士多德这样的哲人对愤怒抱有中道、公正的观念，但更多的哲人，包括柏拉图（Plato）、孔子、塞涅卡、卢梭（J. J. Rousseau）、纳斯鲍姆等都对愤怒抱持预防与戒备的态度。哲人对愤怒的成见在于他们推崇理性，而愤怒则是对理性的最大挑战。普通人对他人愤怒的消极反应源于"愤怒困难"（anger difficulty），遇到他人愤怒，我们的第一反应往往是不认可，因为其愤怒的根由是隐而不见的，但愤怒反应是显而易见的。因为前者，我们不能与其共情；因为后者，我们戒备其就在眼前的危险。看到一个愤怒的人，我们往往会产生恐惧与厌恶的情绪。[2]

教育领域对愤怒的成见与戒备更深。一说到愤怒，教育者的第一反应往往是如何控制愤怒，如何通过教育消除受教育者的愤怒。如果让教师去教学生如何愤怒，对很多人来说都是不可想象的，犹如让教师怂恿学生去做

---

[1] K. Kristjánsson, 2005: "Can We Teach Justified Anger?", *Journal of Philosophy of Education*, November.
[2] M. Cherry, 2018: "The Errors and Limitations of Our 'Anger-Evaluating' Ways", *The Moral Psychology of Anger*, London, Rowman & Littlefield International Ltd, p. 53-54.

坏事。实际上,教学生控制愤怒,正是愤怒教育的一种样态。吊诡的是,教育领域对愤怒的成见如此之深,却一直在进行着愤怒教育。当然,这种愤怒教育有压制愤怒的一面,如果针对的不是适度的愤怒,而是过度的愤怒,才更符合愤怒教育的正道。过度的愤怒需要控制,而"愤怒不足",比如遭受了欺凌、侮辱而不敢或没有愤怒,就是对恶行的纵容,也需要教育。由此看来,虽然我们对愤怒有这样那样的成见与戒备,但愤怒教育是不容回避的。只有摒弃对愤怒的成见,给予愤怒以公道的对待,卸去愤怒身上人为附加的负担,更好的愤怒教育才有可能产生。

本章的目的就在于澄清愤怒的实质,据此清理附加在愤怒之上的不合理负担;认识愤怒自身的内在道德价值,定位愤怒在道德上的应有位置;校正愤怒教育观,阐明愤怒教育的必要性以及愤怒自身的可教育性;提出愤怒教育的间接与直接方式,探索愤怒教育的基本理路。

一、作为自然情感的愤怒

(一) 愤怒的自然性

对愤怒的戒备自古有之。比较早的是塞涅卡,他说:"愤怒乃是所有激情中最为可怕、最为疯狂的那个东西。"[1]塞涅卡对愤怒的指责可以归为"理性担心"(rational worry),即担心愤怒对理性的破坏,除此之外,还有形上担心(metaphysical worry),比如佛教就认为愤怒是人性之毒,是自我欲望膨胀的爆发;非一致性担心(incoherent worry),愤怒所驱动的对他人的报复与伤害并不能消除别人对自己已经造成的伤害;道德担心(moral worry),愤怒对人对己都会产生病态后果。[2] 无论有多少指责与担心,都否定不了愤怒的存在,因为愤怒是人的一种自然情感。

愤怒作为一种自然情感有多重意蕴。首先,愤怒是本能反应。愤怒的人性之根很深,甚至可以说是人的一种本能反应:迎战反应。面对危险,一种本能反应是恐惧与逃跑,另一种则是愤怒与战斗。没有第一种反应,不知避让,可能导致毁灭;没有第二种反应,不知力争,则会导致退化。从这个角度看,愤怒是自然进化的产物,作为一种自然本能,有助于人的生存进化。其次,如前所述,愤怒具有普遍性、跨文化性。每个人都会愤怒,一个从不愤

---

[1] 〔古罗马〕塞涅卡:《道德和政治论文集》,袁瑜琤译,北京,北京大学出版社,2010,第 1 版,第 46 页。
[2] D. Shoemaker, 2018: "You Oughta Know: Defending Angry Blame", *The Moral Psychology of Anger*, London, Rowman & Littlefield International Ltd, p. 67-68.

怒的人是不可想象的。在走向"世界历史"①之前,人类不同群体以碎片化的方式生活在地球上的不同角落里,各自按照自身的文化习俗发展进化,但都有愤怒情感。最后,愤怒有共同的生理基础。人有种族、文化的差异,但愤怒的表情是共通的,即使语言不通,我们也能通过表情辨识一个外族人的愤怒。愤怒时的生理反应不限于表情,还包括血压升高、神经系统的激活状态、荷尔蒙分泌增高等。②

应该承认,愤怒的自然性尚不能消除自古就有的指责与担心。愤怒是自然情感并不意味着是值得肯定的情感,更不能以自然情感为由来为愤怒奠定道德地位(moral status),因为人性的弱点(包括情感)也有自然根基与自然性。真正能够回应对愤怒之指责的,只能是愤怒自身之本性。

(二)不当伤害引发

亚里士多德对愤怒下过一个著名的定义:"一种针对某人或他的亲友所施加的为他们所不应遭受的显著的轻慢所激起的显著的报复心理所引起的有苦恼相伴随的欲望。"③从这一定义来看,亚里士多德将愤怒置于人际之间,一个人的愤怒是由他人的轻慢(oligōria)引起的。别人对我及我亲友的轻慢确实可以引起我的愤怒,但我们作为体验过愤怒的人,都直觉地知道,有些愤怒不是由轻慢引起的。由此看来,能够激起我们愤怒的不单单是轻视(slighting)或降等(down-ranking),亚里士多德关于愤怒原因的论述"失之于窄"。亚里士多德为什么那么突出轻慢呢?纳斯鲍姆的解释应该是有说服力的:他生活在一个荣誉至上的社会,对一个人的轻慢也就意味着无视一个人的荣誉,是对一个人最为珍视的价值的冒犯与伤害。因此,亚里士多德对愤怒起因的论述虽然失之于窄,却是"虽窄而准"的。④

他人轻视之所以让我愤怒,在于这种轻视是对我之荣誉、尊严的伤害。扩而广之,他人的态度、言行即使不是轻视,如果是对我所珍视之物的伤害,我也会感到愤怒。我所珍视的,包括身体、尊严、权利、亲人、友谊、财富等,哪一样受到伤害都能激起我的愤怒。当然,还要为这种伤害加上限定,即错误伤害。如果是合理伤害,则不一定激起我的愤怒,或者即使愤怒,也是不正当愤怒。比如,一个违法者被法律所制裁,制裁肯定会给其带来伤害,但

---

① 鲁洁:《走向世界历史的人——论人的转型与教育》,《教育研究》1999 年第 11 期。
② C. H. Rushton et al, 2020: "Moral Outrage: Promise or Peril?", *Nursing Outlook*, September.
③ 罗念生:《罗念生全集 第一卷:亚里士多德〈诗学〉〈修辞学〉佚名〈喜剧论纲〉》,上海,上海人民出版社,2007,第 1 版,第 209 页。
④ M. C. Nussbaum, 2016: *Anger and Forgiveness: Resentment, Generosity, Justice*, New York, Oxford University Press, p. 18-19.

这种伤害却是合理合法的,不能被制裁者作为愤怒的理由。正是基于这一点,亚里士多德的愤怒定义强调"不应遭受",即受轻慢者不应遭受轻慢的伤害。密瑟里(M. Miceli)等人将伤害(harm)与错误(wrong)区分开来,认为伤害可以由人,也可以是由动物或自然力引发,而错误则是由人(责任主体)所施加的非正当伤害。伤害不一定是错误,错误则一定是伤害,且往往是双重伤害,第一重伤害是错误本身的伤害,第二重伤害是对被伤害者的冒犯与不敬。哪怕是一般意义上的伤害也可能引发愤怒,但我们更愤怒的是错误所引起的伤害。① 将伤害与错误区分出来,更能定位愤怒的引发因素,即愤怒更多的是由他人错误(不当伤害)所引发的。

对自身或亲近之人的不当伤害是愤怒的激发因素,或者说是愤怒的"前端",这符合我们的日常感受,但有时候他人错误伤害的并不是我或我的亲近之人,我也会感到愤怒。理论上把这种由他人不当伤害第三人所引发的愤怒命名为"义愤"(indignation)。② 从人际关系来看,一般愤怒发生于"二阶情境"(dyadic situation)下,是由他人如何待我引发的;而义愤则发生于"三阶情境"(triadic situation)下,是由他人如何对待第三人引发的。③ 他人对第三人的伤害,受伤的不是我,我为什么会产生义愤这种特殊的愤怒呢?这里有两个解释:一个是同情,即我对受害者的痛苦感同身受,感觉与受害者一起受伤、痛苦,由此激起愤怒。在一些情况下,我们作为伤害事件的局外人比作为当事的受害者还愤怒,因为作为局外人,更容易认识到伤害行为中的错误与恶意。另一个是价值珍视,即他人伤害的是第三人,虽然未直接伤害到我,但伤害了我所珍视的价值,比如公平、正义等伦理规范,我的义愤由此而生。理论上将由他人对道德原则、道德规范的侵犯而引发的愤怒称为"道德愤怒"(moral outrage)。④ 义愤与道德愤怒很接近,甚至难以区分,在很多文献中是可以互相替换的两个概念。如果非要区分的话,义愤是由他人受伤害所引发的愤怒,而道德愤怒则是由道德标准、原则受伤害所引发的愤怒。但义愤之"义"本身就包含着道德标准与原则,而道德标准与原则不会孤立存在,总是与具体的人与事结合在一起。因为义愤或道德愤怒之中往往有共情或同情的存在,也有研究者通过实验研究得出所有的由第三人受伤害所引发的愤怒都是"共情愤怒"(empathic anger),并不存在由道德

---

① M. Miceli et al.,2019:"Anger and Its Cousins",*Emotion Review*,January.
② B. Dubreuil,2015:"Anger and Morality",*Topoi*,October.
③ J. von Doorn et al.,2014:"Anger and Prosocial Behavior",*Emotion Review*,July.
④ Z. K. Rothschild et al.,2017:"A Cleansing Fire:Moral Outrage Alleviates Guilt and Buffers Threats to One's Moral Identity",*Motivation and Emotion*,April.

标准或原则受伤害所引发的所谓道德愤怒。① 这样的结论虽然有实验数据支持,但实际上还是存在着思维漏洞,即将道德标准或原则抽象出来,与人及其活动割裂开来。道德标准或原则与人及其活动的剥离在理论上是可能的、可行的,但在现实生活中,道德标准或原则与人及其活动是融为一体的,人既是个体,也是道德标准或原则的载体,对人的伤害也是对道德标准或原则的违背。道德愤怒从来都是与对人的伤害脱离不开的,是由对人及其所承载的道德标准或原则的双重伤害所引发的反应。

由不当伤害引发的愤怒认知成分比较明显,因为我们不但感受到了伤害,还认识到这种伤害的错误与不当。由此引发的愤怒并不能囊括愤怒形态,比如,在一些情况下,并没有对己对人的伤害发生,只是所要达成的目标没有实现,我们也会感到愤怒。这是与不当伤害所引发的愤怒性质不同的愤怒,是"目标阻碍愤怒"(goal-frustration anger)。比较而言,目标阻碍愤怒更为原初:婴儿在没有能力区分轻视与伤害的时候,就有了目标受阻所引发的愤怒。② 从宽泛的意义上看,目标受阻也是一种伤害,只不过这种伤害不一定都是不当伤害。一方面,我们的目标是否合理是决定性因素,即使是合理的目标,其实现之阻碍既可能来自外力,也可能来自自身的努力不够或能力不足。另一方面,伤害也可以说是目标受阻,即我们所珍视的价值或事物被妨碍。虽然如此,我们一般不这样理解伤害,因为伤害是直接的,从目标受阻的角度去理解伤害,则是绕了一个比较大的弯子。正是因为目标阻碍与不当伤害的深层互通,两种愤怒在多数情况下是混在一起的。但相对而言,目标阻碍愤怒的合理性取决于目标的合理性、自身努力与能力的大小,如果他人没有错误,就更接近于"无名火",更接近愤怒的初始状态。对成年人来说,目标阻碍愤怒虽然并未完全隐去,但已经不是愤怒的主导形态。

(三) 情感、动机与行动趋向

亚里士多德的愤怒界定已经指明了愤怒情感的性质,即"苦恼(痛苦)相伴随"。可以说,愤怒中都有痛苦这种消极情感。愤怒中的痛苦是由他人伤害带来的,他人的不当伤害,包括对我追求目标的有意或无意阻碍,都是对我之所珍视价值与事物的损坏,我之所以愤怒,就是因为这些伤害带给我的是痛苦。愤怒是有强度差异的,一般而言,越痛苦则越愤怒。他人的伤害

---

① C. D. Batson et al., 2007: "Anger at Unfairness: Is It Moral Outrage?", *European Journal of Social Psychology*, May.
② D. Shoemaker, 2018: "You Oughta Know: Defending Angry Blame", *The Moral Psychology of Anger*, London, Rowman & Littlefield International Ltd, p. 73.

愈严重，我的痛苦与愤怒愈甚；别人所伤害的越是我所珍视的，则我的痛苦越深、愤怒越强。伤害的公开性（他人在场），也起到放大伤害的作用，会给我带来更大的痛苦、更强的愤怒。比如，大庭广众之下的嘲笑比一对一嘲笑一个人，给这个人带来的伤害与痛苦更大，激发的愤怒更大。

亚里士多德虽然说愤怒伴随着痛苦，是痛苦感情的表达，也说"愤怒中也有快感相伴随"。愤怒中的快感是怎么来的呢？亚里士多德的答案是"报复幻象"，即由报复念头引发的报复成功、让犯错者受到惩罚的想象所引发的快感。① 在亚里士多德那里，报复欲望是愤怒的构成性环节。这一点得到纳斯鲍姆的共鸣，并成为她否定愤怒的一个主要依据：反击（payback）或报复（retribution）是愤怒概念的构成部分。而反击有规范缺陷（自己不愿意受伤害却想让对方受伤害，以伤害对伤害），因此愤怒始终存在着规范问题。② 虽然纳斯鲍姆承认愤怒是完全有理由的（well-grounded），却依然是"浅滩上的造物"，没有规范基础，如果不能转化为改善社会福祉的动力，就毫无意义。③ 问题是，所有的愤怒都是报复性愤怒吗？或者说，反击或报复真的就是愤怒的构成性环节吗？如果不是，那愤怒中的快感就不一定必然产生。此外，即便报复是愤怒的构成性环节，也不是所有人在愤怒时都能体会到快感，也会有被痛苦完全支配的情况。而且，正如亚里士多德所言，这种快感来自幻象，并不可靠，即使有也会快速消散。因此，我们可以肯定地说，愤怒中的情感主要是痛苦。

愤怒作为痛苦情感的反应，带有明显的欲求（动机）。考培伦（A. Kauppinen）认为愤怒既有动机内容，也有目标指向。愤怒最基本的动机内容是通过责备等方式带给犯错者一些负面信息与结果，让其知道自己的错误并承担责任。愤怒的目标指向一般有两个：一个是"向前看的目标"（forward-looking aims），即通过愤怒反应让愤怒对象改正错误、遵守其所违背的规范；另一个是"向后看的目标"（back-looking aims），即让犯错者为已经犯下的错误承担责任、付出相应代价。④ 这与亚里士多德所说的单纯的报复欲望是不同的，可以说更为平实、周全，更符合一般人的真实体验。人是

---

① 罗念生：《罗念生全集 第一卷：亚里士多德〈诗学〉〈修辞学〉佚名〈喜剧论纲〉》，上海，上海人民出版社，2007，第1版，第209页。
② M. C. Nussbaum, 2016: *Anger and Forgiveness: Resentment, Generosity, Justice*, New York, Oxford University Press, p. 15.
③ M. C. Nussbaum, 2016: *Anger and Forgiveness: Resentment, Generosity, Justice*, New York, Oxford University Press, p. 35.
④ A. Kauppinen, 2018: "Valuing Anger", *The Moral Psychology of Anger*, London, Rowman & Littlefield International Ltd, p. 32-33.

关系性存在，正常情况下，人与人处在一种相互承认的平衡关系之中，彼此都有期待与信任。比如，我与一个陌生人一起排队买票，排队者彼此之间有基本的预期，相信彼此都会遵守社会规范。如果一个人在我面前蛮横插队，我们之间的平衡关系就被打破了，他同时也破坏了我对他的预期与信任，我会由此而产生被冒犯的不舒服体验，也可能激起我的愤怒。按照报复论，我不舒服，也让你不舒服，但多数情况下，这种理论预设不符合事实。我的愤怒往往不是以报复的方式表达出来，而是以指责的方式表达出来，即通过指责让插队者知道自己的行为是错误的、不道德的（动机内容），我的目标不是让对方痛苦，而是让其改正错误（向后看的目标）、重新去排队（向前看的目标）。

与欲求、动机紧密相连的是行动趋向（action tendencies）。对愤怒的成见和戒备与人们印象中的反击和报复倾向密切相关。在亚里士多德、纳斯鲍姆等人的愤怒定义中，反击、报复是愤怒主导性的行动趋向。如上所论，有些愤怒确实有反击和报复的行动趋向，但这种趋向并不是主导性的，主导性的趋向还是交涉（communication），即将对方造成的伤害表达出来，提示对方犯了错误（向后看），应该承担责任、改正错误（向前看）。这样说，并不是主观论断，而是有大量的文献与实验数据作为支撑的：我们的愤怒一旦完成了交涉功能，对方认识到了错误，愤怒的目标也就达到了，根本没有反击或报复的必要。[1] 而且，在没有积怨与旧恨的情况下，多数愤怒都是没有报复目的的。比如，子女可以让父母怒火冲天，但父母的愤怒多是为了表达不满，希望子女改正父母认为的错误、变得更好，根本不是为了反击、报复子女。

行动趋向不等于行动本身。行动趋向转化为行为，还有诸多变数，还要受理性与情境因素的影响。因此，即便愤怒中有报复行动趋向，但是否真的转化为行动，还存在着诸多变数。人们总是将愤怒与攻击行为联系在一起，以为攻击行为是愤怒的典型行为方式，事实上，愤怒的行为反应方式极为不同，包括自嘲、放弃感情、生闷气、激烈运动等，根本无法概括出典型的行为方式。从统计数据来看，攻击行为在愤怒的行为反应方式中的比例，最多不超过10%。[2] 另一方面，与攻击行为相关联的情绪，不只愤怒一种，实际上，悲痛、郁闷、压抑、恐惧、羞耻、愧疚等情绪、情感状态都可以导致攻击与暴力

---

[1] D. Shoemaker, 2018: "You Oughta Know: Defending Angry Blame", *The Moral Psychology of Anger*, London, Rowman & Littlefield International Ltd, p. 74-75.

[2] K. Kristjánsson, 2005: "Can We Teach Justified Anger?", *Journal of Philosophy of Education*, November.

行为。另外,我们的很多暴力攻击甚至不是心理因素导致的,而是外在环境诱发的。

通过以上分析,我们可以对亚里士多德的愤怒概念进行拓展、完善。第一,愤怒是人的一种自然情感,无论我们承认不承认,愤怒都会发生;第二,引发愤怒的因素可以是目标阻碍,也可以是不当伤害,主要是不当伤害;第三,愤怒中的情感体验主要是痛苦,是由他人不当伤害所带来的痛苦;第四,在痛苦体验的驱动下,我们有让伤害者认识到其错误、停止伤害、改正错误的动机与行动趋向,极端情况下也会以反击与报复的方式来维护自己,让伤害者停止伤害并承担伤害责任。

对愤怒的这一理解,首先是扩展了激发愤怒的因素,即愤怒是由包括轻视在内的更为广泛的不当伤害引发的,不限于轻视;其次,亚里士多德仅仅将自己及其亲友作为伤害对象,实际上,伤害人所珍视之物,包括不相关的他人与道德价值,也会激发愤怒。这两个拓展是就愤怒"前端"即愤怒激发因素而言的,愤怒"中端"可以沿用亚里士多德的思想,即痛苦是愤怒的基本情感体验。在愤怒的"后端",即动机与行动趋向上,不把反击与报复当作愤怒的必然构成要素,多数情况下,愤怒的动机与趋向仅在于"说出"自己所受的伤害,让伤害者认识错误、改正错误,极端情况下才会有反击、报复的欲求。

二、愤怒的道德价值

(一)愤怒的内在价值

对愤怒的成见与戒备,甚至是对愤怒的否定,多是从愤怒的后果与效应这一维度考虑的,总是担心人们在愤怒情绪支配之下会作出报复、攻击、暴力行为。如前所论,一方面,报复不是愤怒的必然构成,报复性愤怒只不过是愤怒的一种;另一方面,愤怒与攻击、暴力之间并没有必然的、直接的联系,愤怒所导致的攻击并不一定比其他情绪,比如羞耻、怨恨、恐惧、压抑等更多。既然如此,为什么我们总是直觉性地将愤怒与暴力、攻击联系在一起呢?根源在于愤怒作为一种自然情感,有正常状态,也有不足与过度状态。"愤怒不足"损害的只是个人,"愤怒过度"则会波及周围的人,因此更能引人注目,导致我们将愤怒过度当作愤怒本身。也就是说,人们对愤怒的很多成见与戒备都是由愤怒过度引起的,愤怒成了愤怒过度的替罪羊。这对愤怒是极为不公的,任何情感都无法承担这样的错位、错置,按照这种逻辑,连爱这种最为美好的情感都是有问题的,因为溺爱可以害人,如果我们将溺爱的危害都错置于爱的头上,那爱也是需要戒备、警惕的情感了。

以这样的方式为愤怒辩护,当然有一定的意义,但还不够,因为这样的思路,与对愤怒的成见与否定一样,都是从愤怒的后果与效应出发去判定愤怒的。如果撇开外在后果与效应,单从愤怒本身来看,愤怒有没有内在价值? 答案是肯定的。如前所论,愤怒是对不当伤害的反应,所以愤怒不是什么积极情感,但对好事情予以积极情感、对坏事情予以消极情感是情感的基本规律,也是一个人心理、精神健康的表现。别人伤害了我,对我当然是一种坏事情,如果我感到愉悦、高兴,既违背了情感规律,更证明了我是一个病态、受虐的人。对不当伤害这种负面的事情,应抱以愤怒这种消极情感,其实就是对伤害的交涉、制止、抵抗、指责,起到的是"负负得正"的效应。从性质上看,不当伤害是一种恶,而愤怒就是指责、抵制、抗拒这种恶的力量,由此看来,愤怒情绪无论后续如何发展,本身就是对恶的抗拒,就有内在的道德价值。

一种情绪、情感,如果前面冠以"消极的",总给人一种负面的定性。科瑞斯坦森(K. Kristjánsson)从体验与评价两个维度去衡量情感的性质,可以给我们很多启发。① 一种情感,从体验的角度看是消极的,但从评价的角度看是积极的,比如愧疚,主体体验到的是一种消极情感,但做错了事情,对不起别人,就应该感到愧疚,因此从评价的角度看,愧疚又是积极的。反过来,有些情感从体验的角度看是积极的,但从评价的角度看是消极的,比如幸灾乐祸。愤怒也是这样,遭遇他人不当伤害,我们体验到的是以痛苦为主的消极情感,但这种情感是对恶的否定与抗拒,从评价的角度看又是积极的。因此,一种情感的价值,尤其是内在价值,不能仅从体验的角度去衡量,不能将消极体验等同于消极价值,积极体验等同于积极价值。

愤怒的内在价值与其正当性是一体的,如果愤怒的存在没有正当性,其内在价值也就失去了根基。愤怒的正当性,与其他情感的正当性是一致的,即不是无缘无故的情感,而是有理由的情感。比如恐惧就是有理由的情感,因为危险总是存在的,有危险就有恐惧,面对危险,总有特别的人不恐惧,但这并不能否定恐惧的正当性。同样,愤怒也是有理由的,有不当伤害,就有愤怒。在同样的伤害面前,当然也有个别人,甚至是一些人不愤怒,但这同样构不成否定愤怒正当性的理由。甚至在面对伤害时,我们也可能做到不愤怒,这同样不是否定愤怒的理由,不能否定愤怒的正当性。就连指责愤怒存在着无法解决的规范难题的纳斯鲍姆,也不得不承认愤怒是有理由的,是根基牢固的(well-grounded)。

---

① K. Kristjánsson, 2005: "Can We Teach Justified Anger?", *Journal of Philosophy of Education*, November.

愤怒的内在价值还在于愤怒对人来说是不可缺少的。不可缺少,不单是就愤怒的自然性而言的,还是就愤怒作为人性力量而言的。愤怒消亡有两个方向:一个是过度,一个是不足或没有。愤怒过度,其实已经不是愤怒,而是另外一种病态情绪,正如溺爱不是爱而是另外一种病态情感一样。对于愤怒过度的危害,我们从理论上和生活上都有深入的认识,但我们极少从其是对愤怒本身的替换这一角度去看待的。在愤怒过度的情况下,该有的愤怒没有了,而一种徒有愤怒之名的病态情绪代替了愤怒,暴力、攻击、破坏等诸多严重后果由此而生。亚里士多德在《修辞学》中将报复作为愤怒的概念构成,给后世思考愤怒带来了很多难题,但在《尼各马可伦理学》中,他对愤怒的理解似乎更为积极,尤其是对愤怒不足的论述非常精辟准确:"那些在该发怒的场合不发怒的人被看作是愚蠢的,那些对该发怒的人、在该发怒的时候也不以适当的方式发怒的人也是愚蠢的。人们认为,这样的人对事情好像没有感觉,也感受不到痛苦。一个人如果不发怒,他也就不会自卫。而忍受侮辱或忍受对朋友的侮辱是奴性的表现。"①也就是说,该愤怒的事不愤怒是蠢事,该愤怒而不愤怒的人是蠢人,忍受侮辱、伤害而不愤怒的人是有奴性的人。愤怒过度是没有德性的标志,没有或愤怒不足同样是没有德性的表现,虽然没有明言,在亚里士多德的理论里,愤怒缺失(过度与不足)其实也是"缺德"。日常生活中,我们虽然不直接用"缺德"来定性一个人在愤怒问题上的缺陷,但实际上已经暗含了这样的评价。比如,一个人如果动不动就愤怒,或者为小事而大怒,即愤怒过度,我们就会觉得这个人"有毛病"(暴躁);如果一个人遭受了严重的欺辱却没有愤怒,我们也会觉得这个人"有毛病"(奴性、懦弱)。我们也可以把"有毛病"当作"缺德"的委婉表达。在义愤情境中,如果一个人对第三者遭受的严重伤害无动于衷,我们就会觉得这个人"冷血"(道德冷漠),而"冷血"其实就是"缺德"的另一种说法。亚里士多德对愤怒中道的赞扬,从反面证明了适当愤怒是美德,愤怒缺失是"缺德","一个人如果在适当的事情上、对适当的人、以适当的方式、在适当的时候、持续适当长的时间发怒,就受到称赞。"②

(二) 对错误的提醒与反对

愤怒的"道德地位"在伦理学中一直是存疑的,根据在于我们总是从愤怒引发的行为来评价愤怒的道德地位,但由愤怒引发的行为多种多样,有道

---

① 〔古希腊〕亚里士多德:《尼各马可伦理学》,廖申白译,北京,商务印书馆,2003,第1版,第115页。
② 〔古希腊〕亚里士多德:《尼各马可伦理学》,廖申白译,北京,商务印书馆,2003,第1版,第114—115页。

德的,也有非道德的。如果有人为愤怒的道德地位辩护,说愤怒是勇气之源,是反抗非正义的推动力量,是道德情感,马上就有人会说,愤怒是破坏之源,是攻击与暴力的推动力量,是不道德情感。如前所论,愤怒道德地位的确定,不能单从愤怒的后果与效应来论,而要结合愤怒自身的内在价值来论。愤怒的道德与社会功能,是从其内在价值中派生出来的,剔除外在条件与各种影响因素,单纯从愤怒的内在价值本身生长出来的道德功能,才是最为纯粹、最为根本的,也是最有说服力的。

一说到情感,不少人就下意识地将其归为非认知因素。确实有一部分情感是人的自然反应,认知因素较少,但也有一部分情感是与认知因素混合在一起的,很难与认知因素区分开来。愤怒就是这样的情感,内在地包含着认知因素。如前所论,愤怒来自于他人的不当伤害,来自于对他人事关自身行为性质的评价,也就是说愤怒是基于评价的,即对他人错误的评价。如果没有对他人错误的认识与判断,我们的愤怒也就失去了理由。愧疚也包含评价,但愧疚是基于对自身错误的评价。从情感性质上来看,愧疚与愤怒都是对错误(从抽象的意义上说就是恶)的评价与反应。愧疚是评己,愤怒则是评人;愧疚是对自身之错的责备,愤怒则是对他人错误的指责。

正是因为愤怒是基于评价的,弗兰纳甘(O. Flanagan)认为"功能愤怒"(instrumental anger)是比"反击愤怒"(payback anger)更为常见的愤怒类型,也就是说,在日常情境下,我的愤怒主要不是为了反击他人、让他人也尝尝痛苦滋味,而是以愤怒引起犯错者注意到自己行为的错误以及该错误给我带来的伤害,进而改正错误、向我道歉,必要的时候给予补偿。[1] 实际上,即便是反击性愤怒,也是对他人不当伤害的回击与提醒,只不过在这种愤怒中回击比较突出,掩盖了提醒功能。客观说来,在反击愤怒中,是"反击+提醒",甚至也可以说是"以反击作为提醒"。弗兰纳甘从愤怒类型的角度揭示愤怒对他人错误的提醒与交涉功能,卢贡斯(M. Lugones)则直接阐明愤怒在反抗、抵制不正义之中所扮演的角色:愤怒既有提醒对方注意到已经造成不当伤害的功能,也可以对他人尚未认识或不认为是伤害的错误行为发出声音。[2] 每个人都是以自身作为在世活动的"锚点",一定程度的自我中心是人所不能克服的有限性。即使再有道德敏感的人,也有伤害他人而不自知的时候,这时候,受害者的愤怒就是一种强烈的提醒,让我们停下来将

---

[1] M. Cherry, O. Flanagan, 2018: *The Moral Psychology of Anger*, London, Rowman & Littlefield International Ltd, p. xvi.

[2] M. Lugones, 2003: *Pilgrimages/Peregrinajes: Theorizing Coalition against Multiple Oppressions*. New York, Rowman & Littlefield Publishers, p. 117.

注意力转向他人,去反观自身言行给他人所造成的伤害。当然,他人也可以用其他方式来提醒,但愤怒是自然且更能引起注意的提醒与交涉方式。

如果说一般愤怒的主要功能在于错误提醒与交涉,那么义愤或道德愤怒则是对道德错误的直接反对。在一般愤怒中,因为伤害的是我,我的愤怒是对他人错误的提醒与揭示,这一功能往往被自我维护所掩盖,人们总以为我们愤怒,目的只在于维护自身。在义愤与道德愤怒中,因为受伤害的不是我本身,而是第三人或道德原则、道德标准,我的愤怒主要不是自我维护,而是对他人道德错误的反抗。如前所论,一般愤怒多发生在二阶情境之中,义愤、道德愤怒则多发生于三阶情境下。在三阶情境下,我作为伤害行为的目睹者,愤怒情绪表达本身就是对伤害者的对抗力量。而且,愤怒情绪如果足够强烈,就会推动我谴责施害者、干预施害行为,甚至惩罚施害者,同时安抚、帮助受害者,甚至补偿受害者。当然,不是所有义愤与道德愤怒都会转化为仗义执言、见义勇为的行动,从情感到行动之间还有距离。心理学实验研究发现,遭遇他人之不公平,人们往往有比较强烈的义愤,在道德标准被严重伤害时也会有比较强烈的道德愤怒,但义愤与道德愤怒转化为道德行动的比率比较低。[①] 实验研究都有其局限性,即便结果可靠,也不能因此而否定义愤与道德愤怒的价值。如前所论,义愤与道德愤怒的内在价值不是由其外在功能所决定的,而是由其本身构成所决定的。义愤或道德愤怒一经产生,就是对他人、对道德标准之伤害行为的反感,本身就是善恶态度的表明,就有内在的道德价值。

纳斯鲍姆囿于反击与报复是愤怒的概念构成,认为愤怒虽然是有理由的,但有天生的道德缺陷。要克服愤怒的道德缺陷,唯一可走的路就是发挥愤怒的过渡性功能,即不执着于对自身的伤害,不求回击,只关注伤害产生的根源及预防机制,致力于消除伤害、预防伤害,使他人免受自己所受之伤害。[②] 比如,自己被抢劫犯砍了一刀,即使法律允许你砍对方一刀,你自己被砍的伤害也无法抹去。那么,与其耿耿于自身伤害,还不如以自身行动去推动社会安全治理,尽力消除伤害产生的根源,预防他人再受类似伤害。纳斯鲍姆的这一思想,显然存在着对愤怒的偏见、对个人境界的过高期待等问题,但还是揭示了愤怒的另一项社会功能,那就是增进社会福祉。超越个人愤怒,从改进社会福祉的高度去看问题,对我们一般人来说,有理想化的色彩,但理想毕竟是一种可能。虽然不能要求每个人都如此行事,但如此行事

[①] B. Dubreuil, 2015: "Anger and Morality", *Topoi*, October.
[②] M. C. Nussbaum, 2016: *Anger and Forgiveness: Resentment, Generosity, Justice*, New York, Oxford University Press, p. 36.

毕竟是值得倡导的。瓦西藤(C. H. Rushton)等人则揭示了愤怒的另一种社会功能:集体愤怒能够激起社会运动,进而成为社会变革力量。个人愤怒不足以撬动已经固化的社会结构,而集体愤怒则可以将个人粘合在一起激发社会运动,成为撬动社会变革的巨大推动力。① 比如,黑人青年弗洛伊德致死案激起了美国社会各界的集体愤怒,"黑人生命同样重要"的运动席卷全美,虽然不能说有多大的社会变革成就,但起码对美国社会结构性的种族歧视是一种巨大的触动。

（三）对尊严的维护

不可否认,我之所以以愤怒来对他人错误作出反应,还在于他人错误伤害到我及我所珍视之物。在亚里士多德所处的荣誉社会,荣誉是人们普遍所珍视的,而轻视则是对荣誉的直接威胁,因此,轻视成了引发愤怒的主导因素。纳斯鲍姆由亚里士多德的轻视生发出对愤怒的"地位之路"(road of status)与愤怒的"反击之路"(road of payback)的区分,认为以地位维护为目的的愤怒往往带有自恋性质,与反击之路一样有道德缺陷。② 这里的问题是,愤怒中的自我维护,维护的到底是什么? 是自恋还是自尊?

别人不公正地伤害了我,我以愤怒对错误作出反应(提醒与反对),这种反对当然也是对自我的保护,即对自我正当权益的保护。如果把这种对自我正当权益的保护当作自恋,只有亚里士多德所说的奴性的人才是不自恋的。自恋有两个构成要素:一个是自夸,一个是贬低他人。③ 愤怒如果是基于对自身正当权益的维护,既不是自夸,也与贬低他人根本不搭界,那么也就与自恋扯不上关系。当然,自恋的人更易怒,即将自我放大,总是把自己当作中心与焦点,将别人正常的对待当作不当伤害。这种自恋型易怒人格与我们所研究的"状态性愤怒"(state anger)④不是一回事。

亚里士多德说愤怒不足的人有奴性,其实是从反面揭示了愤怒对自尊的维护功能。自尊是对自身价值的维护,别人的不当伤害,往往具有双重效应,既是对一个人具体权益的伤害,也是对其尊严的伤害。在现代社会中,对人之价值与尊严的维护有道德与法律的双重防线,但"第一道防线"还是每个人自身,或者说道德与法律防线,也需要"第一道防线"来开启。他人的不当伤害损害了我的尊严,给我带来了痛苦,愤怒是对这种伤害的情感态

---

① C. H. Rushton et al, 2020:"Moral Outrage:Promise or Peril?", *Nursing Outlook*, September.
② M. C. Nussbaum, 2016: *Anger and Forgiveness: Resentment, Generosity, Justice*, New York, Oxford University Press, p. 28.
③ 高德胜:《自恋及其教育疗治》,《教育研究与实验》2021 年第 3 期。
④ J. von Doorn et al., 2014: "Anger and Prosocial Behavior", *Emotion Review*, July.

度,即我厌恶这种伤害、我不接受这种伤害。愤怒从体验者的维度看是消极情感体验,伴随着痛苦,正常的人都不会,也不愿无缘无故地愤怒,甚至我们把愤怒视为维护尊严的代价。但别人无端伤害了我们的尊严,我们不愤怒、不去维护尊严,付出的代价则更大——人格与尊严的丧失。

亚里士多德在对愤怒的阐述中十分强调"轻视",将其作为愤怒的主导性激发因素,虽然失之于窄,但抓住了要害。别人的轻视对我来说就是一种不被承认,将我的人格与尊严置于低下的位置,这对一个有自尊与尊严的人来说是巨大的伤害。面对这种伤害,我以愤怒的情感反应表明态度,要求获得承认与尊重。这种要求不但是一种自我尊重,还是尊重他人的方式。我要求你尊重我,其实已经隐含了一个前提,即我对你有作为人的基本尊重与规范性期待。

出于对愤怒的偏见与戒备,不少哲人甚至主张根除愤怒。千百年来,"除怒派"穷尽心思发明了各种方法来根除愤怒,不能说没有成效,但从根本上说,从来也没有成功过。一方面,愤怒是一种自然情感,有人就有愤怒,在一定意义上根除愤怒,其实也是在压抑、阉割人性;另一方面,根除愤怒是否必要,也是相当可疑的。"除怒派"总是描绘无怒之后的幸福与快乐,如果以上关于愤怒的理解是正确的,无怒也就意味着对自尊与尊严的放弃,即便快乐,但这种无尊严的快乐还有什么意义呢?如前所论,愤怒是对他人错误的提醒与反对,实际上反映的是一个人对恶的态度。在这个意义上看,无怒也就意味着无是非标准,即便快乐,这种无是非的快乐又有什么意义呢?

三、愤怒教育观的校正

(一) 为愤怒正名

愤怒教育观的校正,首先是为愤怒正名,给予愤怒以应有的道德地位,去除附加在愤怒身上的污名与成见。"除怒派"虽然无法实现根除愤怒的目标,但在理论与现实中已经将愤怒污名化,形成了根深蒂固的愤怒偏见。而且,普通人的愤怒,哪怕是最为正常的愤怒也是不利于宗教控制与掌权阶级统治的,因此对愤怒的污名与成见总是会被宗教流派与政治意识形态所利用。对愤怒的这种态度,在教育与课程中有或隐或显的反映。比如,在不同年龄阶段的情绪教育中,都有愤怒情绪控制的主题,在传输为什么要控制愤怒情绪的理由时,基本上都是将愤怒当作需要克服的"损人害己"的不良情感。

为愤怒正名,不将愤怒污名、病态化,一个重要的方向是检视课程与教材中关涉愤怒的材料与内容。教育以语言为媒介,而语言并非中立的媒介,在语言表达中往往对事物、情感已经有了定性。比如,我们在文字中以火、气来喻怒,愤怒已经被"怒火""怒气"这样更加危险的表达所替换,已经将愤怒"危险化"。除了以火、以气喻怒之外,汉语中还常常以疯、狂、病、野比喻愤怒、限定愤怒,也存在着将愤怒污名化的问题。在教育中为愤怒正名,就要检视教育语言中事关愤怒的多种表达,尽力去除带有成见、偏见的表达方式,从语言表达上还愤怒以公道。

一说到愤怒教育,很多人觉得不能理解,但实际上愤怒教育在教育中一直以"制怒"的方式存在着。哲学、宗教中的除怒、制怒思想背后的依据是愤怒的罪恶性质,比如塞涅卡的愤怒根除观,背后的依据就是愤怒是"短暂的疯狂","再也没有比愤怒更邪恶的情感了"这样的观念;①佛教教导人们除怒、制怒,背后观念是愤怒是心灵的破坏性力量,是对"菩提心"的极大破坏。同样,正规与非正规教育中的制怒教育,也是以对愤怒的否定性评判为依据的。也就是说,制怒教育无论成效如何,只要存在,就已经隐含着对愤怒的否定性评价,就已经在向相关者传递愤怒是不良的情绪,是带有罪恶性质的感情反应。当然,如果制怒教育与愤怒激发匹配出现,即过度愤怒需要抑制,没有愤怒或愤怒不足则需要激发、增强,那么制怒教育就不再是隐性的愤怒污名化。问题是,教育中愤怒激发相当罕见,只有单向的制怒教育,没有综合与平衡力量,制怒教育就滑向了愤怒污名化的行列。因此,为愤怒正名,不是简单废除制怒教育,而是要让愤怒教育平衡化,既有制怒教育,也有愤怒激发与增强教育。

(二) 愤怒需要教育

愤怒是自然情感,但要上升为品质,需要克服极端达至中道。愤怒的中道,在亚里士多德那里是对适当的事、适当的人,以适当的方式、在适当的时候,持续适当地发怒,不是容易达到的情感状态。这一状态的达到,一方面靠个人修炼与努力,另一方面也需要父母、老师的教育引导。如果单靠个人努力就可以达成,那教育的必要性也就不存在了。年轻人在追求情感中道的过程中少不了要接受教育引导。情感有度,但度在哪里? 单靠个人很难把握,引导者的作用就在于可以帮助年轻一代明了何为对、何为错,即何为过度、何为不足。当然,教育引导也可以采取间接的方式,即对成长中的人的愤怒作出相应的情感反应以抑制过度、补充不足。

前文论及,愤怒基于评价,即基于对他人不当行为的认定,由此可以推论,人们对他人愤怒的评价则是"评价的评价"。但这种"评价的评价"往往

---

① L. A. Seneca, 2010: *Anger, Mercy, Revenge*, Translated by R. A. Kaster and M. C. Nussbaum, Chicago, The University of Chicago Press, p. 14–15.

不是基于理性的,而是基于自然反应。面对他人愤怒,人们往往不与愤怒者共情,而是与愤怒对象共情。之所以如此,在于在多数情况下,他人在愤怒,而我没有,我与愤怒之人的情绪不在一个层级上,这种错位是阻止愤怒共情的一个关键因素。人们对他人愤怒的第一反应往往不是去了解愤怒的起因,而是戒备其未知的后果。这里面的原因在于人们总是对愤怒有成见,虽然自己也会愤怒,却不喜欢他人愤怒,下意识地担心他人的愤怒会伤害他人、波及自身。对愤怒评价的这种自然偏向,如果不加以校正,会越来越固化。要破除愤怒评价上的自然偏向,单靠个人体悟是不够的,需要教育,尤其是正规教育的介入。正规教育,可以通过多种方式让年轻一代学习在面对他人愤怒时,不是本能地反对、反感,而是去了解他人愤怒的原因,对他人愤怒作出公正的评价。

对这个时代的戾气,普通人都有切身的体会。戾气,看似恐怖、难解,实际上不过是伤害长期积累之后的突然爆发,是愤怒过度。化育戾气,一方面要靠社会的公正性提升,给予每个人,尤其是弱势人群以承认与尊重,避免在弱势者身上有意无意地施加进一步的伤害。另一方面,也要靠教育引导。教育引导有两个方向:一个是给予受伤害者以关怀,鼓励、引导他们适当表达愤怒,以免积怨日深变成不可化解的戾气;另一个则是预防、制止伤害的发生,给予伤害他人者以适当的警告、教育,避免伤人者将伤害持续化、合理化。当然,正规教育也要检讨自身,警惕自身成为伤害弱势人群的体制化、机构性因素。戾气的产生原因很复杂,但社会与教育的谋生化导致对一部分人的不承认、不尊重是重要原因。[①] 学校教育给予每个人以承认与尊重,本身就是化育戾气的基础性工程。

化育戾气(愤怒过度)要靠教育,预防奴性(愤怒不足)也同样要靠教育。千百年来对愤怒的成见与排斥,导致亚里士多德所担心的奴性与懦弱(忍受侮辱,在该愤怒的时候不愤怒)之人并不少见。在教育大众化的时代,警惕愤怒不足与预防愤怒过度同等重要。教育大众化,使得学校规模比以往任何时代都大,同龄人大量聚集,过去那种因为空间限制而不可能发生的同龄人之间的矛盾、冲突、欺凌,如今已经变得现实、"方便"。在这种情况下,如果我们不引导弱势者敢于愤怒,其实是为同龄人欺凌预备好了心理条件。校园欺凌问题的严重化,原因复杂,但与社会文化中长期对愤怒及愤怒表达的成见脱不了干系。个体,尤其是处于弱势的个体,让其以个人的觉醒

---

① 唐燕:《人心暴戾的化育:学生暴力行为的诗教可能》,《湖南师范大学教育科学学报》2016年第3期。

与自觉去对抗庞大的文化偏见，既不公平，又不现实，因此正规教育的介入与扶持就显得尤为关键。

愤怒教育的必要性，还有一个时代根据。在电子媒介时代，集体愤怒虽然有推动社会变革的潜力，也很容易被利用。过去，一种情绪要传遍人间，需要克服千山万水的重重阻隔，如今这些阻隔都已经被移除，一个情绪，转瞬之间就可以传遍全世界。也就是说，电子媒介的发达，不但可以放大愤怒，也可以传播愤怒。青少年处在心智发展过程中，很容易被社会情绪所感染，尤其容易被同龄人的情绪所感染，变得"为怒而怒、你怒我也怒"。这样的媒介环境与心理状态，为成人势力与商业利益群体制造集体愤怒以制约青少年提供了方便。在电子媒介时代，愤怒教育的一个重心就是如何保护青少年免于集体愤怒之干扰、利用与制约，不被集体愤怒的假象所控制。

（三）愤怒的可教育性

科瑞斯坦森指出，囿于长久以来的愤怒成见，教学生愤怒对很多人来说都是不可想象的，会招致强烈的怀疑与敌意，唯一可以接受的愤怒教育就是教学生如何控制愤怒。[①] 敌意来自愤怒教育的道德与教育可接受性，似乎教学生愤怒就是在做坏事，是不道德的，不是教育之所应为。如前所论，愤怒作为一种自然情感，本身就有内在的道德价值，这种来自愤怒成见的教育敌意可以说没有什么依据，只是愤怒教育的阻碍力量。这种怀疑还来自愤怒是否可教，这是需要认真对待的问题。因为即便承认愤怒在道德上可辩护、有教育的必要性，并不等于在实践上具有可行性。

实际上，愤怒的可教育性并没有什么可质疑的，亚里士多德早已作出了回答。亚里士多德指出，（道德）德性不是情感，不是能力，而是品质，是情感的品质，是如何对待快乐与痛苦的品质，即对待快乐与痛苦的中道。[②] 德性是情感的品质，那么由情感如何到达品质呢？亚里士多德的答案是"涵养"（habituation）[③]，类似于我们今天所说的化育，即通过反复不断的生活践行获得实践智慧，能够命中中间，一如孔子所说的"从心所欲而不逾矩"。教育从来都不是纯知识、纯认知的培养，人之情感培育从来都是教育的内在构成。愤怒是对恶的反应态度，属于道德情感之一种，如果道德情感可培育，那么愤怒作为道德情感之一种，当然也是可以培育的。国内也有研究者从

---

① K. Kristjánsson, 2005: "Can We Teach Justified Anger?", *Journal of Philosophy of Education*, November.

② 〔古希腊〕亚里士多德：《尼各马可伦理学》，廖申白译，北京，商务印书馆，2003，第 1 版，第 35—48 页。

③ J. Steutel et al., 2004: "Cultivating Sentimental Dispositions through Aristotelian Habituation", *Journal of Philosophy of Education*, November.

自我省察、教育自身的"道德愤怒"等方面阐明了道德愤怒的"可教性"。①其实,何止道德愤怒,一般愤怒都有"可教性"。

愤怒的可教性也可以在一些切实可行的教育方式那里得到证明。有研究者论述了"愤怒的教育"对受教育者的示范作用,即教育自身通过对社会苦难与不公的愤怒来进行愤怒示范,引导受教育者对自己遭遇到的痛苦与伤害报以适度的愤怒。② 与其说是"愤怒的教育",倒不如说是"教育的愤怒",即教育自身不做忍气吞声者,敢于对人间不平与苦难表达出适度的愤怒。这愤怒既是改变人间不平的教育力量,也是对年轻一代进行愤怒教育的间接方式。此外,认可产生的愤怒也是一种愤怒教育方式。如前所论,对他人愤怒的反应往往只关注愤怒的可能后果,不去关注愤怒的原因,导致对他人愤怒往往不能作出公允的评价。学校与教师可以超出大众日常反应的水准,在遭遇到学生愤怒时,克制自动化反应方式,去了解学生愤怒的原因,然后再根据起因去作出适当的反应。这样的做法虽然有难度,却是正规教育当所应为。

四、愤怒教育的基本方式

(一)愤怒教育的间接方式

如上所论,愤怒可教,核心的方式是"涵化"。涵化不是直接的愤怒教育,而是间接的愤怒教育,即不进行专门的愤怒教育,而是去过好生活。生活不是理性谋划,而是有情有义的过程。生活中有悲喜,也有愤怒、愧疚、感激与自豪,以德处之,就会形成良好的情感品质,实现情感之中道。生活的这种涵化作用,不是一次性、短时间就能实现的,而是持续性、长久的过程。就愤怒而言,生活的涵化作用可以有两个方向:一个是适应,另一个是增强。适应指向的是愤怒过度,而增强指向的则是愤怒不足。对一个愤怒过度的人来说,从一次又一次的愤怒中慢慢醒悟到过度愤怒给自己、他人带来的伤害,学会正确评估自己,学会换位思考,学会以健康的心态看待他人的言行,慢慢适应人际互动,不恶意猜度他人,也不夸大自身重要性,以对生活的适应来获取愤怒之中道。对一个性格软弱的人来说,重要的是做,从一次次愤怒体验中获得对他人伤害的敏感、克服愤怒表达的恐惧、提升维护尊严与权益的意识、能力。

---

① 王迪、高德胜:《道德愤怒:愤怒与道德结合的可能性及其可教性》,《中国教育学刊》2020年第11期。

② 王迪、高德胜:《道德愤怒:愤怒与道德结合的可能性及其可教性》,《中国教育学刊》2020年第11期。

自在的生活虽然对愤怒也有很强的涵化作用,但也可能使某种情感倾向极端化,比如当下的戾气,就与自私、狭隘、偏激的社会生活熏染密切相关。要更有指向性地发挥生活对愤怒的涵化作用,生活本身必须有一定程度的自觉性。学校教育生活具有规范性,是对一般社会生活的改造,不应是自在的生活,而应是自觉的生活。从涵化情感出发,学校应该努力建构一种宽容公正的自觉生活,这种生活一方面可以使愤怒过度反应得到平复;另一方面又能给予愤怒不足者以充分的支持,使他们在受到不当伤害的时候敢于表达自己的愤怒,在愤怒中学习愤怒。

涵化有习惯化的意蕴。比如一次次对过激情感反应的克制,就可以慢慢形成自制习惯,一次次克服懦弱、胆怯,就可以形成敢于对他人伤害说"不"的倾向,这类情感倾向的获得,都不是从书本上能够学到的,都需要生活过程的磨炼。需要特别强调的是,社会与学校生活都比较强调"制怒","制怒"本身没有什么错,关键是要看教育"所制的是什么怒"。如果"制"的是正当之怒,学校生活可以借助自身的权威与优势获得暂时的成功,却可能积郁成"戾";如果"制"的是不当、过度之怒,则可以使学生慢慢形成自制习惯,在愤怒反应上逐步获得通向中道的感觉与智慧。反过来,社会与学校生活则倾向于忽视愤怒不足,想当然地以为没有愤怒总比愤怒过多更好,而且愤怒不足的学生更听话,更容易管理。学校作为教育机构,对待愤怒不足的这种态度危害至深,一方面,加重学生的懦弱与胆怯,更使一部分学生的欺凌行为获得心理条件;另一方面,也使学校作为教育机构失去自我反思的机会,有走向自大、麻木、冷漠的危险。学校生活的建构,主导权在学校、在教师、在成人,以学校生活促使学生形成什么样的情感习惯,当然也需要教育者的自觉设计与主观努力。

遇到不当伤害,正常的人都会感到痛苦,都有愤怒的自然反应,为什么一些人在遇到不当伤害时不敢愤怒或者不敢将愤怒表达出来呢?一方面,人有理性,可以为长期目标而调控情绪,比如面对教师的不当对待,学生虽然感受到了伤害,内心很是愤怒,但为了在班级中生存下去,可能选择忍气吞声。另一方面,如果心有恐惧,恐惧愤怒表达之后会有更严重的后果,会带来更大的痛苦,也会选择压抑自身愤怒。这两个方面虽然有所不同,其实也是互相关联的,学生之所以为了长远目标而压抑愤怒,归根结底还是有所恐惧。如前所论,对愤怒一定程度的克制与排解有助于抵达愤怒中道,但过度压抑则可能淤积成"戾",导致心态失衡、心理扭曲。因此,妨碍愤怒表达的一个重要心理因素是恐惧。反过来,学生如果过得是没有恐惧的生活,就意味着可以让自身可见、可听,可以将自己受到的伤害表达出来,提醒、责备伤害者。① 那么,要解决愤怒不足的问题,除了因人施教外,还要建立安全、友善、公正、信任的学校生活,使每一个学生都能心无恐惧地以适当的方式表达自身的悲喜情绪。

叙事是另外一种间接的愤怒教育方式。叙事讲述的是他人的命运起伏,读者却可以借助想象进入由语言所建构的意义空间之中,与叙事中的主角一起感受生命的波折与悲喜。进入叙事世界的读者,既可以为主角的不幸遭遇而痛苦、愤怒,也会因小人得势、得利、猖狂而义愤。这种感情卷入,包括愤怒情感的激发对读者来说是一种很好的情感熏陶。卷入是学习,参照也是学习。文学叙事中对主角过度愤怒的精细刻画对读者来说具有强烈的镜鉴作用,我们在为主角惋惜、愤恨、遗憾的同时也在潜移默化地接受教训。正是在这个意义上,唐燕认为诗教(叙事诗所发挥的教化作用)是化育人心暴戾的力量。② 同样,文学叙事中对懦弱、奴性之人的细致、生动的描画也会给读者带来震撼,对这样的人恨铁不成钢,甚至为其奴性感到厌恶、恶心。这样的情感反应,其实就是阻止我们懦弱、产生奴性的心理力量,就是对我们愤怒不足的精神预防。

教育以文字为媒介,而文字既可以表达命题,也可以叙事。事实上,学校教育所依赖的学习材料,包括教科书,是离不开叙事的。学习材料中的叙事,虽然没有纯粹的文学叙事那样对人的各种情绪,包括愤怒进行细致入微的刻画,但只要是讲述人的事情,就有包括愤怒在内的各种情绪描绘。如前所论,因为对愤怒存在着偏见,学习材料中不乏对愤怒的污名化叙事,但总有"怒发冲冠""冲冠一怒"一类的叙事。原因在于,勇敢是教育所要推崇的一种品质,而勇敢总是与愤怒形影不离,也就是说,即使是对愤怒有成见的学习材料,也有激励学生敢于愤怒的内容。如果有愤怒教育的自觉,能够对学习材料中的各种叙事进行检视,剔除带有愤怒成见的内容,有意识地增补具有愤怒教育意义的叙事,通过叙事进行愤怒教育的效果就可以得到提升。

(二) 愤怒教育的直接方式

在教育场域中,教育者遭遇学生愤怒是不可避免的,这是进行愤怒教育的直接机会。如前所论,面对学生愤怒,未受过愤怒教育启蒙的教师往往会负面评价学生的愤怒,直接的反应是压制学生的愤怒。这种倾向不难理解,

---

① S. P. Albert, 2013: "Philosophy, Recognition, and Indignation", *Peace Review: A Journal of Social Justice*, July.

② 唐燕:《人心暴戾的化育:学生暴力行为的诗教可能》,《湖南师范大学教育科学学报》2016年第3期。

一方面我们普遍对他人愤怒充满戒备,厌恶发火的人;另一方面,师生关系从实然看并不那么平等,师生平等只是理想追求,在教育现实中,教师往往居于权威地位。在这种人际关系境况下,学生的愤怒无论出于什么理由,往往会被教师理解为对自身权威的挑战。这样的心理状态,更可能驱动的不是对愤怒的理解,而是对"愤怒的愤怒",即教师以权威之怒去压制学生之怒。

教师对学生的愤怒如此反应,其实也是一种愤怒教育,或者说是一种"反向的愤怒教育",向学生传递着关于愤怒的多重价值信息。一是无论出于何种理由,愤怒都是错误的,我们就不该愤怒。如此价值信息的传递与强化,如前所论,往往有两个后果:一个是懦弱、胆怯甚至是奴性,即面对他人对人对己的伤害,面对他人对道德原则的侵犯,不敢愤怒、没有愤怒;另一个是怨恨的郁积,导致心理疾病与戾气爆发。对学生愤怒如此处理,既加重了对愤怒的成见,也给学生带来了伤害。二是教师对学生的愤怒施以自己的愤怒,本来是不合逻辑的(学生不能愤怒,但教师可以),因为教师的优势地位,虽不合愤怒逻辑,却合乎权力关系逻辑。这样的做法,其实也是在向学生传递这样的价值信息:处在优越地位的人,可以以己之怒压制他人之怒。这样的教育,既是对愤怒情感的扭曲,更是对不平等关系的强化。

由此看来,如何对待学生的愤怒是愤怒教育的一个重要环节。教育是培养人的自觉活动,不能停留于一般人的自动反应,在愤怒问题上,更需要不同于流俗的教育自觉性。面对学生愤怒,教育者的第一反应不应该是反感、排斥、厌恶,而应去了解原委,去探查是什么激起了学生的愤怒。只有完成了第一步,才有进一步适当处理的基础。当然,如果愤怒者的愤怒过于激烈,教育者通过安抚等方式让愤怒者先冷静下来,不作出过激反应,也是必须的。如果学生的愤怒是理由充分的、程度适当的,教育者带有教育意义的反应就是对这一愤怒的共情与认可。对正当愤怒的共情与认可,一方面是对愤怒者的情感接纳,是对其尊严、权益的认可;另一方面也是对侵犯其尊严、权益者的不认可。认可愤怒者的愤怒之后,教育者就要与愤怒者站在一起,支持愤怒者表达愤怒,提醒不当伤害者认识到自身所犯错误,改正、弥补自身错误。如果学生愤怒的理由是不充分的,或者程度过分的,教育者所要做的则是说理、疏导、约束。

教育者如此对待学生愤怒,其实就是在进行直接的愤怒教育。第一,教师的反应与行为,就是在告诉学生,愤怒不是恶。第二,也是在教育学生,如何对待他人愤怒。面对他人愤怒,一般人的反应是反感、排斥,有教养的人则是先去了解别人愤怒的起因,根据起因来决定如何反应。第三,愤怒者往往首先是受害者,我们正当的反应不是去排斥他们,而是去支持他们。愤怒者的愤怒是由他人伤害而起,既是对他人伤害的反抗,也是对自身尊严与权益的维护,是有自尊的表现,我们对愤怒者的认可与支持,其实也是对他们的尊重。第四,这样的反应,也是在教育犯错者如何改正自己的错误,如何向受害者弥补自己所造成的伤害。第五,教育者对待愤怒的理性态度,也是在教育学生去寻找愤怒的中道,不能无理由地迁怒于人,发无名火,更不能愤怒过度。

愤怒教育应该遵守一个基本的原则,即过度则疏,不足则补。学校教育对愤怒过度比较关注,对愤怒不足则关注不够。教育者遇到学生愤怒的反应是愤怒教育的契机,同样,教育者遭遇学生该怒而不怒的情况,也应作为补愤怒不足的契机。在遭遇学生受到伤害而不敢愤怒的时候,教育者首先要做的就是代为愤怒、仗义执言,代替受害学生提醒、责备甚至处罚犯错者。这样做,看似有替学生做主的嫌疑,但实际上是给予扶助。在学生不能维护自身尊严、权益的时候,教育者就要发挥监护人的作用,给予他们应有的保护。当然,在保护的同时,还要引导他们明了尊严的重要性,消除他们的心理恐惧、心理障碍。如果受到不当伤害的学生有愤怒情绪,但不敢表达,犹犹豫豫,教育者可以站在受害学生这一边,与学生一起愤怒,用自己的愤怒共情来鼓励学生。当然,所有这些做法的目的都不是为了代替、削弱学生的情绪反应能力,而是朝着自身的抽离而进行的努力。一旦学生敢于愤怒,善于(适度)愤怒,补愤怒不足的教育就算成功了,教育者就可以离场了。

在补愤怒不足上,还有一个维度值得注意,即教育者对学生的尊重。尊重的反面是伤害,教育者对学生的伤害,其效应是多重的。如果学生是心智、情感成熟的,对来自教育者的伤害应该更为愤怒,因为学生对教育者有更高的规范期待。社会上的人,经常对教师有高于一般社会大众的要求,经常会指责教师:"你还是教师呢!"反映出对教师有更高的规范性期待。这一状况的根本在于学生,尤其是未成年学生,其心智、情感尚未成熟,对来自教育者的伤害往往不能作出适当反应,囿于教师的权威与地位,不敢怒、不敢言。这样的经历与体会多了,就会成为愤怒不足的推动力量。因此,教师对学生的尊重,虽然不是直接补愤怒之不足,却是预防愤怒不足的力量。

前文提及引导者在愤怒教育中的重要性。教育者作为愤怒教育的引导者,可以通过对学生愤怒的反应,包括认可、共情、支持、责备、反对等多种方式对学生进行愤怒引导;也可以通过理性评价给予学生以愤怒引导,即告诉学生在愤怒问题上的是非曲直;当然,教育者也可以以自身的愤怒表达,即对什么愤怒、愤怒到什么程度、持续多长时间为学生作出愤怒示范。除此之外,引导者还可以通过直言进行愤怒教育引导。直言不是一般的说话方式,而是有自身独特规定性的说话方式,即"毫无隐瞒、说出一切、说出所想、不加修饰"①。直言必须以直言主体的品质作为担保,不惧直言所带来的危险,只为帮助直言对象理解自身灵魂的真实状态。在愤怒教育中,引导者通过直言,毫无隐瞒地告诉学生自身愤怒的过度或不足状态,对不能接受的学生来说,存在着加重伤害的可能。即便如此,也要将真话讲出来,为的是让学生逐步了解自己情绪的真实状态,学习做自身情绪的主人。比如,对一个懦弱、胆怯的人来说,指出其在愤怒问题上的致命弱点,有一定的伤害性,但这种伤害不是故意的,而是为了让其直面自身弱点所必须付出的代价。

在很多情况下,青少年的愤怒情感都是自然的、有理由的,但愤怒表达容易出问题,要么是过激表达,有理也变得无理;要么是不敢、不会表达。因此,愤怒教育的另一种直接方式是愤怒表达技能的培养。教育者可以通过真实愤怒的及时介入、事后反思对愤怒表达进行引导,也可以通过模拟表演等方式进行虚拟的愤怒表达训练。当然,也可以以他人,比如叙事作品主角的愤怒表达作为分析研究对象,从他们的愤怒表达之中吸取经验教训。

五、愤怒的道德地位与教育安身

愤怒在教育中的位置是尴尬的。一方面,由于对愤怒的种种成见,教育对愤怒是排斥的,甚至也在通过直接或间接的方式加深着对愤怒的成见;另一方面,有人的地方就有愤怒,教育场域也不例外,既有愤怒的发生,也有直觉性的愤怒教育,比如愤怒控制的教育。当然,在进行英雄精神、勇敢品质教育的时候,又不可避免地会提到"冲冠一怒""怒发冲冠""拍案而起"等愤怒叙事。愤怒在教育中的位置十分尴尬,甚至是无法安身,根源还在于我们出于对愤怒的种种误解、成见,没有给予愤怒以应有的道德地位。因此,愤怒的教育安身,实际上取决于愤怒的道德地位。

愤怒是自然情感,人人都会愤怒。但要清晰界定愤怒,并不容易。本章在前人研究的基础上,对愤怒的理解进行了修正与拓展。作为一种情感,愤怒不是无缘无故的,而是由他人的不当伤害(也包括目标阻碍)所引发;愤怒是痛苦体验,本身带着欲求,即停止伤害(向前看)、做出补救(向后看);愤怒蕴含着行动趋向,包括交涉(交流)、反抗,极端情况下也包括反击甚至报复。

---

① 高德胜:《直言:在表扬与批评之间》,《教育发展研究》2017 年第 22 期。

如果以上对愤怒的理解能够成立,我们就能确定愤怒内在的道德价值,就能给予愤怒以恰当的道德地位。愤怒是对不当伤害的情感反应,其道德地位由此而定。不当伤害无论指向具体的人或其亲近的他人,还是指向社会规范、道德原则、道德标准,从性质上看都是恶。由不当伤害的性质可以定位愤怒的性质,即愤怒是对恶的拒绝与反对,是一种道德情感,即我们对善恶问题的好恶反应与态度。① 愤怒的道德地位由其对恶的态度所决定,不是由其行为效应所决定。愤怒的内在道德价值也正在于此,其对自身尊严的维护与对他人错误的提醒与反对功能也由此派生。

愤怒的道德地位解决了,在教育中的安身就有了道德依据。首先是愤怒教育的必要性(necessary),一方面,愤怒道德地位的确立需要教育,因为愤怒被污名化那么久,要靠教育来洗刷;另一方面,人们对他人愤怒的自然倾向、时代的戾气、电子时代的愤怒传染都是对愤怒教育的呼唤。与必要性紧密相连的是可能性,愤怒是可教育的(educatable)。愤怒的可教育性,可以从一般道德情感的可教育性那里寻找,即愤怒是道德情感的一种,其他道德情感可教育,愤怒当然也可教育,可以从已经证明有效的愤怒教育方式当中去寻找,包括间接的与直接的各种愤怒教育方式。

---

① 高德胜:《道德情感:本质、类别与意义》,《当代教育与文化》2021 年第 6 期。

第三编 "赞人赞己"的道德情感

对自身不足、缺陷、错误，对他人错误，我们会有厌恶、排斥等消极反应；对自身与他人之德、善，我们也会有赞赏、崇敬等积极情感。有"责人责己"的道德情感，也就有"赞人赞己"的道德情感。

勇敢是一种古老的美德，道德勇气是勇敢的一种特殊类型，是不顾危险捍卫道德的选择与行动。仗义执言、仗义而行、见义勇为，"道德反叛"是道德勇气的儿童形态。道德勇气的培育可以从"深度道德学习"入手，遵循"以勇气育勇气"的基本原则，通过做儿童道德勇气的心意相通者，"不是英雄主义，而是点滴行动"等方式进行。

自豪与愧疚、羞耻一样是一种自然的情感。从外在来看，自豪是为自身的成就与品质而感觉良好或感到光荣；从内在来看，自豪是以自我评价为中介而产生的积极情感。道德自豪是以自我评价为中介，由良好道德行为与道德品质衍生出来的一种积极情感，对道德行为与道德品质具有标识、完善、强化等作用。

感恩是人际现象，感恩的人际结构是由施恩者、善意与善行、受惠者、感报四要素组成的循环结构，感恩的心理结构则是由情、理、行构成的综合结构。基于对感恩结构与本性的理解，感恩教育的基本理路是：深入感恩的人际结构之内，以教育之爱去引发受教育者爱的回应；深入感恩的心理结构之中，"在感恩中进行感恩教育"；破除感恩的心理与人际障碍，以真实自尊的建立与平等人际关系的建构的方式进行感恩教育。

第五章　道德勇气及其培育

勇敢是一种古老的美德,从古至今,一直深得群体和个体的推崇。群体推崇勇敢,在于勇敢这一美德在群体生存中的至关重要性,勇敢是群体面临危险时需要依赖的关键性精神力量。个体推崇勇敢,不是因为勇敢的功用性(勇敢常常是要付出代价的,甚至是生命的代价),而是因为勇敢是人面临危险时保持人之尊严与特性的关键。而且,没有勇敢美德作为基础,个人的其他美德都会失去根基。

勇敢虽然备受推崇,但何为勇敢,始终未有共论。我们推崇勇敢,以为自己知道何为勇敢,但真要给勇敢下一个定义,都有柏拉图笔下人物拉刻的困惑:"我心里以为知道勇敢是什么,却不知道它怎么现在避而不见,以至于不能用言语抓住它,说出它是什么。"①

勇敢行为的发生是有特定场景的,勇敢的原初场景是战场。因此,人们对勇敢的思考都离不开战争意象,比如拉刻,其对勇敢的直觉性定义就是在战场上坚守岗位、不逃跑。②虽然苏格拉底否定了拉刻的勇敢定义,但亚里士多德依然站在拉刻这一边,还是将勇敢理解为"战争勇敢",其他勇敢都是"相似于勇敢的品质"。③值得一提的是,在和平时期,勇敢美德是否还存在?勇敢美德在危险之中可见得,战争是最大的危险,直接威胁人的生命,所以勇敢总是与战争密切相关。但和平时期,危险同样存在,一样可以威胁人的生命。有危险存在,就有勇敢的"用武之地"。和平时期的勇敢,与战争勇敢肯定是不同的。如果说战争勇敢是"尚武勇敢"或"身体勇敢",和平时期的勇敢则更多的是"公民勇敢"(civil courage)或"道德勇气"(moral courage)。

勇敢是备受推崇的美德,那么就有一个勇敢培育的问题。勇敢培育所

---

① 〔古希腊〕柏拉图:《柏拉图对话集》,王太庆译,北京,商务印书馆,2004,第 1 版,第 127 页。
② 〔古希腊〕柏拉图:《柏拉图对话集》,王太庆译,北京,商务印书馆,2004,第 1 版,第 122 页。
③ A. G. Zavaliy, M. Aristidou, 2014: "Courage: A Modern Look at an Ancient Virtue", *Journal of Military Ethics*, September.

要解决的一个前提性问题是要不要培育。这个前提性问题又可以分解为两个问题：一个是能不能培育的问题，另一个是该不该培育的问题。有人认为一个人勇敢与否主要来自于先天禀赋，果真如此的话，就不存在勇敢培育的问题，不可否认，勇敢与先天因素相关，但勇敢作为一种美德，更是后天习得的。因为先天的因素可以是美德的基础，但不能成为美德本身。勇敢是一种美德，按理说就不存在该不该培育的问题。这个问题之所以产生，既在于对勇敢这种美德之性质的理解，也在于勇敢培育的教育价值取向问题。有人将勇敢理解为"高尚品质"，不是道德义务，要求每个人都勇敢就是荒唐的。① 既然如此，面向大众的教育，尤其是正规教育，就不应进行普遍性的勇敢培育。但勇敢是最重要的美德，勇敢之所以有如此地位，既在于勇敢本身的价值，也在于勇敢还是其他美德的基础，没有勇敢，公正、诚实、仁慈等美德都是不可能的。② 勇敢培育的教育价值取向问题在于，儿童尚处在成长过程之中，而勇敢总是与危险"连体"，培育儿童的勇敢，在这个意义上就是将儿童"推向"危险，教育是应该保护儿童还是将他们"推向"危险？这种担忧体现了对儿童的关切，但是否真正能够保护儿童，还需存疑。每个人一生都要面对各种危险，即使不进行勇敢培育，危险也并不会因此而消失。如果把握好勇敢培育的价值分寸，将勇敢理解为"压力下的优雅"（courage as grace under pressure）③，那么勇敢培育不但不是将儿童"推向"危险，而是提升他们面对危险的能力。

本章所要研究的是道德勇气及其培育问题，拟从勇敢的一般特征出发，澄清勇敢的道德性，即无论哪种形态的勇敢，都是道德的，这是本章的第一部分。既然勇敢都是道德的，那道德勇气又处在何种位置？何以能够独立呢？本章的第二部分聚焦于道德勇气的儿童形态，阐明道德勇气在儿童身上的特殊表现形式。本章的第三部分则以前两个部分为基础，建构勇敢培育的基本思路。

一、勇敢都是道德的

道德勇气是勇敢的一种类型，研究道德勇气，需要从勇敢的一般构成开始。

---

① A. G. Zavaliy, M. Aristidou, 2014：" Courage：A Modern Look at an Ancient Virtue"，*Journal of Military Ethics*，September.

② J. A. White, 2015："A Model of Moral Courage：A Study of Leadership for Human Rights and Democracy in Myanmar"，*Journal of Civil Society*，January.

③ C. R. Rate et al., 2007："Implicit Theories of Courage"，*The Journal of Positive Psychology*，April.

(一) 勇敢的构成要素

珀瑞(C. L. S. Pury)等人认为对勇敢的研究较为稀少,一个重要的原因在于勇敢没有标准定义,虽然都在使用勇敢概念,但所指千差万别。[①] 瑞特(C. R. Rate)等人梳理了从古希腊到当下有影响的 29 种勇敢界定,发现各定义之间虽有交叉,但歧义也是不可调和的。[②] 从思想史上看,关于勇敢定义的歧义,从古希腊时就已经开始了,正如上文所论的苏格拉底与亚里士多德的分歧。即便如此,我们还是可以结合思想史上的已有成果和日常体验,梳理出勇敢行为的基本构成要素。

第一个要素是危险。没有危险,也就没有勇敢,勇敢就是人面对危险时的选择与行动。从这个维度看,是危险"孕育"或"催生"了勇敢。人有自保的本能,遇险则避是这一本能的直接反映。但人之所以为人就在于不被本能所支配,人可以遇险而避,需要的话,也可以遇险而上。动物也可以遇险而上,甚至是毫无意义地葬送性命。人有时像动物一样毫无顾忌地遇险而上,但这是鲁莽和大胆,不是勇敢。由危险催生的勇敢,介于遇险则逃和遇险则上之间,用包尔生的话说就是"既不盲目地逃走,也不盲目地冲进危险,而是保持镇静"[③]以作出最佳选择。包尔生将审慎视为勇敢的重要元素,但问题是镇静审慎之后如果作出远离危险的选择,那就不是勇敢,而是明智。勇敢的产生,是镇静思考之后的迎险而上,也就是说,危险可以催生出不同的积极反应,可以是勇敢反应,也可以是明智反应,没有危险,也就没有勇敢。

有不少理论在界定勇敢的时候,其出发点是恐惧而不是危险,比如,亚里士多德就说"勇敢是恐惧与信心方面的适度"。[④] 似乎是恐惧而不是危险催生了勇敢。持这种观点的人实际上是没有看到恐惧的来源,人不会无缘无故地恐惧,而是因为危险而恐惧。也就是说,危险是恐惧的来源,恐惧是危险的主体化反应,危险是客观因素,恐惧则是主观反应。有人可能认为主观因素在勇敢行为中更为重要,因为勇敢所要克服的是恐惧而不是危险,与恐惧相比,危险是相对间接的因素。如果以二元的方式来看待危险与恐惧的关系,危险显然更为根本,因为恐惧是由危险引发的。不仅如此,不谈危

---

① C. L. S. Pury et al.,2007:"Distinctions between General and Personal Courage",*The Journal of Positive Psychology*,April.
② C. R. Rate et al.,2007:"Implicit Theories of Courage",*The Journal of Positive Psychology*,April.
③ 〔德〕弗里德里希·包尔生:《伦理学体系》,何怀宏、廖申白译,北京,中国社会科学出版社,1988,第 1 版,第 424 页。
④ 〔古希腊〕亚里士多德:《尼各马可伦理学》,廖申白译,北京,商务印书馆,2003,第 1 版,第 77 页。

险只谈恐惧,有些勇敢就无法解释,比如,如果说刚入行的消防员救火时还需要克服恐惧,经过磨炼的消防员救火时可以说已经毫无畏惧,我们不能因此说资深消防员没有新手勇敢。正是在这个意义上,莱科曼(S. J. Rachman)说,经过训练或暴露于危险情境,恐惧减少甚至达到毫无恐惧,但因为危险依然存在,勇敢则依然是勇敢。① 以恐惧为要素的另一个问题是,恐惧可以与危险相连,也可以与危险脱离。有时候并没有真实的危险,我们却会因想象危险的存在而恐惧,这时候的恐惧产生于想象,就不能作为勇敢的一个要素。实际上,不必将危险与恐惧对立起来,可以将二者结合起来作为勇敢行为的一个关键性要素,即"危险/恐惧"(客观/主观)要素。

如果说危险是激发因素的话,那么不顾危险的行动则是勇敢行为本身,这便是第二要素。从这个角度看,迎险而上的行动才是勇敢行为的本体性、关键性要素。面对危险,不论我们在内心有多大的决心,如果没有付诸行动,那都谈不上勇敢。当然,这里的行动或行为,是包容性的,既可以是动作性的,也可以是语言性的,更多的时候则是综合性的。动作性或综合性的勇敢行为比较好理解,语言性的勇敢行为需要作些解释。人的话语具有巨大的力量,我们既可以通过"做"来体现勇敢,也可以用"说"来体现勇敢。"说"和"做"有时候是很难区分的,在一定的情境下,"说"即是"做","做"即是"说"。当然,更多的时候"说"和"做"是一体的,无需区分。从危险的角度看,"说"和"做"所面临的危险大小要看具体情况,有时候"说"也要面临杀身之祸,这也足以证明危险情境下的"说"也是勇敢行为的一种形式。

迎险而上的行动应该是自愿的,否则就不符合勇敢的条件。被迫行为无论面临的危险有多大,都算不上勇敢。因为人有遇险则避的本能,而勇敢则是对这种本能的克服与超越,体现出人的意志与选择力量。在被迫行为中,构成勇敢的意志与选择力量是不存在的。从结果的角度看,勇敢行为之所以是勇敢的,还在于结果的不确定性,虽然有成功的可能,但失败的概率更大,因此勇敢行为的选择往往要面临严重的后果甚至是自我牺牲。即便有如此不确定的结果,我们依然选择了去承担,这才是勇敢的可贵。如果是被迫,那就不是主动选择承担,也就够不上勇敢之格。在勇敢行动的自愿性上,伍戴德(C. R. Woodard)等人说得很清楚:"勇敢是自主自愿的行动。"②

---

① S. J. Rachman,1984:"Fear and courage",*Behavior Therapy*,January.
② C. R. Woodard,C. L. S. Pury,2007:"The Construct of Courage:Categorization and Measurement",*Consulting Psychology Journal:Practice and Research*,June.

除了自愿性之外,勇敢行动还具有审慎性。上文已经提及包尔生所特别强调的勇敢的审慎性,关于这一点,柏拉图、亚里士多德其实也早已有所论述。柏拉图关于勇敢的对话,有一个绕不开的话题,即勇敢与知识或智慧的关联。在《普罗泰戈拉》篇中,苏格拉底向普罗泰戈拉揭示了没有知识的大胆不是勇敢,而是愚蠢。① 亚里士多德在勇敢问题上虽然与柏拉图、苏格拉底有很大的不同,但在审慎这一限定上与他们是一致的,他也说对什么都不怕的人不是勇敢而是鲁莽。"勇敢的人是出于适当的原因、以适当的方式以及在适当的时间,经受得住所该经受的,也怕所该怕的事物的人。"②在这一界定中,"适当"出现了三次,"该"出现了两次,我们可以清楚地看到其中的审慎气息。由此看来,勇敢不是鲁莽、大胆,勇敢并不盲目。所谓不盲目,也就意味着对危险的对抗有成功的可能,哪怕这种可能十分微小。如果完全不可能,还要迎险而上,就是盲目。当然,这里面就牵涉如何理解成功的问题。比如,谭嗣同在变法失败之后慷慨赴死,如果从变法成功这一目的来看,他一点成功的可能也没有,但我们对谭嗣同的勇敢不会有任何疑问,因为他慷慨赴死不是为了当时的变法成功,而是为了唤醒国人。从以自己之死唤醒同胞的角度看,他的慷慨赴死就不是盲目的,而是审慎思考之后的选择,且有成功(唤醒同胞)的可能。

有危险、有不顾危险的行动还构不成勇敢,要构成勇敢,还必须纳入目的要素,即迎险而上的行动是出于什么目的,这便是第三个要素。比如,贪腐行为的危险在于法律的制裁,但不顾这一危险而行动当然不是勇敢,因为这种不顾危险的行动其目的是个人的贪欲,是背德违法的。因此,几乎所有关于勇敢的理解,都包括目的要素。亚里士多德将"高尚(高贵)的目的"③看作勇敢行为的前提,如果没有这个目的的限定,一个人面对危险所经受的一切都与勇敢没有关联。历史上一直把勇敢当作主德("勇敢原意为唯一的美德,怯懦原意为唯一的罪恶"④),一个重要的原因就在于勇敢的目的之高尚。这种高尚性也即利他性,勇敢是为了他人或群体的善好而甘冒危险的行动。为了自己而甘冒危险,虽然也值得肯定,但那是积极奋斗、心意坚定,

---

① 〔古希腊〕柏拉图:《柏拉图全集(第一卷)》,王晓朝译,北京,人民出版社,2002,第1版,第475页。
② 〔古希腊〕亚里士多德:《尼各马可伦理学》,廖申白译,北京,商务印书馆,2003,第1版,第80页。
③ 〔古希腊〕亚里士多德:《尼各马可伦理学》,廖申白译,北京,商务印书馆,2003,第1版,第80页。
④ 〔德〕弗里德里希·包尔生:《伦理学体系》,何怀宏,廖申白译,北京,中国社会科学出版社,1988,第1版,第425页。

不是勇敢。当然,如果我们把道德当作一种利益的话,那勇敢也有"利己性",一种德性实现意义上的"利己性"。按照亚里士多德的理论,道德是一种善,但还不是最高善,最高善是幸福。为了城邦和他人而战,冒生命危险,失去的是实现幸福的机会,还有比这更高尚的吗?①

现代人将个体与病魔、痛苦作斗争而无所畏惧也称为勇敢,对勇敢的这种理解在苏格拉底那里就有了。这样的理解不是没有道理,因为病魔类似于敌人,可以危及人的身体和生命。但在勇敢要素的第二点上,与病魔作斗争还是有所不符,因为此时的危险不是病人所主动选择的,是被动冒险而不是甘冒危险。与病魔作斗争首先是为己的,当然,在病魔面前的坚强又不仅仅是为己的,也有利于他人和社会。由此看来,勇敢的这种用法,其实是对勇敢概念的一种扩展,是一种类比性的勇敢,而不是严格意义上的勇敢。

(二) 勇敢是一个规范概念

从以上关于勇敢行为的构成来看,三要素缺一不可。没有危险,勇敢行为无从产生,勇敢是由危险激发的,危险是勇敢的客观条件,不顾危险的行动是勇敢行为之本体,为何而甘冒危险则是勇敢行为的价值标准。虽然三要素缺一不可,但行为的目的是勇敢与否的价值判定尺度,只有符合这一尺度,甘冒危险才能达到勇敢的高度。正是在这个意义上,豪沃德(M. C. Howard)等人认为勇敢四要素(行动、思考、危险、目的)中,目的最为重要,是行为目的标定了行为的性质。② 由此看来,勇敢是一个规范用语,已经内在地包含了价值标准,即为了高尚的目的而实施甘冒危险的行动。没有这一价值尺度,甘冒危险的行动则具有价值未定性,可以是坚定、坚毅、坚韧,可以是鲁莽、大胆、愚蠢,也可以是贪婪、残暴、野蛮。

一个行为只要是勇敢的,那这个行为就是道德的。在《普罗泰戈拉》篇中,声称可以教授勇敢的普罗泰戈拉没有把握勇敢的这一特性,视勇敢为一种特别的美德。"有许多人你可发现他们是不正义、不虔诚、不节制、无智慧的,然而却又是非常勇敢的。""勇敢是一种自信,渴望面对那些大多数人都会怕得发抖的危险。"③也就是说,在普罗泰戈拉心中,勇敢只是不怕危险,与不怕危险的目的无关。苏格拉底抓住他的这一漏洞,列举出很多自信而不道德的行为根本就不是勇敢。这一争论的关键在于,是否存在无德的勇

---

① A. G. Zavaliy, M. Aristidou, 2014: "Courage: A Modern Look at an Ancient Virtue", *Journal of Military Ethics*, September.
② M. C. Howard, J. E. Cogswell, 2019: "The Left Side of Courage: Three Exploratory Studies on the Antecedents of Social Courage", *The Journal of Positive Psychology*, January.
③ 〔古希腊〕柏拉图:《柏拉图全集(第一卷)》,王晓朝译,北京,人民出版社,2002,第1版,第474页。

敢。从以上关于勇敢的目的限定性来看,无德的勇敢是不可能存在的。在这一点上,亚里士多德又一次站在了苏格拉底这一边,比如他说无耻是"类比意义上的勇敢",即勇敢的反面。

行为主体和他人都可以对一个行为是否勇敢进行判断,珀瑞从评价主体的角度将勇敢分为两种类型:一种是"过程勇敢"(process courage),另一种是"赞扬勇敢"(accolade courage),前者是行动者自己体会到的勇敢,强调的是行动者的心理过程,后者则是他人眼中的勇敢,有赖于他人的评判。[1] 很显然,过程勇敢与赞扬勇敢有一致的情况,也有错位的情况。比如,行动者以为自己在为高尚的、值得追求的目标而甘冒危险,他人却认为他在为个人虚荣、贪欲而不知进退。在这种错位之中,有时候是行为主体正确,比如苏格拉底虽然不被雅典公民所认可,但他不为外在评价所动,甘愿为城邦的幸福而冒死亡之险;有时候评判者是正确的,比如一些极端狂热分子自以为在为高尚的目的而献身,实际上却是在从事毁坏他人和世界的活动。如果是前者,不但是真正的勇敢,还是更为艰难而有意义的勇敢;如果是后者,就是"糟糕的勇敢"(bad courage)。[2]

"糟糕的勇敢"现象是否可以否定勇敢的规范性呢？提出这一概念的珀瑞等人就认为在杀戮者那里,勇敢的基本要素都是存在的,因此"糟糕的勇敢"也是勇敢。[3] 也就是说,在珀瑞等人的理论中,勇敢是一个中性概念,既可能是好的,也可能是坏的。对勇敢的这种理解与上文将勇敢界定为规范概念,即"只要是勇敢的就是道德的"这一观点相矛盾。但这一理解的贡献在于指出了勇敢不仅仅是一个主观概念,还有社会标准和尺度(也不一定就是正确的)。人是有限存在,确实存在着自以为在为高尚目的而行动,但事实上并非如此的情况,但这种情况的存在,并不能否定勇敢的规范性。按照这种逻辑,其他任何美德都是可疑的,比如诚实,也存在着自以为诚实实际上却是在伤害他人的情况,但我们不能因此而否定诚实是一个规范概念。珀瑞等人所犯的一个逻辑错误是,用个体因为缺乏实践智慧和真正美德而导致的勇敢误用去否定作为一般价值的勇敢,实际上,个体对勇敢的误解、误用都无损于勇敢美德本身。

还可以从勇敢与英雄主义的区分中认识勇敢概念的规范性。英雄主义

---

[1] C. L. S. Pury et al.,2015:"Is Courage Always a Virtue? Suicide,Killing,and Bad Courage",*The Journal of Positive Psychology*,September.

[2] C. L. S. Pury et al.,2015:"Is Courage Always a Virtue? Suicide,Killing,and Bad Courage",*The Journal of Positive Psychology*,September.

[3] C. L. S. Pury et al.,2015:"Is Courage Always a Virtue? Suicide,Killing,and Bad Courage",*The Journal of Positive Psychology*,September.

与勇敢有很多相同之处,因而不易区分。在对抗危险的问题上,二者是相同的,二者的不同只在于为何而对抗危险。英雄主义的目的不是利他,而是利己,即为了获取个人声誉,英雄主义以危险为手段去获取个人声誉。① 因此,英雄主义者非常在意外在的赞扬,或者说其不顾危险的行为就是为了博取赞扬。在目的要素上,勇敢与英雄主义完全不同,勇敢不是为了个人声誉,而是为了高尚的目的,为了他人和群体、为了道德价值。他人赞扬不是勇敢者所要考虑的,因为结果并不确定,勇敢者所要承受的是危险所带来的伤害和失败后所要付出的牺牲与代价。当然,因为勇敢与英雄主义有相同之处,我们一般既把勇敢的人称为英雄,也把有积极社会效应的英雄主义者称为英雄。英雄是事后的赞扬,是对行为后果的奖励,即便勇敢者与英雄主义者都可以被追认为英雄,但二者动机不同因而性质也是不同的。

(三) 道德勇气:一种特殊的勇敢

"二战"之后关于道德勇气(moral courage)②的研究是勇敢研究领域的一个亮点。道德勇气概念的出现并成为勇敢研究新的理论增长点,与"二战"中纳粹占领区那些救助者的勇敢作为密切相关,很多关于道德勇气的研究一开始就是专门研究这些救助者的美德的,道德勇气也是专门用来指称他们在大屠杀这一极端处境下冒着生命危险所作出的高尚选择。当然,道德勇气研究成为热点,也与当代商业社会的高度发展,标识人的基本特性的道德被悬置、被挤压,道德危机加剧,对道德原则的坚守与捍卫成了勇敢新的用武之地相关。一个基本的问题是,既然勇敢都是道德的,即"道德的勇敢",那为什么还会有道德勇气这一概念呢?道德勇气这一概念与一般意义上的勇敢如何区分呢?

道德勇气显然是勇敢的一种类型。很多研究者都依据自己的理解对勇敢进行分类,比如,洛佩斯等人(S. J. Lopez)将勇敢分为三种主要的类型,即身体勇敢(physical courage)、道德勇气、心理勇敢(psychological courage)。身体勇敢是面对身体伤害时的勇敢,道德勇气则是面对危险时的真诚与正直,而心理勇敢则是面临心理伤害,比如重大疾病打击时的勇敢。③ 这一分类存在的问题不少,伍戴德等人就指出,这一分类不是逻辑的分类,而是文献的分类,即伦理学、心理学有这三种勇敢类型的研究,洛佩斯等人就依据文献将

---

① S. Fagin-Jones et al.,2007:"Courageous Altruism:Personal and Situational Correlates of Rescue during the Holocaust", *The Journal of Positive Psychology*, April.
② Moral courage 在中文中既可以是"道德勇敢",也可以是"道德勇气"。因为这类勇敢牵涉道德原则坚守,有气节性,在中文中"道德气节"更为传神,因此后文一律采取"道德勇气"。
③ S. J. Lopez et al., 2003:"Profiling Courage", *Positive Psychological Assessment:A Handbook of Models and Measures*, Washington, DC, American Psychological Association, p.185-197.

勇敢分为三种类型。① 除了伍戴德等人指出的问题，这一分类还有其他问题，比如，按照上文对勇敢要素的梳理，所谓心理勇敢只是勇敢的一种类比用法，不是勇敢本身，与其说是心理勇敢，倒不如说是一种心理坚强。这一分类的另一个问题是，对道德勇气的定义模糊不清，"面对危险时的真诚与正直"怎么就是道德勇气呢？豪沃德等人将勇敢分为身体勇敢、道德勇气和社会勇敢（social courage）（冒着失去尊重、尊严风险的亲社会行为）。② 这一分类相对来说有一定的逻辑性，但道德勇气与社会勇敢有诸多交叉，区分的界限不那么清楚。如上所论，还有人从勇敢评估主体的角度将勇敢分为过程勇敢与赞扬勇敢，前者是主体自发、自评的勇敢，后者则是他人和社会根据行动的美好结果而授予的勇敢。

以什么为标准来对勇敢进行分类是值得关注的一个问题，很多较有影响的勇敢分类并不是用同一个标准区分开来的并列类型，比如，前文洛佩斯等人关于勇敢的分类，用的就不是同一个标准。作为勇敢的初始、主导类型的身体勇敢（尚武勇敢）是怎么得来的呢？是从危险那里得来的，即危险是直指身体和生命的，也就是说，身体勇敢背后的标准是危险的性质与类型。但以危险为标准来分类，道德勇气就比较尴尬，因为为坚守道德、捍卫原则同样也可能导致杀身之祸，在这种情况下，道德勇气就与身体勇敢没有什么区别，或者说就是身体勇敢。也就是说，如果以危险作为分类标准，道德勇气这一勇敢类型存在的必要性就很有疑问，社会勇敢显然也是以危险性质为标准的，因为社会勇敢所冒的危险是失去个人尊重与尊严。如果要深究社会勇敢的目的，就会有新的问题产生，比如，如果社会勇敢是为了捍卫公平正义价值，那么这类社会勇敢又是道德勇气。

在勇敢分类问题上，既可以以危险为标准，也可以以目的为标准，这里就牵涉勇敢构成要素中危险和目的哪个更为重要的问题。传统上对勇敢的分类都是以危险为标准的，危险更重要；而道德勇气这一新的勇敢类型，则是以目的为标准的，更加认可目的的重要性。道德勇气，即为了坚守道德、捍卫价值而甘冒危险的行动，与身体勇敢并不是同一标准下的并列类型，而是以另外的标准来界定的一种新的勇敢类型。

总体来看，勇敢都是道德的，勇敢即"道德的勇敢"，因此从勇敢的道德性上来看，道德勇气概念没有存在的必要。而且，从危险的角度看，道德勇

---

① C. R. Woodard, C. L. S. Pury, 2007: "The Construct of Courage: Categorization and Measurement", *Consulting Psychology Journal: Practice and Research*, June.

② M. C. Howard, J. E. Cogswell, 2019: "The Left Side of Courage: Three Exploratory Studies on the Antecedents of Social Courage", *The Journal of Positive Psychology*, January.

气也没有存在的依据,因为由维护道德价值所导致的危险与身体勇敢所冒的危险在性质、程度上也是很难区分的,都是有轻有重的,都是可能致命的。道德勇气概念的成立不在于危险的特殊性,只在于目的的特殊性,即这种勇敢是专门为了坚守、捍卫道德价值的。如果用同一标准来分类,道德勇气可以消弭于其他勇敢类型之中,没有单独存在的依据。但从专门捍卫道德价值的角度看,道德勇气又是我们这个时代所迫切需要的一种勇敢类型。如前所论,勇敢的初始类型是战争勇敢,这种勇敢以生命之险为特征。在和平时期,致命危险虽然少了,但依然存在,战争勇敢扩展到其他有生命之险的领域并以身体勇敢的形式加以传承。但这种传承毕竟是有限的,随着文明进步,很多危险的活动开始交给专业人员来做,社会大众没有必要去犯这种致命之险,身体勇敢的适用范围缩小。但勇敢作为美德,依然需要传承,需要融入日常生活之中,否则等到生死攸关的时刻,我们失去了勇敢这一品性,也就没有了渡过难关的精神力量。从这个角度看,道德勇气可以说是勇敢的日常形态,是勇敢的一种"日常涵养"。

二、道德勇气及其儿童形态

道德勇气是勇敢的一种特殊类型。作为勇敢的一个下位概念,道德勇气具备勇敢的一般特性,也是由必不可少的三要素构成的。道德勇气的特殊性体现在构成要素的独特性上。

(一)捍卫道德的勇气

道德勇气也是由三要素所构成的。道德勇气之所以成立,首先在于危险,即我们作出体现道德勇气的选择和行为,需要面对排斥、孤立、失去尊严、地位、基本权利,甚至失去生命等各种程度的危险。如果没有这些程度不同的危险,我们作出道德的选择和行动,本身也是可贵的,但还不是道德勇气,危险是勇敢和道德勇气的激发因素和存在前提。道德勇气的本体部分同样是不顾危险的自愿选择和审慎行为。如果说一般勇敢行为的目的是高贵的、道德的,那么道德勇气的目的直接就是道德,是对道德信念的坚守、对道德价值的捍卫。

如前所论,界定勇敢一般都是从危险的性质、程度、类型出发的,但对道德勇气的界定不是以危险为标准,而是以目的为标准的。我们可以从两个例子来看一般勇敢与道德勇气在目的上的差异。比如,一个食品公司违规使用了明显有害消费者健康的添加剂,一位知情的员工认为这样做有悖良心和基本的道德底线,经过激烈的思想斗争之后向监管部门或社会公众揭发了公司的不道德做法,他所体现的主要是道德勇气。我们可以设想,还是这个员工,有一定的拳脚功夫,在大街上碰到持刀的暴徒抢劫行人,毫无畏惧地上前制止、擒拿暴徒,他所体现的不是道德勇气,而是通常意义上的勇敢或者说是身体勇敢。从道德勇气的事例可以看出,食品公司的做法是对道德底线的破坏,是对道德价值的践踏,该员工的行为以捍卫道德底线与道德价值为直接目的,针对的是对道德价值的伤害。从第二个事例可以看出,员工的行为虽然也是高尚的,但直接目的是救人,而不是为了捍卫道德价值。当然,这样的勇敢行为,也有间接捍卫道德价值的作用。

可以这样区分通常的勇敢与道德勇气:通常的勇敢是"属于道德的",即勇敢行为本身在性质上是道德的;而道德勇气则是"为了道德的",即以维护和捍卫道德价值为直接目的。如前所论,勇敢都具有利他性,而利他性本身就是道德的。这与道德勇气是"为了道德的"看上去有矛盾之处,实际上,利他具有道德性,但利他行为与对道德价值的维护还不是一回事。比如,消防员冲进火海救火虽然具有利他性、道德性,但其本身并不是在维护道德价值,而是为了保护生命财产。通常意义上的勇敢是以危险为标准来界定的,如果换成以目的为标准来界定,诸多勇敢形式也具有道德勇气的意味。比如见到同学被欺凌上前干预,既是通常形式的勇敢,也是道德勇气的体现,因为这种干预虽然直接目的是救护被欺凌者,但也有捍卫人之道德尊严的意味。也就是说,通常意义的勇敢与道德勇气有诸多交叉重合的地方。但在消防员救火这个例子中,可以清楚地看出通常意义的勇敢与道德勇气的区别,因为在这个例子中,没有道德价值直接被破坏、践踏的事实发生。

道德勇气的最突出特征是对道德价值的捍卫。捍卫有不同的形式,比如被动性的坚守与主动性的保卫,坚守也好、保卫也好,都具有人际性。坚守体现在对某种道德价值信念的坚定,不受他人变化的影响。与坚守相对的则是放弃、动摇,一个人的坚定与其他人、周围人,甚至是多数人的放弃往往是对应的、同时发生的,正是这种对应性才使得道德勇气得以成立(后文还会论及)。别人放弃、多数人动摇,而我在坚守,那么这种坚守就是一种捍卫,除了这种略带被动性的捍卫之外,还有一种主动性的捍卫,即通过与破坏道德价值的行为斗争,以主动性的斗争来保卫道德价值。这种主动性的捍卫发生在道德价值被破坏或遭到践踏的情况之下,我的道德勇气针对的就是这种破坏或践踏,通过阻击破坏、践踏行为来捍卫道德价值。上文提到的食品公司的员工,就是通过与公司的背德行为的斗争来捍卫道德价值的。

道德勇气之所以是勇敢的一种,还在于危险的存在。我们坚守道德、捍卫道德,如果没有危险,那只能是一种德性的实现,算不上道德勇气。在我们的直觉理解中,捍卫道德的危险明显小于战场上、火场上的危险,因为这类危险直接危及生命。从危险的角度看,勇敢的最高标准是不畏死,但我们应该对死亡作扩展性理解,比如身份之死、职业之死、前途之死。应该承认,一般情况下,道德勇气所冒危险不像战争勇敢那样离死亡如此之近,如果我们对死亡作扩展性理解的话,道德勇气离另外形态的"死亡"也不远。比如,上文提到的那个揭发食品公司无良做法的员工就会面临着职业之死、前途之死。而且,在特殊情况下,道德勇气也是要冒战争勇敢一样的生命之死。

人是道德存在,坚守、捍卫道德是人之本分,那么尽做人之本分为什么还会有危险呢?这就牵涉人性的另一面,即人是道德存在,也有作恶的能力,用康德的话说,就是向善的人有着无法克服的作恶能力即根本恶。① 因此,人世间充满着善,但也不乏恶,对作恶的反对、反抗是道德勇气的一个维度。恶意是没有底线的力量,一旦遭到反对和阻碍,就会作出反击和报复,作恶者的反击与报复就是道德勇气的危险之所在。如果作恶者力量强大,尤其是巨型商业公司、庞大利益集团这样的群体作恶者,可以给道德勇敢者带来致命性的伤害。

主动捍卫道德有这样那样的危险,甚至会有杀身之祸,被动性的道德坚守的危险在哪里呢?我坚守某种道德价值,不受别人放弃、动摇之影响,虽然没有主动去干预别人的放弃与动摇,但我的坚守本身就是对放弃、动摇者的一种映照和威胁。所谓映照,亦即我的坚守作为一面镜子,可以照出放弃、动摇者的懦弱;所谓威胁,亦即我的坚守对放弃与动摇者来说就是一种异己力量,他们会因此而感到不安。即使是放弃、动摇者,他们也需要道德粉饰,需要将自己的放弃、动摇加以道德合理化,不愿意道德坚守者反衬出他们的卑劣。对放弃、动摇者来说,周围的人同流合污才是安全的。正是这种心理的存在,使得道德价值的放弃者、动摇者不能容忍道德坚守者的存在,"怀璧有罪",他们会排斥、孤立、围堵道德坚守者,甚至会联合起来将道德坚守者置于死地。

道德勇气与通常意义上的勇敢一样都是亲社会行为,因此与其他亲社会行为,比如助人、社会秩序维护等有类似之处。奥斯沃尔德(S. Osswald)等人认为道德勇气与助人行为的区别在于结果不同,助人行为的结果往往是积极的,被助者感激,他人赞赏;而道德勇气往往是消极的,包括受辱、被排斥、被攻击。② 实际上,结果不同还是表面的,根本的原因在于有无危险。道德勇气是甘冒危险的行为,受辱、被排斥、被攻击只是所冒危险的体现。

---

① 〔德〕康德:《单纯理性限度内的宗教》,李秋零译,北京,商务印书馆,2012,第1版,第45页。
② S. Osswald et al., 2011: "Moral Courage", *Justice and Conflicts: Theoretical and Empirical Contributions*, London, Springer Heidelberg Dordrecht, p. 393–394.

而助人行为则是安全的道德行为,几乎没有危险,得到的也往往是社会认可与赞赏。比如,正常情况下,一个孩子没钱上学,你帮他交学费,这是没有危险的助人行为;一个人被一伙人辱骂、殴打,你上前制止,冒着也被这伙人辱骂、殴打的危险,这是道德勇气。社会秩序维护往往发生在维护者的力量远大于违规者的力量的情况下,这时候我们维护社会秩序、制止违规行为也是没有危险的,同样不是道德勇气。

(二) 道德勇气的产生

道德勇气的产生不是无缘无故的,既可能是外在情境激发的,也可以是内在信念引起的。当然,即使是由外在情境激发的道德勇气,也是以内在道德信念为基础和前提的,没有内在的道德信念,外在情境没有发力点,也就谈不上激发道德勇气了。

海姆伯格(A. Halmburger)等人认为道德勇气发生于作恶者冒犯重要的道德规范的情况之下,即当我们所信奉的道德规范或珍视的道德价值被他人冒犯时,我们在道德愤怒的驱动之下,不顾危险去干预或制止。① 这一道德勇气的界定立足于对道德规范与价值的维护,很好地解释了道德勇气的情境性,即道德勇气产生于道德价值被冒犯的情境之下。布兰斯塔特(V. Brandstätter)等人的研究揭示,道德勇气的核心要素是:有违规或侵权行为发生,犯错者、受害者、在场者三种主体存在,危险性。② 道德勇气来自于在场者,他们意识到违反道德规范的行为存在,正是犯错者对道德价值的违反激发了在场者不顾危险的干预。对道德勇气的一个简单理解就是"路见不平,仗义相助",这里的相助是有危险的,如果没有危险,就不是道德勇气,而是一般意义上的助人。"不平"是违背道德价值的行为与事实,"相助"则是激发出来的勇气。

面对同样的道德价值被冒犯的情境,有的人表现出道德勇气,有的人则表现出道德冷漠或道德懦弱。由此看来,道德勇气的情境因素只是外在的激发因素,内在的决定性因素还是一个人的道德信念。只有把某种道德规范、道德价值视为与生命一体,甚至是高于自身生命的存在,一个人才会不顾危险去捍卫道德价值,才会展示出道德勇气。那些没有道德勇气的人,往往是对道德价值没有真诚态度,对道德的依从是浅表化、功用性、从众性的,对他人的冒犯没有义愤,只要条件允许,自己也会放弃甚至违背这些道德价值。

---

① A. Halmburger et al.,2015:"Anger as Driving Factor of Moral Courage in Comparison with Guilt and Global Mood:A Multimethod Approach",*European Journal of Social Psychology*,February.

② V. Brandstätter et al., 2016:"Self-Regulatory Processes in the Appraisal of Moral Courage Situations",*Social Psychology*,January.

如前所论,道德勇气还产生于道德坚守。一般而言,一个人单纯的道德坚守还不是道德勇气,如果这种道德坚守遇到了他人、群体的巨大压力,使得这种坚守需要付出很大的人际代价,这种坚守就走向了道德勇气。在社会风气不好的情况下,不良的社会风气可以化身为恶俗,化身为每个人都必须如此行为的强力要求,这时候的道德坚守就需要巨大的道德勇气。正是在这个意义上,普莱斯(E. Press)将道德勇气理解为对现有习俗与态度的违反,道德勇气的典型情境就是个体对社会习俗的反抗。① 我们一般都会认为社会习俗与伦理规范高于个体道德,很少去思考特定历史时期,社会习俗与伦理规范可以脱离道德而独立演化,导致与道德离异,成为反道德的力量。这时候个人遵照内心声音的指引,反对习俗与规范的强压,坚守道德立场,就是道德勇气的展示。此种情境下的道德勇气,其产生的主要力量来自内心的道德信念及其坚守,当然也有不道德的习俗与规范的外在激发。

道德勇气还产生于新旧道德价值交错的情境之下,每当新道德价值产生,总会遇到旧道德的疯狂反扑,这时候那些新道德的接受者、实行者就成了旧道德所要围剿的对象。在旧势力围攻之下,有些人退缩了,就成了道德懦弱者;有些人不退缩,就成了道德勇敢者。在这种情况下,道德勇敢者就有了道德反叛者(moral rebel)②的意味。比如,在封建社会末期,那些接受新的婚恋观的人受到了封建道德的疯狂围剿,正是一批又一批新婚姻伦理的接受者以自身的道德勇气与旧势力持续斗争,才使得新的婚姻伦理得以存活、生根、壮大并最终战胜了旧的婚姻伦理观念。

除了道德信念的坚定之外,道德勇气也与个性特质有关。桑奈泰格(T. L. Sonnentag)等人的研究发现,五种普遍性的和三种情境性的个性特质与道德勇气密切相关。前者包括自尊(self-esteem)、低归属需要(low need to belong)、自我效能感(self-efficacy)、确定性(assertiveness)和社会警觉性(social vigilantism);后者包括移情关心(empathic concern)、正义敏感性(justice sensitivity)和危险情境下的行动意愿(willingness to take action in physically dangerous situations)。③ 自尊是面对危险时的人格力量,而低归属需要的是不惧群体排斥的力量,自我效能感则是能力基础,确定性与道德信

---

① E. Press, 2018: "Moral Courage: A Sociological Perspective", *Society*, April.
② T. L. Sonnentag et al., 2018: "Characteristics Associated With Individuals' Caring, Just, and Brave Expressions of the Tendency to Be a Moral Rebel", *Ethics & Behavior*, May.
③ T. L. Sonnentag et al., 2018: "Characteristics Associated With Individuals' Caring, Just, and Brave Expressions of the Tendency to Be a Moral Rebel", *Ethics & Behavior*, May.

念的坚定性相连,而社会警觉性则是对社会习俗或个人背德行为的敏感性。因为道德勇气是人际性的,所以道德勇气还与情境特征相关,对他人的移情关心、对正义的敏感性、甘冒危险等情境特质,在道德勇气的发生中也扮演着重要的角色。

道德勇气虽然与个人特质密切相关,但我们也不能把道德勇敢者看作特立独行者,道德勇气中的社会维度同样不容忽视。库利(C. Cooley)的观点深有启发:"我们的较高层次的自我,我们与众不同的正确观点与选择,均依赖于想象他人的观点而实现。"① 由此看来,看上去孤独的勇敢者实际上并不孤独,最起码他们有"想象的他人"(imagined others)的支持。苏格拉底是道德勇气的化身,而苏格拉底本人并不是孤独的,因为在他展示道德勇气的时候,总能听到内心深处"灵机"之声的响应。② 苏格拉底等伟大的心灵则是诸多勇敢者可以进行无声对话的"想象的他人"。当然,勇敢者不仅有"想象的他人"的响应与支持,也有现实中的志同道合者的激励与支持。比如,纳粹时期那些冒着生命危险救助犹太人的勇敢者,多数人都从志同道合者那里获取了动力与助力。即使是被美国政府强势围剿的斯诺登(E. J. Snowden),在很多人眼里,他就是与庞大政治力量作斗争的道德英雄,也并不是孤独的,他也有世界范围内的支持者。③

(三)道德勇气的儿童形态

成年人有道德勇气,儿童也有道德勇气。成年人的道德勇气不是成年之后凭空生成,而是从儿童时期的道德勇气生长发展而来的。儿童是成长中的人,其道德勇气与身心已经成熟的成人的道德勇气有所不同。

对儿童来说,道德勇气的常见形态就是为他人或群体仗义执言、仗义而行。一个重要的原因在于,儿童的道德发展尚未成熟,不像成年人那样有坚定的道德信念,能够清晰地为道德规范、道德价值而战。儿童不是直接为道德规范、道德原则而战,而是通过为他人、群体而战间接地捍卫道德价值。也就是说,将道德价值与具体他人、群体结合起来,因为直接的、活生生的受害者更容易激发儿童的道德勇气。比如说,让儿童去捍卫抽象的正义价值比较困难,如果自己的伙伴受到了不公平对待,则很容易激发出儿童维护伙伴(间接地捍卫正义价值)的勇气。由此看来,所谓的仗义执言、仗义而行,更准确地说是"为人而言""为人而行",只不过不是为"人"之私利,而是为

---

① 〔美〕查尔斯·霍顿·库利:《人类本性与社会秩序》,包凡一、王源译,北京,华夏出版社,1999,第 2 版,第 273 页。
② 〔古希腊〕柏拉图:《柏拉图对话集》,王太庆译,北京,商务印书馆,2004,第 1 版,第 42—43 页。
③ E. Press, 2018: "Moral Courage: A Sociological Perspective", *Society*, April.

"人"所代表的道德价值。

通俗地说,儿童的仗义执言、仗义而行就是说公道话、做公道事。如果这种说公道话、做公道事基本上没有危险,那么充其量就是一种助人言行,如果有危险而不顾,则是道德勇气。对儿童来说,其所面临的危险也是与成人不同的。说公道话、做公道事,危险是现实的、真切的。比如,朋友欺负别人,自己虽然看重与朋友的友谊,但还是不忍心看到伤害者的痛苦,觉得不公平,这时候出言制止朋友、指出朋友的错误,就要冒失去友谊的危险。在成年人看来,失去一个朋友也许不算什么,但对看重友谊与伙伴的儿童来说,失去朋友与友谊就是巨大的损失。如果这种公道话、公道事是针对成年人的,比如自己的老师,那么所冒的危险则更大,因为在学校生活中老师对一个学生的良好生存与发展的意义不言而喻。如果公道话、公道事是针对群体的,比如针对自己班级的,那就要冒得罪群体,被群体所排斥、孤立的危险。融入群体对成长中的儿童来说是获得认可与归属的方式,被群体排斥、孤立所带来的伤害是巨大的,而这巨大的伤害反过来衬托出说公道话、做公道事所体现的道德勇气。

仗义执言、仗义而行多发生在熟人情境之中,如果发生在公共生活、陌生环境之中,就是见义勇为了。见义勇为是儿童道德勇气的又一种形式。因为见义勇为危险性增加,往往与身体勇敢混合在一起,呈现出道德勇气与身体勇敢的混合形态。见义勇为的危险性与仗义执言、仗义而行的危险性的性质不同,前者是危险的现场性,后者则是危险的身体性。仗义执言、仗义而行的危险具有后延性,比如为保护同学冒犯了老师,其后果是慢慢显现的。见义勇为则不同,危险后果往往是当场显现的,比如制止一群学生对一个学生的殴打,极有可能导致自己当场被打。仗义执言、仗义而行所导致的危险往往是社会性的,包括被排斥、被冷落、被孤立,较少是身体性的,而见义勇为所招致的后果更可能是身体性的。

正是因为见义勇为所冒危险的当场性与身体性,出于保护儿童的目的,当下的社会舆论与教育宣传不再刻意宣扬未成年人的见义勇为。这是教育思想的进步,但不能走极端。如果一个儿童作出了见义勇为的行动,成人社会不能只从保护儿童的需要出发去刻意压抑这种行为的高尚性,无论如何,见义勇为都是值得社会赞赏的行为。对见义勇为的认可与赞赏,不是为了鼓动其他儿童都去进行超出其能力的勇敢冒险,而是对道德勇气本身价值的认可与推崇。当然,对儿童道德勇气的认可与赞赏,要特别突出勇敢的审慎性,由此引导学生既学习见义勇为的高尚品质,又学习见义勇为之中所蕴含的审慎与智慧。

儿童道德勇气的另一种形态是"道德反叛"。"道德反叛"是针对群体的,这种群体既可以是同龄人群体,也可以是成人群体或社会习俗。人有独立的需要,又有归属的需要,两种需要得不到满足都会对人造成巨大的伤害。对儿童来说,被同龄群体接纳,是满足归属需要的基本方式。多数情况下,儿童与同龄群体的关系不是对立的关系,但也有对立的时候。个体与同龄群体的对立,多数情况下是个体的问题,即个体因为行为不当招致群体的排斥,但特定情况下也可能是群体的问题,比如群体不良风气蔓延或被品性不端的同龄人所控制。在群体风气不良或伦理低下的情况下,个体与群体的对立就要付出很大的代价,需要道德勇气。比如,在一个作弊成风的班级里,一个儿童坚守诚信,绝不抄袭,冒被同伴嘲讽、讥笑甚至围攻的危险,这就是道德勇气的体现。儿童个体也好,同龄群体也好,都是依附于成人社会的。成人社会既是儿童的成长依靠,也是儿童的教育引导者。多数情况下,成人社会与儿童的道德立场虽有差异,但不会激烈对立、冲突。在特定、局部情况下,成人社会也可能被流俗、恶俗所控制,这时候儿童,尤其是儿童个体对成人社会的"道德反叛"就是巨大的道德勇气的体现。

三、道德勇气的培育

人类的能力,尤其是开发、利用自然的能力一直在提高,人类的道德水平也在进步,但这两者的进步并不是完全同步的,可以说后者是落后于前者的。单就道德而言,其发展进步也并不是直线性的,总是起起伏伏,在特定时段,甚至有倒退的现象。道德勇气的存在,正是道德的最后防线:在很多人道德迷失的情况下,道德勇敢者以自己的道德坚守标识着道德的基准,也警醒着同类的道德迷茫。不仅如此,道德勇气还是对抗背德行为的力量,能够为维护道德价值而冲锋陷阵。在新道德萌芽阶段,正是道德勇气的存在,使新道德不至于因旧道德的压迫而夭折,从这个角度看,道德勇气也是人类道德进步的"先锋派"。道德勇气的意义如此重大,教育作为道德事业,不能在道德勇气的培育上无动于衷。虽然不能说当下的教育与道德教育在道德勇气的培育上毫无贡献,但自觉意识还不足,在这方面付出的努力还不够。根据上文对道德勇气的理解,道德勇气的培育可以从以下几个方面努力。

(一)"深度道德学习"

如前所论,道德勇气是捍卫道德的勇气,其内在力量来自一个人的道德信念。如果对道德价值没有发自生命深处的珍视与信奉,也就意味着没有为其不顾危险的动力,也就没有道德勇气的产生。历史上、生活中的那些道德勇敢者都是视道德价值为生命,甚至高于生命的存在,由此才有为了道德价值而甘愿冒险、甘愿牺牲的选择和行动,才有了道德勇气。

由此看来,道德勇气培育的第一步不是直接去培育道德勇气本身,而是去培育儿童的基本道德品质,引导他们进行深度道德学习,形成自身的道德价值信念。我们给予道德教育的"表面重视"看上去是足够的,比如有专门的课程、教材,有专门的德育活动,有不断出台的政策与文件,但这都是"表面重视",在学生那里得到的也是"浅表性的道德学习",而"深度道德学习"没有或者很少发生,在作为道德勇气之根基的基本道德素养的培育上成果不彰。之所以说我们对道德教育的重视是"表面重视",是因为当下教育运行的基本逻辑是竞争,教育传递的是竞争的价值,而竞争以人人为己为逻辑,那么教育传递的就是人人为己的价值观。① 也就是说,我们对道德教育的重视只是"在教育之外"的附加活动,未能深入"教育精神内核"之中。从这个角度看,不是没有"深度道德学习"的发生,而是反方向的"深度道德学习",即"逆道德的深度学习"一直在进行。

无论从道德教育的角度,还是从培育道德勇气的角度看,我们对道德教育的重视都不能是表面化的,而应深入教育的"骨子"里去。否则就有两套教育体系,一套是表面化的道德教育体系,另一套是"逆道德教育"的体系。两套体系相互矛盾,表面化的体系只具有装饰性的意义,而"逆道德教育"的体系则发挥着实实在在的作用。

道德教育改革不能只着眼于道德教育本身,而应该站在教育的全局上加以系统考虑。杜威"三位一体"的道德教育思想依然是道德教育的"基本原理":不能只依靠专门德育课程与教学,而应通过学校整体生活,通过教学方法与过程的道德性,通过学科课程设置与教学的道德目的来进行道德教育。② 通过学校整体生活来进行的道德教育,促进的是"深度道德学习",学生获得的是能够影响行为的"道德观念"(与"关于道德的观念"相对应)或者说是"德性之知",能够成为道德勇气的根基。通过"浅表性的道德学习",学生获得的只是未能与自身生命深度融合的道德概念与知识,经不起考验,一遇到困难就会放弃,也就没有道德勇气的发生。

当然,杜威的"三位一体"的道德教育思想有其理想化的成分,从应然的角度看,这样是最理想的,但从实然的角度看,现实的学校教育从来都不是

---

① 高德胜:《竞争的德性及其在教育中的扩张》,《华东师范大学学报(教育科学版)》2016年第1期。
② 〔美〕约翰·杜威:《学校与社会·明日之学校》,赵祥麟、任钟印、吴志宏译,北京,人民教育出版社,1994,第1版,第157页。

如此的。也就是说,除非有重大的变革发生,否则我们不能寄希望于学校生活道德取向的革命性改变。这样说,并不是否认学校生活给予学生道德上的积极影响,而是要认识到学校生活的复杂性,每所学校都可以从自身做起,不渴望翻天覆地的变化,只求点滴进步。除此之外,杜威还给我们指出了另外一条道路。社会生活给予儿童的道德影响有好有坏,因此社会生活所促进的道德学习是不理想的。为了解决这一问题,杜威将学校生活理解为"简化、净化"的社会生活①,希望控制学校生活的道德品质以尽量给予学生正面的道德影响。我们可以将这一思路贯彻到底,即如果学校生活的道德性不够理想,那么我们可以将德育课程与教学作为学校生活的"简化、净化",将德育课程与教学建成学校生活的"道德高地"。无论学校的道德品质如何,德育课程与教学都不受其影响,坚守道德与道德教育,以自身存在捍卫道德与道德教育,本身就是道德勇气的展现。

(二) 以勇气育勇气

道德勇气培育中的一个基本原理是"以勇气育勇气",即教育以自身的勇气去培育学生的道德勇气。教育的道德勇气对学生道德勇气的培育作用不难理解。一是示范机制。教育展现的道德勇气,即教育本身对道德价值的捍卫,对学生来说是示范力量,虽然不是为了教育学生的,却给学生学习道德勇气作出了示范。二是环境因素。一方面,教育环境对学生来说是一种建构性的成长环境,这种环境所蕴含的道德勇气与道德力量,既影响学生的自我系统(self-system),也为学生捍卫道德价值提供环境支持;②另一方面,学生作为自我系统,与教育环境系统之间有同构和共振,教育的道德品性由此渗入学生的自我系统。有道德勇气的教育环境,更能够包容学生的道德勇气,是学生道德勇气的环境资源与支持力量。道德勇气具有传染性,在很多情况下,不少人内心虽然有捍卫道德的冲动,但慑于外在压力而不能释放,这时候一个人的道德勇气就能将诸多被压抑的道德勇气激发出来。在米尔格兰姆实验中,很多人因不愿意电击未能完成被试任务,但慑于实验者的科学权威,多数人将反抗之心压抑下来,这时候只要有一个不从者出现,90%的实验参与者受此影响,都会加入反叛的行列。③ 个体的道德勇气具有传染性,教育作为引导性、背景性的存在,其道德勇气对学生来说则更

---

① 〔美〕约翰·杜威:《民主主义与教育》,林宝山译,台北,五南图书出版公司,1989,第 1 版,第 20 页。
② S. T. Hannah et al., 2011:"Relationships between Authentic Leadership, Moral Courage, and Ethical and Pro-Social Behaviors",*Business Ethics Quarterly*, October.
③ E. Press, 2018:"Moral Courage:A Sociological Perspective",*Society*, April.

具有传染性。

教育的道德勇气体现在坚守道德立场、不畏社会压力，以及捍卫道德价值、不畏危险两个方面。教育是道德事业，是教人向善的，但在当代社会，教育被赋予了更多、更复杂的功能，尤其是为经济发展服务的功能。教育发展到今天，已经不太可能单纯地为道德服务，为社会经济发展服务已经成为教育功能的重要构成。但由此导致的功利化，也使当代教育离"本心"越来越远，纳斯鲍姆指出当今世界各国的教育都在拼命追求利润，发展下去，教育所造就的只能是有用的机器而不是道德的人。[1] 教育的这种功利取向，不是教育主动选择的，而是国家和社会所施加的，也正是需要教育展示道德勇气的时候，即在尽力服务社会、满足经济发展的同时，坚守教育的道德立场，守住教育的"本心"。教育如果能够做到这一点，且不说对学生道德勇气的示范意义，对教育本身的意义也是非凡的。

在社会转型时期，教育还可以通过孕育新道德来展示道德勇气。比如，清朝末年的新式学堂在摆脱臣民道德、建构国民道德上展示出巨大的道德勇气。在社会平稳时期，教育可以通过捍卫道德价值来显示道德勇气。历史上，教育机构，尤其是大学一直在竭力扮演社会的"道德高地"这一角色，服务社会的同时干预社会，对社会上的不良道德倾向进行批判和反制。现代教育失去了前现代教育的私人或社会属性，成为国民经济的一个部门，导致教育更加难以批评、监督社会。在这种困难的局面下，依然能够批评、监督社会的不良道德倾向，就是道德勇气的体现。

教育的道德勇气直接体现为教师的专业道德勇气（professional moral courage）。所谓专业道德勇气，就是不顾危险、愿意付出代价坚守专业的道德立场[2]，具体到教师的专业道德勇气，就是不顾危险坚守教育专业的道德立场。教育是道德事业，从事教育其实是一项道德冒险，需要道德勇气。当今教育专业的谋生性增强，教育行业变成了与其他行业区别越来越小的谋生行业，教师从事教育专业的内在道德动机变弱。如前所论，教师的专业道德勇气既是教育道德勇气的直接体现，又能直接影响学生的道德勇气，教师教育应该在这个问题上多花一些工夫。教师的专业道德勇气不是靠道德理论学习就能获得的，有效的培育方式是组织教师就自己工作中遇到的道德问题进行对话探讨，从自身工作经验中体验道德勇气，发现道德勇气发挥作

---

[1] 〔美〕玛莎·纳斯鲍姆：《告别功利：人文教育忧思录》，肖聿译，北京，新华出版社，2010，第1版，第2页。

[2] L. E. Sekerka et al., 2009: "Facing Ethical Challenges in the Workplace: Conceptualizing and Measuring Professional Moral Courage", *Journal of Business Ethics*, January.

用的时机。

（三）做儿童道德勇气的"心意相通者"

儿童有赤子之心，如果再加上良好的家庭和学校教育，在成长的过程中就会形成发展中的"德性之知"，就有了道德勇气的根基，在适当的条件下，就会展现出道德勇气。如前所论，道德勇敢者虽然表现出一定程度的"反叛性"，但并不是孤立的，他们也需要从"想象的他人""心意相通者"那里获取共鸣和支持。由此出发，培育儿童道德勇气的一个重要方式就是做他们的"心意相通者"。学校、教师如果能够做到这一点，那么给予儿童的帮助是巨大的。儿童在需要道德勇气的时候，就会感觉有强大的后盾，不再担心学校和教师的否定与排斥。人是需要理解的，成长中的儿童更是如此。在很多情况下，儿童在意的不是危险和代价，而是重要他人的理解。自己的道德勇气如果总是能够得到教师的理解，他们就会感到无论多大的付出都是值得的。做儿童道德勇气的"心意相通者"，就意味着学校和教师是站在学生这一边的，不再是儿童道德勇气所要针对的对象，而是与儿童一起捍卫道德，去与违背道德的力量作斗争。

学校和教师要成为儿童道德勇气的"心意相通者"是需要努力的。如前所述，学校和教师自身所展示的道德勇气，既是示范力量，也是获得儿童内心认可的基本资格。除了自身有道德勇气之外，学校还要有意识地为儿童的道德勇气提供环境支持，包括营造一个公平、正派的伦理氛围，让学生感到"邪不压正"；底线坚守，立场鲜明，不以功利牺牲道德；民主平等，相互尊重，不是等级、地位优先；保护弱势，以人为本，不是势利待人；是非分明，不包庇违规、背德行为等。这样的伦理环境，是儿童道德勇气得以孕育、发展、展示的基本条件和支持力量，使儿童在展示道德勇气之时不会感到孤单。

现代学校科层化趋向明显，在这样的制度环境下，儿童的道德勇气也可能是针对学校本身的。如果儿童的道德勇气是针对学校的，学校如何反应、如何处理，对道德勇气的培育来说相当关键。一定程度上被科层制所控制的学校，一旦发现儿童的"道德反叛"，本能性的反应肯定是压制。在这种情况下，学校的领导者与教师，如果有道德勇气培育意识，有做学生道德勇气志同道合者的自觉，就应该自觉克制学校作为科层机构的本能反应，不是去压制学生，而是去反思、改变不合理的制度。无论学校还是班级，儿童的道德勇气之表达，都是对"内稳状态"（homeostasis）[①]的打破，学校、班级的第一

[①] S. Simola, 2018: "Fostering Collective Growth and Vitality Following Acts of Moral Courage: A General System, Relational Psychodynamic Perspective", *Journal of Business Ethics*, March.

反应往往是恢复现有状态,而道德勇敢者往往就成了牺牲品。这时候学校或班级,如果能够超越狭隘视野看问题,优先思考的不是维持旧有状态,而是借机进行组织变革,发挥道德勇气的积极与建设性作用,既有利于保护道德勇气,也有利于学校或班级保持健康与活力。

(四) 道德勇气培育上的适度原则

道德勇气总是与危险相连,因此在道德勇气培育上度的把握就很重要。一个重要底线是不能为了道德勇气的培育而去人为制造危险,将儿童置于危险情境,但虚拟情境下的角色扮演与群体训练是可行的。为了培育道德勇气,教育者可以设计道德价值遭到冒犯的虚拟情境来激发儿童的道德反应,然后再对这些反应进行反思。至于真实情境中的道德勇气培育,应该遵循"不是英雄主义,而是点滴行动"(small deeds instead of heroism)[①]的原则。儿童身心尚未成熟,很容易受英雄主义的鼓动而把鲁莽当成勇敢,这样的教育是不负责任的,理智的做法是,摒弃英雄主义激情,从日常生活的点滴做起。

如前所论,儿童的道德勇气有三种基本的形态。相对来说,为同学、同伴、同龄人仗义执言、仗义而行危险性小一些,道德勇气的培育可以以此为重点。陌生环境下的见义勇为最为危险,此种形态的道德勇气培育的侧重点应该放在谨慎和智慧上,至于"道德反叛"形态的道德勇气,可以以对班级与学校生活的反思批判等方式进行引导和培育。

豪沃德等人发现勇敢研究的多数文献都是关注勇敢本身,较少关注"勇敢的左边"(the left side of courage),即勇敢的来源或"前身"(antecedents)。[②]前文论及通过深度学习获得基本品德,给予道德勇气以心理和环境支持等,都是从勇敢的"前身"着手的教育思路。布朗斯坦(P. Bronstein)等人的研究发现道德勇气有家庭根源,父母养育方式是道德勇气的重要预示因素,五年级时观察到的父母支持、关注、负责、引导、情感理解等养育方式预示了8年后儿童的道德勇气水平,而忽略性、专制性的养育方式则预示了8年后的道德沉默(moral reticence)。[③] 这一研究发现对学校教育也是有启发性的,那就是关心、支持、民主的学校生活方式是儿童道德勇气发展的"左边"。

在道德勇气的培育中体验也很重要。如前所论,道德勇气是对道德价

---

① S. Osswald et al., 2011: "Moral Courage", *Justice and Conflicts: Theoretical and Empirical Contributions*, London, Springer Heidelberg Dordrecht, p. 393-394.

② M. C. Howard, J. E. Cogswell, 2019: "The Left Side of Courage: Three Exploratory Studies on the Antecedents of Social Courage", *The Journal of Positive Psychology*, January.

③ P. Bronstein et al., 2007: "Parenting and Gender as Predictors of Moral Courage in Late Adolescence: A Longitudinal Study", *Sex Roles*, May.

值的捍卫,从这个意义上而言,是道德信念决定了道德勇气,但道德信念与道德勇气的关系不是单向的,而是双向的。道德信念可以引发道德勇气,而道德勇气体验反过来也可以作用于道德信念,使之更为坚定。如前所论,勇敢可以分为"过程勇敢"和"赞扬勇敢",但勇敢归根结底是主体的选择,没有主体的选择,他人根据结果"赠予"的勇敢不是真正的勇敢。汉娜(S. T. Hannah)等人认为,从存在论的角度看,勇敢是一种主体体验,是主体感受危险、体验恐惧并作出选择的过程。① 社会和他人可以建立何为勇敢的规范,如果个体的行为符合这一规范,就是无意为之的,没有勇敢体验,依然不是真正的勇敢,不会成为个体品格的构成。由此看来,在道德勇气的培育中,直接体验相当重要,哪怕这种体验是来自最为简单的仗义执言、仗义而行。

---

① S. T. Hannah et al., 2007: "Toward a Courageous Mindset: The Subjective Act and Experience of Courage", *The Journal of Positive Psychology*, April.

第六章 道德自豪及其激发

自豪或骄傲(pride)①是一个面貌不清、品质不明的情感,有人将其视为"德之冠",有人说其是"恶之母"。说自豪是"德之冠"的是亚里士多德②,在他的思想里,自豪的人是自视"配得上伟大的事物"(worthy of great things)且事实如此的人。③ 即便"配得上伟大的事物",是不是谦卑一些更好呢?亚里士多德认为不必如此,因为"谦卑的人剥夺了自己所配得的重要性",不但"对自己不好",还因这种对自己的不正确认识导致放弃、放松对"高尚的活动"和"善的事物"的追求。④ 这是从反面论证了自豪的必要性,但自豪为什么是"德之冠"呢?在亚里士多德那里,不是什么人都可以自豪的,而是有德之人才有自豪的资格,自豪作为德性之顶端,是用来描述具有慷慨、友善、公正、节制等美德之人的。如果说"慷慨是用来描绘有钱之后对待财富的德性",那么"自豪就是用来描绘有德之后对待己德的德性"。⑤

在自豪问题上,不得不说亚里士多德是个"异数",因为在他之前,从荷马(Homer)到苏格拉底以至整个古希腊文化,都是反对骄傲(自豪)的,德尔斐神庙上的铭文:"认识你自己,人啊,你不是神!"就是提醒崇敬英雄的雅典人不要忘乎所以,不要骄傲。⑥ 柏拉图对话中的苏格拉底终其一生所做的,就是冒着各种危险给予雅典同胞以直言提醒,提醒他们不要忘记自己的无

---

① 汉语中的"自豪"与"骄傲"两个词,都可以与英语的"pride"对应。英语的"pride"根据语境的不同,可以是"自豪",也可以是"骄傲"。
② 亚里士多德所说的"magelopsychia",廖申白将其译为"大度",译者自己也说离亚里士多德所说的"自视重要与配得上重要"有很大的距离。英文则多译为"pride",虽然译法也有缺失,但比"大度"更接近亚里士多德的本意。
③ 〔古希腊〕亚里士多德:《尼各马可伦理学》,廖申白译,北京,商务印书馆,2003,第1版,第107页。
④ 〔古希腊〕亚里士多德:《尼各马可伦理学》,廖申白译,北京,商务印书馆,2003,第1版,第112页。
⑤ A. Tolland, 2013: "A Defense of Aristotelian Pride", *Johanssonian Investigations: Essays in Honour of Ingvar Johansson on His Seventieth Birthday*, Berlin, De Gruyter, p. 673.
⑥ M. E. Dyson, 2006: *Pride: The Seven Deadly Sins*, New York, Oxford University Press, p. 14.

知。《会饮篇》中苏格拉底讲到有一个雌雄同体的"阴阳人",作为男人、女人之外的第三种人,"阴阳人"非常强壮,就骄傲地想与神比高低,企图打开一条通天路去与诸神交战,结果被宙斯劈成两半从而变得虚弱,这个传说也是喻示骄傲的后果。① 在苏格拉底之后,尤其是基督教产生之后的多个世纪里,骄傲(自豪)一直被视为最致命的罪(sins)。比如奥古斯丁(S. Augustine)认为骄傲(自豪)是根本性的罪,是罪之源始;阿奎那(T. Aquinas)说骄傲(自豪)是最愚蠢的罪,是"恶之母"。② 在基督教文化中,人是上帝的奴仆,骄傲(自豪)是对人神关系的逆转,是渎神的,所以不是"恶"(vice),而是"罪"(sins),因为"恶"是由人之缺陷所致的错误,而"罪"则是对上帝之律法的冒犯。当然,基督教也并不是反对所有的骄傲(自豪),有一种骄傲(自豪)是其可以接纳的,那就是作为上帝子民的骄傲(自豪)。

中国古代文人虽然也讲傲气、傲骨,但儒家思想及其所附着的封建文化总体上对个人的骄傲(自豪)也是戒备有加的。《尚书·大禹谟》说"满招损,谦受益"是"天道",既然是"天道",作为人就只能遵循,否则就是"逆天",就是大逆不道。在中国文化中,谦虚是美德,而骄傲则是人格缺陷。"骄"本义是"骑在马上",因为骑在马上,自我感觉就高大,别人看起来就渺小;"傲"同"倨",即将自己放在高位,也即自高自大。骄傲的基本义项就是"自以为了不起,看不起别人"。在汉语中,自豪,即为自己或相关集体的优良品质或伟大成就而感到光荣,是骄傲的一个义项,正是这个义项的存在,才避免了对骄傲的全面否定,可以说骄傲因自豪才未被完全归入恶之列。

自豪(骄傲)是一种自然的情感,人们在自豪(骄傲)时的表情与姿态具有跨文化的相通性,作为人,我们在做错了事、存在缺陷,正常情况下都会感到愧疚、羞耻。同样,做了正确的事,获得了成绩,帮助了别人,意识到自己拥有良好品质,也会感到自豪(骄傲)。也就是说,自豪(骄傲)与愧疚、羞耻一样都是人的正常情感反应,都应得到学术的审视与研究。遗憾的是,由于前述文化习俗与传统,学术上对自豪,尤其是道德自豪的研究极为少见。在伦理学中,羞耻、愧疚受到的关注本来就是很少的,但与这二者相比,自豪或道德自豪受到的关注则更少。③ 本章旨在研究自豪与自豪激发的基本理论问题,共分三个部分:第一部分研究自豪及其道德性,第二部分研究道德自豪

---

① 〔古希腊〕柏拉图:《柏拉图对话集》,王太庆译,北京,商务印书馆,2004,第1版,第310—314页。
② M. E. Dyson, 2006: *Pride: The Seven Deadly Sins*, New York, Oxford University Press, p. 9-14.
③ M. Miceli et al., 2017: "The Ambiguity of Pride", *Theory & Psychology*, August.

及其意义,第三部分在前两个部分的基础上探究道德自豪激发的基本原理。

一、自豪及其道德性

(一) 自豪与骄傲、自大的语义区分

自豪(骄傲)是一种自然的情感,虽受到的关注较少,但招致的戒备与误解并不少。一个显在的原因是,无论中文的"骄傲"还是英文的"pride",都是具有褒义与贬义两面性,导致我表达的是自豪,别人却理解为骄傲;我明明表达的是骄傲,却被认为是自豪。研究自豪,首先要作的就是概念区分。

汉语中,"自豪"是"骄傲"之一种,是"骄傲"的褒义义项。"骄傲"的第一个义项是"自以为了不起,看不起别人",第二个义项就是"自豪",即为自己或相关个体、群体的品质或成就而感到光荣。在汉语中,我们可以将"自豪"从"骄傲"中分离出来,专指让人感到光荣的情感;可以用"骄傲"专指剔除"自豪"之后的情感,但有一个问题,即在日常使用中,"骄傲"还是有褒义的。为了解决这一问题,本章用"自大",即"自以为了不起,而事实并非如此",来指称剔除"自豪"的"骄傲",恰好可以用来替换狭义的"骄傲"。

英语中,"pride"有贬义、中性和褒义三种用法:贬义用法,指高估自身价值与意义,由此产生对他人的优越感;中性用法,指从行动、能力、拥有物中获得的满意、快乐与兴奋;褒义用法,指对自身价值的意识,对自身价值有适当且健康的自尊、自重。① 贬义的重点在于用高估自身的方式去获得对他人的优越感,而中性与褒义的重点则是因意识到"自身之好"而产生的积极体验。同一个词语,意思相差如此之大,其所描绘的情感也是南辕北辙,正是"pride"这种自相抵牾的含义,使得其正面意义也很容易被其负面意义所拖累。为了避免这一尴尬局面,学者们用加限定语的方式对两种"pride"进行区分,褒义的"pride"是"真实自豪"(authentic pride),而贬义的"pride"则是"自大自豪"(hubristic pride)。所谓"真实自豪",是由"真实成就"产生的自豪,而且将成就归因为自己可控的但并非固定的自我因素,比如努力;而"自大自豪"则是由对自身品质、能力的不真实评价产生的自豪,将自身之不寻常归因为非自己可控而又固定的自我因素,比如能力、品质、相貌。② 暂且不论这种区分对两种自豪的界定是否有说服力,但区分两种自豪的方向是对的。在中文语境中,"真实自豪"与"自大自豪"是语义不通的表达,如果是自豪,就不存在真实与否的问题,如果不真实,那就是自大;如果是自豪,

---

① U. Steinvorth,2016:*Pride and Authenticity*,London,Palgrave Macmillan,p. 10.
② M. Miceli et al.,2017:"The Ambiguity of Pride",*Theory & Psychology*,August.

就不是自大,自大与自豪不兼容,自大就是自大,不存在"自大自豪"这种状态。如前所论,"pride"的贬义用法与汉语剔除"自豪"的"骄傲"意思类同,可以用"自大"称之;其中性与褒义用法,与汉语"自豪"接近,可用"自豪"翻译。下文所用"自豪"既是中文的"自豪",也是英语"pride"的中性与褒义用法,不包括英文中的贬义用法,英语"pride"的贬义用法以"自大"来表示。

(二) 自豪的内在构成

汉语中的自豪,作为一种情感,即"感到光荣"。什么是"光荣"呢? 先看"荣",值得称赞或敬重的事物才是"荣";"光"则有公共、公开的意思,合起来的"光荣"意指"值得公开称赞、敬重"。英文"pride"的意思则更为简单直接,意指"感觉良好"(feel good)。① 不难看出,英语中的自豪相对侧重内在感受,而汉语中的自豪相对侧重人际显示。这里又有了一个分歧点,自豪到底是自我"感觉良好"还是"感觉光荣"呢? 有人认为,真正的自豪就是一种内在感受,一旦将其展示出来,就具有对他人的冒犯性,就变成了自大②;休谟等人认为自豪的一个"基本限制",就是必须被他人注意到,"令人愉快或令人痛苦的对象,必须不但对我们,并且对其他人也都是显而易见的"。③其实,内在感受与外在显示不必对立起来,自豪首先是内在体验,即"感觉良好",如果这种感受为他人所见、所认,则上升到"光荣"。这里面的秩序不能颠倒,从"感觉好"到"感到光荣"是合理的,反过来,如果是由"感到光荣"而"感觉好",就容易滑向虚荣、自大,因为这时候的自豪已经不再是由内而外,而是由外而内,失去了内生性,或者内在性被外在性取代。再一个就是度的问题,即不能将自己的"感觉好"在人际中放大,这种放大虽然可以增加"光荣",但所增加的往往是"虚荣",一旦过度,就不再是自豪而是自大了。

感觉良好与感觉光荣不是凭空的,而是有来源的,来源于自我评价,即对自我的积极评价。谁评的呢? 我自己。评的是谁呢? 也是我自己,也就是说自豪来自自我评价。自我评价可以引发多种情感,比如羞耻、愧疚,不一定引发自豪。比如,我发现自己虽然表面强悍,但实际上性格软弱、意志薄弱,我非常担心这一特性被别人发现,甚至在想象中预演被别人发现的情景,显然,这一自我评价不是积极的,也不会由此产生自豪感,相反,这一自

---

① T. Krettenauer, V. Casey, 2015: "Moral Identity Development and Positive Moral Emotions: Differences Involving Authentic and Hubristic Pride", *Identity*, July.

② A. Chakrabarti, 1992: "Individual and Collective Pride", *American Philosophical Quarterly*, January.

③ 〔英〕大卫·休谟:《人性论(下)》,关文运译,北京,商务印书馆,1980,第1版,第327页。

我评价产生的是羞耻。如果这一性格禀性还给亲人、朋友带来过伤害,在感到羞耻的同时还会伴有愧疚。只有积极的自我评价才会带来自豪,比如一个学生经过艰苦的努力获得了学习成绩上的巨大进步,进步本身是快乐的,知道自己的进步是努力带来的,则由快乐走向自豪。正是在这一意义上,休谟认为自豪"比快乐更多一点东西",即对拥有、获得的确认。① 获得一项成绩,本身是快乐的,"是我获得了这项成绩"则包含着对获得的确认,其中有对自我的称赞与敬意,这就是自豪,就是比快乐多一点的东西。因此,自豪来自积极的自我评价,是反思性、反射性的情感。

自豪来自积极的自我评价,一个紧随而至的问题是他人评价的作用。他人给予我们的消极评价会让我们感到羞耻、愧疚,如果他人给予我们的是积极评价呢? 人是社会性存在,不可能自闭于他人。人的皮肤是人之身体之边界,通过这一边界,我与他人分割开来,哪怕是最亲近的人,也难以越界而在。但皮肤不是整体的人之边界,我之中已经有了诸多他人的存在,我本身就是不纯粹的,很多人都能进入作为社会存在的我之中。正如库利的观察,我们在很小的时候,就学会了采纳他人观点,然后将其自然化直至浑然不觉。② 因此,在自豪情感上,他人的积极评价,比如称赞,对我之自豪情感也有激发和加强的作用。一种情况是,我对自己有了积极评价,自豪油然而生,这时候他人的称赞就是对我已经产生的自豪的肯定与加强。比如,我救助了一个学生并由此感到自豪,同事、朋友知道后大加称赞,令我更加自豪。也存在另外一种情况,即我获得了某种成就或拥有某种成就却未特别注意,也就没有什么自豪感,别人的称赞让我意识到了自己的优秀或善良,并由此而感到自豪。在这种情况下,他人的积极评价就起到了自豪激发的作用。以上这些情况都是他人评价与自我评价一致的情况,显然,这不是事情的全部,因为在很多时候,自我评价与他人评价也有可能是矛盾的。如果自我评价是积极的,他人评价却是消极的,自豪情感会如何变化呢? 这里暂且不论,留待后文回答。

自豪产生于自我与他人的积极评价,那么自我与他人所积极评价的是什么呢? 自我评价也好,他人评价也好,评价的对象都是自我,而且都是积极的。问题是自我之构成也很复杂,产生自豪的自我是自我中的什么成分呢? 前文提及的"真实自豪",对自我评价对象的限定是"行动的自我"(self-in-action),即"对我所做感觉良好"(feeling good about what I did)。如果评

---

① A. Isenberg,1949:"Natural Pride and Natural Shame",*Philosophy and Phenomenological Research*,September.
② T. Scheff,2014:"Goffman on Emotions:The Pride-Shame System",*Symbolic Interaction*,February.

价对象由行动中的自我转换为"作为行动者的自我"(self-as-actor),即"对我是谁感觉良好"(feeling good about who I am),那就是"自大骄傲"。① 由这一限定出发,还推论出"真实自豪"所自豪的是可控的、非稳定的因素,比如努力,这是个人可以控制的,但并不固定,意志不坚定的话,努力就会松懈。如果是为不可控的、稳定的自我因素而自豪,比如体格、天赋、能力、品质,那就是"自大自豪"。这种区分显然与我们对自豪的直觉理解是矛盾的,并没有很强的解释力。在日常体验中,如果我做了某件感觉良好的事情,我会感到自豪;同样,如果我意识到我拥有某种天赋、能力、品质,也会感到自豪,甚至是能够为自己的外貌、体格而自豪。体格、天赋、能力、品质这些稳定的因素,在很大程度上并非我所能控制,仍然是我优秀的地方,我为此感到自豪,是很自然的事情。实际上,行动的我与整体自我虽然有所不同,但并不能截然分开。整体自我的优秀,是行动的我一点一滴积累起来的,我们能为具体行动的我感到自豪,也就能为整体自我感到自豪。"真实自豪"与"自大自豪"的区分,其用意在于警惕自大,因为一旦我们突出非自己可控的、稳定化的优秀,就离自大不远了。人是人际性存在,我的优秀往往对应着他人的平庸,正是在这个意义上,尼采(F. W. Nietzsche)才说"优异本身具有冒犯性"。② 但我们不能防卫过当,不能因为要警惕自大,连正常的自豪都不要了。自大需要警惕,但标准不在于是否应该对体格、天赋、能力、品质自豪,而在于目的,即为何而自豪。

  由此看来,自我评价与他人评价的是我之行动的优秀与整体自我的优秀。那么优秀体现在哪里呢?比如,作为学生,学业成就是一种优秀。在自豪问题上,成就是一个显而易见的自豪标准,自豪的标准语句是"为……成就而自豪"。成就让人自豪,但成就不是自豪的全部。耐克莫拉(J. Nakamura)的自豪体验研究发现,让人自豪的事物有两类:一类是自我取向的成就(self-oriented achievement),另一类是他人取向的亲社会行动(other-oriented prosocial)。③ 这一学术发现,其实也只不过是印证了我们的日常体验,那就是取得个人成就让人自豪,为他人服务、帮助他人,也让人自豪。关于这一点,中国父母体会最深:无私地为子女操劳,从子女的成长中体验到无以复加的自豪。当然,人际性的自豪不限于家庭,我们在社会上为他人、

---

① T. Krettenauer et al. ,2015:"Moral Identity Development and Positive Moral Emotions: Differences Involving Authentic and Hubristic Pride", *Identity*, July.
② A. Chakrabarti,1992:"Individual and Collective Pride", *American Philosophical Quarterly*, January.
③ J. Nakamura,2013:"Pride and the Experience of Meaning in Daily Life", *Positive Psychology in Search for Meaning*, November.

为社区、为国家贡献自身,也会给我们带来巨大的自豪。如果说前一种自豪是成就自豪的话,后一种自豪就是道德自豪。当然,前一种自豪也是道德的,是"道德的自豪"。

前文说父母为能够奉献于子女的成长与发展而自豪,做父母的自豪不限于此,等到子女长大成人,子女的成就(也包括子女他人取向的成就)依然会令父母自豪。这就牵出另外一个问题,既然自豪来自自我、他人对自我的积极评价,为什么他人的成就也会让我感到自豪呢?因为子女与父母有血缘关系,父母为子女的成就而自豪还好理解,但我们为什么也会为朋友、同事、集体、国家而自豪呢?赛里斯(A. Salice)与桑克兹(M. Sánchez)的解释是群体认同(group identification)[①]的力量。群体认同对为集体、国家、民族的成就而自豪有解释力,我们确实是因为认同群体、将自己作为群体之一员而为群体的成就而自豪。但群体认同对为他人的成就而自豪现象的解释力就不那么强了,我并不是对所有成员的成就都感到自豪,比如我对邻居家子女考上名牌大学更多的可能不是自豪,而是羡慕或嫉妒,而对自己哥哥家的孩子考上名牌大学感到自豪。可以引入弹性自我的概念来解释为他人而自豪这一现象。自我是有弹性的,可大可小,有时候单指个人自身,即个体;有时候又可以扩展为包括不同群体的"我们"。在后一种情况下,看似在为他人而自豪,实际上还是在为自己而自豪,只不过这时候的自己是不同层次的"我们"。个人不会平白无故地为他人之成就而自豪,一旦有这样的自豪,那就是将自己"代入"他人之中,将自己融入他人而成为一种新型自我——我们。

可以结合以上分析给予自豪一个概括性的总结:(1)自豪是一种"自我感觉良好",如果是公开显示,则是"感到光荣";(2)自豪比快乐多一点,即自豪来自积极自我评价,具有反思性、反射性;(3)他人称赞也会激发我的自豪;(4)可控的、不稳定的因素,比如努力会让我自豪,不可控的、稳定的因素,比如能力与品质也可以让我自豪;(5)自豪可以是成就的,也可以是人际的、道德的;(6)我是弹性的,既可以是个体,也可以是"我们",我可以为自己自豪,也可以为"我们"而自豪。

(三) 自豪的道德性

由以上分析可以看出,自豪是一种自然的情感,完全正当、正派。既然如此,为什么总与自大缠夹不清呢?为什么人们总是对自豪如此戒备,甚至将自豪等同于自大呢?为了将自豪与自大区分开来,学术上也有不少努力,

---

[①] A. Salice, A. M. Sánchez, 2016: "Pride, Shame, and Group Identification", *Frontiers in Psychology*, April.

比如上文提到的将自豪定位于努力等可控的、非固定的要素；也有学者从自我评价的准确性方面来区分自豪与自大，如果自我评价符合事实，就是自豪；如果自我评价超出事实，则是自大。① 这些努力实际上还是没有抓住问题的关键。第一种限定，实际上是对自豪的扭曲，不符合事实，我们当然可以为自己的能力与品质等稳定的、不可控的因素而自豪。这种限定是为了规避自大而矫枉过正。第二种限定更有道理一些，但也有问题。我对自我的积极评价可以有三种情况，即低于实际、符合实际、高于实际。按照上述说法，高于实际是自大，那么低于实际呢？低于实际能不能有自豪呢？比如我有十分的成就，但自评只有八分，依然可以为这八分的成绩而自豪。高于实际也不一定是自大，比如我将自己十分的成绩估计成十二分，但只是私下里感觉良好，也说不上有多自大。我们可以设想这样一种情况，我有十分的成绩，但我自评八分，并拿这八分的成绩炫耀，觉得自己很了不起，还因此而看不起别人。在这种情况下，我虽然没有夸大自己的成绩，但将自己放在与别人比较的位置，觉得自己比别人高明，因而是自大的。

在如何区分自豪与自大上，密瑟里等人的观点颇有启发性。他们认为自我评价是否准确不是自豪与自大的决定性因素，自我评价准确也可能自大、不准确也可以自豪；归因于努力或能力也不是区分自豪与自大的标准，稳定与不稳定的因素都可以产生自豪。对自豪来说，决定性的因素在于你看重什么、追求什么价值，一个人可能有很多成就，但不是对所有成就都自豪，令他自豪的是他所看重的。② 比如，有的学生看重考试成绩优异，那么考试成绩最令其自豪；有的学生看重在同龄人中的领导力，在同学中有领导力最令其自豪。也就是说，自豪的决定性因素是每个人的内在价值标准，感到符合自己的内在价值标准，自豪就油然而生。与此相对照，自大在于没有自己的内在价值标准，自大在于与他人比较，在于获得优于他人的感觉。如何才能优于他人呢？一方面是显示、夸大自己的成绩与优势，另一方面则是贬低别人。前面所论自大，多从夸大自身入手，实际上自大还有另外两个特征，一个是比较、展示，另一个是贬低他人。比如，我考上了一所名牌大学，觉得比所有同学考得都好（比较），在同学面前炫耀（展示），虽然并未夸大事实，但同样是自大。再比如，我考上了北京大学，但有另外一个同学考上了清华大学，为了显示自己的优秀，我就通过贬低清华大学，贬低该同学所学的专业来抬高自己，同样是自大。

---

① U. Steinvort, 2016: *Pride and Authenticity*, Switzerland, Palgrave Macmillan, p. 10.
② M. Miceli et al., 2017: "The Ambiguity of Pride", *Theory & Psychology*, August.

总结起来,自大与自豪的分界在于比较。自豪聚焦于自身的优异,是自身行动与人格状态符合自身价值标准而产生的满意感,虽然不能离开人际背景,但与他人比较不是重点;自大所进行的自我评价着眼点在于比较,在于优于别人,为了获得相对于他人的优越感,一方面抬高自己,另一方面则是贬低别人。当然,自豪也并不单纯是内在感受,也有展示维度。自豪的展示,不是为了胜过他人,而是为了寻求他人认可,以便更加坚定自己的价值信念,这与获取优越感是完全不同的。有时候,自豪的展示,也是为了蔑视他人的反对。比如,一个大学生专注于学术,遭到了以实利为追求的同学的嘲讽,前者对学术追求的自豪本来也没有展示的必要,但展示就是对嘲讽的反对。他的这种用自豪展示的方式来反对嘲讽,不是自大,而是蔑视功利主义、保护自我的方式。

二、道德自豪及其意义

(一) 道德自豪:来自行为与品质

如果自豪摆脱了自大的羁绊与污名,那么自豪本身就是道德的。首先,我所自豪的无论努力还是能力,无论行动还是品质,无论个人成就还是人际奉献,一个前提条件是,这些产生自豪的事物都是道德上可接受的。如果一个人为自己成功损害他人而"自豪",那么这种"自豪"因为违反道德而达不到自豪的道德标准,至多是"自得""得意"。实际上,做了坏事而得意的人,在得意的同时往往也知道自身行为的道德硬伤,也并不"感到光荣",所以常常只是私下得意。如果做了坏事而公开得意甚至"感到光荣"的事情大量发生,则说明社会处在伦理崩塌的境地。即使一个人为自己天生的容貌而自豪,虽然这容貌中个人努力的成分很少,算不上什么个人成就,但容貌端美本身并不是什么坏事,在道德上也是可以接受的。其次,如前所论,自豪不单是成就的,还是人际的,由人际奉献所产生的自豪本身就是道德自豪。最后,如前所论,自豪是对自我"感到满意",这种满意是指向自我的,并不是指向他人,所以自豪之中并没有对他人的贬低(贬低他人是自大的基本伎俩之一),因此并不损害他人。同时,自豪是对自身优秀的确认,只会带来更多自豪所确认的优秀,对自我也是有益无害。亚里士多德说谦卑是对自己不好,言外之意自豪就是对自己好、对自己公正。亚里士多德否定谦卑、推崇自豪还有另外一层含义:谦卑实际上是不愿意以最高的标准评判自己,而自豪不但以最高的标准评判自己,还以最高的标准要求自己。[①] 基于此,我们可以说自豪具有

---

① A. Chakrabarti,1992:"Individual and Collective Pride",*American Philosophical Quarterly*,January.

道德性,自豪都是道德的,是道德的自豪。

道德自豪是自豪的一个亚类,是自豪之一种。前文所论的人际自豪或者说由他人取向的亲社会行动所引发的自豪,基本就是道德自豪。不难看出,亚里士多德所论的自豪就是道德自豪,这与后世学者所论的超出道德范围的自豪是不同的。一般意义上的自豪是对自身积极评价所引发的感觉良好(光荣),那么道德自豪就是对自身道德行动与道德品质的积极评价所产生的感觉良好(光荣)。在道德自豪中,道德行动与道德品质是实体性前提,没有这个前提也就没有作为"衍生物"或"边际存在"的道德自豪。单有道德行动与道德品质,也并不必然产生道德自豪,这里面还有一个中介环节,即自我评价,即我作出了道德行动或拥有某种道德品质且意识到行动的施行或品质的拥有。我所积极评价的,可以是具体的道德行动,即我做了某种道德的事情,比如在税务制度有明显漏洞的情况下,我依然足额缴纳个人所得税,并为此而感到自豪;也可以是某种道德品质,比如某同学拥有诚实品质,不为造假风气所动,并为此而自豪。来自行动的自豪与来自道德品质的自豪其实并不矛盾,我作出那样的道德行为虽然有情境因素的原因,但基本上是我的道德品质的反映;反过来,我的道德品质也不是凭空而来,而是通过一个个道德行动日积月累才形成的。在通常情况下,做了符合道德的事情,更容易让人感到道德自豪,因为对具体道德行动的评价相对容易一些。按理说,作为道德行动"集大成"的道德品质更令人自豪,但道德品质与人结为一体,在一般情况下,我们不去对自己的道德品质作自我评价,因此因道德品质而产生的道德自豪反而并不经常发生。来自道德品质的道德自豪,其发生往往需要借助自我道德反思、道德行为自豪的诱发或他人不道德行为、品质的映衬。

如前所论,对于自豪的研究,很多论者对来自品质等稳定因素的自豪比较戒备,甚至将其归入自大之中。在道德自豪中,大可不必有如此戒心。一方面,对自己的道德品质自豪,是一种对整体自我的自豪,是完全正当的积极情感。我们既能为自己的道德行为自豪,也能为自己"作为好人"而自豪。另一方面,自豪是称赞的自我形式。别人做了好事、拥有良好的道德品质,我们会由衷称赞;自己做了好事,拥有良好的道德品质,这时候的称赞就以自豪的形式表现出来,自豪或道德自豪,就是对自己的称赞。道德行为与道德品质,无论自己的还是他人的,都值得称赞,自豪就是一种自我称赞。

在现实生活中存在着做了好事并不感到自豪的情况。该如何解释这种现象呢?这种现象客观存在,要看发生在什么样的人身上。如果发生在一个道德品质高尚的人身上,做这样的事情对其来说是再正常不过的了,其不是不自豪,而是没有将其对象化、没有对其进行评价与反思。或者说,做符合道德的事情这一实体行为与道德自豪这种衍生情感已经浑然一体,没有区分的必要了。对一般人来说,如果做了好事并不感到自豪,那就说明行为者并不看重自己所做的好事。如前所论,我们自豪的也是我们所看重的,我们不会对自己不看重的事情自豪。行为主体的不自豪,有多种原因,比如是碰巧做的,不是主观意愿、主观努力的结果;情境引发,做了之后有这样那样的怀疑与担心,甚至还感到后悔。无论哪种情况,都说明行为主体没有看重自己所作的道德行为。从对自己所做好事的自豪与否上,我们可以推断出一个客观道德行为的主观状态,因此,道德自豪在一定程度上可以作为道德行为的"晴雨表"(barometer)。① 同样,如果一个人对自己的良好道德品质不感到自豪,要么是达到了"从心所欲不逾矩"的自由境界,品质与自豪已经融为一体;要么是不看重良好的道德品质,对自己是否是个好人存有疑虑,没有形成坚固的道德认同。正是在这个意义上,科瑞藤纽尔(T. Krettenauer)等人认为,由道德行为与道德品质衍生的道德情感体验是一个人是否拥有道德认同的"试剂"。②

(二) 他人称赞对自豪的激发

道德自豪是对自身道德行为或道德品质的称赞,一个相关的问题就是别人的称赞在道德自豪中的作用。他人称赞在一般自豪与道德自豪中的作用原理是一样的,即他人称赞对我的道德自豪起着肯定与加强的作用,在特定情况下,他人的称赞也是我之道德自豪的唤醒因素。如果说有什么不同,那就是在道德自豪中,他人称赞的作用更为明显,因为道德具有人际性与一定程度的主观性,更需要来自他人的确认。比如,一个人在学术或商业上的成功虽然也需要他人的认可,但这种成功具有相对的客观性,不管他人承认与否,成功就在那里,无法否认,因此,即便没有他人的称赞,对我的自豪也没有什么严重的损害。道德事务则有所不同,更需要他人的承认与认可,比如,我做了一件好事,这个不能全由我自己说了算,在一定程度上还需要他人也承认其是一件好事才行。虽然存在着"众人皆醉我独醒"的极端情况,但人性具有共通性,如果一件事只有你一个人认为是好事,别人多认为是坏事,就有悖共通性,那这件事是否为好事就相当可疑。道德的客观性的一种

---

① J. Nakamura, 2016: "Pride and the Experience of Meaning in Daily Life", *Positive Psychology in Search for Meaning*, November.

② T. Krettenauer, V. Casey, 2015: "Moral Identity Development and Positive Moral Emotions: Differences Involving Authentic and Hubristic Pride", *Identity*, July.

形态就是共识性,符合人性共通的感知。

我们可以从反面看称赞对道德自豪的作用。从直觉上看,如果我们的道德行为是对抗多数人的,那就是有道德勇气的体现,应该更为此感到自豪。研究者将这一直觉作为研究假设去做实证研究,结果却发现对抗群体多数人的道德行为并不能让青少年感受到更多的道德自豪。即便青少年非常确信自己行为的道德性,也会因为面临着多数人的反对,道德自豪被担心(被群体所排斥、拒绝)抵消。① 对于这一发现,一些研究者认为可能不具有普遍性,因为青少年的道德观念尚未定型,他们更看重同龄群体的接纳与认可。帕斯凯尤(A. Pascual)对此进行了验证性研究,结果发现,即便是道德已经定型的成年人,从对抗多数人的道德行为中所体会到的道德自豪同样被遭到群体排斥的担心"抵消"。② 说是"抵消"并不准确,因为"抵消"意味着道德自豪已经产生,只是被担心消耗掉,实际上,在个体作出对抗群体的道德行为的过程中,担心已经开始了,在多数情况下,道德自豪从一开始就被窒息,根本就没有产生。

对抗群体的道德行为,本该随之而生的道德自豪被行为者自己的担心所窒息。也就是说,群体多数即使保持沉默不语,对个体的道德情感也已经有了巨大的影响力。如果群体成员,尤其是群体中的重要成员开口表态,对个体的道德行为或称赞或否定,其影响则更为直接、明显。个体的道德行为,如果被称赞,则产生更多、更强的道德自豪;如果被批评、被否定,道德自豪则很可能被压制。正是在这个意义上,康涅杰奥(S. Conejero)等人说,批评对道德自豪具有致命性的灭杀效果。不仅如此,他人的称赞与批评甚至有扭转行为性质的效果:一个道德行为,在他人的批评之下,行为者不但不会产生道德自豪,甚至还会产生愧疚;一个不道德行为,在他人的称赞之下,愧疚减少、消失,甚至还会产生自豪。③

(三)谦卑不是自豪的反面

道德有克己与为人的性质,而道德自豪是指向自己的,且克己的意味不明显,因此在伦理学上,道德自豪总面临着谦卑(humility)的映照,包括亚里士多德在内的很多思想家都把自豪与谦卑对立起来,将谦卑作为自豪的反

---

① I. Etxebarria et al., 2014: "Antecedents of Moral Pride: The Harder the Action, the Greater the Pride?", *Spanish Journal of Psychology*, July.

② A. Pascual et al., 2020: "Moral Pride: A Paradoxical Effect Also Present in Young Adults?", *The Journal of Psychology*, August.

③ S. Conejero et al., 2019: "Moral Pride only under the Positive Gaze of Others? Effects of Praise and Criticism on Moral Pride and Guilt", *International Journal of Social Psychology*, September.

面。比如休谟就认为自豪与谦卑不能同时发生。① 亚里士多德将谦卑理解为低估自己,所以他说谦卑的人"对自己不好"。在当代文化中,谦卑不是低估自己,而是知道自己的局限性,而自豪则是知晓自身的优异,二者并不是矛盾对立的。一个人完全可能既谦卑又自豪,甚至为自己的谦卑而自豪。比如苏格拉底,他是一个深知自身局限性、深知自己无知的人,也丝毫不掩饰自己的无知,而且为这种坦率、真实、真诚而自豪。塔克(S. R. Tucker)甚至认为自豪是谦卑的结果,一个人如果将自己承诺、奉献给伟大的事业或原则,也即承认自己的微不足道,承认所承诺、奉献的对象的广大,自身虽然是谦卑的,却可以由此而生自豪,"我虽渺小,却是伟大之一部分"。② 康德也有类似的思想,即当我们将自身倾向与道德法则进行比较时,无不感到卑下。道德法则作为意志选择的标准高于作为有限存在的我们,但我们可以选择道德法则,体会到这一点,也就体会到了谦卑之中的自豪。③

实际上,从内容上看,自豪的反面更多的不是谦卑,而是愧疚与羞耻。愧疚是因错而生的情感,因为做错了,所以感到愧疚;自豪,尤其是道德自豪,则是"因对而生"的情感,因为做对了、做了好事,所以感到自豪。羞耻则是因为自身缺陷与不足的暴露(也包括想象中的暴露)而产生的消极情感,与之相对,自豪或道德自豪则是自身能力、品质得以展示而产生的积极情感。如果以上对比是正确的话,那么休谟关于自豪与谦卑不能同时发生的观点就是错误的,或许他混淆了谦卑与愧疚、羞耻,因为自豪与愧疚、羞耻确实不能同时发生,没有人会因为自己的愧疚、羞耻而自豪。

(四) 道德自豪的发展意义

如前所论,道德自豪是一种衍生的情感,即从道德行为或道德品质中派生出来的积极体验。作为衍生或派生的情感,不能单独存在,即没有道德行为或道德品质,就不可能有道德自豪,两相比较,前者是主体部分,后者是派生、附着部分。道德自豪作为派生的、附加的部分,并不是无关紧要的。

第一,如前所论,道德自豪是道德行为与道德品质的"试剂",可以用来检测一个人的道德行为与道德品质的"成色",一个人如果不欣赏高尚的行为、对自己的道德行为不感到自豪,那他还不是真正高尚的人。④

---

① A. Isenberg, 1949: "Natural Pride and Natural Shame", *Philosophy and Phenomenological Research*, September.
② S. R. Tucker, 2016: *Pride and Humility: A New Interdisciplinary Analysis*, New York, Palgrave Macmillan, p. 17.
③ E. A. Holberg, 2016: "The Importance of Pleasure in the Moral for Kant's Ethics", *The Southern Journal of Philosophy*, June.
④ 余纪元:《亚里士多德伦理学》,北京,中国人民大学出版社,2011,第1版,第38页。

第二，派生的情感是主体活动的完善。亚里士多德说快乐是对实现活动的完善，或者说快乐完善实现活动，因为只有在实现活动中体会到快乐，人的最佳状态才会被激发，实现活动才是最完善的。① 自豪是快乐之一种，或者说一种更为高级的快乐，同样是对道德行为的完善。一个人做了道德的事情，如果没有对这一道德行为的自我评判，行为虽然有了，但并未完善；如果做了且有所评判，却没有自信，处在怀疑与担心之中，这一行为也是不完善的；如果做了且有评判，且从积极评判中感受到快乐与自豪，这一行为才是最为完善的。

第三，道德自豪作为道德行为与道德品质的派生情感，反过来可以强化道德行为与道德品质。自豪是一种快乐体验，是感觉良好、感到光荣，这种美好体验一方面是对道德行为与道德品质的确认，另一方面也对其具有强化与激发作用，要想获得这种美好体验，就得积极作出同样的行为或巩固已经拥有的道德品质。自豪的反向作用可以归结为"自豪促进所自豪的"，比如，我为自己的成就所自豪，那么这自豪就会进一步促进我所自豪的成就。道德自豪也是如此，如果我为自己的道德行为所自豪，那么这自豪就会反过来促进我的道德行为。由道德品质所引发的道德自豪也具有同样的功能，比如我为自己的诚实所自豪，我的自豪就是我诚实品质的强化与促进力量。

第四，道德自豪还给我们以力量来蔑视他人的反对。如前所论，道德自豪深受他人态度的影响，他人的称赞是道德自豪的激发因素，他人的批评与否定是道德自豪的灭杀力量。这只是问题的一个维度，问题的另外一个维度则是，如果我的道德信念足够成熟，我的道德自豪则变成了我之道德勇气的体现，无论别人如何反对，我坚信自己之所做、所为，用自己的道德自豪来蔑视他人的否定与反对，一如孟子之所言，"富贵不能淫，贫贱不能移，威武不能屈"。

三、道德自豪激发的"基本原理"

（一）道德为主，自豪为次

自豪与愧疚、羞耻不同，是积极的情感体验，是感觉良好与感到光荣。愧疚与羞耻是消极情感体验，我们不能人为制造愧疚与羞耻，因此在挖掘愧疚与羞耻的教育功能时，存在着"不可为之处"。② 道德自豪作为积极情感，

---

① J. Aufderheide, 2016: "Aristotle against Delos: Pleasure in 'Nicomachean Ethics' X", *Phronesis*, July.
② 高德胜:《羞耻教育:可为与不可为》,《教育研究》2018 年第 3 期。

没有"人为制造"的道德负担,是可以加以激发的。即便如此,在道德自豪的激发上,也有一个主次问题,不能颠倒,否则也是本末倒置,也会产生不良后果。如前所论,道德自豪是道德行为与道德品质的派生情感,前者是主体,后者是"衍生物",没有前者,也就没有后者。也就是说,道德自豪无论有多大的意义,都不能单独存在、凭空存在,都必须依附于道德行为、道德品质。由此,我们可以推导出一正一反两条道德自豪激发的基本原理:第一,道德自豪激发的根本在于道德教育,在于引导受教育者做道德的事情、形成良好的道德品质;第二,不能为自豪而自豪,不能没有道德根基地去激发受教育者的道德自豪。第一条原理是行动性原理,第二条原理则是禁止性原理。

第一条原理是道德教育原理,不用多说。第二条原理的依据在于道德自豪与道德本身不可分离,为自豪而自豪就是将自豪与道德进行强行分离。这样强行分离的结果是道德自豪的虚假化,走向道德虚荣、道德自大。第二条原理看起来如此简单明了,遵守起来似乎不是什么问题,专业性的学校教育似乎也不会违背如此简单的道理。但事实并非如此,在教育现实中,对这一原理的违背并不少见,主要不是发生于个人道德自豪上,而是发生于关于群体的道德自豪上。比如班主任可能会不顾事实地激发学生对本班级的自豪,学校可能会不顾事实地激发学生对学校的自豪。在班级与学校自豪的激发中,通常的做法有两种:一种是夸大本班、本校的成绩与品质;另一种是贬低他班、他校的成绩与品质。之所以这样做,是基于这样的心理预设:本班、本校只有是优异的才值得热爱。其实,我们对群体之爱,关键不在于群体之优异,而在于群体之认同,如果个体对群体有了深沉的归属与认同,群体即使不优秀,个体对群体之爱也不会减弱。

当然,群体自豪与个体的道德自豪还是不一样的。但教育机构对群体自豪的处理方式会给个体在道德自豪上以反面的示范,学生会从教育者激发群体自豪的逻辑中得到暗示,即使我没有可以自豪的成就与品质,也可以通过夸大自身、贬低别人的方式去获得自豪。也就是说,学校教育对群体自豪的错误激发,实际上是在暗示、教唆学生违背道德自豪激发的第二条原理。如前所论,自我不是固定不变的,而是有弹性的,虽然自我多数时候是"个体自我",但在群体生活中自我也可以扩展到"群体自我"。比如在学校生活中,在面对其他班级、其他学校时,学生就会站在本班、本校的立场上进行思考,将本班、本校代入"个体自我"之中形成"群体自我"。由此看来,虚假的群体自豪或群体虚荣在"群体自我"的意义上也就变成了个体的虚假自豪与虚荣。遵循道德自豪激发的基本原理,学校教育在激发群体自豪的过程中,应该实事求是,不能夸大本班、本校的成就与品质,也不能贬低他班、他校的成就与品质,将群体自豪置于中道、真实的水平上,将更多的精力放在群体认同上,即这是我所从属的群体,虽然该群体存在着这样那样的问题,我对该群体的爱一点也不会因此而减弱,我以改善群体作为这种爱的表达方式。

（二）对道德价值的推崇

如前所论,道德自豪来自对道德的看重。一个人的自豪总是与其所看重的价值直接相关,人所看重的才会令人自豪,一个不看重道德的人,道德不会为其带来自豪,只有看重道德价值的人,才会有道德自豪。由此出发,我们可以提炼出道德自豪激发的第三条原理:引导学生看重道德价值。人是道德存在,正是因为道德,人才达到了其他物种所没有达到的高度,在这一点上,我们可以说道德正是人值得自豪之所在。作为道德存在,在一般情况下我们都是看重道德的,但人不仅仅是道德存在,还是物质存在、利益存在、权利存在、群体存在……在很多情况下,人们未作出本应作出的道德行动、放弃道德价值,不是不知道道德行动与道德价值的意义,而是有另外的考虑,或者说是在价值排序上,其他价值的重要性超过了道德价值。在价值冲突的情况下,如果道德价值常常是最先被放弃的价值,那么作如此选择的人肯定无法体会到道德自豪,因为道德价值在其心目中被置于无关紧要、可有可无的位置。

未成年学生如果不看重道德价值,就根本没有办法在他们心中激发出道德自豪。要激发未成年人的道德自豪,首先要引导他们看重道德价值,将道德价值置于事关人之为人的位置。当然,这种引导不能靠说,即用语言劝导的方式明示学生看重道德价值,只能靠做。学校与教育者只能靠自身对道德价值的重视来引导学生敬重道德价值。随之而来的问题是,现代学校教育真正看重的是什么？教育机构与教育从业者真正在为什么而自豪？道德价值在他们那里处在什么位置？对这些问题的诚实回答就可以告诉我们,学校教育在引导未成年人重视道德价值上是否合格。现实让人悲观,但悲观的现实也预示着努力的方向,即学校教育应该正视自身轻视道德价值、不以坚守道德而自豪的错误倾向,要回到作为道德机构、社会的道德高地这样的价值定位上来。康德说:"如果正义灭亡,地球上的人类生活就失去其意义了。"[①]言外之意,哪怕是毁灭,也要与正义在一起。不要求学校达到康德这样的要求,但起码要有作为教育机构的道德态度与道德立场,不将道德作为获取其他利益的工具,不为其他价值而牺牲道德。这样的努力,根本的

---

① 〔美〕汉娜·阿伦特:《责任与判断》,陈联营译,上海,上海人民出版社,2011,第1版,第41页。

驱动力不是为了激发道德自豪,而是为了对道德本身的坚守与发扬,对道德自豪的激发只是这一过程的一个附带效应。

(三) 以伟大育自豪

如前所论,当一个人过于关注自己狭小的生活与孤立的自我时,很容易目光短浅、傲慢自大;反过来,如果一个人能将自己投入超出狭隘自我的更为广大的事业时,反而能够由自身的渺小而体会到融入伟大事业的自豪。由此我们可以提炼出道德自豪激发的第四条原理:以伟大育自豪。当教育以个人成功"利诱"学生时,教育是在推动学生埋头于个人私利。在这种教育的推动下,学生由个人成功所引发的情感反应往往是自大而不是自豪。一个根本的原因在于这种个人成功具有排他性,即我的成功以战胜别人为前提,我的成功就意味着别人的失败。在这种逻辑支配下,成功是比较性的、排他性的,不可避免地就沾染上了抬高自身、贬低他人(客观上的与主观上的)的自大习惯。反过来,如果教育能够引导学生抬起头来看世界,愿意将自己的生命融入超出个人私在的更加宏阔的事物时,学生获得的将是双重的。一方面,个人的生命因为汇入伟业而得到丰盈;另一方面,也可以从这种丰盈之中体味到道德自豪。

我们曾经有过夸张、虚假、高调的时期,以至于我们今天已经羞于提及高尚、伟大。确实,在否定个体的基本生存需要和权利的情况下,再奢谈什么人类前途与命运,都是没有意义的语言浮华。过往的深刻教训,不是今天矫枉过正的理由。如今的文化与教育,忌言崇高,侧重实利,似乎培养出一个个能够养活自己的个体就算出色地完成了任务。教育当然要培养能够自食其力的人,但这只是教育的初级任务,教育更为高级的任务在于培养出既能自食其力,又能够襟怀天下、仁爱人间的人。作为一个能够自食其力的生存者,当然也并不是什么羞耻的事情,甚至也可以为此而自豪,但教育的格局如果仅限于此的话,就没有什么值得自豪的。只有成为既能自食其力、又能融入伟大事业的人,才能独享那一份道德自豪。培养出有如此道德自豪之人的教育,才是值得自豪的。

(四) 学会"关心你自己"

如前所论,自豪与道德自豪不能缺少一个自我评价的环节,有评价才有自豪。由此我们可以推导出道德自豪激发的第五条原理:引导学生学会自我反思、自我评价。有意识和自我意识是人的特异性,我们在世存在始终是有我的存在,我们知道是自己在做事、在思考、在体验、在生存、在生活,不但会评估我之所为、所思、所感,还会评估作为所为、所思、所感的主体的我本身的状况。在一般情况下,对所为、所思、所感的评估与其对主体的评估是一体的,但也存在着将二者割裂的情况,有时候我们只将眼光投射到人之行动的对象上,将行动的主体遗忘了。引导人回到人本身,将人的目光从"精彩的世界"拉回到人本身,学会"关心你自己",关心自身的灵魂状态,曾经是教育的"本心"。①

学会"关心你自己"具有综合性的功能,不单在道德自豪的激发上。从外物中抽身回到心灵之中与自己对话,对阿伦特来说就是人之"思"。在阿伦特看来,与自己在一起,保持内在的心灵对话,过精神生活是人性和人道的事情,而与自己离异,失去精神生活是非人性、不人道的事情。与自己相处,过精神生活,是"我们在世界上扎根(striking roots)和安身立命(taking one's place)的人性方式"。② 单从道德情感的角度看,对自己所作所为、所思所想的反思,对自己整体存在状态与品质的衡量,是我们积极与消极道德情感的根源。通过这样的反思,对做得好的、积极的方面感到快乐、自豪,为继续保持与提升提供精神资源;对做得不好的、消极的方面感到愧疚、羞耻,为改正错误、走向正途、自我提升提供精神动力。自豪也好,羞耻也罢,都以自我反思为中介。没有这一中介,人就变得麻木、惯性,缺乏自主性、主动性,该快乐的不快乐、该自豪的不自豪、该愧疚的不愧疚、该羞耻的不羞耻。引导学生学会"关心你自己",其实就是引导学生去过人性化的、积极自主的、有情感激荡的生活,就是引导学生以丰富的情感体验去实现精神境界的自我超越。

上一条原理是"以伟大育自豪",这一条原理则是"学会关心你自己",二者是否矛盾? 上一条原理是引导学生走出自我,这一条原理则是引导学生回到自我,表面上看似乎是矛盾的,实际上二者并不矛盾。走出的是狭隘自我,即作为私利的、欲望的自我,回归的则是精神的、道德的自我。二者不但不矛盾,反而是互为条件的。只有回到精神的、道德的自我,我们才能超越私利的、欲望的自我,才能抬起头来看广阔的世界,才能投身于更为伟大的事业与价值;投入伟大的事业与价值,也是回到精神的、道德的自我的一种方式。当我们醉心于私利与欲望之时,表面上看是为己的,实际上却是遗忘了精神与灵魂,是对"关心你自己"这一人之基本使命的背弃;如果我们能够从私利、欲望之中抽身投入伟大的事业与价值,其实就是在履行"关心你自己"的使命,是走在实现更好自我的路上。

---

① 高德胜、安冬:《"关心你自己":不能失落的教育之"本心"》,《教育研究与实验》2018年第2期。

② 〔美〕汉娜・阿伦特:《责任与判断》,陈联营译,上海,上海人民出版社,2011,第1版,第79页。

（五）称赞该称赞的

在道德自豪中，称赞与批评扮演着重要角色，尤其是对道德发展未定型的未成年人来说，他人、群体的称赞与否定对其道德自豪产生与否有着关键性影响。由此，我们可以归纳出道德自豪激发的第六条原理：给予学生的道德行为与道德品质以应有的称赞。首先是称赞主体。学校与教师当然是称赞主体。作为称赞主体，教师既是个人的，也是代表学校的。对于低年级学生来说，教师在他们心目中的形象是高大的，来自教师的称赞也最令他们感到自豪，即使是高年级、成年学生，来自教师的称赞依然具有重要作用。学校作为教育机构，给予学生的称赞更为正式，如果处理得恰当，更能激起学生的道德自豪。如前所论，未成年人在成长的过程中，同龄人、同侪群体所给予的称赞对他们的重要作用一点也不亚于教师与学校所给予的称赞，当教师、学校与同龄人、同侪群体的看法相矛盾时，学生甚至会选择与后者站在一起。因此，在道德自豪激发上，同龄人、同侪群体的称赞至关重要。这就要求学校教育不仅要教育个体，同时还要关注群体，培育群体的道德观念与倾向，使青少年群体有一种道德正气。当然，在教育、引导青少年群体的同时，教师、学校也要有自省精神，不能只是要求青少年群体改变价值观念去适应自身，也要改变自身保守、落后甚至是错误的观念，以适应青少年群体的价值取向。

无论来自哪里的称赞，都有一个恰如其分的问题。学生作出了道德行为，教师、同侪、学校应给予及时且适当的称赞，不及时与过度都要不得。有研究发现，在学校生活中学生容易体会到愧疚、较少体会到道德自豪。这是因为教师往往更关注学生的错误行为，学生一旦犯错，批评、责备就会随之而来，激发的是学生的愧疚与羞耻。相反，对学生的道德行为，教师和学校往往会认为这是正常状态，给予的关注较少，常常做不到及时称赞。[①] 在这样环境下成长的孩子自豪体验少，愧疚体验多，往往会形成自保与防御性个性，自我不够舒展、自信。过度称赞就是夸大，就不是在激发道德自豪，而是在激发道德自大。有时候，学生的道德行为被注意到，教师和学校所给予的上纲上线的称赞反而让被称赞者感到虚假、羞耻，甚至担心会因此而被同龄群体孤立，这样的称赞，起到的是抑制道德自豪的作用。在学校的实际生活中，来自教师和学校的称赞并不稀少，问题是指向道德的相对较少，更多是指向成绩优异的。这样的称赞其实暴露了教师和学校所看重的是什么，所

[①] S. Conejero et al., 2019: "Moral Pride only under the Positive Gaze of Others? Effects of Praise and Criticism on Moral Pride and Guilt", *International Journal of Social Psychology*, September.

不看重的是什么。

如前所论,对道德行为的批评与否定对道德自豪有着毁灭性的作用。给予学生道德行为与道德品质以应有的称赞这一原理也就有另外一个维度,即不能给予学生的道德行为、道德品质以批评与否定。要做到这一点,教师与学校必须坚守道德标准,做道德的捍卫者。如果教师和学校自身道德观念错误,利用自身的身份与机构优势去批评、否定学生的道德行为,这对学生、对教育都是悲剧,是不可容忍的反教育行为。如果学生群体风气不正、缺乏正确的道德观念,也会对个体学生的道德行为进行否定,会对个体学生的道德自豪产生毁灭性打击。

第七章　感恩教育：从直觉到自觉

感恩虽是伦理与道德生活中的常见现象，却是"伦理学的一个尴尬"[1]，因为主要的伦理学派都不能令人信服地解释感恩。比如功利主义，由于感恩的情感性，功利主义的利益权衡框架解释起来总显得"不在一个频道上"。感恩也不是一种义务，"感恩作为一个义务听上去像一个笑话"[2]，一旦把感恩当作义务，这种感恩已经不再是自然、自发的情感，而是变成了一种被动的要求，义务论在感恩问题上也显得"力不从心"。契约论与感恩更是不合拍，从契约或约定的角度去思考感恩，已经将感恩交易化了，是对感恩的降格。德性论虽然抓住了感恩的情感性，看到了人的情感的可贵，如果只从情感去解释感恩，也有使感恩失去"实体"支撑的问题（后文还会论及）。正是因为感恩现象的特殊性，伦理学在面对它时就显得无所适从，甚至自相矛盾。比如亚里士多德对感恩就比较戒备："给予人好处使他优越于别人，受人好处使得别人优越于他。""受惠者是被施惠者超过的人。""大度的人始终记得他给人的好处，不记得他受于人的好处。"[3]亚里士多德对感恩的矛盾态度显露无遗，一方面肯定给予别人好处，另一方面又担心受人好处使人处于劣势地位，直至走向有忘恩嫌疑的"不记得受于人的好处"。康德一方面认为感恩是"神圣义务"（sacred duty），忘恩是令人厌恶、令人震惊的邪恶；另一方面又对受人恩惠猜疑不定，认为接受他人好意与恩惠是对自我义务的违反，意味着背负永远无法还清的债务，意味着对施恩者的谦卑与承奉。[4]

---

[1] S. Smilansky, 2002: "Gratitude, Contribution and Ethical Theory", *Critical Review of International Social and Political Philosophy*, June.

[2] D. Carr et al., 2015: "Learning and Teaching Virtuous Gratitude", *Oxford Review of Education*, November.

[3] 〔古希腊〕亚里士多德：《尼各马可伦理学》，廖申白译，北京，商务印书馆，2003，第1版，第110页。

[4] P. White, 1999: "Gratitude, Citizenship and Education", *Studies in Philosophy and Education*, January.

作为伦理学之尴尬的感恩在教育学里,尤其是在教育实践之中却是"理所当然"的。教育者一方面不假思索地将自己置于施恩者位置,将学生置于受惠者位置,或隐或显地要求学生对自己感恩;另一方面通过间接的教育暗示,苦口婆心的直接劝说,专门设计的活动,促使受教育者感恩父母、他人、社会。在伦理学里尴尬的感恩在教育学里为什么能够这样畅通无阻呢?原因在于教育学、教育实践给感恩许多美好的预设,包括感恩既然是美德,感恩教育就是理所当然的;感恩越多越好、越感恩越好;无论什么样的感恩教育方式,只要激发出受教育者的感恩之情,就是好的。正是在这些不假思索的预设下,各种感恩教育方式"大显神通",比如有些感恩教育活动通过历数父母、老师的种种不易,煽动学生情感,让孩子觉得父母、老师恩重如山,自己愧对父母和老师,以至于痛哭流涕,有些感恩教育活动甚至鼓动学生向父母下跪叩谢。面对这样出格的感恩教育活动,有人欢欣鼓舞,也有人隐隐感到不妥。即使感到不妥,限于对感恩缺乏思考,慑于对感恩和感恩教育的美好预设,也不知道这"不妥"在哪里,不知道适合、适当的感恩教育是什么样子的。

本章的目标就是透视这种直觉性的感恩教育的种种危险,然后建构感恩的基本理论框架,包括感恩的人际结构、心理结构,探索感恩的本性与形成规律,并以感恩理论为指导去标示感恩教育的基本理路。本章所要解决的核心问题是,如何摆脱直觉性的感恩教育,使感恩教育走出"原始状态",由直觉走向自觉,形成"感恩教育学"的雏形。

一、直觉性的感恩教育及其危险

直觉性的感恩教育,显示出一种自然性。一个需要慎重考虑的问题是,这种不假思索的感恩教育,真的没有危险吗?

(一)强化不平等人际结构,牺牲受惠者尊严

感恩是一个人际现象和人际概念,依附于人际结构,不同性质的人际结构,对感恩的限定也就不同。在一个等级性的人际结构里,资源和权力往往掌握在处于等级结构上方的人手里,优势方在能力、资源,甚至是"品行"上都是高出一筹的,因此更有可能去帮助别人,更容易成为施恩者。在等级结构下方的人,生存压力大,依附性强,单靠自己往往无法解决生存和发展问题,存在着获得他人帮助的客观需要。在等级性人际结构中,人际关系本来就是不平等的,施恩与受惠很容易变成既定不平等关系的强化因素。处在等级结构优势端的人,通过施恩(不一定是出于真心、爱心)获得受惠者的负债感,使自己的优势地位更加牢固。处在等级结构劣势端的人,一方面离不

开别人的帮助,另一方面别人的帮助又为其带来强烈的负债感,加重其对他人的依附性。亚里士多德、康德等先哲对感恩的矛盾与戒备,就在于一方面能够了解感恩所体现的人性美好,另一方面又能够洞察感恩与不平等人际结构相结合所蕴含的危险。尼采也对"施恩者地位越高、受惠者越要感激涕零"这种感恩模式嗤之以鼻,一针见血地指出这种感恩创造了施受双方的不平等关系,妨碍了人们对平等、公平的追求。① 可以说,等级性人际结构创造了等级性、负债式感恩,而等级性、负债感恩又创造、加重了等级性人际结构。

感恩道德与等级性人际结构的紧密结合,在中国古代封建文化中表现得尤为明显。封建文化以不平等的人伦作为骨架,以恩情作为基础来建构伦理道德体系。所谓"三纲五常",就是基本的人伦关系框架,即君为臣纲、父为子纲、夫为妻纲,父子有亲、君臣有义、夫妇有别、长幼有序、朋友有信。在这个基础上,以恩情为基础来建构基本的伦理价值,孝为报亲恩,忠为报君恩,节为报夫恩,义为报友恩,祭祀为报祖恩、神恩。② 一张恩情的大网,疏而不漏,稍有偏离,就会被责以"忘恩负义"。这种感恩道德,依附于不平等的垂直关系,即君臣、父子、夫妇、长幼、朋友,上方是施恩者,下方是受惠者(感恩者),感恩中伴随着、强化着人身依附关系,伴随着上对下的优越与支配、下对上的自贬与卑从(朋友虽然不是上下级关系,但一旦有了施受关系,施恩者就变成了"恩公",朋友关系也由此变成了不对等关系)。古代社会重视感恩的文化需要继承,但要进行现代化改造,即剔除感恩对垂直的、不平等的人伦关系的依附与强化。感恩文化与感恩教育,如果还以这种人伦关系为基础,还去强化不平等的人伦关系,显然是落后于时代发展需要的。

从近代的反帝、反封建到中华人民共和国成立,封建社会已经崩塌一个多世纪,但几千年的封建文化的心理沉淀不会一朝尽去。封建社会的感恩旧习与思维方式在直觉性的、不假思索式的感恩教育中依然存在。流行的、惯用的感恩教育一般有三个特点。一是恩情膨胀,即无底线、不顾客观事实地夸大恩情,将施恩者抬得很高。抬高伴随着掩饰,即不去分辨施恩者的恩情是出于真心,还是别有他意;不去分辨施恩者的真实道德状况,只要有了善举,一切过失与缺陷都可以忽略不计。比如,那些流行的感恩演讲和感恩教育活动,惯用的手法就是用极端的事例无限夸大父母和老师的贡献,将父母和老师放在高高在上的位置,将父母和老师神化。二是要求受惠者感激

---

① M. E. Jonas, 2012: "Gratitude, Ressentiment, and Citizenship Education", *Studies in Philosophy and Education*, January.
② 任现品:《略论儒家文化的感恩意识》,《孔子研究》2005 年第 1 期。

涕零,放弃自尊,用自贬、自贱来表达感恩的强度。比如,流行的感恩教育活动,总是以学生的痛哭流涕、下跪拜谢为追求,意识不到自己在重复封建社会的感恩文化陋习。三是选择性无视劣势方的善意与贡献。子女与学生相对于父母和老师是弱势方,但他们对父母和老师也有这样那样的关爱,作为受惠方的父母和老师也要对子女和学生感恩,但直觉性的感恩教育认为只有父母和老师才是施恩者,对子女和学生的好心与关爱选择性地视而不见,只是将他们置于负债与亏欠的位置。不假思索的感恩教育的这三个特点,都指向了不平等的人际结构,突出、强化人际等级,不惜牺牲弱势者的尊严。这样的感恩教育,表面上看轰轰烈烈、影响巨大,实际上实施者自己都没有想清楚自身活动的性质,更没有意识到这样进行感恩教育的后果。

(二) 强求感恩,陷入施恩图报的泥沼

没有理论指导的直觉性感恩教育,基于不切实际的感恩预设,往往滑向强求感恩。强求感恩的感恩教育,特征明显。一是威胁,即用"忘恩负义"这一严重的道德指责来威胁受教育者,惯用的句式是:"不感恩,你还是人吗?""你愿意做忘恩负义的人吗?"二是直接要求回报,即别人帮助你了,你就要报答。父母养育你了,就要报答父母;老师教育你了,就要报答老师;同学帮助你了,就要报答同学。三是混淆职责与恩惠,将出于职责的行为都归结为恩惠。人与人的关系复杂多维,不能为了感恩教育将复杂多维的人际关系简化为施恩与受恩这样单一的关系。即使是父母子女关系,也不是单一的施恩与受恩关系,父母养育子女,一方面是出于对子女的天然之爱,另一方面也是源于作为父母的责任。而且,父母养育子女当然是付出,但又不仅仅是付出,不能只从付出的维度去理解父母与子女的关系。客观说来,父母在养育子女方面有所付出,其实也有获得,即从养育子女的过程中获得作为父母的幸福。强求式感恩教育往往将父母与子女的关系作简单化理解,总是忽略父母的责任性、获得性,只强调父母的辛劳与付出以强求子女的感恩。师生关系也是如此,教师对学生的关心既有教育之爱的维度,也有职业与社会责任的维度;既有为学生付出的一面,也有从教育过程中获得成就感的一面。强求式感恩教育总是忽略教师工作的职业操守与社会责任,让学生觉得无论如何也报答不了教师之恩,进而产生深深的亏欠感。这样的感恩要求显然是不合理的,因为教师的工作既是基于对学生的爱,也是出于社会所赋予的责任。"教师的回报既包括学生的感激,也包括社会的认可与奖励"[1],让学生去报答教师的全部付出,显然不合逻辑。更何况,教师的劳动

---

[1] 余清臣:《论感恩教育的限度——以师生关系为例》,《教育学报》2009年第4期。

与父母的养育一样,都是付出与收获并存的,单单强调教师的付出与牺牲,也是对教师工作性质的歪曲。四是混淆社会角色与施恩行为本身,一个人只要做了别人的老师、教练,似乎无论其行为是否符合职业要求和职业道德,都成了学生、队员的"恩师"。实际上,职业角色是一回事,是否尽心尽力,是否拥有教育之爱是另外一回事。用职业角色替换教育爱、替换施恩行为显然是非理性的。

对感恩的强求和过分强调很容易陷入施恩图报的泥沼。所谓施恩图报,就是将自己对他人很小的帮助夸大或将不是帮助的行为当作施恩行为以换取他人的报答,并以忘恩负义这一严重的道德谴责开路以确保报答的获得。强求式的感恩教育用忘恩负义开道,强求感恩、要求回报,夸大成年人的付出和牺牲以增强未成年人的亏欠感,体现出施恩图报的心理定式。这样的感恩教育,与其说是增进感恩,不如说是在伤害感恩。感恩以爱为基础,是对爱的回应,没有爱也就不可能有感恩。"恩"字本身就道出了感恩的本性,"因""心"而成"恩",没有"心",哪里有"恩"?施恩图报里没有爱,有的只是利用,所谓"施恩"不是为了对方,不是替对方着想,而是为了自己,为了获得报答。这时候"施恩"只是手段,获取报答才是目的。如果揭去伪饰,施恩图报的本质是交换,而且还是一方带有道德优越感和道德挟持的交换,"受恩者"(也许实际上是受害者)因为巨大的亏欠,似乎如何报答都不足够,还要搭上自己的独立与尊严。在施恩图报的模式下,所谓的施恩者实际上也并不知道感恩的真义,所谓的受恩者也没有自然的感恩之情,反而会觉得受到了伤害,产生厌恶、屈辱和仇恨,感恩教育由此走向了感恩的反面。

(三)无条件感恩,走向人性与道德的对立面

不加区分、不假思索的感恩教育,受到了积极心理学的加持。积极心理学把感恩当作一种积极情感,着力揭示感恩在消除消极情绪、增进幸福感、改善人际关系等方面的积极作用。[①] 积极心理学对感恩的推崇,给了直觉性的感恩教育以莫大的鼓舞,似乎感恩教育效果良好,学生学会了感恩,一切教育问题,包括课业负担沉重、师生关系对立、学生间竞争恶化、厌学抑郁、沉溺游戏等问题都可以迎刃而解,感恩与感恩教育似乎有"万灵丹"的功效。积极心理学对感恩的倡导有其道理,感恩让我们看到他人、世界的阳光与善意并回以阳光与善意,激起人性与世界的美好,我们在感恩中通常能够有积

[①] S. M. Yoshimura et al., 2017: "Grateful Experiences and Expressions: the Role of Gratitude Expressions in the Link between Gratitude Experiences and Wellbeing", *Review of Communication*, April.

极甚至是幸福的体验。如果以此为依据,推行无条件的感恩教育,与怀疑一切、看什么都是消极的态度一样是错误的。第一,人有喜怒哀乐,正是不同性质的情感构成了人的情感光谱,如果只要积极情感,不要消极情感,就会使人的情感单一化,失去情感的丰富性。一个人有积极阳光的心态当然好,但不知悲伤为何物,体会不到情感的综合性,也不是正常的状态。第二,所谓消极情感,也并不总是消极的。比如,痛苦对情感主体来说是消极的,但没有这种消极的情感体验,就不可能有同情、仁慈等道德情感。所谓仁慈,就是不愿意他人遭受痛苦而产生的情感和行动,本身就是由痛苦这种消极情感所激发的。第三,感恩事实上并不仅仅是积极情感体验,在特定情况下,感恩也带有亏欠、歉意、内疚、尴尬甚至痛苦等消极情感体验。曼尼拉指出,积极心理学将感恩理解为积极情感,只是基于一个较窄的背景,即施恩者的付出较小,如果超出这个预设,施恩者付出较大,甚至牺牲了自己的健康或生命,感恩者所体会到的感恩之情更多的是消极的、痛苦的。① 试想,如果别人牺牲自己的生命救了你,你却产生一种快乐、幸福的"感恩之情",这是感恩呢,还是忘恩负义？由此看来,无论从人的情感构成来看,还是从感恩的情感属性来看,一味地教育或要求积极情感,使积极情感膨胀,既不合理,也没有必要。

在直觉性的感恩教育中,与积极情感膨胀相伴随的是感恩泛化,即要求学生总是以感恩的心态面对他人与生活,对什么都要报以感恩之心。感恩作为一种情感、品质、美德,也是有条件的,不是越多越好。原谅与宽容是一种美德,但不是无条件、无原则的,无条件、无原则的原谅与宽容则是对恶行的纵容。同样,无条件的、泛化的感恩也会走向道德的反面。第一,感恩是一种自然情感,人不会对什么人、什么事都产生感恩情感,泛化的感恩违背的就是感恩之情的自发性、自然性,是一种感情强求。第二,感恩不是终极价值,感恩之外还有其他价值,一味强调感恩就有违背其他德性的可能。比如,在班级生活中,教师偏爱一个学生,最容易激发这个学生的感恩之情,但这种感恩是以不公正对待为前提的,违背的是公共生活的公平对待原则。再比如,如果教师以泄题的方式让一个班的学生考试成绩优秀,教师以违背道德的方式给予这个班学生以恩惠,学生能因此来感恩该教师吗？第三,感恩是一种激发出来的反应,在很大程度上取决于他人的基于善意(爱)的帮助。如果他人没有善意、没有爱,却一味要求学生感恩,对学生显然是过分的、不公平的要求。第四,感恩实际上是一种道德智慧,对该感恩的感恩,对

---

① T. Manela, 2016: "Negative Feelings of Gratitude", *The Journal of Value Inquiry*, March.

不该感恩的不感恩。感恩的泛化,要求学生对什么都感恩,实际上不是增进学生的道德智慧,而是妨碍学生道德智慧的生长。感恩的泛化,使成长中的人失去了感恩敏感性,对他人的行为动机的感受力与判断力下降,降低的正是感恩的道德智慧。

直觉性的感恩教育,其危险不限于以上这些方面。比如,感恩作为一种品质和能力,也是有发展阶段的,直觉性的感恩教育,往往对年幼的孩子提出超出他们发展水平的感恩要求,孩子们根本做不到,结果就遭到"不知感恩"的指责。实际上,特定年龄阶段的孩子,只能做到他那个发展阶段的感恩,超出标准来要求他们,错的不是孩子,而是要求者。在这一过程中,"不知感恩"的不是孩子,而是实施错误感恩教育的教育者。由此看来,充分理解感恩的本性,探索感恩教育的理路,建构一种基于感恩本质的感恩教育,至为关键、至为迫切。

二、感恩的人际与心理结构

直觉性感恩教育的问题在于对感恩的本性不了解,对感恩有这样那样不符合事实和逻辑的美好预设。那么,要避免直觉性感恩教育的危险,要找到感恩教育的基本理路,就必须厘清感恩的人际与心理结构,认清感恩的本性。

(一) 感恩的人际结构:"三阶感恩"

感恩是一个人际现象,因此也是一个人际概念。如果这个世界上只有一个人,或者一个人完全与世隔绝地生活,都不存在感恩问题,感恩不是指向自己,而是指向自己之外、指向他人。原因在于他人行动是感恩之源,是他人的慷慨、赠予、恩惠引发了我的感恩。既然感恩是人际现象,因此,我们首先要认识的就是感恩的人际结构。伦理学关于感恩有"三阶感恩"(triadic gratitude)与"二阶感恩"(dyadic gratitude)[①]的区分。所谓"三阶感恩",即感恩是由施恩者、恩惠、受惠者三个要素组成的;所谓"二阶感恩"则是指只有恩惠和受惠者,施恩者不清楚或者不是具体个人的感恩。关于"二阶感恩",下文再论,这里先说"三阶感恩"。在伦理学中,"三阶感恩"是感恩的基本结构,几乎所有研究者对此都没有异见。即使是"二阶感恩"的赞同者,也只是把"二阶感恩"当作"三阶感恩"的一个特例或简化形式,没有人用"二阶感恩"去否定"三阶感恩"。那么,"三阶感恩"就是感恩的人际结

[①] B. Morgan et al.,2015:"Educating Gratitude:Some Conceptual and Moral Misgivings", *Journal of Moral Education*, January.

构吗？在感恩三要素中，有施恩者、受惠者，有联系施恩者与受惠者的恩惠，是施恩者的恩惠将施受双方联结在一起。但恩惠是施恩者发出的，是施恩者包含善意的善行，受惠者的善意、善行在哪里呢？也就是说，在"三阶感恩"里，施恩者是有情有行的，而受惠者的情与行则是未提及的。实际上，如果只是施恩者的善行到达了受惠者，而不知道受惠者有什么样的情感和行为，根本谈不上感恩。也就是说，感恩是否发生，还在于受惠者有什么样的感情和行动。从施受双方来看，施恩固然重要，如果没有受惠者的报恩，感恩的人际结构是不完整的，因此，广为流行的"三阶感恩"并不是感恩的人际结构，感恩的人际结构应该是由施恩者、恩惠、受惠者、感报（感恩之情与报答行动）这四个要素组成的循环结构。

"四要素"的感恩人际结构，与"三阶感恩"相比有明显不同的特点。第一，有了对称性。在"三阶感恩"中，施恩者有情有行，而受惠者只是一个接受恩惠的人，没有涉及受惠者的情和行，施受双方失衡；"四要素"结构，补充了受惠者的情与行，使施受双方都是主体与情行存在，感恩结构有了对称性和均衡性。第二，"三阶感恩"缺少受惠者的情与行，还因为这一环节的缺失使得这个结构变得单向，即只是由施恩者指向受惠者，没有受惠者指向施恩者的回路；"四要素"结构，使得感恩的人际结构变成了双向循环的结构，即施恩者以自己的善行去帮助受惠者，而受惠者以自己的感报回应施恩者，形成了施恩与报恩的循环回路。

可以把感恩四个要素所形成的循环结构分为两个部分：前一部分是施恩者及其善意、善行，这是感恩人际结构的"前端"，是感恩的激发部分；后一部分是受惠者及其感报，这是感恩人际结构的"后端"，是感恩本体部分。日常生活中的感恩，基本上是指感恩人际结构的"后端"。确实，感恩人际结构的"后端"是感恩的主体部分，但这并不意味着感恩人际结构的"前端"，即感恩的激发部分不重要，事实上，没有"前端"，没有激发部分，也就没有"后端"，没有感恩主体部分。先看"前端"，施恩者的善意、善行（从受惠者的角度看则是恩惠）首先必须是自由、自愿的，被迫的、非本意的行为也许客观上对别人有益处，但不符合施恩人际结构中施恩者的主体要求，因而不是施恩行为。其次，施恩者的施恩行为必须是符合道德的，以非道德的方式施恩，虽然也可能使特定对象受益，但这种施恩由于与道德相抵触，也就不符合感恩的基本要求。如前所论，偏爱可以激发特定对象的感恩，在偏爱者和偏爱对象之间形成一个感恩循环，但这种感恩是以违背道德原则为基础的，本身也走向了道德的反面。

最后，在感恩人际结构的"前端"，施恩者的善意与善行是最核心的内容。所谓善意,就是能够为对方着想,帮助对方实现其在道德上可以接受的目的,比如,我们帮助一个失学儿童复学,就是为他着想,帮助他获得学习机会、能够健康成长。既然是为对方着想,那么善意和善行就可以是积极的情感和行为,也可以是消极的情感和行为,比如,我们给予失学儿童以物质帮助使其复学是施恩,我们作出极大努力帮助沉溺网络游戏者戒除网瘾同样是施恩。因此,帮助的形式并不重要,关键在于背后的动机与意图,在于是否有爱心,有爱心护航,批评、拒绝,甚至痛斥和惩罚都可以是施恩。不少研究者对施恩有严格的要求,比如认为只有善意没有善行就不算施恩。从以上分析可以看出,善意(爱心)是极其重要的,即使别人对我们的善意没有得到全部实现,也值得感恩。比如,朋友纯粹出于关心,为我的事情操心不已,虽然最终也没有帮上忙,但我对他的关心依然感佩于心;反过来,一个人为了利用我,抓住机会给我以帮助,我虽然知道要还他的人情,内心却没有感恩之情。既然是善意,就意味着不要求回报,或者说不是不要求回报,而是不要求指向自己的回报,是指向被帮助者的"回报",即被帮助者克服困难、实现目的就是对施恩者的"回报"。如果施恩者越出这一界限,不是为受惠者着想,而是以帮助行为为自己着想,在帮助他人之后要求对方回报,这就不是施恩,而是"投资""交换",其得到的回报也就不是感恩,而是"收益""利润"。

再看感恩人际结构的"后端",即受惠者及其感报。感报不是无缘无故产生的,而是由施恩者的善意、善行引发的,没有感恩人际结构的这一"前端"因素,就没有"后端"环节。一个人品德很高尚,如果无恩于我,我只会欣赏、敬重他,但不会感恩于他;一个品行不端的人,却对我有善意、善行,以符合道德的方式帮助了我,我也会感恩于他。[①] 我们也可以主动去帮助他人,但这种不是由别人的帮助引发的助人,是施恩不是感报。感报作为被引发的情与行,不是无指向的,也不是指向内心的,而是有特定指向的,即施恩者。施恩者不图报,相应地,受惠者的感报也是自然、自发的,不是被迫的,一旦被迫、强求,感恩就变成了交易,就远离了感恩。感报是情感与行动的"二重奏",即感恩之情和报恩之行,感恩之情是报恩之行的驱动力,而报恩之行则是感恩之情的行动表达。

再来看"二阶感恩"。所谓"二阶感恩",是指没有感恩人际结构的"前端",只有"后端"的现象,即没有施恩者,我们的感恩对象是泛化的,指向自

[①] S. Smilansky, 2002: "Gratitude, Contribution and Ethical Theory", *Critical Review of International Social and Political Philosophy*, June.

然、生活、世界等非特定人的感恩。应该承认,这是真实存在的感恩现象,有这样情感的人,往往对世界有一种"亏欠感",不是觉得全世界都对不起自己,而是觉得在世生活的幸运与满足,愿意为世界的美好作出自己的贡献。即便如此,与"三阶感恩"得到普遍认可不同,很多学者不认可"二阶感恩",比如约纳姗等人就认为感恩一定是指向特定对象的,泛对象的感恩实际上不是感恩,而是感激或庆幸(appreciation)。一个人如果对世界没有这种感激之情,顶多是人生境界问题,不是道德问题;一个人如果不知感恩,就不是境界问题,而是道德问题。① 这说明,"二阶感恩"与真正意义上的感恩区别很大,可以说不是感恩本身,而是以感恩为原型的一种隐喻。我们可以将施恩者泛化,泛化为自然、大地、世界,感受这些非人存在施予我们的无限恩惠,并在内心充满感激。由此看来,没有感恩人际结构"前端"或"前端"为非人存在的"二阶感恩",是对人际感恩的一种隐喻性借用,虽然意义非凡,却不是严格意义上的感恩。

(二) 感恩的心理结构:情、理、行

感恩的人际结构是将感恩放在人与人之间来考察,既考察感恩的"后端",即感恩的主体部分,又观照感恩的"前端",即感恩的引发因素。关于感恩的心理结构的思考,是对感恩人际结构的"后端",即感恩人际结构的主体部分的聚焦,集中观照由他人善意、善行引发的感恩者本身的心理结构。

如前所论,感恩是由他人善意、善行引发的反应。他人善行、善意的背后是爱的情感,其引发的反应首要的也是情感反应,即"爱所激起的爱""以爱响应爱"。施恩者如果没有爱,就不是真正的施恩,而是"交易";感恩里如果没有爱,也不是真正的感恩,而是"还债"。积极心理学正是抓住了感恩的情感性,看到了感恩与幸福的关联。感恩的人体会到了他人的爱并用爱来回应,经过这样一个过程,爱得到了滋养和壮大,在这个意义上,积极心理学是正确的。但积极心理学只把感恩视作积极情感,窄化了感恩情感的丰富性。感恩首先是一种情感,那么感恩里有没有"理"呢? 这是感恩研究中相对薄弱的环节,我们习惯于感恩之情,很少去思考"感恩之理"。如前所论,施恩不图报是施恩的前提条件。如果我对一个人好,总是为他着想,根本没有要求回报的意图,但他对我的善意根本不在乎,毫无感恩之意,时间稍长,我也会感到不舒服,甚至会有不平之意。反过来,如果我是一个知恩图报的人,感受到了别人的善意、受了别人的恩惠,虽然别人并不求回报,如

---

① J. R. H. Tudge et al., 2018: "Methods for Studying the Virtue of Gratitude Cross-Culturally", *Cross-Cultural Research*, February.

果我真的没有报答他,内心也会觉得隐隐不安、有所亏欠。也就是说,无论从施恩者的角度,还是从受惠者的角度,在感恩结构里,在情之外,还有一个"理"。当然,这里的"理"不是理智、理性之"理",而是与情感不可分之理,是"情理"(前文说感恩是由情和行构成的,是将理归在情里的)。情也好,理也罢,都是内在的,但感恩又不能只是内在的,必须有所行动。一方面,感恩之情驱动我们去行动;另一方面,他人的善行也需要我们以行动去回报,否则就有悖感恩之理。事实上,如果只有感恩之情,甚至也有感恩之理,但没有感恩之行,我们仍可能是忘恩负义的。① 总的来看,感恩的心理结构是一个由情、理、行组成的综合性结构,在不同的感恩情境中,三者有不同的组合,比如在"轻感恩"的情境下,感恩之情是主要的,理与行则相对隐身;在"重感恩"的情境下,情与理推动着我们的感恩之行,而感恩之行又反过来强化感恩之情与理。

对于感恩是一种情感,伦理学、心理学、教育学诸领域的研究都有共识,也符合普通人的日常直觉。至于这种情感的性质,则众说纷纭。感恩之情是由爱引发的,是"以爱应爱",这一点毫无疑问,但是爱有多种存在形态,并不都是积极的。积极心理学和一些感恩伦理学将感恩视为一种积极情感,并将其与人际关系的增强、幸福感的提升相关联,本身没有错,但这并不是感恩之情的全部。如前所论,感恩也可以是消极情感,生活和情感本身都是复杂、混合的,都是"有阴有阳"的,只有单一情感,不符合人性。一方面,施恩者的善意本身就可能是由消极情感驱动的,比如看到我们痛苦,别人很是不忍,我们的痛苦激发了他的痛苦,所以伸出援手;另一方面,我们对别人的感恩之情,既有感激、称赞、敬佩等积极情感,也会有亏欠,甚至痛苦体验,尤其是在施恩者作出巨大牺牲的情况下。

感恩是由爱激发的爱,因此具有自然性。可以从两个方面去理解感恩之情的自然性。一方面,在正常情况下,感恩之情会自然发生。原因在于人是爱的存在,爱是使人得以诞生、得以发展的力量,也是人深沉的精神需要②,别人的爱在我们这里一般都会得到回应。一个人如果不能回应他人之爱,也就意味着失去了爱的能力,实际上也就是失去了做人的基本能力,已经无法获得幸福了。另一方面,强求的感恩里也没有感恩之情。这样讲并不是否认存在着爱无法唤起爱、施恩却不能激发感恩之情的情况,否则也就不会有"忘恩负义"这类词汇的存在了。感恩之情不能自然产生的情形也是

---

① J. R. H. Tudge et al., 2018: "Methods for Studying the Virtue of Gratitude Cross-Culturally", *Cross-Cultural Research*, February.
② 高德胜:《论爱与教育爱》,《中国教育学刊》2018年第12期。

复杂的,起码可以分为两类。

一类是情感发育尚未成熟。与智力发展一样,人的情感发展不是一蹴而就的,也有一个阶段性,感恩之情也是如此。罗森伯格(W. A. Rothenberg)等人的研究发现,感恩有"成人形态"与"儿童形态"。成人形态是感恩的基本形态,而儿童形态大不相同,只是一种亲社会情感,是一种人际亲近体验,而不是有情、有理、有行的完整结构。① 如果我们不了解这一点,误以为我们对儿童的关爱没有得到回应,据此断定儿童没有感恩之情,那就是大错特错了。

另一类是情感发育受阻、退化。人是复杂的存在,有爱的能力,但这一能力的生长发育既受环境影响,也依赖于个人的努力与选择。比如,父母的养育方式对儿童的感恩之情的影响是巨大的,溺爱使孩子沉溺于自我中心而不能自拔,不能体会他人的善意与关心,感恩之情就淡漠;竞争性的教育环境,使成长中的儿童时刻处在紧张与戒备之中,嫉妒、怨恨等不良情绪得以滋生、壮大,感恩之情就被压抑、消磨。处在这种状态下,感恩之情也是强求不来的。面对这样的情况,优先要做的是去消除阻碍感恩之情的因素。从感恩之情不能自然产生的两类情形出发,我们可以发现感恩之情自然性之外的另一个特性,即人为性(教化性)。感恩从儿童形态发育到成人形态,离不开人为与教育的努力。家庭养育、成长环境、教育形态既然可以是感恩之情发育的阻碍因素,也可以对其进行调整,使之成为感恩之情发育的促进因素。

不少学者从负债的角度去理解感恩,感恩即还债。这样理解的最大问题是将感恩物质化、利益化、交易化了。有感于现代感恩走向利益权衡,尼采倡导"感恩心理学",即不管别人如何对我,我都充满感激。② 尼采对利益权衡式感恩的批判是深刻的,但给出的处方是偏激的。别人出于善意来帮助我,我却将这种善意当作一种欠债,这明显存在着对他人之爱的扭曲与不敬。即便如此,这样的理解也并不是凭空想象,而是有生活根基的。我受了别人恩惠,产生了感恩之情,如不能报答,内心总有亏欠感,总觉得占了别人"便宜"。如果动用想象力,以"公正旁观者"身份来看施恩者与我的关系,也会觉得不公平。从施恩者的角度看也是如此:施恩者虽然并不要求回报,但若受惠者总是受之泰然,毫无感报的迹象,施恩者也会觉得自己的善意石

---

① W. A. Rothenberg et al., 2017: "Grateful Parents Raising Grateful Children: Niche Selection and the Socialization of Child Gratitude", *Applied Developmental Science*, May.
② M. E. Jonas, 2012: "Gratitude, Ressentiment, and Citizenship Education", *Studies in Philosophy and Education*, January.

沉大海，没有得到回应，也会有"受益者凭什么能够如此坦然受之"之类的疑问。感恩的复杂之处就在于，我们虽然不能将感恩物质化，但如果我们只从情感的角度去理解感恩，实际上是为不感恩开了方便之门——我在心里感激就行了，用不着用行动去感恩。这样的感恩失去了实体支撑，看上去没有掺杂利益，但实际上是虚空，甚至是虚伪的。

物质化不行，纯感情化也不行，感恩作为"伦理学的尴尬"再一次得到印证。有学者在感情之外，引入社会公正的概念，认为感恩有双核：一是爱，二是社会公正。① 受惠者感恩，作出报答，是社会公正的体现；受惠者得到恩惠，没有报答，就是对社会公正的违反，虽然施恩者并没有要求报答，这一思考的启发性在于从社会公正的维度去理解感恩。但社会公正有特定含义和特定使用领域，主要是用在社会生活的利益关系处理上，用在非功利性的、带有强烈感情色彩的感恩上，还是有张冠李戴式的不适。感恩既然是情感关系，何必借助社会公正概念而不引入情感公正、诗性正义（poetic justice）概念？纳斯鲍姆承接亚当·斯密（Adam Smith）、休谟等人的情感公正学派，提出了诗性正义的命题，即我们在处理正义问题时不但要处理利益正义，还要处理情感正义；不但要运用理性，还要运用情感。② 被现代理性、利益计算式公正浸润的现代人对诗性正义一般都会直觉性地反对，但仔细体味，我们会发现这绝不是纳斯鲍姆的任性杜撰，而是对被忽略的人性体验的重拾。比如，对一个诚实、坚韧的人，我们会对施加在他身上的不公感到愤慨，对其终得善报而感到愉悦与欣慰；对一个无德而称的人，我们会感到愤恨，对其恶行得到暴露和惩罚而感到畅快与兴奋。别人的命运，尤其是文学叙事里的人物，其品行与命运如何，其实与我们的现实生活无关，更与我们的切身利益无涉，我们只是纯粹有一种情感上的正义反应。好人好运、坏人坏运给我们以畅快的公正感；好人坏运、坏人好运则给我们愤懑的不公感。也就是说，我们对公正和正义的理解，不单是理性的，还是情感的；不单是利益的，还是情义的、品行的。纳斯鲍姆的诗性正义概念所要拯救的，正是这种被理性、利益公正理论所遗漏，却在文学叙事中得以舒展的正义理解。

感恩因情而起，使得其中的理隐而不见。再加上感恩之理中的理也是情理，也以情为表现形态，很容易与感恩之情混淆而被忽略。但我们可以从"忘恩负义"中发现情理即诗性正义的存在。"忘恩"是表，而"负义"则是

---

① S. Li, 2016: "A Mechanism for Gratitude Development in a Child", *Early Child Development and Care*, March.
② M. C. Nussbaum, 1996: *Poetic Justice: the Literary Imagination and Public Life*, Boston, Beacon Press, Preface.

里,"忘恩"之所以是错误的,原因在于"负义"(对诗性正义的违反)。也可以这样来理解,"忘恩"是行为,"负义"是行为的性质,即违背了诗性正义。如前所论,我们受了别人恩惠,别人虽未要求报答,未能报答的我们总觉得亏欠对方,这种亏欠不是物质上的、利益上的,而是情感上的,背后起作用的正是诗性正义。施恩者对受惠者不报答的不舒服,也可以由此得到解释:本来就没有想要报答,但受惠者的忘恩所引起的不快不是来自对方不报答自己,而是来自对诗性正义的违反。由此可见,感恩中的情和理是一体的,只不过在正常情况下,情在前、在显,而理在后、在隐。一旦走向感恩的反面,理与义就会现身向前了。

有了诗性正义的支撑,我们可以不再避讳感恩中的回报问题。可以说,回报不一定都是感恩,但没有回报,感恩依然是未完成状态,即使你有满腔的感恩之情。回报只能是行动性的,不能是意念性的。感恩行动有不同的层次,第一层次是感恩表达,即用语言或非语言的方式对施恩者表达感激;第二层次则是报答行动,即以自己的切实行动去回报施恩者。有感恩之情易,付诸感恩行动难。如前所论,感恩是一种自然的情感,只要我们的心性还没有严重败坏,别人的善意我们都能体会得到,都会产生感恩之情。付诸行动则要难得多,即使是语言表达,也要克服自尊受损的心理障碍,因为对很多人来说,接受帮助就意味着自己存在不足,需要他人来援手,感恩表达也就意味着对这一事实的承认。此外,行动都是需要付出努力的,这也与自发感情的毫不费力不同,我们用行动去报答施恩者,就要克服自己的欲望,放下眼前的快乐,也是需要意志努力的。

严格说来,感恩表达还不是感恩行动,不是用自己的行动去回报施恩者;人是语言的存在,也可以说言语即行动,从这个角度看,感恩表达也是行动的一种。反过来,所有感恩行动,也是感恩表达,即以行动来表达感恩。感恩表达与行动的意义是多方面的。第一,感恩表达是感恩之情的行动化,如前所论,感恩之情是内在的,如果不表达出来,就是没有得到抒发,还只是一种内在的情感,通过表达,感恩之情有了行动形式,从内走向外、由己走向人,得到了行动赋予。第二,内在性的感恩之情,完整与否、真实与否都无法确认,只有通过表达和行动的检验,才能得到确认。同时,感恩通过表达得到了建构,变得更加确定与完整。第三,感恩表达与行动的意义在于对他人善意与爱心的认可、接纳与回应,使之得到回响与交汇,进而得到持续与扩大。第四,感恩表达与行动使得人际关系质量得到提升,感情纽带得到加强,彼此之间慢慢就很难分出谁是施恩者、谁是受惠者,变成了互相感恩。

感恩有多种形式。第一种形式是言语感恩(verbal gratitude),即用言语表达感激之情;第二种形式是具体感恩(concrete gratitude),即用自己喜欢的事物来回报施恩者,比如儿童用赠送心爱的玩具来表达感恩;第三种形式是关联性感恩(connective gratitude),即考虑施恩者的希望与需要的感恩;第四种形式是终极感恩(finalistic gratitude),即与施恩者心意相通,感恩不但指向施恩者,而且以施恩者希望的方式发展自己、回报社会。[1] 感恩的不同形式其实也是感恩的不同发展阶段,言语感恩是最低阶段的感恩形式,儿童在尚未理解感恩概念的时候已经可以说"谢谢"了。言语感恩常常和礼貌用语混同,我们甚至很难区分"谢谢"是感恩表达,还是礼貌用语,但言语表达是感恩发展的第一步。具体感恩标志着儿童已经能够体会、理解他人的善意与爱心,只不过还处在自我中心阶段,从自我出发,用自己的喜好"推己及人"去表达对他人的感激。关联性感恩则意味着已经走出了自我,能够从施恩者的角度思考,将施恩者的希望和需要作为感恩的参照点。终极感恩一方面脱离了施恩者,将感恩指向更宽广的空间,甚至可以以发展自己的方式来感恩;另一方面则以更贴心的方式去感恩施恩者,将施恩者的爱心与期望发扬光大。

感恩发展的阶段性,说明感恩既不是天生的,也不是一蹴而就的,而是一个逐步发展的过程。如前所论,感恩以对他人善意的体会与理解为基本条件,没有对他人善意的理解,就不可能有感恩之情,更不要说感恩之理与行了。根据柯尔伯格的道德发展阶段理论,处在道德发展"阶段三",才能理解他人情感和内心状态,这是感恩发展的开端。[2] 发展阶段性的另一个含义是,从遇事感恩,即遇到感恩事件而感恩(情境感恩),到心境感恩,即有一种感恩心境,对生活中的人有一种感恩的态度,再到感恩沉淀为品格,即对他人善意敏感,总能体会到他人阳光的一面,乐于响应与回报,乐于施恩于他人。前两种是状态感恩,后一种是特质感恩。[3] 形成感恩人格特质是目的,但感恩人格特质不是"天外飞仙",而是来自一次次情境感恩与感恩心境的积累。

三、探索感恩教育的基本理路

从感恩的人际结构和心理结构中可以归纳出感恩教育的基本方向。第

---

[1] J. R. H. Tudge et al., 2018: "Methods for Studying the Virtue of Gratitude Cross-Culturally", *Cross-Cultural Research*, February.
[2] E. A. Merçon-Vargas et al., 2018: "The Development of the Virtue of Gratitude: Theoretical Foundations and Cross-Cultural Issues", *Cross-Cultural Research*, February.
[3] 喻承甫等:《感恩及其与幸福感的关系》,《心理科学进展》2010 年第 7 期。

一,感恩人际结构的"前端",即施恩者对受惠者的善意、善行是感恩的激发与发起因素,没有这一点,感恩人际结构的"后端",即感恩的本体部分无从产生。第二,感恩教育不但要进入感恩的人际结构之中,还要进入感恩的心理结构之中,在感恩心理结构内进行,即"感恩中的感恩教育"。第三,感恩虽然有自然性,但总有这样那样的因素阻碍感恩之情的产生与表达,消除感恩的阻碍因素对感恩教育有不可替代的意义。

(一)有爱才有感恩

如前所论,感恩是一个人际现象,有一个人际结构。既然感恩"后端"是由感恩"前端"引出来的,那么真正有效的感恩教育不是在感恩结构之外绕圈子(这种绕圈子式的感恩教育,即使设计得"美轮美奂",实际上也是隔靴搔痒),而是深入感恩结构的内部,从感恩结构入手进行感恩教育,将感恩教育设置为感恩结构的一个环节。具体说来,就是从感恩结构的"前端"入手,将感恩教育转换成引发感恩本体部分的因素。

包尔生的想法深有启发,"感激是由仁慈和善行在一个健康的灵魂中引起的情感"。[1] 作为教育者,我们要对学生有积极的信念,即相信他们都有一个"健康的灵魂"。有了这样一个前提,剩下的就简单了,即以教育者自身的"仁慈与善行"去引发他们的感恩情感。也就是说,教育者不用费尽心思去选择什么教育方法、设计什么活动,只要真心地去爱孩子、去关心他们就行了。道理如此,但我们也许还会有这样的疑问:"爱孩子就够吗?""孩子一定就会感恩吗?"应该承认,在感恩教育问题上,不是单一因素所能决定的,但我们至少可以这样说:"有爱不一定有感恩,但没有爱一定没有感恩。"教育者首先要完成自己的本分,那么,正常来说所期望的结果就会自然而来。即使不能如我们所愿,尽了自己的本分,也就没有什么遗憾了。反过来,没有尽自己的本分,却去渴望想要的结果,那才是痴心妄想。当然,教育既要有积极的信念,即相信学生有"健康的灵魂",相信学生的可教育性,又要有理性务实的态度,即不否认现实影响、学生个体的多样性。毋庸讳言,完全存在无论你如何爱他,他都不知道感恩的学生,遇到这种情况,教育者所能做的依然不是强求感恩(从正常人那里感恩都是强求不来的,更不要说心性出了问题的人),依然是爱他,引导他成为道德高尚的人。面对这样的教育对象,教育的重点不是感恩,而是道德教育。成功的道德教育,即培养出品德良好的人,本身就是感恩教育。我们可以再一次领会一下包尔生对

---

[1] 〔德〕弗里德里希·包尔生:《伦理学体系》,何怀宏、廖申白译,北京,中国社会科学出版社,1988,第1版,第567页。

感恩的彻悟:"那些把孩子教育成诚实的、有能力的和正直的人的父母们,不会去抱怨孩子们忘恩负义。忠实地完成着发展人的灵魂的使命的教师们将会在学生中唤起满怀深情的尊敬。"[1]

用爱去激发爱,用教育者的善意与善行去激发学生的感恩回应是感恩教育的基本原理,这一点是没有疑问的,关键在于如何去爱才是真爱。第一,教育的存在本来就是代际之爱的方式,即上一代人爱下一代人的制度化与非制度化的方式。上一代人通过教育这种方式,去支持、帮助下一代人在知识、德性、能力上超过自己,并以此为起点去开创属于他们这一代人的生活。如果上一代人将教育当作控制下一代人的工具,将下一代人当作实现自己目的的载体,那就有违教育作为代际之爱的基本定位。一个常见的现象是,上一代人总是抱怨下一代人不知感恩,却不知道反思自身,如果下一代人真的不知感恩,既可能是下一代人的问题,也可能是上一代人的问题。第二,教育的"本心"是"关心你自己",即帮助年轻一代看护自身存在、关心自己的灵魂与道德。[2] 人是道德存在,也是利益存在。物质利益是幸福的外在条件,或者说是"外在幸福",因此人有追求物质财富的欲望和权利,但人的本性绝不仅仅体现在利益与财富面前,而是体现在精神与道德方面。教育的"本心"就是帮助年轻一代从物质利益的束缚中解放出来去关心自己的灵魂与德性。如果反其道而行之,教育者不是帮助学生关心自己的灵魂,而是帮助他们去追求物质利益,那就不是真正爱他们。这样的教育培养的多是自私的利益追逐者,不太可能是知恩图报的感恩者。第三,对学生的爱体现在对他们的切实关心上。为什么有的大学能够培养出那么多感恩老师、感恩母校、感恩社会的毕业生呢?研究显示,以下几个因素是关键:(1) 帮助行为(helping behaviors);(2) 即使条件有限,但学生感受到教育者的努力(perceived effort);(3) 对学生的关心、在意;(4) 良好、友善的学校环境。[3] 这些发现很有启发性。感恩教育不仅是整体而弥散性的,也是具体而切实的。作为成长中的人,学生总会遇到各种各样的困难,有获得帮助的客观需要,教育者和教育机构如果能够及时发现学生的需要,给予他们切实的帮助,就是最为直接的感恩教育,最能激发他们的感恩之心。任何时代的任何学校都不是完美的,都存

---

[1] 〔德〕弗里德里希·包尔生:《伦理学体系》,何怀宏、廖申白译,北京,中国社会科学出版社,1988,第1版,第568页。
[2] 高德胜、安冬:《"关心你自己":不能失落的教育之"本心"》,《教育研究与实验》2018年第2期。
[3] F. Cownie, 2017: "Gratitude and Its Drivers within Higher Education", *Journal of Marketing for Higher Education*, October.

在无法克服的困难。教育者及教育机构是以此为借口推诿责任,还是在可能的范围内作出最大努力,学生是能够分辨的。一个学校是不是真正关心学生,是不是真正在意学生,不在于校方的口号与自我标榜,而在于学生内心的体验。同时,学校良好、友善的物理与人际环境也是体现感恩教育的重要方式。

以感恩的人际结构为基本框架的感恩教育,不是关于感恩的教育,更不是关于感恩知识学习的专门教育,而是以感恩教育去作为感恩人际结构之"前端",用以引出感恩人际结构之"后端"的教育。这样的感恩教育,与其说是教育,不如说是爱的行动。这样的感恩教育,因为没有以感恩为教育指向,不是以感恩为主题的教育活动,虽然看似间接,却最为直接,因为直接进入感恩人际结构的内部,教育活动化为感恩人际结构的"前端",用以激发作为感恩本体的"后端"。

(二) 感恩中的感恩教育

感恩教育不是浮在表面,而是进入感恩的人际与心理结构内部,才是真实有效的。从人际结构出发,最直接的感恩教育就是以爱引爱、以心育心,这是进入感恩的人际结构。感恩的心理结构是情、理(义)、行的统一,那么,感恩教育该如何进入呢?我们知道,如果一个人没有处在感恩状态,感恩教育对他来说只是一个外在的说教,无法进入他的心理结构之中;反过来,如果他正处在感恩状态,他的感恩心理结构就是处在激活状态。既然进入感恩心理结构的方式就是激发感恩,那么有效的感恩教育就是"感恩中的感恩教育",或者是"以感恩进行感恩教育"。

感谢和称赞是一个切入点。感谢既是礼貌用语,也是感恩的初始形态和感恩的口头表达方式。从感恩教育的角度看,我们不必去计较、区分感谢是礼貌用语还是感恩表达,重要的是儿童在表达感谢的时候体会到了别人的好意与帮助。如前所论,感恩是由他人善意所引发的,那么认识、体会他人善意就是一个关键。在每一个可以表达感谢的地方说谢谢,其实就是一次又一次对体会到的善意进行确认与回应,在这样的过程中,儿童对他人善意的敏感性和认识能力得到提高。同时,感谢中有礼貌成分,但他人的帮助越明显,感谢作为感恩表达的意味就越浓。生活中以感谢表达感恩的体验积累,对儿童来说是一个无声润心的过程。

称赞与感谢不同,感谢指向的是对自己的善意、善行,称赞指向的是与己无关的善意、善行。一个人表现出良好的品行与修养,虽然帮助的是别人,我们不必感谢、感恩,但依然值得我们给予赞赏。在这里,称赞能够起到与感谢一样的作用,即对他人善意、善行的敏感与认识。儿童如果连指向他人的善意、善行都能敏感地体会到,当然就更能体会到指向自身的善意与善行。在对善意、善行敏感与捕捉的意义上,称赞也是一种预备性的、积累性的感恩教育方式。

在感恩中进行感恩教育,也即通过体验感恩来学习感恩。体验有主动和被动之分,前者是感恩他人的体验,后者是被他人感恩的体验。在感恩教育中,被感恩的体验虽然不是主导性体验,也是重要的体验。儿童、学生如果因为自己的善意、善行得到了他人,尤其是父母、老师的感激、感恩回应,对他们来说是珍贵的体验。一方面,他们会体会到被感恩的美好;另一方面,通过这一过程,可以在他们内心建立起感恩反应方式,即用善意回应善意、用爱回应爱。因此,出于感恩教育的需要,也是出于对处在优势地位的父母、老师的道德要求,家长、父母都要对孩子的善意、善行作出恰当、适宜的感恩回应。感恩教育不是单纯指向儿童和学生的,也是指向家长和老师的,后者的感恩既是感恩,也是示范性的感恩教育。处在优势方的家长、老师对儿童、学生的感恩回应还有一个特殊教育意义:培育感恩之理(义)。家长、老师如果能够撇下身份优势来感恩儿童、学生,教给他们的是感恩之理的优先性,是感恩的公平性。由此推理,如果儿童作出了善行,不被感恩的体验具有双重效应,既可能是感恩的教育力量,也可能是反面示范。别人不感恩,从激发儿童不平感的教育看是反面的教育力量;从给儿童作出了不感恩示范的角度看,又具有消极意义。教育作为积极力量,可以创造机会让学生体会到被感恩的美好,但不好创造机会去让学生体会被别人忘恩。被别人忘恩是学生一定会遇到的经历,关键是从这样的经历中学到什么。教育的作用在于引导学生从被忘恩的经历中体会到忘恩对情理的违背,从中体会诗性正义的意义,站在维护诗性正义这一边,而不是也跟着忘恩的示范学忘恩。

常用的直接的感恩教育方法,包括感恩计数(counting blessings)、感恩日记(gratitude diary)、感恩沉思(gratitude meditation)、感恩访问(gratitude visit)、感恩重构(grateful reframing)①等,都是诉诸主动的感恩体验。感恩计数和感恩日记一般采用将每周值得感恩的次数和事件记录下来,通过主动回忆的方式将容易流逝的感恩经验重新"打捞"出来,通过记忆性、想象性的回味使感恩经验上升到感恩体验,进而使感恩情理得到滋养。感恩沉思也是借助回忆和想象,通过对积极经历的沉思来体悟生活和人性的美好。感

---

① B. Morgan et al., 2015: "Educating Gratitude: Some Conceptual and Moral Misgivings", *Journal of Moral Education*, January.

恩访问实际上属于感恩行动的一种,即通过书信、电话、回访的方式对感恩对象表达自己的感激。将感恩付诸行动,其意义是多方面的,包括感受自身的积极体验、对方反应带来的积极体验、克服障碍努力感恩所带来的体验等。感恩重构则是对经历过的事情从感恩的角度重新理解、重新界定,以从中发现他人的善意和事件的积极面,找到积极因素和值得感恩的一面。感恩计数、感恩日记、感恩沉思指向的是他人善意、善行,是感恩体验的再体验;感恩重构则是以感恩思维对事件进行重新理解,从中发现生活的良善;感恩访问则是通过亲身、主动去做的方式去学习感恩、体验感恩。这些直接的感恩教育方式都是可以尝试的,但教育效果的发挥,取决于能否坚持,偶一为之,当然也没有害处,但不会有明显的效果,只有长期坚持,才会有明显的教育效果。

感恩中的感恩教育诉诸的不是感恩理论,而是感恩体验,这样的感恩教育并不否定间接感恩教育的作用。比如,老师和父母如果有感恩品质,即使没有刻意对儿童进行感恩教育,也可能培养出具有感恩品质的儿童。一方面在于暗示,即父母、老师的感恩情感与言行对儿童有暗示作用,儿童在不知不觉中通过接受暗示学习了感恩;另一方面,有感恩品质的父母、老师看重感恩品质,会自觉不自觉地通过选择儿童参与活动与环境的类型来影响他们。比如,有研究发现,有感恩特性的父母,一方面会优先培养孩子的感恩情感,不能容忍孩子忘恩的行为;另一方面会更加愿意带领孩子参加对孩子感恩发展有益的活动。[1]

另一项有效的间接教育方法是感恩故事法。感恩故事法是理性与情感相结合的综合教育方法[2],一方面,感恩故事可以让儿童产生共鸣,有情感激发的作用;另一方面,感恩故事中的忘恩负义者能够激起读者的义愤,是滋养诗性正义的良好方式。感恩故事是经过文学加工的人类经验,比儿童直接体验到的感恩关系复杂多维,更能够反映感恩关系的不同侧面,对引导儿童对感恩进行深度体验和思考有巨大的参考作用。而且,感恩故事凝结着人类对感恩的经验与思考,通过感人的故事形态"下探"到儿童经验,儿童自身的直接感恩经验经由感恩故事"接续"到人类经验之中。通过下探与接续的持续进行,儿童对感恩的体验与认识就得到了更新和提升。

---

[1] W. A. Rothenberg et al.,2017:"Grateful Parents Raising Grateful Children:Niche Selection and the Socialization of Child Gratitude",*Applied Developmental Science*,May.

[2] B. Morgan et al.,2015:"Educating Gratitude:Some Conceptual and Moral Misgivings",*Journal of Moral Education*,January.

（三）破除感恩的心理障碍与人际障碍

如前所论,感恩是一种自然的情感,但人是复杂矛盾的存在,康德发现,人又有忘恩的自然倾向。前者源于对他人之爱的自然响应,后者源于对自尊的维护。如果前者突出,就会感恩;如果后者占据优势,就会忘恩。自尊是人的基本需要,是人在世间存在的精神屏障。作为受惠者,当我表达感恩或作出感恩行动,就意味着我承认自己对他人的依赖,就意味着承认他人优于自己,自尊因此而受损。① 也就是说,在感恩与自尊之间就有了矛盾与紧张,有可能为了维护自尊而故意忘恩。康德的发现,不是纯理论的推理,而是有普通人的真实体验基础。在很多时候,别人,尤其是与我们有比较和竞争关系的人给了我们善意的帮助,明明内心有感激之情,却不愿意去表达、回报,因为一旦这样做,就意味着承认自己弱人一等。有时候我们甚至会迁怒于人,觉得别人多管闲事,故意显示自己的强大。

康德所指出的这种膨胀的自尊,其实是虚假的自尊,不是真正的自尊。人是社会性存在,与他人比较是不可避免的,问题是如何比较。别人付出善意、善行,你假装什么都没有发生,表面上看很强大,维护了自尊,实际上却是在道德上输人一头。故意忘恩意味着你没有与施恩者站在同一高度,看似在维护自尊,实际上是在损害自尊。真正的自尊不是来自力量的强大,而是来自对自身道德品格的坚守。在施恩与受惠者关系上,康德认为受惠者永远处在"后位",因为即使十倍偿还施恩者,你依然无法与他持平,因为他给了一个并不欠你的善意,你的偿还无论多大,都是在后位的偿还而已,他将总是那个先显示善意的人,你则永远不能先于他。② 即便如此,如果感恩,就是将自己上升到与施恩者同样的道德水准上。也就是说,我在能力上虽然有不足,需要得到别人的帮助,但我在道德上、在人格上与施恩者是一样的,一点也不比他低等。如果是这样的自尊概念,感恩就是对自尊最好的维护。

康德发现的忘恩倾向实际上是感恩的一个心理障碍,即不是不感恩,而是感觉感恩有损于自尊而选择忘恩。这一发现,蕴含着感恩教育的一个切入点:破除虚假自尊,培育真正自尊。

首要的问题是虚假自尊来自哪里。尼采批评现代社会不自觉地灌输下意识的仇强、仇富,导致每个人都很紧张,对"比自己强的人"充满戒备,接受

---

① H. Smit, M. Timmons, 2011: "The Moral Significance of Gratitude in Kant's Ethics", *The Southern Journal of Philosophy*, December.

② P. White, 1999: "Gratitude, Citizenship and Education", *Studies in Philosophy and Education*, January.

他人帮助就等于承认他人的强者地位,有损于自我尊严。[1] 这样的文化,在竞争性的学校教育环境里,也有踪影。在以竞争优胜为逻辑的教育体系里,那些考分优异者是学校的宠儿,他们的成功恰是别人失败的映照。"优胜者"将自己的优胜归结为自己的聪明才智,很少,甚至根本不感恩学校和老师,对"劣势者"抱有优越感和轻视感,不要说少有善意、善行,即使偶有善意,也会被"劣势者"的戒备心理所曲解。"劣势者"因为总是受到伤害,对学校、对"优胜者"慢慢有了戒备、嫉妒甚至仇恨,他们优先考虑的是如何维护自身尊严,对他人善意的感受与理解能力也就慢慢退化。由此看来,如果学校教育自身的精神品格是以竞争去激发各自为自身利益而战,也就意味着在不自觉地培养虚假自尊和忘恩的人。在这样的教育文化下,再进行专门的感恩教育,显然是自相矛盾的。

因此,重要的不是专门的感恩教育,而是整个教育文化的转向,即由以激发人人为己的竞争文化转向关心年轻一代的灵魂与德性上。竞争性的教育,实际上也是有自己的自尊概念的,即成功、优胜才有自尊。如前所论,这样的自尊概念恰是感恩的心理障碍,要破除这样的自尊概念,就要通过教育重建真正的自尊概念,那就是人的能力有大小、条件有优劣,但在人格上是平等的。感恩不是降低自尊,而是对他人善意、善行的承认、称赞与响应,是将自己汇入善意之流,将自身置于同等的道德高度。

感恩教育需要破除的不仅有心理障碍,还有人际障碍。感恩是人际现象,但等级性的人际关系最不利于感恩。在等级性的人际关系里,施恩者与优势方往往有高度的重合性,受惠者(感恩者)与弱势方有高度的重合性。这既是由双方的真实地位决定的,也是由双方的心理定式决定的。优势方总觉得自己有恩于劣势方,总会不自觉地夸大自己对对方的帮助,以施恩报恩框架来理解自身与对方的关系;反过来,劣势方则会不自觉地忽视、贬低来自对方的善意和帮助,将其理解为效忠、投靠,不会对对方抱有感恩态度。

在等级化人际关系中,施恩往往与对劣势方的控制联系在一起,施恩不纯(施恩图报),或者根本就是徒有其名。如前所论,施恩图报是交易,实际上没有什么恩情可言,施恩就是为了获得对方的服从与效忠,名义上是施恩,实际上是控制,是一本万利的"投资"。实际上,施恩图报还不是最恶劣的,最恶劣的是无恩求报。施恩图报,起码还有一点儿不纯粹的恩,无恩求报,则是明明无恩却要求报恩。这样不合情理的事情之所以能够发生,就在

---

[1] M. E. Jonas, 2012: "Gratitude, Ressentiment, and Citizenship Education", *Studies in Philosophy and Education*, January.

于人际关系的不平等,优势方可以把劣势方本应享有的基本权利当作恩赐,要求劣势方感恩、报答。

从受惠者的角度看,由于地位在下,生存依赖性强,为了生存,往往把感恩当作一种生存策略,用过度感恩来博取优势方的信任、博取利益。劣势方的感恩,在回报优势方恩惠的同时,往往还要搭上自己的人格与尊严,在感恩戴德、感激涕零等形式的过度感恩里,既有对自己的贬低、对施恩者的奉承,也有为自己谋利、对对方的怨恨与算计。

由此看来,在不平等的人际关系里,施恩者和报恩者基本上都没有真心,虽然感恩是"显存在",但对感恩的利用与扭曲则是"隐存在"。因此,不平等的人际关系是感恩与感恩教育的巨大障碍。面对这样的障碍,首要的任务不是默认不平等的人际关系,在这种不平等的人际关系里进行专门化的感恩教育,而是去破除损害感恩的人际关系,重构平等、相互尊重的人际关系,为感恩的发育与生长奠定一个良好的人际基础。具体到学校,首要的任务不是教学生如何感恩老师、父母,而是建构平等、民主、公正的学校与班级关系。当然,建构这样的学校与班级关系不是一朝一夕的事情,也不是教师单独所能完成的。但教育不能等待,需要即刻行动。在平等、民主的学校与班级人际关系尚未建立起来的情况下,教育的重点不是感恩,而是自尊、自重。① 因为作为弱势方的未成年人,如果不能自尊、自重,很容易被优势方的施恩图报、无恩求报的定式束缚,要么陷入过度感恩的恶性循环,要么形成怨恨型人格。在不平等的人际关系中,教师会被动地置于优势地位,从高要求的角度,教师要自觉地克服不平等人际关系对感恩的绑架与利用,跳脱不平等人际关系的限定,以自身的感恩行动去做学生的榜样。具体说来,就是教师能够不从人际关系地位去理解感恩,而是从感恩本性中去践行感恩,一方面以自己的爱心去唤起学生的爱心回应,另一方面超越地位限定,对学生给予自己的关爱报以感恩。教师将自己的感恩指向学生,使学生成为自身感恩的对象,不但具有非凡的感恩教育意义,还是撬动不平等人际关系、使之松动的开始。

感恩是重要的美德,且与诸美德相关联。在中国文化中,感恩也有特殊的地位。无论从感恩的基本原理,还是从中国文化特性出发,感恩教育都是重要课题。重要性是一回事,如何重视是另外一回事。直觉性的感恩教育,由于未能深入理解感恩,进行的是似是而非的教育,对学生、对教育、对感恩的伤害甚至远大于其所能带来的益处。这样的感恩教育,其实还处在没有

---

① K. Kristjánsson, 2015: "An Aristotelian Virtue of Gratitude", *Topoi*, October.

理论基础的"原始状态"。

本章从直觉性的感恩教育入手,揭示其可能存在的危险性。在此基础上探讨了感恩的人际结构,揭示感恩作为一个人际现象是如何发生的,在"三阶感恩"的基础上,建构出感恩的"四要素"。接着重点研究了感恩本体部分的心理结构,即情理行的统一。对感恩人际与心理结构的厘清,为感恩教育基本理路的廓清打下了初步的基础。概括说来,这一基本理路有正反两个方向。从正面来说,一方面,基于感恩的人际结构,感恩教育的基本理路就是在感恩人际结构之内,将教育作为感恩人际结构的"前端",以爱引爱、以心育心;另一方面,深入感恩的心理结构内部,在"感恩中进行感恩教育"。从反面来说,就是扫清阻碍感恩生长、发育的心理障碍和人际障碍,以培育真实自尊和建构平等人际关系的方式进行感恩教育。

必须承认,感恩教育的这一基本理路还很粗糙,需要进一步探讨的问题还很多。比如,感恩与原谅有类似的地方,都是适当、适度才好。感恩的度如何把握,这是感恩教育必须要思考的问题。再比如,感恩与仁慈、公正、称赞、敬重、友善、慷慨、诚实、谦虚等美德密切相关,他们之间到底是什么关系?这些美德的发展对感恩美德有什么促进作用?这也是建构感恩教育基本理路所要思考的问题。更重要的是,感恩不是一蹴而就的,而是具有发展性的。这种发展性体现在多个方面:一是感恩来自他人之爱,在儿童尚未发育出感恩之情之前,他人之爱是感恩的"孵化器";儿童随着情感与心智的发育,慢慢能够走出自我中心,对他人情感和意图能够有所理解,感恩也就随之开始发育。二是感恩的儿童形态不同于成人形态,儿童形态的感恩主要以亲社会情感的形式出现,从感恩恩惠到感恩施恩的人,逐步向上发展。三是儿童学习感恩都是从具体的感恩情境开始的,通过反复实践与体验感恩,逐步沉淀而成为一种感恩性品格。上述感恩发展的粗线条描述,对感恩教育的落实有指导意义,但要更直接地运用于感恩教育实践,还需要基于理论和实验研究的更为详尽的阶段描述。

第四编　混合性的道德情感

　　道德情感体现的是我们对善的认可反应、态度与对恶的不认可反应、态度。生活中很多事件、事态甚至行为都是善恶纠缠在一起的，这时候我们的情感反应也是混合的，既有对善的认可，也有对恶的不认可，认可与不认可混合在一起。

　　爱是人之根，是使人得以诞生的力量，也是使人得以延续、发展的力量，是人深沉的精神需要，是本体论意义上的归根。爱是对对方作为人之善的充分认可，也是对一切危及对方的因素的不认可。教育本身就是上一代人爱下一代人的一种方式，教育爱是一种"类母爱"，具有不对等性、给予性，从一开始就为自己的离开作准备；教育爱更是一种道德爱，这种爱既是对学生的爱，也是对师生关系的承诺，更是对教师这一职业召唤的响应。

　　严格意义上的宽容是我虽然否定他人的观念与做法，但主动选择不去干预，呈现一种"双重否定"结构。宽容作为美德，体现在对多样性的保护、对他人自主的维护、对他人的善意、对自我的克制等方面。宽容是一种美德，但宽容教育有特殊的难度。

第八章　爱与教育爱的复归

我们这个时代,地球在变暖,人心却在变冷。地球变暖所引发的伤害已经显现,且其严重后果可能超出我们的想象。我们对地球变暖的忧心,既是基于其对环境的伤害,更是因为其对人类自身的伤害。与此相似,多数人对人心变冷的担心低于对地球变暖的忧心,虽然人情变冷所引发的伤害已经显现,且其严重后果可能超乎想象。这种悖论式现象的出现,一个显见的原因是生存危机凸显,环境问题引起了全球公众的注意和重视,而人心变冷问题虽然已经显露在人类生活的每一个角落,但还是没有引起足够的关切。一个隐性的原因则是环境问题是外在问题,虽然人人有责,但又人人无责,关注起来既不费力,又显高尚;人心问题却是一个内在问题,我们根本无法将其外推而成为他人问题,只能向内责己,关注起来就既吃力又难堪。虽然环境问题已经得到了关注,但地球变暖的逆转前景依然不容乐观,人心问题被我们有意无意地回避了,逆转前景就更没有一丝乐观的理由了。更致命的是,人心变冷,伤害的不仅仅是人类,不仅仅是我们每一个人,也包括环境。由人心到环境的机制并不复杂:人心变冷,意味着竞争的加剧、争夺的激化,所有这一切都需要环境资源的支持,都会由环境承担后果。在一定意义上,环境问题其实也是人心问题,环境问题的根源在于人心,也就是说,人心变冷还有环境代价,这代价必须由无辜的地球来承担。

康德关于"头顶上的星空和心中的道德法则"的言说传播甚广,但一般我们都会望文生义,以为是说我们心中的道德法则与我们头顶上的星空一样恒久伟大。其实他的本意是说"头顶上的星空"标识着人的渺小与微不足道,正是"心中的道德法则"将我们从动物性的渺小中拯救出来提升为人格性的存在。① 道德与爱(道德以爱为基础,道德在广义上也是人与人之间的爱的方式)是拯救性力量,是道德和爱将人从动物性的渺小中解救出来。逆转人心变冷,我们除爱之外无所依靠,只能靠爱的力量来救人与自救。面对

---

① 〔美〕汉娜·阿伦特:《责任与判断》,陈联营译,上海,上海人民出版社,2011,第1版,第53页。

冷漠,我们最直观的反应是借助同情。同情是克服冷漠的一种起点性反应,类似于亚里士多德所说的初始因(moving principle),但同情并不可靠,因为同情具有被动性、暂时性。同情都是由他人的痛苦所引发的,这是同情的被动性;同情虽然是一种自发的情感反应,但来得快去得也快,尤其是在我们需要付出较大努力或代价的情况下。爱是同情的升华,具有主动性和稳定性。与同情由他人的痛苦引发不同,爱是一种主动性的情感,我们对他人的爱作为一种将自身纳入他人之中、将他人纳入自身之内的活动,从来都是积极的而不是消极的。爱作为一种融合状态,已经上升为爱者的品质,具有稳定性。

同时,爱作为对冷漠的拯救,既是救人,也是自救。通过爱,我们将他人纳入我们的生命之中,我们不再是他人命运的旁观者,可以使他人免受冷漠的伤害。我们的冷漠会伤害他人,相应地,他人的冷漠也会伤害我们。我们的爱会给他人以温暖,相应地,他人的爱也会给我们以温暖。我们的冷漠在伤害他人的同时也会伤害我们自己。人是关系性的存在,是爱与道德才使人成为人。冷漠或道德冷漠,消解的正是人作为人的那种特性,使人降格为物的存在。也就是说,我们在冷观他人痛苦的同时,也是在做使自己降格的事情,这是对自己的第一重伤害。冷漠,从本性上说是"该为善时不为善",虽然不是直接作恶,但通常也是"作恶链条"上的一个环节,在特定情况下就是作恶本身。也就是说,冷漠使人处在作恶的边缘,一不小心,就跨越了边界,变成了作恶自身。对一个有道德要求的人来说,经常处在作恶的边缘,对自身的伤害是显而易见的,这是冷漠对我们的第二重伤害。第三重伤害则是冷漠会压抑、窒息我们去爱的能力,也就意味着泯灭了我们成为更好的人的机会,最终使我们变得品质低下。从这个角度看,用爱疗治冷漠,不仅仅是在救治社会人心,更是对我们自身的救治。

在人心变冷的时代,对爱进行沉思具有特别重要的意义。既然爱是拯救性力量,那我们就要思考何为爱、如何爱。爱造就了人,但人对爱的沉思相对匮乏。首先,爱与我们是一体的,我们很难从爱中抽身,站在爱的对立面,将爱对象化。其次,爱是复杂、多样、多变的,不同的人所理解的爱千差万别,是非常难以把握的"领域"。在学科分工细密的今天,我们对爱的思索愈加困难,因为爱牵涉整个人性,没有任何单一学科能够独立完成对爱的探究。康德说:"教育是由前一代人对下一代人进行的。"[1]这句话反映的是前

---

[1] 〔德〕伊曼始尔·康德:《论教育学》,赵鹏、何兆武译,上海,上海人民出版社,2005,第1版,第3页。

一代人对后一代人的爱。教育,归根结底是爱的体现、爱的活动。也就是说,在人类之爱中,有一个特殊形态的爱,即教育爱。教育爱这种特殊形态的爱到底特殊在哪里?教育爱的本性和特性到底是什么?教育爱在抵制冷漠中能够扮演什么角色?这些都是值得研究的问题。

一、爱:人之根

(一)人之诞生与发展的推动力

爱对人的意义,或者说爱与人之间的关系是首先需要考察的问题。不是因为是人我们才有爱,而是因为有爱我们才是人,在这个意义上,是爱造就了人。"爱是一种古老的痴狂,一种比文明还要悠久的欲望,其根深深地扎入黑暗、神秘的年代。"①我们一般都知道达尔文的《物种起源》和进化论学说,知道他的"物竞天择""优胜劣汰"理论,却不太了解他的《人类的由来》,不知道他的爱的学说、群体选择理论,更不知道《物种起源》和《人类的由来》之间的关系。根据大卫·洛耶(David Loye)的文献研究,达尔文对生物起源的研究其实是为揭示人类由来所作的铺垫,意在突出人类的不同凡响。但由于进化论思想满足了资本主义早期发展的需要,很快成了资本主义竞争思想的理论基础,得到了广泛传播,而达尔文更为重要的关于人类特性及其由来的思想则被忽视和淹没。"一百多年来,印在这本书后面的目录——学者们一直把它作为揭示《人类的由来》重要内容的指南使用——无非是一个写满'爱'的目录。"②达尔文在《人类的由来》里所发现的,是人类不同于其他物种的起源基础,即道德意识,也就是说,没有道德意识,就不可能有人类这一物种的诞生。道德意识来自哪里呢?来自三种本能,即性本能、亲子本能和社会本能。这三种本能虽然性质不同,但概括起来说,就是爱的本能。性本能让生物体有了走出自我的动力,被迫去考虑另一个生物体的状态与需要,这是"关心他人"的初始状态。亲子本能驱使人类祖先照料自己的后代,进而孕育出超出本能的亲情和爱。社会本能,或者说是一种结群欲,引导人克服纯粹的利己主义本能,进而沉淀为一种关心群体、与群体共命运的本能。"在历史的长河中,'相互关爱'联系着一代又一代,生物体在走过几亿年的生命历程后,为我们的祖先留下了'道德意识'赖以建立

---

① 〔美〕黛安娜·阿克曼:《爱的自然史》,张敏译,广州,花城出版社,2008,第1版,序言第3页。
② 〔美〕大卫·洛耶:《达尔文:爱的理论》,单继刚译,北京,社会科学文献出版社,2004,第1版,第5页。

的基础。"①与《物种起源》所讲述的动物间以自私和攻击为逻辑的优胜劣汰逻辑完全不同,在《人类的由来》里,达尔文要告诉世人的是,对同类生物体的关爱才是人类得以诞生的推动力。

爱是使人得以诞生的力量,也是使人类得以延续、发展的力量。人类个体如此脆弱,在原始社会,人类如果没有以爱为纽带的合作,根本没有生存下来的机会。也就是说,爱是早期人类战胜自身脆弱、战胜恶劣环境的强有力武器,"早期人类群体为了在恶劣的环境中生存下来,势必要相互爱怜、相互合作——这也是他们的基本欲望和基本行为方式"。② 人类历史上那些已经灭绝的种群,其灭绝原因无外乎"内忧外患",也许更多的是"外患"的结果,即为其他种群所灭,但"内忧"肯定也是不可忽视的原因。正是因为"内忧",即种群内部的感情淡漠与团结缺失,为"外患"提供了可乘之机。如果这些事例还是推理的话,那么乌干达伊柯人行将灭绝的悲剧,则直接证明了爱的缺乏对种群的影响。生存环境的恶化和发达文明的剥夺导致伊柯人蜕化为生物性存在,爱和道德观念都被遗弃,生活变成了为获得食物而进行的残酷争夺,人与人之间没有亲情,甚至可以偷吃别人、自己家的孩子。这样的生存状态,导致伊柯人人口急剧减少,已经到了灭亡的边缘。③ 爱在人类个体诞生与生存中的重要性则更加显而易见。人类之爱的基本形态——两性之爱导致个体生命的孕育和诞生,一如人类早期,初生婴儿也是如此脆弱,没有父母之爱(爱的另一种基本形态)的呵护,幼儿没有一丝活下来的机会。

(二) 人的扎根方式

爱不仅是人得以诞生、存活的力量,也是人最深沉的精神需要。人来自自然,在成为人之前,人类祖先本身就是自然的一部分,与自然是一体的,成为人,意味着人有了意识和自我意识,意味着人意识到与自然的分离。也就是说,来自自然的人,却发现自己不再属于自然,无法再回到自然这一来源处。从自然中脱颖而出,不再被动地受自然束缚,有了主宰自身命运的可能,这是人的卓越与幸运。同时,脱颖而出也意味着处在一种拔根状态,意味着一种"与世(自然)隔绝"的孤独。弗洛姆(Erich Fromm)把人的这种处

---

① 〔美〕大卫·洛耶:《达尔文:爱的理论》,单继刚译,北京,社会科学文献出版社,2004,第1版,第83—84页。
② 〔英〕德斯蒙德·莫里斯:《人类动物园》,刘文荣译,北京,文汇出版社,2002,第1版,第15页。
③ 〔美〕黛安娜·阿克曼:《爱的自然史》,张敏译,广州,花城出版社,2008,第1版,第174—77页。

境比喻成人的"监禁状态","如果不能从他的监禁中解放出来,如果不能以这种方式或那种方式,同他人或周围世界结合在一起,他就会疯狂"。① 处在拔根状态下的人,必须找到新的扎根方式,"自然老家"已经回不去了,唯一的选择就是扎根人间。由于有自我意识,人意识到了自我,也意识到了与他人的分离。这种意识导致人既有自主的需要,也有与他人联结的需要。如何才能既保证自主,又能实现与他人的融合呢?答案就是爱。弗洛姆说,实现与他人的融合、扎根人间的方式并不是唯一的,除爱之外,还有顺从和控制。但顺从是把自己完全交给别人,失去的是自身的自主性、独立性;控制则是使别人成为自己的一部分,牺牲的是别人的自主性、独立性。在顺从与控制中,实现的只是人与人之间的表面融合,人与人之间实际上还是处在一种隔离状态,并没有真正扎根。"对人类存在问题的真正和全面的回答是要在爱中实现人与人之间的统一。"②正是在爱中,通过爱,人走向了他人,实现了与他人的统一,而又没有丧失自我。之所以说爱是人最深沉的精神需要,就在于从自然拔根的人,必须依靠爱来实现自身的再扎根。

柏拉图在《会饮篇》中借助阿里斯托芬之口将爱描述为对另一半,也是对自身完整性的寻求。他这里讲的是情爱,但我们可以将之视为爱的一个原型。这个原型有诸多我们理解爱的"头绪"。单个的人都是被神劈成两半的存在,不完整、不完善、脆弱、孤单,这不恰恰是个体存在状态的隐喻吗?唯有找到离散的另一半,人才能完整、幸福、强大,这不正是爱之力量的隐喻吗?西蒙·梅(Simon May)在这个基础上,将爱理解为"本体论意义上的归根":"我们都需要爱,因为我们都需要在这个世界上找到家的感觉,给此时此地的生活以归属感,给我们的存在以价值和完整性,增强我们的存在感,让我们感受到现实生活的牢不可破。"③意识到自身存在的个体,也意识到自己在浩瀚的宇宙中的漂浮感与无力感,借助爱,人才找到在世存在的根基,找到存在的家园,才有了安全感和有力感。

(三) 为人与为己的统一

作为扎根方式,爱首先是走出自我、走向他人。树将自己的根须探出自身、伸向大地,进而获得坚实的扎根生存;人则是将自己的情意探出自己、伸向他人,进而获得坚实的人间生存。爱发生在人间,走出自我是第一步,没有这第一步,就没有爱。树伸向大地的是根须,而人伸向他人、伸向人间的则是对他人的关心。走向他人,是渴望与他人共在,但这种渴望的实现是以

---

① 〔德〕艾·弗洛姆:《爱的艺术》,李建鸣译,上海,上海译文出版社,2008,第1版,第8页。
② 〔德〕艾·弗洛姆:《爱的艺术》,李建鸣译,上海,上海译文出版社,2008,第1版,第8页。
③ 〔英〕西蒙·梅:《爱的历史》,孙海玉译,北京,中国人民大学出版社,2013,第1版,第6页。

对他人的关心为前提的。也就是说,爱是以关心他人这种独特的方式走向他人的,正是在这个意义上,哈特曼说"爱是一种为了另一个人的情感"。① 走出自我、扎根人间,从更根本的意义上讲,这是为了自我,为了本体论意义上的归根,但从每一个具体的爱来说,爱都是对自我的"克服",都是为了他人。只为自己、不关心他人,那就不是爱,或者说根本就没有爱。

亚里士多德关于友爱(爱的一种基本形态)以善意为前提的思想可以说命中了爱的另一个关键性特征。所谓善意(goodwill),就是"希望对方好"。② 善意是爱的一个起点,只有这个起点当然是不够的,否则就会变成一个抽象的意愿。希望对方好,就要关心对方现在的状况,就要了解什么是对对方好的。也就是说,关心对方,使善意有得以实现的机会,是爱自身所要求的。善意也好,关心也好,如果只停留在心意层面,没有付诸行动,还不是真正的爱,真正的爱是由行动来实现的。亚里士多德说德性不是静态地拥有,而是展现于实践活动之中,"在奥林匹克运动会上桂冠不是给予最漂亮、最强壮的人,而是给予那些参加竞技的人"。③ 同样,爱(在亚里士多德那里,友爱本身就是一种德性)也不是静态的善意和停留在心意之中的关心,见诸行动才是真正的爱。

在柏拉图对话《会饮篇》中,苏格拉底借狄欧蒂玛这一女性之口说爱既是一种匮乏,也是一种丰盛。我们表达丰盛的方式就是繁殖与给予,正是在这个意义上,产生了给予之爱,或者说爱可以以给予这种方式作为自己的一种存在形态。那么,我们所要繁殖的是什么东西呢?是"美的事物",爱一个人,就是在对方那里繁殖美好的事物。弗洛姆认为爱是给予,所给予的是自身有生命力的东西,这与《会饮篇》中的爱是美的繁殖的观点一脉相承。弗洛姆说:"一个人究竟能给予别人什么呢?他可以把他拥有的最宝贵的东西,他的生命的一部分给予别人……他应该同别人分享他的欢乐、兴趣、理解力、知识、幽默和悲伤——简而言之,是在他身上有生命力的东西。"④ 爱是一种给予,爱者所给予的是一种有生命力的东西,目的不在于使被爱者接受这些东西,而是在被爱者那里唤起同样的有生命力的东西。

爱是走出自我、走向他人,这是爱的一个向度,爱的另一个向度则是回

---

① 〔德〕爱德华·封·哈特曼:《道德意识现象学——情感道德篇》,倪梁康译,北京,商务印书馆,2012,第 1 版,第 65 页。
② 〔古希腊〕亚里士多德:《尼各马可伦理学》,廖申白译,北京,商务印书馆,2003,第 1 版,第 231 页。
③ 〔古希腊〕亚里士多德:《尼各马可伦理学》,廖申白译,北京,商务印书馆,2003,第 1 版,第 23 页。
④ 〔德〕艾·弗洛姆:《爱的艺术》,李建鸣译,上海,上海译文出版社,2008,第 1 版,第 23 页。

到自我。如前所论,爱是一种扎根需求的实现与满足,这本身就带有"为己性"。从根本上说,"爱压倒一切的任务就是为我们的生命和存在找到一个家"①,扎根也好,寻找家园也好,都是为己的,但爱的这种为己性,并无损于爱的价值。爱作为对缺乏(无根状态)的一种满足,正是自我的不足与缺乏驱动我们走出自我,学会去爱,为己是爱的动力。奇妙之处在于,爱的这种为己性是通过为他人的方式实现的。为他人与为己往往是矛盾的,在爱这里却奇妙般得到了统一,即爱作为为了另一个人的情感,却实现了为自己扎根的需求,或者说,爱是一种需求的满足,却驱动我们走向了他人。正是在这个意义上,沃格勒(R. E. Wagoner)说:"爱是朝向他人的,却又是一个自我事务(a matter of self-interest)。"②

(四) 爱是情感更是品质

爱对自我的根本意义在于扎根,但又不限于扎根,爱还具有自我诞生的意义。爱是走出自我,这时候的自我还是一种原始状态的自我,是还没有经过爱的孕育的自我的原型,通过爱,通过与他人的关系,自我才得以建构。正是爱的光芒映照,我们作为人的各种自然本性得以重组与调谐,人格性的自我才由此得以建立。爱还是使我们的生命得以升华的力量。苏格拉底认为爱是"介于人与神之间的中间物"。③ 我们都是普通的生命存在,但通过爱,我们可以到达"神的高度"。比如,一个妈妈,作为一个人、作为一个女性,她是普普通通的,但她对子女的爱具有神圣性,借由母爱的神圣性,作为母亲的她也由此有了神圣性。

爱是朝向他人,是一个人与另外一个人相结合的一种方式,结合方式不同,爱的形态也不同,最基本的爱的形态是父母之爱、情爱(友爱)。父母之爱是一种非对称的爱,即父母的付出远远大于所得,而子女所得远远大于付出。情爱是以性或身体吸引为中介或基础的一种结合方式,是另外一种基本的爱的形态。与父母之爱、情爱源于血缘或自然性的吸引力不同,友爱是宽广得多的结合方式,既可以单独存在,也可以存在于父母之爱、情爱之中。情爱、友爱虽然基础不同,却都是平等之爱,即感情的双方是平等的,付出与给予相对均衡,不存在父母之爱那样的不平等性、不对称性。父母之爱、情爱、友爱都是有特定对象的爱,而爱心则是一种无特定对象的爱,是一种对

---

① 〔英〕西蒙·梅:《爱的历史》,孙海玉译,北京,中国人民大学出版社,2013,第1版,第6页。
② R. E. Wagoner, 1997: *The Meanings of Love: An Introduction to Philosophy of Love*, Westport Connecticut, Praeger Publishers, p. 20.
③ R. E. Wagoner, 1997: *The Meanings of Love: An Introduction to Philosophy of Love*, Westport Connecticut, Praeger Publishers, p. 19.

所有人都有的友善态度和责任感。如果说有特定对象的爱是人通过特定对象扎根人间的话,那么爱心则是通过与所有人的结合而扎根人间。弗洛姆说,爱既是同特定对象之间的关系,"更是一种态度、性格中的一种倾向。这种态度决定一个人同整个世界而不是同爱的'唯一'对象的关系"①。爱心不一定发展成特定对象之爱,但特定对象之爱中一定有爱心,在这个意义上,我们可以说爱心是所有特定对象之爱的"底色"。

爱是关系,是情感,更是品质。爱是走向他人,与他人建立"同一性"(将自己纳入他人、将他人纳入自身)联系的行动。爱的指向既是对方,也是双方的关系。爱当然是一种深沉的情感,一种将自身托付并承担对方托付的情感。没有情感的爱,一定不是真爱。但爱又不仅仅是情感,还是品质。"爱似乎是一种感情,友爱似乎是一种品质。"②亚里士多德用品质将友爱与其他类型的爱区分开来。他关于友爱是一种品质的论述非常有说服力,那就是友爱基于善意,友爱意味着希望对方好;友爱的初因不是其他,而是对方自身的善。也就是说,我以某人为朋友,不是为了利益或快乐,只是因为他本身具有的良好品质;我之所以欣赏他的这种良好品质,在于我也有同样的品质,或者我虽然没有这种品质,但至少渴望拥有这种良好品质;我以他为朋友,总是抱有善意,总是希望他好。由此看来,说友爱是一种品质毫无问题。那么,其他形态的爱是不是一种品质呢?爱的能力以品质为基础,如果一个人没有一定的道德品质,是没有爱的能力的。一个品性恶劣的人,实际上已经失去了爱别人、爱自己的能力。这样的人走不出自我,其对别人所谓的爱,其实都是为了自身的私欲与私利;其对自身所谓的爱,不是对自身美好部分的维护,而是对自身堕落部分的放纵。这样的人很难对别人有基本的善意,也许可以在口头上希望别人好,实际上却是为了自己"好"(其实也不是真好)。这从反面证明爱必须有一个品质基础,任何类型的爱,都应该有希望对方好的善意。有了这个善意,就已经标明爱的品质。善意,即希望对方好,一方面是对自身关切的超越,另一方面则意味着知道什么是对对方真正的好。前者显然是一种善,或者说是善的基础;后者是为对方考虑,更是善的表现。所有形态的爱中都有爱心,而爱心作为一种态度,一种性格倾向,显然是一种品质,只有拥有这种品质,我们才能对所有人都表现出一种友善的态度和责任感。

---

① 〔德〕艾·弗洛姆:《爱的艺术》,李建鸣译,上海,上海译文出版社,2008,第 1 版,第 42 页。
② 〔古希腊〕亚里士多德:《尼各马可伦理学》,廖申白译,北京,商务印书馆,2003,第 1 版,第 238 页。

二、教育爱：类母爱

（一）代际之爱

教育是由上一代人对下一代人所进行的活动。上一代人为什么能对下一代人进行教育呢？根本的原因在于"成熟差"，即下一代人相比上一代人在身体、经验、知识、能力、社会性等方面的劣势。这些劣势如果不能得到弥补，人类就会退化，就会无以为继。家庭与父母的养育是弥补这些劣势的一种方式，学校产生以前，弥补两代人成熟差的任务主要是由家庭和自在的生产生活来完成的。随着人类生活、生产的进步，单纯靠家庭和自在的生活、生产活动已经无法完成这一任务，专门化的教育才得以产生。教育所要弥补的成熟差是下一代人的劣势，显然这是上一代人在为下一代人着想，体现出上一代人为下一代人好的善意。这种善意不仅表现在心意层面，还有实际行动，也就是说上一代人用自己的付出和给予去帮助、扶持下一代人，体现出一种给予之爱的特征。上一代人给予下一代人的不是物质性的东西，而是"有生命力的事物"，包括德性、知识、能力等。

因此，教育爱的第一个含义就是作为爱的方式的教育本身，即"教育就是教育爱，教育爱就是教育"。在这个意义上，教育爱对年轻一代的意义就是教育对他们的意义。这里不谈教育的其他意义，只谈教育爱对年轻一代爱的意义。人是有感情的动物，有爱才有人，培养年轻一代爱的能力显然是教育的首要任务。"想要爱人，首先得被爱过。没有被爱过的孩子长大成人后常常不知道爱为何物，更有甚者，有的还可能遭遇悲惨的命运。没有爱，人便可能陷入抑郁的流沙之中。"①被爱的体验首先来自家庭，来自父母。家庭、父母之爱的珍贵性不可否认，但还不够，因为每个孩子都要走出家庭、走向成人主导的整个社会空间，需要感受到来自上一代人的整体之爱。孩子从父母那里体会到一种个别化的爱，通过这种爱，其与先在的人世建立起一种单一而牢固的联系；孩子从教育那里体会到一种普遍的爱，通过这种爱，其与先在的人世建立起一种广泛而可靠的联系。如果说父母之爱是孩子进入人间的一个小窗口的话，那么教育爱则是孩子进入人间的康庄大道。教育爱其实意味着上一代人敞开胸怀去接纳下一代人，正是这种接纳，使下一代人能够在先于其而在的人世找到在家的感觉，由此出发去爱这个人世，去爱在这个人世生活的其他人。如果说"母亲充满爱意的第一丝微光让我们了解到自己是被爱着的，而这些闪光与我们成年时期钟爱别人的能力密

---

① 〔英〕西蒙·梅：《爱的历史》，孙海玉译，北京，中国人民大学出版社，2013，第1版，第180页。

切相关"①,那么,教育就应该犹如太阳,让年轻一代感受到他们是被上一代人的爱普照的,而这正是他们爱他人、爱人间、爱世界的起点和根基。

（二）无条件的普遍之爱

母爱是爱的"第一显现形式"②,教育爱在很大程度上类似于母爱,我们可以称教育爱为"类母爱"。③ 母亲爱子女,不需要什么条件,无论自己的子女如何,作为母亲都会爱他,在这个意义上,母爱是一种无条件的爱。当然,无条件中包含着条件,即爱的对象是她的子女。教育爱在这一点上与母爱类似,只要是学生,作为上一代人之代表的教育者都要爱他,无论学生是来自富贵还是贫贱之家,是聪慧还是笨拙,是淳朴还是顽劣。也就是说,只要是学生（这是他们获得教育爱的唯一条件）,就应得到教育爱,教育爱与母爱一样,都不是需要去争取的爱。如果一个孩子需要靠自身的努力去赢取母亲的爱,那么这母子关系就很可疑;如果一个学生要靠自身的努力才能获得教育爱,那么这种教育关系也同样可疑,很可能不是教育关系,而是商业关系。

教育爱作为一种"类母爱",虽与母爱相似,但还是有所不同。母爱之根很深,深到哺乳动物的"亲子本能"。教育爱没有这样的本能基础,如果非要寻找教育爱的本能基础的话,那就是一种间接的"群体本能",即上一代人为了群体的延续弥补下一代人成熟差的本能。如果说专门化教育之前的教育还与这种群体本能有比较清楚的联系的话,那么在专门化教育里已经很难看出这种联系了。专门化教育与其说是一种群体本能,不如说是一种群体自觉和理性选择,即为了群体的延续与发展,用专门设计的教育去弥补年轻一代的成熟差。如果说母爱是一种自然而然的爱,体现出"天经地义"的特点的话,那么教育爱则是一种理性之爱,体现出"理所当然"的特性。母爱是一种特殊之爱,一个母亲爱的不是别人的孩子,而是她自己的子女;要求她像爱自己的孩子一样去爱别人的孩子,那是不符合母爱特性的。教育爱则不同,在很大程度上,教育爱是一种普遍之爱。教育爱的不是某个特定的学生,也不是某个特定的班级,而是所有学生。具体的教育者所爱的当然是具体的、特定的学生,但其所代表的事业,爱的则是学生全体。当然,教育爱的这种普遍性不是博爱的普遍性,不是对所有人的爱,而只是对学生这一群体

---

① 〔美〕马克·马陶谢克:《底线:道德智慧的觉醒》,高圆圆译,重庆,重庆出版社,2013,第1版,第15页。
② 〔德〕爱德华·封·哈特曼:《道德意识现象学——情感道德篇》,倪梁康译,北京,商务印书馆,2012,第1版,第135页。
③ 高德胜:《时代精神与道德教育》,北京,教育科学出版社,2013,第1版,第41页。

的爱。因此,与母爱的纯粹特殊之爱不同,教育爱是一种具有普遍性的特殊之爱。

(三) 给予即获得

诸多形态的爱都具有对等性,比如情爱和友爱。在这些以对等性为特点的爱中,如果爱只是单向的,即只是一方付出、另一方接受,那就不是真正的爱。但对等性的爱不是爱的全部形态,除此之外,还存在着非对等性的爱,比如父母之爱。父母之爱的不对等,首先表现为爱的地位的不对等:父母是"施惠方",总是尽心尽力为子女操劳,而子女作为"受惠方",则很少考虑父母的需要、为父母着想。其次表现为爱的程度不对等,父母总是全身心地爱自己的子女,而子女则很少能够做到这一点。最后表现为时间上的差异,父母从孩子一出生,甚至未出生就开始爱孩子,而且这种爱会持续一生,而孩子则一开始不懂得、没有能力爱父母,等长大之后懂得了、有能力了,却又会爱自己的孩子超过爱父母。[1] 以此标准来衡量,教育爱也是不对等的爱。第一,教育者与学生的地位是不对等的,前者是"施惠方",为学生成长服务是其使命;后者是"受惠方",从前者那里获得教益却不用想着回馈。第二,爱的程度也是不对等的,学生是教育者职业使命的全部,而教育者只是学生生命中的一部分。第三,教育者对一批又一批学生的爱是永远的,而学生对教育者的爱则是针对给予他们教育的特定者。第四,在教育爱的滋润下成长起来的学生,回馈教育爱的方式不是针对教育者,而是针对他人、社会和他们自己的事业。

相互性是爱的一个基本特征,这种不对等的爱在相互性上有一个明显的"错位",何以成立呢?亚里士多德对此的解释是,这种爱之所以成立,在于其特殊性——创造者与被创造者的关系。第一,父母爱子女与子女爱父母是不同的,父母爱子女是把子女当作自身的一部分,而子女爱父母则是因为父母是他们存在的来源。第二,子女是父母的"创造物",是父母的"产品",在这个意义上,父母犹如工匠,工匠钟爱的是自身活动的产品,而不是被产品所爱。作为人,我们都爱存在,正是通过生养子女、制造产品,我们的存在得以实现。我们爱子女,实际上是爱存在。第三,这是高贵的活动。父母爱子女,为子女付出,本身就是高贵的,因为这种付出正是作为父母的德性的完美实现(这恰是幸福的含义)。[2]

---

[1] 廖申白:《亚里士多德友爱论研究》,北京,北京师范大学出版社,2009,第 1 版,第 131—133 页。

[2] 〔古希腊〕亚里士多德:《尼各马可伦理学》,廖申白译,北京,商务印书馆,2003,第 1 版,第 251 页,第 273 页。

亚里士多德用创造者与被创造者的关系来解释父母之爱，极富启发性，也适用于对教育爱的理解。如果说父母给了孩子生命（包括生理的，也包括部分精神的），那么教育则是学生精神生命的主要创造者。如果说父母是其子女个体生命的创造者，那么教育就是年轻一代"代生命"的创造者。关于这一点，康德讲得最为清楚："人只有通过教育才能成为人。除了教育从他身上所造就出的东西外，他什么也不是。"①当然，子女、学生都是有生命的人，不是工匠制造的"产品"，他们有自身的自主与选择，不可能像工匠产品那样完全接受父母与教育的塑造，但离开父母与教育，他们的生命诞生与成长是不可能的。在这个意义上，可以说父母、教育是他们生命的创造者。年长一代正是通过教育来延续自身存在的，他们对年轻一代的爱，也可以理解为对存在的追求。当然，教育爱也是一种高贵的行动，是在对年轻一代的关心、扶助的过程中实现自身德性完满的活动。

教育爱显然是给予之爱，不是需求之爱。作为给予之爱，教育所给予学生的不是物质财富等消耗性的东西，而是有生命力的无限性的美好事物。这种给予不是直接植入，而是作为一种激发性因素，用来激发学生身上有生命力的东西。教育者所能给予学生并在学生身上激发出来的东西有很多，如果用一个词来概括的话，那就是"德性"。所谓教育，最简单的理解，就是教育者用自己的德性去激发、培养学生的德性。这里的德性，不单是道德德性，而是古典意义上的德性，"就是既使一个人好又使得他出色地完成他的活动的品质"②，或者说是"灵魂卓越"意义上的德性。

从德性使用领域的角度看，教育所给予、所激发、所培养的德性，既包括人与世界相处上的卓越，也包括人与人相处上的卓越，更包括人与己相处上的卓越。要与世界和谐相处，就要了解、把握这个世界，需要有关于这个世界的知识和态度，也需要有对这个世界进行探索与改造的能力。要与他人、社会友好相处，就要理解他人和社会，学习人类在这方面所积累的经验和成果，形成对他人和人世的善意态度和行动能力。要与自己真诚相处，就要学会心灵对话，学会认识自我的基本方法，养成自我反思的基本习惯，既知道自身的局限性，又知道努力的方向，能够为自身的卓越与幸福积极行动。我们常说教育是灵魂的交流，教育爱就是这种交流的体现，就是教育者用自身在以上三个维度的灵魂卓越去激发、培育学生在这些方面的灵魂卓越。

---

① 〔德〕伊曼纽尔·康德：《论教育学》，赵鹏、何兆武译，上海，上海人民出版社，2005，第1版，第5页。
② 〔古希腊〕亚里士多德：《尼各马可伦理学》，廖申白译，北京，商务印书馆，2003，第1版，第45页。

从教育爱的给予性出发,我们很容易推导出教育爱的牺牲性。比如,教育领域的"蜡烛喻"就是牺牲论的一个典型证明。不能说牺牲论完全错误,凸显的还是教育爱的给予性特点。牺牲论的错误在于不了解给予不一定是牺牲,在有些情况下,给予也是获得。因为教育者给予学生的不是物质性的东西,而是有生命力的东西。物质性的东西,你给别人一份,你自己的就会减少;而有生命力的东西,你给别人一份,你自己的并不会减少,相反,在给予别人的过程中,你激发了别人有生命力的东西,这两种有生命力的事物互相激荡,你自己的那份在这一过程中会变得更加丰富。"蜡烛喻"的错误就在于将教育者的给予和付出完全视为自我消耗和牺牲,未能反映这种给予所内含的自我丰富意义。教育者在给予学生德性、激发学生德性的过程中,自身德性得到了丰富与发展。给予的过程也是获得的过程,教育者通过给予,使自身德性得到了发展和完善。对教育者而言,孩子的成长就是我们德性的完满,我们在孩子的成长中所体会到的快乐和幸福是无与伦比的,一个真正爱学生的教师是真正成功的教师,他在学生成长中体会到的一定不是自我牺牲或自我消耗,而是生命的丰富与充盈。

即使是给予与获得兼备的给予之爱,也因为给予的主导性而导致给予一方的优势地位。比如,在父母之爱中,父母作为给予一方,其与子女在这种爱的关系中地位是不平等的。不平等是这类爱的特征,如果给予的一方不能很好地自我节制,就很容易滑向以给予为手段的控制。正是看到了这种不平等之爱的危险性,哈特曼才说"爱的同一性本能需要上升到友谊并且以友谊加以限制,否则就会导向控制"。① 在哈特曼那里,给予带给父母以优越感,会强化父母将子女纳入自身、变成自身一部分的冲动,结果是损害子女自身的独立性和自主性。避免这种危险的出路在于,随着子女的成长,父母和子女之间应该发展出友谊,用平等的友谊来中和父母的控制冲动。

教育爱作为一种"类母爱",也面临同样的问题。如果教育者缺乏自我节制的自觉,很容易导向以爱为名义来对学生进行控制。教育爱如果滑向了控制,或者一开始就隐含着控制,用给予为控制作铺垫,那就不是爱,而是操纵。因此,给予之爱的一个不可分割的成分就是,从一开始就为自己的隐退作准备。路易斯(C. S. Lewis)对此有清晰、清醒的表述:"给予之爱肩负着重任,它必须朝着自己的引退努力。我们的目标必须是使自己成为多余。当我们能够说'他们不再需要我了',那一刻便是对我们的奖赏。"②教育不

---

① 〔德〕爱德华·封·哈特曼:《道德意识现象学——情感道德篇》,倪梁康译,北京,商务印书馆,2012,第1版,第139页。
② 〔英〕C. S. 路易斯:《四种爱》,汪咏梅译,上海,华东师范大学出版社,2007,第1版,第38页。

是为了控制下一代人,不是为了增强下一代人对上一代人的依附与依赖,而是为了下一代人的独立自主,为了下一代人能够以上一代人所开创的生活为基础,去开创属于自己的生活。

(四)一种道德爱

教育爱也是一种道德爱(moral love)。按照惯常的理解,爱与道德没有干系,尤其是在浪漫的情爱中,道德往往是爱情所要超越的障碍,因为道德与其他社会条件一起通常是浪漫爱情的阻碍因素。此外,我们一般将爱理解为自然而然的情感,不需要道德努力,一种爱如果需要以责任、义务来保证,那么这种爱就不自然了,意味着感情的成分已经大大降低。确实,爱与道德不是一回事,二者不能等同。但同样不可否认的是,爱与道德也有相同、相通的一面。如前所论,爱是一种感情,更是一种品质,以善意为基础,爱是走向他人,所有这些均说明了爱的道德性。道德不限于爱,但人的诸多道德规范都是以爱为基础的,没有爱这一根基,人的道德就会变得僵硬。

道德爱的含义虽然与爱的道德性有关,却另有意蕴。道德爱是从相爱关系出发界定的爱,爱者对关系的承诺甚至高于对被爱者的承诺,因为这关系界定了他是谁,"他承诺不惜代价来维持这一关系。他不能放弃这一关系,因为放弃就意味着对自我认同的放弃"。[①] 一个人不恋爱,他还是他自己,恋爱关系虽然重要,但不能定义他这个人。一个母亲,生了孩子却放弃对孩子的抚养,就等于放弃了她对作为母亲、作为道德人的认同,她就不再是她自己了。一个医生,如果不尽自己的职责,放弃了为病人负责的这种医患关系,他也就等于放弃了自我认同。由此可以归纳出道德爱的两个维度:一个是对关系的维护,另一个是对自我同一性的维护。爱是将我与他人、与社会联系在一起的纽带,这是一种外在同一性;爱也是将内在自我联系在一起的力量,这是内在同一性。

教育爱呈现典型的道德爱之特征。无论从代际,还是从教育爱所具有的给予性、时刻准备着退场等方面来看,教育爱都具有突出的道德性。从道德爱的两个维度来看,教育爱不仅仅是对学生的爱,更是对教育关系的道德承诺,即无论学生如何,教育者都对这种教育关系负有道德义务和道德责任,无论付出什么代价,都不能放弃这一关系。正是这一关系,定义了作为教育者的个人同一性,定义了作为教育者的身份,放弃对这一关系的承诺,也就等同于放弃了作为教育者的自己。如果说情爱是爱对方的个性,那么

---

① R. E. Wagoner, 1997: *The Meanings of Love: An Introduction to Philosophy of Love*, Westport Connecticut, Praeger Publishers, p.75.

作为道德爱的教育爱则是既爱学生,又爱教育关系,更爱作为教育者自身的完整。教育关系,或者说教育职业,本身就是一种召唤(calling),召唤教育者去履行自己的职责,不论在这一关系里被爱者的品质与状态如何。在教育爱里,我们再一次见证了爱的奇妙:教育爱是为学生的,不是为我的,但正是这种"忘我"更好地实现了"为我",使教育者在"忘我"中达到了自我的完美统一。

三、拿什么去拯救爱

以上关于爱和教育爱的论述都是以应然、以理论为逻辑的,一旦回到现实,我们就会发现应然与理论的苍白。这是一个爱正在衰落的时代,这种衰落不是外在事件,而是内生于我们每个人的"内在趋向"。虽然不能说作为人之根的爱已经消失,但整个人类社会的运行,基本上都是以"人人为己"作为基本价值基础和运行动力的。政治变成了个人安全、个人利益的保护工具,经济发展更是以人的欲望作为动力,技术的发展也是为了更好地表达每个人的利益主张,方便个人与他人"保持距离"。家庭作为爱的最后堡垒,也正在经历着爱消散的考验:一方面,家庭沦为自私个体的单纯组合,表面上看是一个群体,其实代表的是自私个体的"合伙";另一方面,家庭内部成员之间的利益冲突明显加剧,我们这个时代的家庭解体比例比任何时代都高就是明证。人是爱的动物,在一定程度上,爱已经生理化为人的本能,只要有适当的条件,我们的爱就会发芽、成长,但这个时代有太多的因素在同时抑制爱,或者说我们过的就是一种压抑爱的生活方式。

当我们将求助的眼光投向教育,渴望教育来拯救衰落的爱时,却发现教育爱本身也是风雨飘摇。本应是"类母爱"的教育爱已经失去了母爱的大多数本质,变成以竞争为基本运行方式,以人人为己为价值基础,在教育中生存的人,学会的不是爱自己、爱别人,而是如何在竞争中获胜。教育爱不再是无条件的,而是有条件的,作为学生,必须达到一定的标准、考取一定的分数才能得到基本的尊重和重视。教育者所给予学生的不再是德性,而是能够换来物质象征物的应试知识,学生必须用考试分数来给予回报,给予之爱变成了一种利益象征物的交换。

我们说爱是一种拯救性力量,渴望用爱来拯救人类、拯救地球,问题是谁来拯救爱。如果是在过去,人们可以将失望的眼神转向神,转向超验性力量,渴望神秘力量能够伸出援手,用他们的伟力在我们的心灵里重新灌注爱。在一个科学昌明的时代,这样的"自欺"、自我麻醉的机会也不再有了,虽然依然有这样那样的宗教信仰,但人类在整体上已经知道,这样的超越性的力量并不存在,人类只能靠自己。因此,爱的拯救者只能是人。

  遗失爱的是人,拯救爱的也只能是人。这个时代有太多抑制爱的因素,但人的爱的本能并未完全丢失,我们每个人都还有对爱的渴望。教育就要从这尚存的本能渴望开始去拯救人、拯救爱。一方面,未成年学生与成年人相比,更有"赤子之心",他们对爱的渴望更加强烈,教育所要做的首先是保护、培育孩子的爱心。我们总是强调教育去做什么,不太留意教育不能做什么,教育最不能做的就是用功利化的竞争与利诱毁坏学生的爱心。另一方面,教育改革的方向不在于能力提升、素养提高,而在于转型,从以利益诱惑和同龄人竞争的教育转向以爱心和关怀为价值基础的教育,当然,这种转型不是一朝一夕的事情,肯定会遇到巨大的阻碍。但在绝望中我们还是有希望的理由,因为如今以爱的损害为代价的教育,虽然表面上繁荣昌盛,内在的危机也已经到了一个临界点。一个明显的证据是,学校对年轻一代的吸引力前所未有地消退,如果没有利诱和强迫,有多少孩子愿意去上学呢?

第九章　宽容美德与宽容教育

现代社会的发展,使得人们的交往范围前所未有地扩大,我们都需要与更多的人遭遇、接触、互动。过去那种几乎可以一辈子安住于熟人世界的"舒适生活"已经一去不复返了,要想融入社会,我们都不得不离开"舒适区"迈向由差异和多样所构成的"陌生人世界"。一如鲍曼(Z. Bauman)所说,即使是在家门口,也充斥着陌生人。① 当然,为了获得安全感,我们可以将由陌生人所构成的世界熟悉化,但这种熟悉化依然不能消弭人际密度加大、来源多样所携带的人的差异性与多样性。一方面,这样的生活境况具有宽容教育的客观效果,因为我们不得不接触各色人等;另一方面,这样的生活现实也就更要求宽容心性,因为如果不具有宽容美德,我们就会因为不容人而去伤人、自伤,也就无法实现作为人的兴盛与幸福。对现代社会生活来说,宽容的必要性我们都体会得到,埃德温(D. Edyvane)和马绰沃斯(M. Matravers)对宽容的定位很准确:如果说正义是社会制度的第一美德,那么宽容则是社会生活的第一美德。②

宽容为现代社会生活所必须,但现代技术手段又为人的不宽容提供了方便,为不宽容"插上了翅膀"。如果是面对面的情况,即使认为他人的观念与做法大违己意,我们一般都会克制自己的干预冲动,显示出自己的宽容来。但在网络世界,我们可以肆无忌惮地反对一切不合己意的观念与个人,每个人几乎都降低了"燃点",一碰就着,用各种激烈的言辞去反对他人,甚至辱骂他人。这种不宽容并不局限于个体交往之中,还会蔓延到社会事件和专业领域,成为干预社会事件和专业事务的巨大力量。比如男子篮球世界赛,球队表现不好,结果网民骂声一片,不但篮球运动员、主教练也被强大的舆论压得抬不起头,甚至篮协主席也不能幸免。主教练一夜之间"人设崩

---

① 〔英〕齐格蒙特·鲍曼:《通过社会学去思考》,高华,吕东等译,北京,社会科学文献出版社,2002,第1版,第51页。
② D. Edyvane et al.,2011:"Introduction:Toleration Re-examined", *Critical Review of International Social and Political Philosophy*,June.

塌",变成了"罪人",他做运动员时的辉煌再也无人提起。匿名的网民和知名的媒体工作者,都不能容忍别人的错误与失败,都不能守住专业界限,似乎自己从来不会失败且都是篮球世界的超级教练。在面对面互动中,他人在我们对面,这一事实本身就是一种道德要求,我必须给予他人以起码的尊重。而且,如果我不尊重他人,立即就要面对他人的回击。与此同时,我们每个人都是有名有姓的存在,都有一个自我身份认同,不能去做有违自我身份认同的事情。可以说,他人的在场与自我身份认同为我们的不宽容加上了两道"防火墙"。而在网络生活中,他人"遥在",我们又可隐身,现实生活中的两道"防火墙"由此遭毁遭弃。虽然网络世界里也有法律,但我们对他人的不宽容又不违法。在网络世界里,我们的不宽容可以如此方便快捷地得到表达又不需要承担责任,网络技术为我们的不宽容"插上了翅膀"。

现实社会生活如此需要宽容,而网络时代又为现代人的不宽容"插上了翅膀",这当然是时代挑战、时代课题。无论从满足时代需要出发,还是从引导网络环境着想,学校教育都应该加强宽容教育,这是学校教育的时代责任与社会责任。但反观现实,我们可以直观地感受到学校在宽容教育上的用力不够,远远落后于学校在诚实、公正、感恩、尊重等美德上的教育投入。教育和德育研究,对宽容教育的探讨同样稀少。教育实践与理论上对宽容的忽视,源于传统上对宽容价值的认识不足,比如洛布科维奇(N. Lobkowicz)就认为宽容是一种"次要的美德"[1],因为它以其他更为基本的美德为前提,如果颠倒了关系,宽容就可能变成一种恶习。更有甚者,直接怀疑宽容是否真的是一种美德。比如,有人就提出,宽容以否定为前提,我认为他人的行为在道德上是错误的,但不去干预,无论基于什么理由,都有一种道德放任发生,这样做也许有现实合理性,顶多是一种生存与共处技巧,但怎么也算不上是一种美德。[2] 即使承认宽容是一种美德,有进行宽容教育的愿望,马上就会遇到另外一个障碍:宽容教育之难。宽容教育之难,既有宽容概念本身的"悖论性",认为别人是错误的,又不去干预这种错误;又有儿童发展的"未定性",儿童区分是非对错已经很难了,而宽容则要求更高,即区分出是非对错之后还要克制自己不去干预错的。

本章基于宽容的时代境遇和宽容教育的遭遇,集中研究以下几个问题:(1)宽容的概念与观念演化;(2)为什么说宽容是一种美德;(3)宽容教育

---

[1] 〔德〕尼古拉斯·洛布科维奇、葛英杰:《宽容的缺陷》,《国外理论动态》2014年第8期。
[2] B. Williams, 1996: "Toleration: An Impossible Virtue?", *Toleration: An Elusive Virtue*, New Jersey, Princeton University Press, p. 18-27.

难度之所在;(4)学校教育所进行的自在的宽容教育;(5)自觉的宽容教育该如何进行。通过对这些问题的探索,既能够对宽容教育的理论研究有所贡献,又能为宽容教育实践提供一些思路与参考。

一、宽容概念的演化

(一) 宽容之源

宽容不是概念演绎,也不是人造美德,而是人性需要。首先,宽容之所以必要,在于人生而不同、长而不同。如果每个人都是一样的,众人整齐划一,宽容就没有存在的必要,也就没有宽容问题。我们每个人天生不同,且成长的过程也无法消弭这种不同。不要小看人的这种差异性,在阿伦特看来,这是人之所以为人的特性,正是因为每个人都是不同的,所以才具有不可替代性。如果一个人与其他人没有什么差异,那就意味着这个人像物品一样是可以替换的,就失去了作为人的独特性。守护差异性和多样性恰是对人性的守护,而差异性与多样性的丢失恰是人性的泯灭,是一种"根本恶"。①

其次,宽容之所以可能,还在于我们有共通的人性,能够互相交流、互相理解。如果人与人不能互相沟通与理解,那我们对待差异的方式就不是宽容、尊重这些道德的方式,而是排斥、压制、消灭等暴力的方式。人的诸多美德,都是在相通性与差异性的相辅相成中衍生出来的,比如,同情、仁慈等都是从人的相通性中衍生出来的美德,其伦理根基在于"人同此心";尊重、宽容等则是从人之差异性衍生出来的美德,其伦理基础是"有权不同"。"人同此心"里有差异,是差异的相同,即你虽然不是我,但有与我一样的"心";"有权不同"里有相同,是相同的差异,即你与我一样都是人,你有权与我不同。

再次,宽容的必要还在于人必须过群体生活。即便人人不同,如果不需要过群体生活,我们各过各的,互不牵涉,也就没有宽容问题。问题在于,人人虽然不同,但又必须共同生活,因为离开他人,单个的人其实是无法在世生存,甚至是无法成人的。当然,群体生活看似具有"不得已而为之"的消极性,但实际上并非全然如此,我们其实也是本能地乐于过群体生活的,具有"结群欲"。"结群欲是一种现实的、直接的本能。""每个精神健康的人都会觉得一定程度的结群是生命需要。"②既然人人不同,但我们又必须且乐意

---

① 〔美〕理查德·J.伯恩斯坦:《根本恶》,王钦、朱康译,南京,译林出版社,2015,第1版,第253页。
② 〔德〕爱德华·封·哈特曼:《道德意识现象学——情感道德篇》,倪梁康译,北京,商务印书馆,2012,第1版,第65—66页。

过群体生活,那容忍差异就成了必须,否则差异就会成为将我们彼此隔离开来的"栅栏"。

最后,宽容之所以可能,还在于我们有意识和自我意识。我们常说,"天下没有两片相同的树叶",问题是树叶没有意识和自我意识,它们无法意识到彼此之间的不同,也就没有宽容问题。人则不同,我们又意识到了这种不同,才有作为人所独有的宽容问题。

宽容存在的四个条件中,差异当然最为根本,或者说,宽容就是为了处理差异的,是有意识和自我意识、需要过群体生活、又有相同人性的我们处理彼此之间差异的一种方式。需要特别说明的是,我们处理彼此之间差异的方式多种多样,并不是所有方式都是宽容,或者说我们并不是只有宽容这一种处理差异的方式。比如,面对差异,我可能感到自卑,觉得别人的思想和行为比我的惯常做法好多了,这时候激起的就不是宽容,而是向别人学习、向别人借鉴的态度;面对别人与己之不同,我虽然并不妄自菲薄,却感到兴奋,犹如面对自然多样性时的兴奋①(比如,一个生活在山区的人,第一次见到大海,欣赏到了截然不同的自然风光,打心底里感到兴奋),这时候激起的同样不是宽容,而是欣赏的态度;面对别人与己之不同,我也可能无所谓,感觉与己无关,这时候我的态度也不是宽容,而是漠然;面对别人与己之不同,我感到不舒服、不喜欢,甚至认为别人如此想、如此做是错误的,因此有干预、改变别人的欲念,但还是控制住了这种欲念,允许别人与己不同,这才是宽容。也就是说,我们有多种处理差异的方式与态度,宽容只是其中之一种。

(二) 宽容主体的演化

一说到宽容,我们就可能下意识地联想到"和而不同"。"和而不同"的思想最早见于《国语·郑语》中史伯与郑桓公之间的谈话:"夫和实生物,同则不继。"②这时的"和而不同"还不是指人与人之间的关系,而是指包括人在内的自然万物之间的关系。后来,"和而不同"的思想由自然万物之间的关系规律延伸到政治生活之中而成为一种政治关系原则,这时候宽容初步有了主体,即君王,宽容也就成了君王对差异多样的臣子的接纳。孔子说:"君子和而不同,小人同而不和。"(《论语·子路》)将宽容引入个体之间关系,这时候宽容的主体已经是具有理想人格的"君子",宽容已经成为"君子"必须具备的一种美德。

---

① P. N. Jones,2010:"Toleration and Recognition:What Should We Teach?",*Educational Philosophy and Theory*,February.
② 徐元诰:《国语集解》,北京,中华书局,2002,第1版,第470页。

在西方,亚里士多德对宽容已经有所思考,在《尼各马可伦理学》里,他对十种道德德性进行了探索,其中勇敢、节制、慷慨、大方、大度五种美德是有名称的,另外五种是没有名称的(nameless)。第三种没有名称的美德,中文一般翻译为"友善"①,英文也有翻译为"friendliness"。② 不能说这样的翻译不对,这一美德确实事关对待他人的友善态度。根据阿若门沃(R. Avramenko)和普若赛尔(M. Promisel)对这一文本的再研读,发现亚里士多德"第三种未命名的美德"是针对他人言行的美德,即以适当的方式赞同该赞同的,以适当的方式反对该反对的,就是我们当今所说的宽容。如果过度赞美他人言行,无论对错,就是讨好和奉承;如果对他人言行反应苛刻、粗暴,就是不宽容,宽容就是这两极的中间,是对待他人言行的适度反应。③ 二人对亚里士多德"第三种未命名美德"的这一观点的新解相当有新意(后文还会论及),说明在古希腊雅典时期,哲学家已经开始思考生活中的宽容问题,虽未正式命名,但还是将其当作一种个人美德对待。

在宽容思想史上,洛克是绕不过的思想者。但他对宽容的思考是基于宗教的,是宗教宽容。宗教宽容的主体可以是个体信仰者,但更多的是一个信仰群体对另外一个信仰群体的宽容,这时候宽容的主体主要不是个体而是群体,宽容也就演化为群体宽容。在很长的历史时期内,宽容不再是个人美德,而是一个群体对待另外一个群体的态度,尤其是优势群体对待弱势群体的态度。人不是单纯的个体,而是群体成员。我们看一个人,在没有深入交往的情况下,往往是将其当作群体成员看待的。在这种情况下,即使是在个体交往的情况下,我们所表现出的宽容也不是过去时代那种作为个人美德的宽容,而是群体宽容的个体化。

洛布科维奇说"宽容最初是一种政治美德"。④ 这话肯定不准确,如前所论,无论中国还是西方,很早的时候宽容已经是一种个人美德了。但他的话又不完全错误,因为近现代民族国家确实在很长一段时间内成了宽容的主要主体。作为政治美德,民族国家多数是超宗教的,由愿意承认宗教信仰的多样性发展到愿意承认政治观念和文化族群的多样性。国家作为宽容主体,其与宽容对象即不同的群体与个体在地位上是不对等的,不是对等主体之

---

① 〔古希腊〕亚里士多德:《尼各马可伦理学》,廖申白译,北京,商务印书馆,2003,第1版,第117页。
② Aristotle, 2009: *The Nicomachean Ethics*, Translated by D. Ross, New York, Oxford University Press, 2nd ed, p. 74.
③ R. Avramenko, M. Promisel, 2018: "When Toleration Becomes a Vice: Naming Aristotle's Third Unnamed Virtue", *American Journal of Political Science*, October.
④ 〔德〕尼古拉斯·洛布科维奇、葛英杰:《宽容的缺陷》,《国外理论动态》2014年第8期。

间的"平行宽容"(horizontal toleration),而是"垂直宽容"(vertical toleration),前者是个人美德,后者是政治美德。①

由此看来,宽容的主体可以是个体,可以是群体,也可以是政治实体。作为宽容主体的个体,其宽容对象主要是其他个体。作为宽容对象的个体,既可能是群体内成员,也可能是群体外成员。当宽容对象是群体外成员时,个体所宽容的对象就不仅仅是个体化存在,还是带有群体文化与价值观念的群体成员。群体(国家)作为宽容主体,其宽容对象既可以是其他群体(国家),也可以是本群体(国家)内的个体。在全球化时代,群体(国家)间宽容、群体(国家)对群体(国家)内个体的宽容既迫切又重要。限于主题,本章将研究的焦点集中于个体之间的平行宽容,即个体对个体的宽容。

（三）消极宽容与积极宽容

关于何为宽容,影响甚广的是三要素说,即宽容由否定、有干预能力或力量、限制自己不去干预三个要素构成。② 否定要素是对宽容对象观念、行为与做法的否定性评价。限制要素是指我虽然对他人的观念、行为与做法持否定态度,却克制这种否定,不去干预。这是宽容的核心部分,宽容就体现在这种克制当中。如果不能克制,将自己的否定态度转化为干预态度、行为,就走向了不宽容。力量要素则是指主体有干预的能力和力量,否则也就谈不上宽容。一个被控制的人,根本没有干预控制的力量与能力,他所能做的只能是忍受,但忍受不是宽容,宽容是基于主动选择的,被动忍受没有这种主动选择性。莱伽德(S. Lægaard)将宽容的力量要素理解为宽容的选择性,即宽容是在有选择的情况下对否定、不喜欢的事物的容忍。在没有选择的情况下,就不是宽容,只能是忍受。因此,宽容是以能够不宽容为前提。③

莱伽德将宽容结构理解为四要素,他在三要素基础上加了一个前提性要素,即差异的客观存在。④ 这一要素当然是存在的,但其实不加也可以,因为否定要素已经蕴含了差异的存在,没有差异存在,也就不存在否定要素

---

① A. E. Galeotti, 2021: "Rescuing Toleration", *Critical Review of International Social and Political Philosophy*, May.

② J. Horton, 2020: "Conceptualising Toleration", *Critical Review of International Social and Political Philosophy*, April.

③ S. Lægaard, 2010: "Recognition and Toleration: Conflicting Approaches to Diversity in Education?", *Educational Philosophy and Theory*, February.

④ S. Lægaard, 2010: "Recognition and Toleration: Conflicting Approaches to Diversity in Education?", *Educational Philosophy and Theory*, February.

了。也就是说,差异的客观存在是不言而喻的。盖里奥梯(A. E. Galeotti)也认为宽容由四要素构成,只不过他在三要素基础上增加了另一要素,"即在自护与害人的限制之内"。① 这一要素所要表达的是,虽然我不同意他人的做法,但他人有自主决定自己生活的权利,这种权利是其自主生活的保证与保护。但这种权利的运用,以不伤害为限制。如果伤害了他人或自己,就超出了宽容的范围。比如,我们都不会宽容校园欺凌者,因为其行为已经伤害了被欺凌者。如果说莱伽德是给宽容增加了一个前提的话,盖里奥梯则是给宽容划定了一个范围。但新增的这个"第四要素"其实也是可有可无的,因为无论理论上还是日常的直觉理解,宽容都是有限制的,没有无边无际的宽容,对什么都宽容,那不是美德而是一种恶。

三要素也好,四要素也罢,其实最为核心的要素就是两个:一个是否定,即不认同他人的观念、行为、做法;另一个是克制,即克制自己的否定,不将自己的否定化为干预,这两个要素之外的差异前提、力量条件、限制条件其实都是辅助性的。沃尔登(B. von Waarden)给宽容下了一个极简定义:宽容就是"不认同但不去反对"。② 对宽容的这种理解,之所以说是消极的,就在于构成宽容的两个关键要素都是否定性的。前一个要素是对他人思、言、行的否定,后一个要素则是对自己否定的否定,是"双重否定"。

对他人的思、言、行的否定,是什么意义上的否定呢? 比如,我不喜欢一个人贪杯,虽然体现的是我个人的好恶,但也是一种否定,这种否定与我对别人做错事(比如亏待老人)的否定是不一样的。前者是个人偏好问题,后者就牵涉道德问题。有人将宽容严格限定于道德宽容,即对他人道德错误的宽容;有人将宽容扩展到包括不喜欢、不合胃口的克制。如果说对道德错误的宽容是"强宽容"概念的话,那么将宽容扩展到对自身好恶的克制,则是"弱宽容"概念。持"强宽容"概念者认为宽容是一种道德选择,与个人偏好、趣味无关,所以对偏好和趣味的克制不是宽容。持"弱宽容"概念者认为宽容的道德性不在于否定什么,而在于对自我的克制、对他人的尊重,且我们的道德判断总是带有情感性,总是与个人好恶结合在一起的。③ 从日常感受来看,"弱宽容"概念更符合我们对宽容的直觉,"强宽容"概念太严格了,实际上窒息了宽容概念,使宽容概念变得虚弱。我们也可以从反面来看"弱

---

① A. E. Galeotti, 2021: "Rescuing Toleration", *Critical Review of International Social and Political Philosophy*, May.
② B. von Waarden, 2017: "Teaching for Toleration in Pluralist Liberal Democracy", *Democracy & Education*, May.
③ J. Horton, 1996: "Toleration as a Virtue", *Toleration: An Elusive Virtue*, New Jersey, Princeton University Press, p. 28-43.

宽容"概念的合理性：如果我们因为不喜欢别人的生活习惯而去干预，显然就是不宽容。

宽容有两端：一端是否定，另一端是不干预。这两端共同决定了宽容的消极性。那么这两端如果有所变动，会产生什么样的变化呢？首先看否定这一端，如果对差异、不好的事情无动于衷，没有构成宽容的否定性要素，那就是漠然，也就不存在宽容了。再看不干预这一端，是不是所有的干预，或者说我们一旦有所干预，就超出了宽容的限制而走向不宽容了呢？康尼可斯（P. Königs）就认为不是所有形式的干预都是不宽容，很多种改变他人观念、行为的方式与宽容并不冲突，比如说理、辩论、感化等。① 这种看法很有启发性，也符合我们的日常经验，但有一个漏洞，即温和控制。一个不宽容的人，可以用温和的方式来掩盖自己的不宽容以达到干预、强迫他人的目的。要堵上这个漏洞，就要加上文明、正派、善意等限定，即一定程度上的文明、正派和善意的干预同样并未超出宽容的界限。温和控制，所要实现的是控制他人的目的，不是文明、正派和善意的做法，因而不在宽容之列。

戴维斯（R. W. Davis）对消极宽容的积极修正走的不是适度的善意干预这一方向，而是不但不干预，还反对别人干预。他认为宽容概念的日常使用往往强于消极不干预。在他看来，超出消极不干预宽容的要求还包括希望宽容对象的观念与做法得以延续，采取积极行动支持宽容对象的自主权利，积极发展与宽容对象的非工具性关系等。② 这与康尼可斯将适度的善意干预纳入宽容，使宽容具有一定的积极性不同，戴维斯是从维护不干预（不仅自己不干预，还反对别人干预）的意义上赋予宽容以积极色彩。

康尼可斯和戴维斯在消极宽容的框架内稍微往不同的方向走了一步，但大体上还是未脱离消极宽容的范畴。与此不同，联合国教科文组织的"宽容原则宣言"，将宽容界定为"对世界文化丰富多样性、不同的表达方式、存在方式的尊重、接纳和欣赏"。③ 联合国的"千年宣言"与此一脉相承，也将宽容界定为"对信仰、文化、语言多样性的互相尊重"，提醒我们不应恐惧、压制社会间、社会内的差异，而应将差异视为人类的宝贵财富。④ 这种宽容概念已经没有了否定成分，也没有了克制要素，而是体现出对差异的欢迎、接

---

① P. Königs, 2021: "The Simplicity of Toleration", *The Politics and Ethics of Toleration*, January.
② R. W. Davis, 2017: "Autonomy and Toleration as a Moral Attitude", *Journal of Social philosophy*, March.
③ UNESCO, 1996: "Declaration of Principles on Tolerance", *Diogenes*, December.
④ M. Zembylas, 2011: "Toleration and Coexistence in Conflicting Societies: Some Tensions and Implications for Education", *Pedagogy, Culture & Society*, October.

受、拥抱等积极态度,是积极意义上的宽容。

很明显,联合国及其附属机构的宽容概念带有文化差异色彩,虽然也涉及文化内的个体间关系,但主要是针对不同文化之间的态度。既然如此,这种积极宽容概念就是可以理解的,因为联合国作为一个国际组织,不可能对不同的文化作出价值判断,然后再倡导消极意义上的宽容,只能以每一种文化都有各自的价值和独特性为前提,倡导文化间的相互尊重、相互欣赏、相互学习。只是这种对待文化差异的积极态度,是不是宽容或文化宽容,是存疑的。个体间的宽容如果沿用这种积极概念,就会有逻辑和常理上的问题。如前所论,作为个体,对待差异可以有不同的态度和处理方式,比如学习、欣赏、接受,如果说这些态度都是宽容,明显不合逻辑和常理。比如孔子说"三人行,必有我师焉",这时候我是虚心不是宽容。对积极的、好的事物,我们可以采取欢迎、接纳、学习、欣赏等正面的态度,根本用不着去宽容。宽容总意味着失去一些东西,总意味着对自我的克制,如果我们是在欢迎、接纳、学习、欣赏别人不同于我们的观念与做法,就不存在失去什么、克制自我的问题。只有在别人的差异我们不能接受的时候,才需要宽容。我们彼此之间的差异多种多样,性质也各不相同,不同性质的差异需要不同的态度和方式,只用一种态度和方式去对待,不合逻辑,也不合常理。

积极宽容概念看似积极,但运用到个人之间,问题很多。除上文说到的不合逻辑、不合常理之外,也很难做到。有些差异我们是可以欣赏、学习、接纳的,有些差异则不可能如此对待,因为说到底每个人毕竟都是不同的个体,不可能将他人的方式完全变成自己的方式,果真如此的话,我就不再是我自己,而成了他人的复制品。在这个意义上,积极宽容实际上不是宽容,而是尊重与欣赏,以尊重和欣赏来定义宽容,是尊重、欣赏与宽容的错位。

由此看来,宽容本身内在地含有否定性,是双重否定,消极是宽容的本性。积极宽容,运用于文化间自有其意义,但实际上,积极宽容不是宽容,而是尊重与欣赏。当然,宽容虽然以否定与不干预为核心,但也可向适度、善意干预以及反对他人干预这两个方面有所拓展。

二、作为美德的宽容

虽然几千年之前的先贤已经把宽容当作一种美德,但对宽容是否是美德的质疑一直存在。症结在于,宽容的否定性结构与我们对美德的直观理解有冲突。否定他人的观念、行为、做法,认为他人的言行是错误的,又不去反对,这本身就是自相矛盾的。这种自相矛盾不但不是错的,反而还是一种美德,着实令人费解。那么,要证明宽容是一种美德,就要化解这种矛盾。盖里奥梯提出了一个简单的证明方式,即没有人愿意被标示为不宽容的,不宽容是一种道德指责,因此宽容就是一种美德。① 这种证明方式虽然有一定的说服力,但实际上并未解开症结。在宽容结构中,我们否定对方的观念、行为、做法肯定是有理由的,同样,我们不去干预,哪怕我们认为他人是错误的,也任其错误下去,也是有理由的。而且,后一个理由在价值等阶上高于前一个理由。也就是说,宽容作为美德的依据在于价值等阶上,那么,只要把宽容的依据找出来,就可以证明宽容为什么是一种美德了。

(一) 对多样性的保护

卡特(I. Carter)将宽容的两个核心要素的功能理解为选择指导功能和保护功能。宽容的否定部分具有选择指导功能,即我据此对他人观念与言行作出判断;宽容的克制部分则保护他人有权作出与我不同的选择、有权与我不同。② 也就是说,宽容有保护功能,保护的是他人与我的不同与差异。人与人之间的差异,在小范围来看是差异,如果放在大范围来看就是多样性(diversity),或者说差异的众多就是多样性。因此,宽容对差异的保护也可以说是对多样性的保护。

随之而来的问题是,为什么要保护差异与多样性？保护差异或多样性是实现其他目的的工具还是本身就有价值？很多人在潜意识中将多样性视为工具性价值,即实现个人兴盛、文化繁荣、社会活力的工具。多样性确实有这样的功能,如果仅限于此的话,还是没有充分认识到多样性本身的价值。戴维斯认为,人类生活的多样性不仅是一种事实,还是一种规范价值,或者说多样性不仅是事实性的多样性,更是"规范性的多样性"(normative diversity)。人是多样的,也应过多样化的生活,否则就是对人性的违反与扭曲。③ 我们通过宽容等方式保护多样性,确实可以让我们每个人都从中受益,让我们能够从他人那里学到不一样的东西,但这些都是"附带效应",保护多样性的真正意义在于多样性本身,多样性本身就是我们必须追求与保护的价值。

在多样性问题上,阿伦特有不同凡响的论述。在阿伦特那里,多样性(她用的是"多元性",plurality)具有三层意义,即作为事实、作为法则和作为

---

① A. E. Galeotti, 2019: "Rescuing Toleration", *Critical Review of International Social and Political Philosophy*, May.
② I. Carter, 2013: "Are Toleration and Respect Compatible?", *Journal of Applied Philosophy*, August.
③ R. W. Davis, 2017: "Autonomy and Toleration as a Moral Attitude", *Journal of Social Philosophy*, March.

条件。① 作为事实的多样性,不限于人类,这是我们所生活的世界的特性。作为法则的多样性,即多样性是一种不容违背的法则,如若违背,就会对人类、对地球造成伤害。对多样性法则的遵守,保证我们成为有独特性的人,能够分属于不同的群体和国家,这是人性的体现和保障。作为条件的多样性,即多样性是人与人之间互动的条件,如果我们彼此都是相同的,也就没有了互动的必要,正是多样性使我们的语言交流成为必要,我们才能一起行动、共同建构世界、探索人性的可能与未来。多样性既是事实,也是法则和条件,对多样性的守护也就是对人性的守护;反过来,对多样性的伤害,也就是对人性的伤害。正是在这个意义上,阿伦特将人的多样性消失称为"根本恶"。

我们对他人观念与言行有自己的好恶和判断,如果是负面的,就是宽容结构中的否定要素。但我们不能要求他人按照我们的好恶和判断来生活,否则我们就成了衡量他人的尺度,就会压抑甚至抹杀差异性和多样性。从价值等阶来看,差异性、多样性显然高于个体的好恶与判断,这就是为什么我们既否定了他人,又不去干预他人的价值逻辑。当然,如果他人的观念和言行极端错误,超出了可以宽容的范围,变成了不可宽容的,那就不能再去宽容。不可宽容为宽容划定了界限,似乎个人的道德判断的等阶超过了多样性价值,其实,多样性价值依然在起作用。他人言行之所以是不可宽容的,就在于其侵犯了我们或第三人的差异化存在。也就是说,他人言行之所以是不可宽容的,在于其对差异性和多样性的侵害。

如前所论,我们有多种对待差异的方式,如果是正面的态度,就是对差异和多样性的保护。比如,如果我们对差异性和多样性持欢迎、接受、欣赏的态度,对多样性起到的是支持、扶植、保护的作用,与此相对的则是对差异性和多样性的排斥、挤压与毁坏。宽容对多样性的保护处在这二者之间,是对多样性之底线的坚守。从表面上看,对多样性的欢迎、接受、欣赏更为正面,但宽容对多样性的坚守更为可贵,因为如果是我们喜欢的差异性与多样性,接受起来就没有什么难度,而宽容的可贵在于,我们守护的是我们并不喜欢、并不认可的差异性与多样性。而且,对差异性和多样性的欢迎、接受、欣赏在客观上还会有一种消弭多样性的作用,因为我们在彼此差异的接受之中就会慢慢变得相同。宽容则不同,宽容守住差异的底线,即你不同于我、我不接受你,但我并不去干预你,让你变得与我相同。

---

① 〔德〕沃尔夫冈·霍尔、〔德〕贝恩德·海特尔、〔德〕斯特凡妮·罗森穆勒:《阿伦特手册——生平·著作·影响》,王旭、寇瑛译,北京,社会科学文献出版社,2015,第 1 版,第 533 页。

（二）对自主性的维护

宽容是美德，一个重要的依据是宽容是对差异性、多样性的守护，更是对人性的守护。如果只停留于此的话，对宽容对象关注不够，宽容对象只是差异性和多样性的载体。实际上，宽容是一种美德，还体现在宽容是对宽容对象作为道德主体、作为人的自主性、基本权利与尊严的维护上。

如前所论，宽容的一个条件是人有意识和自我意识。人有意识和自我意识，意识到了自身与周遭世界、与他人的不同，渴望主导自己的生活。多亚尔（L. Doyal）和高夫（I. Gough）对此有深刻的论述："身体存活和个人自主是任何文化、任何个人行为的前提条件，所以它们构成了最为基本的人类需要——这些需要在一定程度得到满足，行为者才能有效地参与他们的生活方式，以实现任何有价值的目标。"[①]自主对人如此重要，但自主不能单靠个人来实现，还依赖于他人的承认。没有他人的承认，一个人的自主需要无论如何都是无法得到满足的。宽容就是对他人自主的一种承认方式，我虽然不赞同你的观念和言行，但我不去强制干预，因为我承认你有作为人的独立性、自主性，你有权利拥有不同于我的观念，有权利作出自己的决定，有权利按自己的意志行事。宽容表面上看是宽容者对自身干预倾向的克制，实际上是用这种克制表达一种承认，即对被宽容者作为人、作为道德主体的承认。承认一个人的道德主体地位，就是承认其有基本的能力去确定自己的目标、作出理性的决定，就是承认其与我一样可以自主地去过自己的生活。

因为宽容结构中有对他人观念与言行的否定，很多人据此认为宽容与尊重是矛盾的。但从直觉上看，宽容里有尊重，或者说宽容是体现尊重的一种方式。那么，如何理解宽容与尊重的关系呢？卡特提供了一个很好的思路。他首先指出，尊重有两种类型：一种是承认尊重（recognition respect），另一种是评价性尊重（appraisal respect）。[②] 前者是对他人作为人、作为道德主体的认可，后者则是基于他人言行、作为所给予的尊重。这种分类类似于我所主张的普遍性尊重与获得性尊重，前者是指作为人都应该享受的尊重，后者则是通过自己的成就与品行而获得的尊重。[③] 如果我们采用的是评价性尊重或获得性尊重，那么宽容与尊重确实是矛盾的。在宽容中我们虽然否定了他人的观念和言行，对他人的观念和言行作出了评价，但又放下了这种评价。为什么要放下呢？就是因为他人与我一样是自主的人，有权如此。

---

① 〔英〕莱恩·多亚尔、〔英〕伊恩·高夫：《人的需要理论》，汪淳波、张宝莹译，北京，商务印书馆，2008，第 1 版，第 69—70 页。
② I. Carter, 2013: "Are Toleration and Respect Compatible?", *Journal of Applied Philosophy*, August.
③ 高德胜：《人的尊严与教育的尊严》，《高等教育研究》2012 年第 2 期。

也就是说，在宽容中我们"悬置"的是评价性、获得性尊重，彰显的是认可性、普遍性尊重。因此，与评价性、获得性尊重相矛盾的宽容，与认可性、普遍性尊重并不矛盾。

在宽容概念中，我们常说尊重差异，但如前所论，对差异的尊重是对待差异的积极态度，并不在宽容范围内。宽容是面对差异，既不接受，又不采取行动去反对、去干预，是"不接受的接受"。宽容里当然有尊重，但这里的尊重不是指向差异的，而是指向每个人都有的自主性。正是在这个意义上，柏陵特(P. Balint)认为宽容中的尊重不是尊重差异，而是尊重相同(sameness)。[①] 理解了这一点，对他人，尤其是对其他群体成员的不了解就无法成为不宽容的借口，因为他人无论多么陌生，都与我们一样是人，都有与我们一样的作为人的道德主体地位和处理自身生活的自主性，我们必须对此给予充分的尊重。

我们给予他人、他人给予我们的认可性尊重当然也是有限度的。在宽容情境下，我们不赞同他人的观念与言行，实际上已经作出了否定性评价。但这种否定性评价与其作为一个人的自主性相比还是次要的，还处在自主性能够自由裁量的范围，我们因为尊重其自主性和自由裁量权而不去干预。别人对我们也是如此。一旦他人的言行超出了自主性所允许的范围，比如对我们、对第三人的自主性造成了伤害，那就超出了可以宽容的范围，变成了不可宽容的。

既反对一个人的观念与言行，又尊重其作为人的自主性，这是宽容作为美德的另一体现。问题是如何才能做到呢？霍尔顿(J. Horton)认为其中的机制是知觉转移(perceptual shift)，即我们从反对的观念转向观念的持有者、从言行本身转向言行主体，将其观念和言行悬置起来，以对主体的尊重来替代对观念和言行的否定。[②] 汉语中有"对事不对人"的说法，即我们只论事情本身的是非，不去责难、伤害做事的人。霍尔顿的知觉转移，类似于"对事不对人"的反面——"对人不对事"。所谓"对人不对事"，也即你的观念与言行是我不喜欢或者在我看来是错误的，但因为我尊重这一观念与言行背后的人，所以不再去干预、反对。与"对事不对人"一样，"对人不对事"也是将人的观念、言行与人相对分离开来，我虽然否定前者，但不否定后者；因为不否定后者，所以克制对前者的反对。"事"是有主的，"对事不对人"也是相对的；人是由其观念和言行建构的，也不是完全脱离观念和言行的抽

---

① P. Balint, 2011: "Education for Tolerance: Respecting Sameness, Not Difference", *Religious Tolerance, Education and the Curriculum*, Rotterdam, Sense Publishers, p. 41-52.

② J. Horton, 1996: "Toleration as a Virtue", *Toleration: An Elusive Virtue*, New Jersey, Princeton University Press, p. 28-43.

象存在,"对人不对事"也是相对的。一旦你的观念,尤其是言行与作为人的基本要求相悖,"对人不对事"也就不能成立了。

（三）对他人的善意

说宽容是一种美德,还在于宽容里有对被宽容者的善意。漠然是无论你好与坏、对与错,都与我没有关系。漠然也是一种不干预,但这种不干预是以冷漠与不关心为基础的。宽容虽然也是不干预,但宽容里有否定。正是这种否定标明了宽容者对被宽容者的关心与在意,即被宽容者的观念与言行进入宽容者的内在世界之中并产生了涟漪。如果说漠然是平行线,两个人相望而不相交,那么宽容则是交叉线,两个人已经有了交集。从我的角度看,对一个人的宽容,意味着我不以自己的好恶与判断去排斥对方,为双方的进一步交往创造了条件。如果我是一个不宽容的人,就会因为自身好恶、对他人的负面评判而失去了与他人进一步亲近的机会。由此出发,莱斯(S. Rice)认为宽容是我们卷入他人生活的第一步,是亲近、友爱等关系形成的可能条件。①

如前所论,宽容是对他人作为人的道德地位的认可,而且这种认可是不以我对你的评价为条件的一种无条件的认可,体现的是我们对同胞的一种无差别的普遍之爱。也就是说,在宽容中,我们给予他人的普遍之爱,以人的道德主体地位为唯一基础,不再去衡量对方量化的品性和能力的大小。用卡特的话说就是我们以非透明的方式去爱护他人,体现的是对"外向尊严"(outward dignity)的保护。② 比如,我们看到的是穿着衣服的他人,不再去追究衣服下身体的具体形态,体现的是对身体"外向尊严"的保护;我们遇到的是作为人的同胞,不再对其能力大小进行仔细检视而给予其作为人的应有待遇,体现的是对他人作为人的"外向尊严"的保护。

宽容中的知觉转移是一个主要的机制。我们将注意力从并不令人喜欢的观念与言行中转移到这一观念与言行的主体上,即"对人不对事"。也就是说,我们真正宽容的是这个人,而不是其观念与言行。这说明,在宽容者心中,人比其观念和言行重要。海耶德(D. Heyd)说,知觉转移之所以可能,就在于我们对实际存在的人的兴趣与关注高于对抽象原则,甚至是非观念的兴趣与关注③,体现的是一种含而不露的"人道主义"。我们之所以不喜

---

① S. Rice, 2009: "Education for Toleration in an Era of Zero Tolerance School Policies: A Deweyan Analysis", *Educational Studies*, November.
② I. Carter, 2013: "Are Toleration and Respect Compatible?", *Journal of Applied Philosophy*, August.
③ D. Heyd, 2003: "Education to Toleration: Some Philosophical Obstacles and Their Resolution", *The Culture of Toleration in Diverse Societies: Reasonable Toleration*, Manchester, Manchester University Press, p. 196-207.

欢他人的观念与言行,甚至认为其是错误的,在于我们有自己的好恶和判断标准,在于我们对做人原则与是非观念的在意。在宽容情境下,我们虽然依然坚持自己的标准,但并不会因此而放弃宽容对象,这一心理过程已经证明了我们对他人的兴趣与关注有多强。

  在宽容中,我虽然不同意别人所做的事,但并不阻止其做愿意做的事。因为不同意其所做的事,也就意味着我有想让对方做的事,但对方有其自主性,不会如我所愿,宽容的我也就不强求对方做他们不愿意做的事。在这个意义上,宽容有两种形式,即不阻止别人做其愿意做的事和不强制别人做其不愿意做的事。① 我之所以如此,是因为我自己也愿意别人如此对我,我也不想别人阻止我做我愿意做的事,强制我去做我不愿意做的事。这很容易让人想起中国传统美德中的"己所不欲,勿施于人",可以说宽容就是对这一"道德金律"的贯彻。

  阿若门沃和普若赛尔认为亚里士多德"第三种未命名的美德"就是宽容,指出这是亚里士多德所论的事关他人的美德,即对他人言行反应上的适度。因为事关他人的美德,就应以他人的快乐与痛苦作为行为标准,如果他人言行是值得赞赏的,给予适当的赞赏会给别人带来快乐。这里要把握的度是,不能过分赞赏,过分赞赏就是单纯为了对方的快乐,变成了讨好与奉承。如果我不赞同他人的言行,也要给予适当的反应,不能以强烈、粗暴的反对给他人造成痛苦。这里要把握的度是,有些不赞同是可以容忍的,就不要激烈反对。当然,如果对方的言行极端错误,这时候不去反对反而是有害于对方,那就要去反对,哪怕这种反对会给对方造成一定的痛苦,因为这种痛苦的用意是好的,是为对方着想。② 需要说明的是,两人将亚里士多德"第三种未命名的美德"等同于宽容,显然有不合逻辑的地方,比如给予他人值得赞扬的言行以适度的赞扬,类似于我们今天所说的真诚、诚恳,而不是宽容;我们用适度的方式反对他人错误的言行,牵涉反对、干预的分寸与文明,也超出了宽容的范围,只有既否定对方,又以适当的方式容忍对方才是宽容。但两人揭示出亚里士多德"未命名的第三种美德"包含宽容成分且以善意为基本特征,还是深有启发意义的。

  宽容作为美德,一个重要的标志是内含善意。善意是宽容与妥协、力量制衡相区分的标准,因为有善意,宽容是一种美德;因为没有善意,妥协和力

---

① B. von Waarden, 2017: "Teaching for Toleration in Pluralist Liberal Democracy", *Democracy & Education*, May.

② R. Avramenko, M. Promisel, 2018: "When Toleration Becomes a Vice: Naming Aristotle's Third Unnamed Virtue", *American Journal of Political Science*, October.

量制衡是生存策略。妥协是我虽然强烈反对对方,但力量不够,或者担心对方会作出反击,所以选择妥协。在妥协策略中,处在核心的不是对他人的善意,而是自我保护,我自己的利益是策略选择的标准。詹姆比莱斯(M. Zembylas)在反对联合国所倡导的积极宽容概念时提出"敌对宽容"(antagonistic tolerance)的概念,即双方是敌对关系,但谁都拿对方没有办法,唯一的选择是容忍对方。① 其实,所谓"敌对宽容"不是宽容,而是力量制衡。在双方力量平衡的时候,不得不把战胜对方、使对方屈服的意图收起来以求和平共处;一旦双方力量失去平衡,优势方就会采取行动来打击对方、迫使对方屈服。在力量制衡中,同样是没有善意,有的只是对自我利益的保护策略。由此看来,詹姆比莱斯所倡导的"敌对宽容"概念是与宽容的善意本性相悖的,因而是不能成立的。

(四) 对自我的限制

如前所论,宽容有两个核心:一个是对他人的否定,另一个是对这种否定的克制。对他人的否定,可以说是自我的彰显,即以自己为标准来衡量他人的思、言、行;对这种否定的否定,可以说是对自我的克制,即我虽然对他人的思、言、行有否定的判断,却不将这种判断强加于他人。两个核心,前一个是前提,没有否定就没有宽容;后一个则是宽容本体,宽容就体现在这里。因此,从宽容的内在结构来看,宽容虽然是指向他人的,但实际上是对自我的克制。

节制,或者说自我克制为什么就是德性的体现呢?一般来看,"无节制,不成人"是一项人性定律。一方面,不节制就意味着被欲望所俘虏,就会蜕化为欲望的存在,就会导致自我的瘫痪;另一方面,节制自我才能使人走出自我中心与对自我的迷恋,才能走向他人。② 宽容就是在处理自我与他人关系上的一种节制。不宽容,就是放任自己对他人的否定性判断,处处以自我为尺度衡量他人;与不宽容相对,宽容就是对自身判断的一种克制,正是这种克制不但将自己从自我的迷恋中解救出来,还为走向他人创造了条件。

人是有自我意识的存在,意识到了自我与他人的不同,我们对自身的热爱是骨子里的。密尔(J. Mill)对此有深刻的洞察:人总是倾向于自己正确、

---

① M. Zembylas, 2011: "Toleration and Coexistence in Conflicting Societies: Some Tensions and Implications for Education", *Pedagogy, Culture & Society*, October.
② 高德胜:《节俭·人性·教育》,《高等教育研究》2010年第1期。

他人错误,甚至不顾事实和证据来证明自己正确。① 因此,如何对待自己是人最为艰难的课题。在这个难题上如果不能持中守正,诸多美德都难以建立。我们之所以需要克制自己,就在于要承认自身的有限性。我们每个人都是有限存在,都是人世间的一个虽然独特却并不完美的个体,我们不是他人的标准,我们不可能事事正确。洛克正是基于这一事实来论证宽容的合理性:承认自己的有限性,不将他人观念当作愚蠢或邪恶的,是符合事实的理性选择。② 罗尔斯(J. Rawls)关于宽容的"完备性学说"理论与洛克的说法其实也是相通的:我有自己的完备性学说,却没有理由强加于人,因为别人也可能有另一套完备性学说。同一问题,我们常常会得出不同的判断,我的判断无法证明一定优于别人的判断,那么,合乎理性的做法就是克制自己的完备性学说,不将其强加于人。③

宽容是事关他人的美德,是对他人自主性的尊重,传递的是对他人的善意。其实,宽容又何尝不是对自我的保护。宽容是对自己的克制,这种克制是基于对自身有限性的承认。我们承认自身的有限性,就是为了不让这种有限性放大直至变成恶。我们对他人的观念和言行有了否定性判断,但这种判断有可能对、有可能错,在无法完全确认的情况下,不将这种否定化为干预,其实也是减少自己犯错误的可能。宽容不但让他人少了干扰,能够自己决定自身的事务,也让我们自己有了对自身判断进行沉淀、反思的空间。

克制都需要意志。有时候我们不是因为宽容而不去干预别人,而是因为意志薄弱而没有去干预。这种情况下的不干预具有宽容之形式,但不具有宽容的内在实质,可以说是"描述意义"上的宽容,不是规范意义即作为美德的宽容。意志薄弱不但可以导致虚有其表的宽容,也可以导致不宽容:我对别人的思、言或行不喜欢,或者是作出了否定性的判断,但理性告诉我,不应该去干预,却忍不住还是去干预了。我们不能因为没忍住而为自己开脱,说自己实质上是宽容的,只是形式上不宽容。在不该干预的情况下,只要干预发生了,无论你当时是怎么想的,都以行动证明了你的不宽容。从意志薄弱上也能看出,克制对宽容的关键性作用。

克制在宽容中起着关键性的作用,但不能由此认为宽容就是克制或克制就是宽容。一方面,克制是一种心理能力,但不是所有克制都是宽容;另

---

① P. Cam, 2011: "Education for Tolerance", *Religious Tolerance, Education and the Curriculum*, Rotterdam, Sense Publishers, p. 53-65.

② J. Drerup, 2019: "Education, Epistemic Virtues, and the Power of Toleration", *Critical Review of International Social and Political Philosophy*, May.

③ 〔美〕约翰·罗尔斯:《政治自由主义》,万俊人译,南京,译林出版社,2000,第1版,第61页。

一方面,宽容以克制为条件,但宽容又不限于克制。宽容需要克制,但又可以成为习惯。宽容一旦成为习惯,就可以成为不需要意志努力的一种心性。成为心性的宽容是一种品格倾向:总是将他人放在优先于其观念与言行的位置,对人的尊重优先于对其言行的评判。成为品格倾向的宽容是"禀性的宽容"(dispositional toleration),已经与需要意志努力的"审慎的宽容"(deliberative toleration)大不相同。[1]

三、宽容教育之难

宽容是一种美德,宽容又是当今社会之必需,那么宽容教育就是必须的。但当我们将注意力投向宽容教育时,又不得不承认宽容教育之难。这也许是宽容教育理论与实践研究不够兴盛的一个原因。

(一)"不顾是非"

宽容教育之难首先体现于宽容本身的"双重否定性"。我们否定、反对一个观念或做法,认为其是错误的,却不去干预它,甚至别人干预了,我们还要去维护它,使之得以延续,这就是宽容本身的内在悖论。如果用最简单的话来概括宽容,那就是"不顾是非"。即我们已经有了是非判断,但又不能按照判断行事,要放下这是非判断。要做到"不顾是非",我们必须首先要说服自己。我们可以从对多样性的保护、对他人自主的维护、对他人的善意、对自我的克制等多重维度为宽容辩护,但这一辩护需要相当高度的心智与道德发展才能完成。而且说服并不等于做到,要做到"不顾是非",还需要意志努力。更重要的是,"一事一议"式的"审慎宽容"还不是最难的,最难的是形成作为品格倾向的"禀性的宽容"。

宽容之难还在于宽容的条件同时也是不宽容的条件,是宽容还是不宽容就在人的一念之间。如前所论,我们否定一个观念和做法,还需要有干预或阻止的能力,在同时满足两个条件的情况下,我们不去干预才是宽容的。但正如琼斯(P. N. Jones)的观察,宽容的条件同时也是不宽容的条件。[2] 宽容不是力量失衡状态下不得已的容忍,也不是力量制衡性的妥协,而是有力量、有能力干预情况下的不干预。这种有力量、有能力的条件,其实也是不宽容的条件,即在否定他人观念与做法的时候,我们又有力量、有能力去干预阻止他人,我们完全具备不宽容的条件。因此,我们的宽容实际上一直处

---

[1] L. Burwood et al., 1998: "Should Schools Promote Toleration?", *Journal of Moral Education*, December.

[2] P. N. Jones, 2010: "Toleration and Recognition: What Should We Teach?", *Educational Philosophy and Theory*, February.

在不宽容的诱惑与拉力之下。

　　宽容本身就有难度,这种难度放在儿童身上,是难上加难。宽容是双重否定,不是依据自己价值判断的直接行动,这对儿童来说是相当高的要求。根据科尔伯格(L. Kohlberg)道德发展阶段理论,虽然在道德发展的第二阶段,儿童就可以意识到自己有自己的利益、他人有他人的利益,但真正能够做到尊重他人自主,需要达到第五阶段,即社会契约和个人权利阶段。达到这一阶段的人,才能真正意识到人人都持有不同的价值和观念,我自己的价值和观念并不一定优于他人。① 当然,这并不是说只有发展到第五阶段,我们才能做到宽容,才能拥有宽容品质,实际上,在道德发展的中间阶段,包括阶段二、三、四,都可以有不同水平的宽容。真正毫无困难地践行宽容或形成宽容德性,是需要较高的道德发展阶段作为根基,显然,这对多数儿童来说,都是相当高的要求。

　　对儿童来说,在没有其他价值选择干扰的情况下,单纯判断什么是错误的、什么是正确的,相对容易一些;他们也知道人与人是不同的,应该尊重他人的自主,应该对他人友善,不能粗暴对待他人。将这些要素放在一起,放在一个有冲突的情境之下,尤其是放在与儿童自身的是非判断相矛盾的情境之下,让他们通过价值等阶的权衡来作出决定,难度就更大了。如前所论,在宽容中,对自我的克制是关键。儿童即使能够权衡价值等阶,如何克制自己的情绪和冲动也是一个问题。

　　宽容之"不顾是非"同样增添了教育之难。首先,将含有"不顾是非"之意的宽容作为教育目标,有着直觉上的困难。② 教育通常是教学生是非分明、嫉恶如仇的,"眼里不揉沙子",而宽容教育则是教学生忽略"眼里的沙子"。宽容教育,在一定程度上也是将道德教育置于一个尴尬的矛盾处境:一方面教育孩子坚定是非观念,另一方面又教他们"不顾是非"。为了解决宽容教育这一难题,教育者有一些实践探索。一个办法是将宽容理解为共存技术,即彼此互相妥协、照顾对方的利益,这种教育显然是有意义的,因为共存也是必需的。但共存技术不是宽容,因为宽容是一种美德,共存技术再高明,也不是美德。另一个办法是将宽容理解为对不同的接纳,不是对他人错误的宽容。如前所论,对差异的尊重与接纳当然重要,也需要教育,但这样的教育并未直面宽容的"内在悖论",实际上是以差异教育替换宽容教育,

---

① 〔美〕L. 科尔伯格:《道德发展心理学》,郭本禹、何谨、黄小舟等译,上海,华东师范大学出版社,2004,第 1 版,第 165—167 页。

② J. Drerup,2019:"Education, Epistemic Virtues, and the Power of Toleration", *Critical Review of International Social and Political Philosophy*,May.

是"顾左右而言他"。

（二）"对人不对事"

宽容的一个重要操作机制是将注意力从他人观念与言行转向主体，即"对人不对事"。"对人不对事"不是一个简单的能力，本身就是一个高难度的"思维动作"。第一，人不是抽象的存在，人是由其观念与言行建构的，人与其观念、言行是很难截然分开的。我们看一个人，基本上都是从其言行开始的，"对人不对事"则要求我们反其道而行之，逆惯常而循异途，难度可想而知。第二，作为道德主体，我们都需要为自己的言行负责。"对人不对事"与我们这一植根于伦理文化之中的基本思维方式相悖，要求我们放下一个人的言行而去关注这个人本身。第三，日常生活中也有将人与其作为分开的尝试，即"对事不对人"。"对事不对人"要求我们只论事情本身的是非曲直，不去论做这事的人。做到这一点其实已经很难了，因为事情都是有行为主体，都是具体的人做的，我们在论事的时候难免会牵涉"事主"。"对人不对事"比"对事不对人"要求更高。因为在"对事不对人"中我们还可以论事情本身的是非曲直，只不过不去追究"事主"之责任罢了；而在"对人不对事"中，我们因为要尊重人进而连事情本身的是非曲直也不去管了。

"对人不对事"对儿童来说难上加难。儿童总是将人与其言行捆绑看待的，将言行与人分开对他们来说是更加困难的事情。如前所论，宽容离不开尊重，但宽容里的尊重是认可尊重不是评价尊重，儿童在区分认可尊重与评价尊重上比成年人更加困难。比如在小学六年级《道德与法治》教材中有"每个人都值得尊重"这样的教育主题，目的就在于对学生进行普遍性尊重的教育，但在教学中总会遇到学生的质疑：为什么要尊重坏人？坏人也要尊重吗？甚至一些任课教师也有类似的疑问。这说明很多学生，甚至包括教师都是分不清认可（普遍）尊重与评价（获得性）尊重的。

人是感情动物，"感情用事"是难免的，儿童在这方面尤其如此。儿童的"感情用事"大致上有两种类型：一种是因为对一个人有感情，所以对这个人所做事情的是非就不能客观以对。比如，同样的错误，发生在一般人身上与发生在好朋友身上，小学生的判断往往不同，就是因为与好朋友的亲密关系影响了其客观判断。另一种则是因为对事有感情，由此投射到对人的态度上，比如，儿童会因为与对方玩同一款游戏而喜欢上对方，不论对方品性如何。无论哪种"感情用事"，都表明儿童是将事与人捆绑处理的，将事与人分开，"对人不对事"对儿童来说确实是高难度"思维动作"。

"对人不对事"的教育也相当不易。第一，现代教育中科学思维是主导性的思维方式。而科学思维要求摒除人的干扰，客观地看待言行与事件，

"重事而忘人"。也就是说,"对人不对事"与当今教育主导性的思维方式是矛盾的。第二,教育本身在多数情况下都没有做到"对人不对事",相反,在通常情况下,学校给予学生的尊重是基于学生表现的,是有条件的,学生没有良好或优异的表现,很难得到应有的尊重,很多学生就是因为达不到学校要求而遭到排斥的。学校教育这样的运行逻辑,教给学生的不是"对人不对事",而是"以事待人"。第三,在这样不利的情况下,要通过专门的教育来辅助学生学会"对人不对事",就要与当今学校教育所造就的不利环境斗争。更何况,我们在教学生"对人不对事"方面尚无真正的研究与探索,还没有真正有效的教育策略。

（三）儿童的"未定性"

宽容以成熟的价值判断和相对完整的善恶概念为基础,依赖一种相当程度的自制力,而在这几个方面,儿童都具有"未定性"(provisionality),都处在发展变化的过程之中,增加了宽容美德形成与教育的难度。

按照麦克诺德(C. Macleod)的观点,儿童的"未定性"有三个方面的含义:（1）价值判断尚不牢固;（2）反对成分相对减少,没有那么多成见;（3）对某些观念和行为方式有未加反思的亲近性。[①] 因为价值判断尚不牢固,就会导致今天赞同的也可能明天反对,今天反对的明天又可能赞同,赞同什么、反对什么,不像成年人那样确定,显然不利于形成宽容的否定要素。因为价值判断不牢固,也就容易受外在因素影响,本来自己要否定的,别人不否定,自己也就不否定了。"未定性"的第二特征,即儿童没有那么多成见,是有利于儿童开阔心胸、接受新鲜事物的,但这一有利特性在很大程度上被第三个特性抵消了,即儿童对某些观念和行为方式有未加思索的亲近性。比如来自父母家人的行为方式,儿童会不假思索地以为这就是标准的行为方式,其他与此不符的行为方式都是错误的。儿童对自身情感和观念尚不能经常进行对象化的反省,这些情感、观念与儿童是浑然一体的,是他们感知、认识、评价他人的标准。由此看来,儿童与成年人相比虽然成见较少,但对特定事物、行为,尤其是与自身未加思考的情感、行为方式相左的事物或行为的排斥也会更为直接。甚至,儿童会把与自己亲近的观念、行为方式相左的做法当作对自己的冒犯,然后以反击的方式去回应,使宽容得以存在的空间被压缩。

如前所论,宽容美德要求在适当的范围内克制自己的否定,不去干预他

[①] C. Macleod, 2010: "Toleration, Children and Education", *Educational Philosophy and Theory*, February.

人,或者以适当的方式进行善意的干预。这对儿童来说,也是高难度的要求,因为儿童一旦否定一件事,比成年人更少顾忌,更可能直接表达出来,而且在表达方式上也没有成年人那么注意分寸。这就导致即使是内在的宽容,因为表达方式不够温和,看上去也是不宽容的。

如前所论,自主意识在宽容美德形成中至关重要。一方面,自主的人珍视自身自主,这对他人是一种提醒。对他人的提醒,也是一种对他人在宽容上的要求。同时,自主的人意识到了自主的珍贵,也更可能推己及人去尊重他人的自主。儿童有了自主要求,对他人侵犯自身自主的行为比较敏感、反应激烈。但在自主要求强烈的同时,依附性依然很强。也就是说,他们虽然自主要求强烈,但自主能力、意识还不够。儿童在自主性上的这一特点,导致他们更多地关注自身自主,对他人自主相对关注不够,也为宽容美德的形成增加了难度。

（四）"夹缝中的美德"

宽容不是一个独立的、单纯的美德,而是与诸多相关、相近的美德交织缠绕,甚至与相反的倾向也有无法撇清的关联。宽容处在多种价值与实践的挤压之下,可以说是一种"夹缝中的美德"。因为处在夹缝之中,宽容与挤压自身的价值之间的边界就容易模糊,比较容易与其他价值相混淆。

宽容是对待差异的一种态度。如前所论,我们对待差异有不同的态度,一端是欣赏、接受,另一端是排斥、拒绝,宽容处在二者之间。从逻辑上看,如果我们对差异采取的是欣赏、接纳的态度,就不存在宽容的问题,因为只有在有所否定、有所分歧的情况下,才有宽容的需要和可能。但在日常体验中,我们常把能够欣赏、接受差异的人视为心胸开阔、有宽容美德的人,这实在是一种"美丽误会",因为欣赏差异、心胸开阔、愿意接受新颖事物确实是一种好的心理状态,但又的确不是宽容。当然,一个人的心胸开阔,对宽容美德的形成也是有益处的,因为心胸开阔,也就意味着对人对己持灵活而不是僵化的态度。因此,在生活中即使我们将对差异的欣赏、接受误会为宽容,问题也不是很大。问题在于因为这种误解,导致很多人对宽容不满,认为宽容态度与欣赏、接受差异相比不够彻底,因此算不上美德。从表面上看,宽容是"存异"的,不是对差异的欣赏与接受,确实在程度上不那么彻底。但宽容所处理的差异性质不同,是我们所否定的差异,对否定的差异,我们能够不去干预,已经是相当了不起的自我克制。如果对这种差异也要欣赏、接受,就有损于我们自身的自主性,就是对宽容的滥用。有人认为宽容的矛盾性就体现在这里——宽容以宽容之名不接受差异。康尼可斯认为这是一种谬论,因为我们不可能用一种态度对待所有差异,对不同性质的差异采取不同的态度才是理性的。①

柏伍德(L. Burwood)和怀斯(R. Wyeth)提出了一个有意思的问题:宽容是对他人的否定与对自己的克制,那么是不是对他人更多的否定、对自己更多的克制就是更宽容呢?② 从宽容定义的逻辑上来推导,确实应该如此,但直觉告诉我们,这样的人是奇怪的,总是处在否定他人与克制自己的拉力之中。宽容教育培养的不是这样的人,而是有开放心态、不轻易否定他人的人。由宽容概念的这一矛盾可以看出,宽容虽然不同于欣赏、接受差异,但人们对宽容的日常理解,即将心胸开阔理解为宽容并不是没有道理。从宽容教育的角度来看,我们在培养宽容美德的时候,不能只关注宽容本身,还要兼顾对差异的欣赏与接受,或者是以开放的心态为基础和归宿。

欣赏、接受差异者认为宽容对差异的态度不够彻底,排斥、拒绝差异者也指责宽容者立场暧昧。有时候我们确实需要嫉恶如仇,因为对恶意、恶行的宽容就是对恶意、恶行的纵容,这时候的"宽容",实际上已经不是美德,而是一种恶。这里面的一个悖论是,用不可宽容来否定宽容,用不可宽容为不宽容开脱。不可宽容(intolerance)与宽容的前半部分是一样的,但没有宽容的后半部分,即对自己否定的克制。为什么不去克制呢?因为对方的行为超出了个人自主所能保护的范围,我们必须采取反对、干预、制止的行动。有人用不可宽容来否定宽容,那就是即使宽容之人也有限制,也会不宽容。这种指责其实是没有道理的,作为美德的宽容是一种中道,不可能走极端,走向极端就不是美德了。不可宽容与宽容并不矛盾,因此也不是不宽容的借口。不宽容是面对自己所否定但在他人自主权限范围的事务时的干预,是对他人自主的侵犯,这与不可宽容所针对的必须制止的错误行为性质是不一样的。不宽容与不可宽容字面意思接近,但含义相差甚远。

四、自在的宽容教育

宽容教育不易,这是问题的一面。问题的另一面则是,学校教育自从产生的那一天起,就在自发地进行宽容教育。这种"宽容教育",由于不是主观努力的结果,因而具有自在性。也正是因为这种自在性,学校教育客观上所具有的"宽容教育"效应,既有正面的,也有负面的。

---

① P. Königs, 2021: "The Simplicity of Toleration", *Critical Review of International Social and Political Philosophy*, January.
② L. Burwood, R. Wyeth, 1998: "Should Schools Promote Toleration?", *Journal of Moral Education*, December.

(一) 强制接触的宽容教育效应

菲尔丁(D. Fielding)通过历史数据分析发现,在英格兰的历史上,宽容与教育是共同演进的。教育的发展与人们宽容态度的提升是正相关关系。因为教育的发展,使得更多的人能够接受教育,客观上增进了社会各阶层、各族群之间的接触与交流,人们更能够理解、尊重差异,客观上促进了社会宽容(当然,这里面也有学校教育的主观努力,教育在整体上都是倡导宽容的)。[1] 教育与宽容的共同演进关系,不是英格兰一地的现象,而是一种普遍规律。虽然不能像菲尔丁那样一个国家一个国家地去搜集数据来加以证实,但我们可以从理论上来认识学校教育对宽容的促进作用。

现代学校教育的一个基本特征就是同龄人大量聚集,过去时代那种避免接触的私人教育不复存在,来自社会各阶层的同龄人之间的接触具有强制性。这种强制性,可以从义务教育中得到印证,义务教育其实就是强制教育,就是不得不去上学。而同龄人的强制接触,就意味着不能与多样性隔离,就要生活在多样性之中,这就为宽容美德的生长提供了一个特殊背景。[2] 正是在这样一个特殊背景下,使得学生能够意识到自身的独特性及与他人的差异性。在私人家庭教育体制下,儿童与同龄人的接触是偶然的,同龄人无法成为儿童认识自我的"镜子"。在学校教育制度下,与同龄人接触是强制性的、制度化的,同龄人成了儿童认识自我的"镜子"。正是在与同龄人的对比中,儿童认识到了自身与他人的不同。对自身独特性的认识与对他人独特性的认识是同一过程。自己是独特的,他人也是如此,若要共同生活,宽容是必不可少的品质。正是在这个意义上,莱斯才说,每天与差异巨大的同龄人相处本身就是宽容习惯与心性的锻炼。[3]

差异汇聚也可能会引发排斥和不宽容,不一定就是对宽容的锻炼。比如,一群差异巨大的人偶然汇聚,差异凸显,很可能引发出相互的排斥和敌对。也就是说,差异汇聚还不是孕育宽容的充分条件,还需要有其他变量的参与。学校中同龄人的聚集,有社会上人群偶然聚集所没有的特点:(1) 制度化;(2) 有共同的任务;(3) 持续时间久。制度化就是上文讲到的强制性,是无法以自己的好恶进行选择或回避的;有共同的任务意味着这种聚集有共同的目的,合作、配合是内在要求;持续时间久,一方面意味着这种聚集

---

[1] D. Fielding, 2018: "The Co-Evolution of Education and Tolerance: Evidence from England", *Social Forces*, June.

[2] C. Macleod, 2010: "Toleration, Children and Education", *Educational Philosophy and Theory*, February.

[3] S. Rice, 2009: "Education for Toleration in an Era of Zero Tolerance School Policies: A Deweyan Analysis", *Educational Studies*, November.

不是暂时的,不宽容的话双方都要承担后果,另一方面也意味着彼此之间可以加深了解、形成情感关系纽带。由此看来,学校中同龄人聚集的这些特点,都是有利于宽容的。

　　杜威不把学生看作单独的个体,而是共同体的成员。这里的共同体不是单一的共同体,而是有层次的共同体。[①] 从大的层面看,学生是国家公民,是国家这一共同体的成员;从小的层面看,学生是学校、班级等不同层次共同体的成员。作为学校、班级成员,学生之间有一个共同的群体归属。学校、班级是相互交往的"公约数",为了学校、班级共同体的发展,成员之间有互相理解、交流、合作的义务。从这个角度看,作为学校、班级共同体成员的身份以及由这身份所限定的交往方式本身就具有宽容教育作用。作为国家公民,这一成员身份对日常行为也有限定,但相对间接一些。这一身份的意义在于,每个学生虽然来自社会的不同阶层、成长经历不同、个性各异,但都是国家公民。也就是说,国家公民身份意味着同龄人之间的平等地位,意味着每个人无论现实状况如何,都需要得到平等对待和同等尊重。而超越身份的尊重,正是宽容本身。

　　宽容意味着走出自我,能够为他人考虑。自我中心的人,为他人考虑的意识比较淡漠,往往不那么宽容。强制接触的另外一个作用就是对自我中心的破除。父母对孩子的爱是无条件的,即使不是溺爱,也是以孩子为中心的。这种以孩子为中心的生活,给孩子以情感上的安全、满足与滋养,但不利于其走出自我中心。学校生活与家庭生活不同,学校生活是平行的,每个人都是平等的成员,没有谁是中心,也不可能以谁为中心。儿童以自己为中心的心理惯性与这种无中心的生活是不匹配的,要适应学校生活,就必须进行自我调适,走出以自我为中心,在诸多事务上既要考虑自身需要,也要考虑他人要求。能够走出自我,能够为他人考虑,实际上已经是在进行宽容学习了。

　　(二) 对家庭、地方之见的超越

　　有一句自嘲的话"贫穷限制了我们的想象力",其实很有道理。如果一个人所过的一直是贫穷的生活,对富裕生活没有直接体验,对富裕生活的想象难免贫乏、表面。反过来也是一样的,如果一个人所过的一直是富裕的生活,对贫穷生活没有体验,对贫穷生活的想象同样是贫乏、肤浅的,甚至会闹出"何不食肉糜"的笑话。贫穷也好,富裕也罢,其实都是生活的一种情境。

[①] P. Cam, 2011: "Education for Tolerance", *Religious Tolerance*, *Education and the Curriculum*, Rotterdam, Sense Publishers, p. 53-65.

每种生活情境对人的"见识"都是一种奠基,同时也是一种限定。我们对世界、对人性的看法,我们的基本素养都是由生活情境所奠定的。但由于每种生活情境都有其自身的局限性,在建构我们的基本素养的同时,也塑造着我们各种各样的"个人之见""家庭之见""地方之见"。这些依赖于生活情境的观念有构成个性化的一面,也有狭隘、偏颇的一面,而这些负面的东西正是排斥异见、压制新奇的动因,是宽容之阻力。

学校教育的设计虽然不是有意识地着眼于宽容教育,但在客观上是超越生活情境的,因此具有消除"个人之见""家庭之见""地方之见"的效果。一所学校虽然坐落于一个特定的地点,但其教育活动不受特定地点的限制,而是站在国家与人类的高度,站在普遍知识与真理的高度选择教育内容、设计教学活动。正如欧克肖特(M. Oakeshott)所言,虽然我们每个人都被"地方性"(locality)包围,但学校的功能就在于将学习者从地方性的限制及由地方性所建构的需要中解放出来,去感受作为个体所不能感受的事物与可能。"因此学校和大学是受保护的地方,在其中能够听到出色的声音,而地方偏见的喧嚣只不过是原初的嚷嚷声。学校和大学是这样的地方,在其中学习者被启发进入应该被学习的事物之中。"[1]当一个人以生活情境所建构的观念去看他人时,有太多的行为与观念都是不可接受的,这是不宽容的基础。当一个人经过学校教育,听到了出色的声音,能够超越地方性限制,能够站在国家、人类的高度看问题的时候,就能看到同胞生活的多样性及其价值,就能看到多样生活背后的人性统一性,而这正是宽容的基础。

从洛克、密尔到杜威,这些对宽容深有见地的哲学家都对教育寄予很高的期望,因为教育具有启智功能,能够教儿童学会思考。[2] 而思考是克服偏见与固执的良药,更是培育宽容的基本方法。一个会思考的儿童,不是不假思索地以自己为标准去衡量他人,而会以他人不同于己的观念与行为去反观自身,会思考自己为什么会有与他人不一样的观念与看法。这样的思考过程并不意味着放弃自身信念,但思考总是有破除自身狭隘与偏见的作用。同时,因为思考,儿童才能体会他人为什么有与自己不同的观念与价值,才可能在否定他人观念与言行的同时,尊重他人的权利与自主。

(三)竞争对宽容的阻碍

学校教育发展到今天,已经是复杂多维的存在。一方面,学校教育在客

---

[1] 〔英〕迈克尔·欧克肖特:《人文学习之声》,孙磊译,上海,上海译文出版社,2012,第1版,第11页。
[2] P. Cam, 2011: "Education for Tolerance", *Religious Tolerance*, *Education and the Curriculum*, Rotterdam, Sense Publishers, p. 53-65.

观上有"宽容教育"效应;另一方面,当今学校教育的一些基本特性,对学生学习宽容美德也有阻碍作用。最突出的阻碍因素,一个是竞争,另一个是标准化。

当今的教育以竞争为基本驱动力量,学校中的竞争不是偶然性的,而是结构性的、制度化的。从纵向来看,学校教育体系呈现一个"梯形结构",学生要登上每一个台阶,都要经过激烈的竞争;从横向来看,同一个层级的学校,也是等级森严而分明的,名校与普通校也是天差地别的,进入名校或是普通校,表面上看"机会均等",实际上也是激烈竞争的结果。当今的学校教育体系就是制度化的"竞技场",儿童一旦"被抛入",无论愿意与否,都必须参与竞争。这种竞争,不是某一个升学节点上的事情,而是每时每刻都要进行的事情。班级生活之中,考试不断,分数与排名总是如影随形,竞争的"幽灵"可以说无处不在。学校教育中同龄人大量聚集,很容易以激发竞争的方式促进学习、加强管理。现在已经不是教育利用竞争的问题,而是竞争操控教育、使教育成为竞争之载体的问题。

现代资本主义发展得益于市场竞争之处很多。正是因为经济竞争所带来的巨大益处,使得现代人赋予竞争以正面价值而不再去思考、探究竞争本然的德性。福克斯指出,竞争是一种"灵恶"(demonic evil)。[1]"灵恶"不是"纯恶",而是有好的一面之恶,即竞争有"灵"。比如,经济领域的竞争对社会来说是有益的,呈现"灵"的一面。正是因为竞争是一种"灵恶",竞争往往向人们呈现自己"灵"的一面而隐藏"恶"的本性,给人"竞争有益于人、有益于社会"的良好印象。竞争之恶的核心在于竞争以人人为己为基本逻辑。人有为己的一面,但为己决不是人性的全部,或者说正是对为己的超越才有了人性。竞争以为己为逻辑,以战胜、打败他人为目的。这样的逻辑随着竞争在教育中的扩张,也已成为学生之间相互关系的基本逻辑,即同学之间无论感情有多好,总是免不了要在分数上分出高下,我比你少一分,我就是失败的;我比你多一分,我就是赢家。

以为己为逻辑的竞争,与宽容处处相对。宽容是对自我的限制,而竞争则相反,竞争则是自我的扩张,以自己的力量去超过、战胜别人;宽容是对多样性的保护,竞争则是忽略多样性,不去考虑每一个人的具体差异,只是用一个标准去衡量以确定胜败,所谓"竞争不相信眼泪";宽容是对自主性的维护,竞争则是对自主性的利用。一方面,我承认你是自主的,但这种承认的

---

[1] M. Fox,1999:*A Spirituality Named Compassion:Uniting Mystical Awareness with Social Justice*, Rochester,Inner Traditions International,p. 70.

目的不是去维护你的自主性,而是要你对自己的得失成败负责;宽容以认可性尊重,即对一个人作为道德主体的尊重为根基,竞争虽然也以认可为前提,但以评价性尊重为标准,你在竞争中的地位不取决于你作为道德主体这一地位,只取决于你在竞争中展现的能力与实力;宽容以对他人的善意为基础,宽容里有友善,而竞争则以冷漠为基础,我只要赢了,你如何痛苦都与我没有关系。

从竞争与宽容的关系来看,竞争与宽容相对,对宽容造成种种阻碍;从竞争与不宽容来看,竞争与不宽容相合,为不宽容提供种种理由。如果人际关系是竞争性的,适用的关系原则就是竞争原则,这时候宽容原则是不适用的,因为宽容竞争对手就是对自己的伤害,不宽容对手就是一项"合理的"选择。竞争虽然主导了学生之间的关系,但同龄人之间的关系是多维的,在日常生活中,竞争原则也有被悬置的时候。在竞争不那么凸显的时间与空间里,宽容等关系原则就会显现并发挥作用。问题是,正如前文所论,宽容对儿童来说是一项"高难度的思维",其运用需要克服重重困难。克服困难需要意志努力,而竞争关系的无处不在,恰恰是消解意志努力的力量,即宽容他人如此困难,而他人又是我的对手,我又何必如此费力?而且,因为竞争关系的存在,他本来可以接受的观念与个性,也因此变得不可容忍了。比如,某个同学学习很好,但体型稍重,身体灵活性不够,如果没有竞争关系,他的这一"缺陷"是可以宽容的。因为竞争,我在学习上无法完全超过他,他的这一"缺陷"就变得格外醒目,成了我厌恶、反对他的理由和攻击他的突破点。

(四)标准化的不宽容教育

凯姆(P. Cam)认为学校教育中对"唯一正确答案"(unique right answers)的追求是宽容教育的阻碍因素。[①] 他这样讲当然是正确的,但还不够。其实,何止是知识教学追求唯一正确答案,现代教育本身就是以标准化为基本特征的。

夸美纽斯(J. Comenius)是"世界上第一个伟大的现代教育理想主义者"[②],其思想对现代学校教育有着奠基性意义。夸美纽斯教育思想的出发点是教育民主,即突破教育的精英主义,追求教育的平等权利,但实现这一理想的方式不是尊重每一个人的独特性,而是同龄人的相同性。"印刷机"

[①] P. Cam, 2011: "Education for Tolerance", *Religious Tolerance, Education and the Curriculum*, Rotterdam, Sense Publishers, p. 53–65.

[②] 〔爱尔兰〕弗兰克·M. 弗拉纳根:《最伟大的教育家:从苏格拉底到杜威》,卢立涛、安传达译,上海,华东师范大学出版社,2009,第1版,第64页。

在夸美纽斯的教育论述中是一个醒目的隐喻,他希望并相信教育犹如印刷术一样大量复制。他用自然现象来论证大规模教育的合理性,比如,木材在丛林里大量生产,草在田野里大量生产,鱼在湖里大量生产,金属在大地里大量生产;又用人类大量复制的活动来类比其"教育印刷术"的合理性,比如一个面包师搓一次面,热一次灶,就可以做出许多面包,一个砖匠一次可以烧许多砖,一个印刷匠用一套活字可以印出成千上万的书籍,因此,一个教师当然也可以一次教一大群学生。[1] 夸美纽斯追求教育的民主化,却陷入了忽视人的差异性与多样性的歧途,将生而不同的人当作相同的物来加工,呈现既不尊重人性又不尊重个性的专制性。

自现代教育诞生之日起,都是以同龄人的相同性为基础的,同龄人无论个性有多大的差异,发展水平有多大的不同,都需要学习同样的内容,都要接受同样的衡量标准。不可否认,现代教育成就显著,其在提升整个人类的文化知识水平上的功绩前所未有。但同样不可否认的是,因材施教等人类教育思想精髓在现代学校教育中失去了制度支持和存在空间。由此想到古希腊神话中的"普罗克拉斯提斯铁床"(the Bed of Procrustes),暴力神普罗克拉斯提斯造了一个铁床,这个铁床就是衡量人之高低的绝对标准,比床短的人就要被强行拉长,比床长的则要被截去多余的部分。

现代教育的标准化,是宽容教育的阻碍因素。如前所论,宽容是对差异的保护,而标准化则是对差异的强行抹平。标准化通过种种抹平差异的机制,暗示学生按同一标准行事或者说标准化的行为才是可以接受的,任何偏离标准的行为都是不可以容忍的,这其实就是一种"不宽容教育"。宽容是对相同性的尊重,而标准化也追求相同性,那么,是否可以由此推断标准化在这一点上与宽容是相通的呢? 问题在于宽容中的相同性与标准化中的相同性,其性质完全不同,宽容中的相同性是作为人、作为道德主体意义上的相同性,而标准化所忽略的恰好就是这种相同性,所强调的就是成就、成绩与标准相合意义上的相同性。强调对学生成绩、成就的评价,忽视学生作为人的自主性,教给学生的不是宽容,而是不宽容。标准化对不合标准者绝不宽容,给予无情排斥和淘汰,体现出一种客观性的冷酷,这也是一种"不宽容教育"。

五、自觉宽容教育的基本理路

自在的宽容教育不是有意识的教育活动,其效应不是意识所能控制的,因此有积极的一面,也有消极的一面。积极的一面与消极的一面互相交叉,

---

[1] 〔捷〕夸美纽斯:《大教学论》,傅任敢译,北京,人民教育出版社,1984,第 2 版,第 139 页。

互相抵消,此消彼长,各有占据优势的时期。但随着教育中的竞争加剧,标准化力量的强盛,自在宽容教育的消极效应越来越明显。无论从宽容教育自身需要来看,还是从当今学校教育的发展趋势来看,宽容教育都不能只停留于自在状态,而应有自觉的努力。

（一）教育的宽容

既然宽容是一种美德,那么培养美德的一般道德教育原理也就同样适用于宽容教育。有学者认为宽容是一种心灵习惯,而习惯的培养可以从改变环境入手,那么宽容教育也可以从改变学校环境入手,即建构一种宽容的教育环境,让学生生活在宽容的教育环境之中,用宽容的教育环境去激发、孕育学生的宽容美德。[1] 我们一般只从主体的角度去理解习惯,杜威的高明之处在于将环境因素考虑在内,习惯犹如呼吸,没有外在于人的空气存在,人之呼吸是无从发生的。[2] 一个不宽容的教育环境,一方面会对学生进行不宽容的教育暗示,另一方面也会对学生提出不宽容的要求,比如不宽容那些学习差的学生;反过来,一个宽容的教育环境,既给学生以宽容的教育暗示,也会对学生提出宽容的要求,比如不能歧视学习成绩不好的学生。也就是说,一个宽容的教育环境,通过两种教育机制对学生进行宽容教育:一个是暗示,即通过自己的价值主张或行动方式暗示学生;另一个是明示,即通过明确要求来倡导宽容。

现代教育之所以以人的相同性作为基础,一方面在于教育的大众化,使教育由精英阶层的特权转变为一项人人可以享有的基本权利;另一方面在于满足现代工业生产的需要,教育要为现代工业发展批量培养有一定文化水平的劳动力。教育大众化、民主化的追求当然要坚持,但需要上一个新的层次,即上升到因材施教、个性化教育的高度。批量培养可以互相替代的劳动力已经不再适应时代需要,因为随着技术的发展,越来越多的重复性的、可替代的劳动,甚至是需要一定智力和技能的劳动都可以交给机器和智能设备去完成。也就是说,即使只是从时代发展的需要出发,学校教育的重点也应该从培养有相同劳动能力的人转向培养有个性的、各不相同的人。人是生而不同的,将生而不同的人培养成相同的劳动力已经完成了其在特定历史阶段的使命,现在到了回归教育的正途,即将生而不同的人培养成更加不同的人的时候了。

---

[1] S. Rice, 2009: "Education for Toleration in an Era of Zero Tolerance School Policies: A Deweyan Analysis", *Educational Studies*, November.

[2] 〔美〕约翰·杜威:《民主主义与教育》,林宝山译,台北,五南图书出版公司,1989,第1版,第44页。

教育价值取向的转变不是因宽容教育而起,也不是为了宽容教育,却具有非凡的宽容教育意义。如前所论,宽容是对差异与多样性的保护,而将生而不同的人培养成更加不同的人这一教育价值取向则是对差异与多样性的追求,与宽容的内在精神高度一致。教育是多种价值互相竞争的场域,教育价值取向的转变,其实也是一种价值排序,即差异与多样性成了主导性、优先性的价值,本身就是一种宽容暗示和宽容教育。有这样价值取向的教育,更能够鼓励个性和多样性,更有包容性,因为这正是教育所想要的结果。在这种教育价值取向的鼓励与支持之下,个性、多样性繁盛,而每一个珍视自身独特性的人,也会相应尊重他人的独特性。

教育的宽容或宽容的教育当然不限于教育价值取向的转变,还在于制度与日常运行的包容性,教育是否宽容的一个明显标志是对待新奇思想、观念、行为的态度。正如莱斯所言,学校如果能够包容新奇、多样的观念、价值及其拥有者,就是宽容教育的有效方式。[①] 学校作为公共机构,其所展示的对新奇、多样观念及其拥有者的宽容,既是对学生的宽容教育,也是对社会的宽容教育。教育的宽容不仅体现于对待新奇事物上,还体现于如何对待失败与错误上。不宽容的教育不允许学生犯错误,不允许学生失败,反过来以学生的错误与失败为理由去排斥和淘汰学生。事实上,发展中的人都是在犯错、失败中不断进步与成长的,不因学生的错误与失败而否定、淘汰学生才是宽容的体现。不单是一般错误、智力错误,甚至道德错误,都应该得到适当的宽容。一定范围内的道德错误,其实也是儿童道德发展所必不可少的"体验课程"。

教育的宽容还应体现在课程的弹性上。现代教育体系中的课程设置刚性过强,弹性不足或者说几乎没有弹性。学校课程实际上是标准化教育精神的体现,只要是同一个年级,学生无论个性与发展状况有多大的差异,都要学习同样的课程,学校教育在课程设置上没有照顾到差异性,呈现"课程不宽容"。或许可以尝试用三种课程的组合来替代当下刚性的一种课程。第一类是底线课程,即每个人都必须完成的基础课程,目的在于保证每个学生都能通过课程学习获得作为一个现代社会成员、一国公民所应具有的基本素养。当然,即使是人人必修的基础课程,教学方法也应该具有多样性以满足个性化学习的需要。第二类课程是选修课程,即学校开设各种各样的选修课程,学生在教师的辅助下,根据自己的兴趣爱好、发展方向选择适合自

---

① S. Rice, 2009: "Education for Toleration in an Era of Zero Tolerance School Policies: A Deweyan Analysis", *Educational Studies*, November.

己的课程,旨在满足学生的差异化需要,直接为培养多样化人才服务。第三类是自创课程,即由学生自己创设的课程,教师从旁协助,给予适当指导。① 这样的弹性课程,既有底线要求,又有选择性和自创性,才是"宽容的课程"。

（二）以认可性尊重促宽容

如前所论,差异与多样性植根于人之本性,对差异与多样性的维护就是对人性的保护。为了促进对差异与多样性的认可与接纳,教育者尝试过各种方法,移情法就是其中之一。移情法就是引导学生想象自己站在不同于己的他人立场上去体会他人的观念与做法,这种教育方法虽然有效,也有局限性。儿童与成人对于自己无害的人或做法容易移情,而对自己不赞同、不喜欢、厌恶的人和事情则移情困难。另一种教育方法是加深彼此的理解,这种方法在文化差异明显的人群及其成员之间运用较多,比如国际理解教育、跨文化理解教育等领域。对异己文化的了解与理解意义重大,非常有助于对差异的认可与欣赏,也有利于宽容美德的发展。但这种教育方法的缺陷在于,一方面有太多的知识需要学习,另一方面则是对异己文化及其成员的尊重具有偶然性,如果我们了解了就给予更多的尊重,如果不了解则就不那么尊重,了解成了尊重的前提。正是因为以上这些方法存在的局限,在宽容教育中通过认可性尊重促进宽容发展的方法得到不少研究者的赞赏。正如柏陵特所言,认可性尊重,即尊重人的相同性,无论一个人来自哪里,与我们有多大的不同,其作为人与我们有一样的人性,有作为人的自主性和基本权利,我们都应给予其作为人的尊重。认可性尊重的优势在于,即使不能移情,即使我们对其不了解,也不妨碍我们给予其作为人的起码尊重。② 如前所论,认可性尊重是宽容的必要构成要素,正是因为认可他人作为主体的自主权利,我才能做到虽然否定他人的观念与做法,却不去干预。

学校教育的大众化,实际上体现了对儿童的认可性尊重。过去时代,只有特权阶层子弟才有接受教育的权利与可能。现代学校教育,尤其是义务教育制度的建立,打破了精英阶层的教育特权,使得人人都可接受教育。问题是,起点上的认可性尊重,并不意味着过程中的认可性尊重。随着社会竞争的加剧,教育也被社会竞争所裹挟,甚至在义务教育阶段,以成绩选拔、以成绩待人的趋势也是越来越明显,评价性尊重大有取代认可性尊重的趋势。要扭转这一不良趋势,学校教育要反思自身在哪些方面用评价性尊重代替了认可性尊重,为什么不能守住教育的本分而给予每个学生以作为学生的

---

① 高德胜:《论标准化对教育公平的伤害》,《教育科学研究》2019年第2期。
② P. Balint, 2011: "Education for Tolerance: Respecting Sameness, Not Difference", *Religious Tolerance*, *Education and the Curriculum*, Rotterdam, Sense Publishers, p. 41-52.

基本尊重,为什么格外关注那些能够给学校带来名利的学生而忽视一般学生。我们常说,以貌取人、嫌贫爱富是势利的社会风气,学校以分取人、"嫌差爱优"不也同样是势利的吗?当然,评价性尊重不能代替认可性尊重,反过来认可性尊重也不能代替评价性尊重。我们也无法设想,无论学生表现有多大的差异,都得到一样的反应,这样做对那些付出努力的学生也是不公平的。教育是一种中道,不能走极端。中道的教育,是守住认可性尊重这一底线,在此基础上,给予不同的人、不同的成绩以相应的、适当的反应,体现出亚里士多德所说的"第三种未命名美德"所具有的公正与善意。

给予学生认可性尊重是一项基本的教育要求,即使是这样一项基本要求,真正做到也不是那么容易的事情。认可性尊重的实现,要靠三种力量。第一种力量是教师的教育素养与职业道德,这是认可性尊重的内在保证。对学生的认可性尊重,既来自学校、教师,也来自同龄人,但教师是关键,一方面教师是学校这一机构的代表,另一方面又能够影响其他学生。只有教师的专业素养与职业道德水平提高了,能够发自内心地认可每一个学生,认可性尊重才能得到体现。第二种力量来自法律与教育伦理规范,这是认可性尊重的制度保障。认可性尊重应该在相关法律与教育伦理规范中得到充分体现,如果教育法律、法规与伦理规范都或隐或显地冒犯学生的自主性,那其扩散效应是不难想象的。第三种力量来自学生自身。尊重虽然来自外部,但也与自尊相关,一个自尊的人才会得到他人的尊重。学生的自尊来自自身的尊严需要,来自家庭教育,也来自学校教育。学校教育一方面要给予学生以基本的尊重,另一方面也要培育学生的自尊,鼓励学生用维护自尊的方式来预防、抵抗学校对学生尊严的可能冒犯。

(三) 开放心灵的培育

世界、人事多变,人却是有限存在,如果事事都去思考、权衡,有限的生命就会被耗费。形成思维定式是避免生命耗费的有效方式,遇到类似的情况,我们就会按照思维定式作出毫不费力的自动化反应。思维定式是生命保护的方式,但思维定式也有短板,即对事态细微的变化不敏感,也会使人失去抓住时机作出更好应对的契机。而且,思维定式的固化,就是用一种反应方式去代替、排斥更多的可能反应方式。前文讲到的"个人之见""家庭之见""地方之见"就是思维定式的表现形式。如果说众多选择之中固守一种选择而失去其他选择还是思维定式的固化,那么一种错误观念的固化就是偏见。

偏见与定式固化使心灵变得封闭。如前所论,定式的固化使我们失去了多样的反应方式,一旦定式失灵,固化者不是从反应方式上去找问题,而是归咎于变化的事物,结果是接受变化与新事物的能力下降。偏见则是错误的固化,在偏见支配下,我们失去了改正错误的可能。定式固化与偏见都是宽容的阻碍因素。思维定式越是固化,越是否定、排斥新事物、新方法,偏见则是以错误的态度与观念去对待他人。在定式固化与偏见中,对他人的否定与反对是一体的,宽容结构所要求的前后两个环节之间的停顿没有发生,也就无法形成宽容。

如前所论,宽容德性是一种人际德性,是对待他人的适当态度与方式,更是对自我的克制。既然以自我克制为特点,那对自我的认识在宽容德性形成中就具有关键意义。一个以自我为中心的或自恋的人很难是宽容的人,因为这样的人把自己当作处理人际关系的尺度,不能客观地认识自己,也就不能适当地对待他人。反省是一项古老的智慧,即坚持将目光从外在事物中收回以反观自身,养成与自己对话的心灵习惯。时时与己对话,一个人才算是与真实的自我时时照面,才能警醒自己的不足,才能觉察到思维定式、各种成见与偏见的存在可能。这是作为人所需要做的符合人性要求的紧迫事务,正如苏格拉底所言:"不经考查的生活是不值得过的。"[1]问题是,在科学教育为主导的时代,教育主要是教学生去观察、研究物理世界,对人、自我的关注在教育中已经有所弱化,反思这一古老的智慧也已经有所遗失。即使不从宽容教育的需要出发,单从解决技术时代的人类心灵安放这一问题出发,学校教育也应重拾人文教育、反思自省等古老教育智慧,回到"关心你自己"(关心你的灵魂)这一教育的"本心"。[2]

种族、地域、性别、年龄偏见都是不宽容的根源,对这些偏见的破除就是宽容教育。以上这些种类的偏见都有两个维度:一个维度是对群体的偏见,比如对特定种族、特定地域、女性、未成年人的偏见;另一个维度则是用归类思维将对群体的偏见转移到特定个体身上。对这两种偏见的破除不能只靠学校生活的间接教育,因为学校生活本身也是社会生活的"缩影",也可能包含着类似的偏见,只能靠自觉的、主动的教育。一个层面是课程与教材内容的自觉意识,在各门学科的教材设计上结合相关教育主题有机融入破除偏见的内容;另一个层面则是专门教育活动,抓住学校生活中出现的偏见苗头,设计专门的有针对性的教育活动,帮助学生自我反思、澄清认识,及早消除偏见,使其不能在儿童心灵中生根固化。

---

[1] 〔古希腊〕柏拉图:《柏拉图对话集》,王太庆译,北京,商务印书馆,2004,第1版,第50页。
[2] 高德胜、安冬:《"关心你自己":不能失落的教育之"本心"》,《教育研究与实验》2018年第2期。

（四）宽容教育要迎难而上

如前所论，宽容教育有特殊的难度，但教育不能畏难，只能迎难而上。迎难而上，首先是消除教育中阻碍宽容的因素。如前所论，学校教育的竞争化与标准化是阻碍宽容的自在因素，自在地进行着"不宽容教育"。学校教育，尤其是义务教育阶段应该反思、清理以竞争作为教育驱动力的旧习，使教师能够从容教学、学生能够从容学习，过一种相互关怀的教育生活。同时，政府部门和学校也应反思用一个标准衡量所有学生所带来的对教育公平、对学生的伤害，从民族复兴的高度去推动适合的、个性化的教育。

如前所论，宽容教育的一个困难是"不顾是非"。实际上不是真的不顾是非，而是有不同的是非，是价值之间的排序问题。教育和道德教育不能只简单地教学生对的就坚持，错的就反对，而应引导面对生活的复杂性，学会在多种价值的冲突中作出合适的选择。比如，诚实教育不能就诚实而讲诚实，还要兼顾诚实与其他价值的冲突，包括在诚实与友善、关爱发生冲突时如何选择，不能将诚实当作绝对、终极价值。由此看来，在宽容教育中讲清理由就很重要，因为讲清理由的过程，其实就是对不同价值进行论证与排序的过程。

"对人不对事"与"对事不对人"不同，但也有相通的一面，即都是将人与事分离开来。既然有相通的一面，也就意味着"对事不对人"的能力可以转化为"对人不对事"的能力。在教育中，我们可以先从难度相对较小的"对事不对人"出发去训练学生将人与事分离开来的能力。这种能力的训练，有宏观与微观两个层面。教育充满着叙事，选择什么人的叙事事关教育的价值取向。毫无疑问，应该选择那些充满人性光辉的叙事。在这一前提下，应该有一种不"因人废言"的气度，适当选择一些有缺陷之人的叙事，并将选择的原因呈现出来。教育不应"因人废言"其实就是一种宏观层面的"对事不对人"教育。微观层面的训练，则可以通过设计专门的活动来进行。儿童一旦意识到人和事是可以相对分离的，就可以进入"对人不对事"的训练，即将人所做的事与"事主"分离开来，不"因事而废人"。在义务教育教科书《道德与法治》六年级下册教材中就有专门的设计，比如，在尊重教育主题中，教材首先从学生最能理解的评价性尊重入手，让学生说说自己所尊重的那些优秀的人，然后自然过渡到平凡的、默默无闻的人，比如"在街口开了十几年杂货铺的周阿姨"一样也值得尊重，将尊重与一个人的作为、成就区分开来，提升到普遍性尊重的高度。[①]

---

① 鲁洁、高德胜：《义务教育教科书道德与法治（六年级下册）》，北京，人民教育出版社，2020，第1版，第2页。

宽容教育的难度还在于儿童的未定性,但儿童的未定性在宽容教育上也有可资利用之处。基于儿童价值观念的未定性,学校教育可以通过学校生活和直接德育课程对儿童进行道德熏陶与价值引导,在培基固本的同时,避免错误价值观念对儿童心灵的侵袭。宽容美德虽然特殊,但与其他美德仍然是相通的,其他美德的增进,对宽容美德的生长也有正向效应。学校德育如果做得扎实有效,即使不是直接的宽容教育,也有宽容教育效果。未定性也就意味着开放性,学校教育对儿童的道德熏陶与价值引导,并不是要封闭学生的心灵,而是为他们的心灵开放奠定一个起点,使这种开放有支点、有方向。在此基础上,帮助儿童超越固有的生活限制,向更为广阔的人类生活与自然万物开放。学校的各种课程与活动,都应有超越地方、当下之见的意识,让儿童在学习与生活过程之中能够听到"人类优秀的声音"。

　　克服宽容教育困难的另一个策略是从宽容需要出发。对儿童来说,为什么要宽容别人,在理解上相对困难,但对别人为什么要宽容自己则比较容易理解。既然如此,就可以从儿童自身的宽容需要出发进行宽容教育,我需要他人的宽容,同样,他人也需要我的宽容;我需要他人宽容有我的理由,他人需要我的宽容同样有他的理由。在宽容教育时,可以设计专门的活动,让儿童思考自己需要宽容的理由,然后进行换位思考,去想象他人需要自己宽容的理由。这样做的一个好处是提醒儿童,每个人既是宽容主体,也是宽容对象。正如琼斯所说,在思考宽容时,不仅要问"我们"为什么要宽容"他们",而且要问"他们"为什么要宽容"我们",既要给予宽容,也要接受宽容。[1]

---

[1] P. N. Jones, 2010: "Toleration and Recognition: What Should We Teach?", *Educational Philosophy and Theory*, February.

附论 作为反道德情感的自恋及其疗治

　　面对善恶,如果我们的情感反应是人性的,产生的就是道德情感。如果在面对善恶问题时也会产生反人性的情感与态度,那就是反道德情感。比如,面对他人之恶,我们人性的反应是厌恶,是不认可;如果不是厌恶,而是冷漠甚至认可,就是反道德情感。

　　自恋是核心性的反道德情感。自恋以自夸为起点,旨在获得特权化的自我重要性,内在地包含着对他人的贬低。自恋者与自身、与他人都呈现非道德关系,对道德教育构成巨大的障碍。教育有疗治自恋的责任,可以以敢于、甘于育常人,育自爱防自恋、引导年轻一代看见苦难等方式进行。

如何评价自己,是每个人所要面对的一个恒久课题。人有自我意识,能够意识到自身,但这种意识也有"质量"问题,真或假、诚或虚,对人之存在状态有不同的意义。人之自我意识的产生不是孤立的,而是伴随着他人意识,或者说,没有将自己与他人区分开来的意识,自我意识也就不可能产生。因此,自我评价不可避免地隐含着与他人的比较,如何评价自己也内在地蕴含着如何评价他人、如何评价与他人的关系。如果不能真实地评价自己,不能摆正自我与他人的关系,比如自夸、自大或自卑、自贬,对人对己都是伤害,诸多美德也就失去了自我之根基。

自恋是自我评价扭曲的一种表现,古已有之,正是因为古已有之,历史上在不同的文化中都有这样那样约束、控制方式。儒家的"道德金律"(己所不欲,勿施于人)虽然主要不是针对自恋的,但已经暗含着对自恋的约束,即用道德原则来约束自恋的膨胀。西方人文教育的传统"认识你自己"虽然不是直接针对自恋的,也可以说是对自恋的一种教育预防,即用教育的方式帮助人去认清自己,避免走向自恋等扭曲的自我评价。在道德约束与教育引导之外,还有集体与宗教机制。在集体至上的文化中,个人是集体的一分子,个人的自恋为集体所不容。可以说,在集体主导的文化中,集体本身就是抑制个体自恋的力量与机制。在基督教文化中,人是上帝的奴仆,任何自夸、自大都是对上帝的亵渎,因而是比"恶"更为严重的"罪"。可以说,在基督教文化中,上帝就是抑制自恋的力量。

即便有如此多伦理的、教育的、文化的、宗教的约束与控制机制,自恋现象也不能被根除。一方面在于人之本性,人本身就是不完美的、不完善的存在;另一方面也在于这些约束机制本身不是彻底的,在控制普遍自恋的同时也为某种特殊的自恋留有"天窗"。比如,骄傲是自恋的一种外在形态,是为基督教所不容的,但基督教不反对一种特殊的骄傲,即作为上帝子民的骄傲。总体来看,这些约束机制还是发挥了作用,自恋在过去时代基本上是"零星"现象,只发生于社会的中上阶层。[①] 一个重要的原因是控制、约束自恋的社会机制还会与人们对自恋的厌恶(自恋的人往往会冒犯、伤害他人)结合起来,形成一种普遍的抵制自恋的社会文化心理。

如今自恋已经扩散到社会的各阶层,成了一种普遍性的文化现象。首先,过去的约束机制似乎都已经失效,自恋现象犹如脱缰的野马,在社会的各个层面、各个角落大行其道。相反,各种社会机制从中觅得商机,以激发

---

① F. J. Ryan et al., 1999: "Technology, Narcissism, and the Moral Sense: Implications for Instruction", *British Journal of Educational Technology*, April.

人的自恋为手段赚得盆满钵满。比如,各种社交软件,就是以自恋展示为基本运营模式,在商业上获得了巨大成功。结果是,社会大众已经不再讨厌自恋,过去时代广泛存在的厌恶自恋的文化心理已悄然解构。对此,普通人都有切身的体会,因为我们身边不乏过分自恋之人。自恋的流行,也引起了研究者的广泛注意,比如维特(A. Vater)等人就将这种现象称为"自恋大流行"(narcissism epidemic)。[①]

自恋大流行有人性与社会后果,更有教育与道德教育后果。本章对自恋的研究基于教育与道德视角,共分四个部分:第一部分重点从理论上认识自恋的本质,区分出病态自恋与性格自恋;第二部分则从自恋本质出发,探索自恋与道德、道德教育的矛盾,厘清自恋的流行对道德与道德教育的伤害;第三部分揭示自恋的人性根源,探究自恋大流行的社会与教育根源;第四部分基于自恋的产生根源,提出综合疗治,尤其是教育疗治自恋的思路与构想。

一、自恋的本质

自恋有不同的类型,但不同类型的自恋有共通性。自恋有自身的"语法",自恋"语法"也是自恋共通性的体现,自恋的共通性,也是自恋的本质或内在结构的体现。

(一) 自恋的不同类型及其共通性

严重的自恋是一种心理疾病,可以进行临床心理诊断。病态自恋的确诊者不是正常、健康的人,对自我、他人、世界的看法都是严重扭曲的,丧失了基本的处世与处事能力,需要进行专业治疗。我们这个时代虽然自恋大流行,但自恋患者毕竟还是少数,多数自恋还是心理倾向或性格倾向上的,即虽有自恋性格(narcissism as personality traits)或自恋倾向,但尚未严重到无法处世与处事的程度,类似于"健康带菌者"或"亚健康状态"。[②] 本章研究的不是临床意义上的自恋,而是作为性格倾向的自恋。

所谓自恋,就是对自我的迷恋,主要表现为两种类型,一种是自大自恋(grandiose narcissism),一种是脆弱自恋(vulnerable narcissism)。[③] 前者是对自身品质或人际关系能力的夸大,即以夸大自身品质的方式来迷恋自我。

[①] A. Vater et al., 2018: "Does a Narcissism Epidemic Exist in Modern Western Societies? Comparing Narcissism and Self-Esteem in East and West Germany", *PLoS ONE*, May.

[②] R. Rogoza et al., 2016: "Differentiation of the Two Narcissistic Faces in Their Relations to Personality Traits and Basic Values", *Personality and Individual Differences*, June.

[③] B. Weiss et al., 2018: "Distinguishing Between Grandiose Narcissism, Vulnerable Narcissism, and Narcissistic Personality Disorder", *Handbook of Trait Narcissism*, Gewerbestrasse, Springer International Publishing AG, p. 3.

根据夸大的内容不同,自大自恋又可以分为**主体自恋**(agentic narcissism)和**人际自恋**(communal narcissism)两种亚类。主体自恋是高估、夸大自身的职能、创造性、专业能力,觉得自己能力巨大、超群;人际自恋则是高估自己的人际品质、人际吸引力,觉得自己极其受欢迎,有人际威信,处事公正,合作性强。自大自恋的两种类型,虽然性质不同,也是互相交织的。主体自恋虽然夸大的是主体品质,也有人际性,因为自恋者往往不是孤立地夸大自身品质,而是将自身品质放在与他人的比较上,觉得自身品质与能力是远高于他人的。人际自恋夸大的是人际魅力,但也将这种吸引力归功于自身品质,比如处事公正、合作性强、有威信等。现实中,一个呈现主体自恋特性的人,对自身品质与能力的夸大总是伴随着对他人的贬损,因而招人厌烦,人际关系质量往往低下。从理论上讲,主体自恋的人不太可能兼有人际自恋,但事实上主体自恋的人基本上也有人际自恋。

主体自恋的人之所以能够无视他人的厌烦在人际上也自恋,根本的原因在于自恋的一个典型特征就是罔顾事实,将对自身的迷恋建构在虚幻之上。自大自恋表现出一种自我的扩张性,甚至是攻击性,而脆弱自恋则体现出一种防卫性。从现象上看,脆弱自恋者往往表现出对他人、社会、世界的厌恶与仇恨,愤世嫉俗,觉得整个世界都对自己不公平。在这种不公平面前,个人总是在受伤害,有一种脆弱性。自大自恋是自恋的主导、典型类型,能够凸显自恋的特性;脆弱自恋如果不仔细审视,似乎不是自恋,而是一种自我防卫。脆弱自恋的基本逻辑是"我是好的,世界是坏的;坏的世界总在伤害好的我",其预设的前提是"我是好的",这与自大自恋对主体或人际品质的夸大性质是相同的,而且"我的好"与"世界的坏"是相对的。我对世界的不满,不是因为我不好,而是因为世界不好,是"世界的不好"总在伤害"无辜的我"。如果说自大自恋是通过自我的优越来支配他人、引领世界,体现出一种自我扩张与进攻性的话,那么脆弱自恋则是用自身的优越来指责他人、责备世界,体现出一种自我封闭性和防卫性。二者相通的地方在于对自身优越性的深信不疑,不同之处在于表达这种优越性的方式不同,前者是将自身的优越性扩张蔓延,后者是将自身的优越性封闭以避免外在污染、侵袭。

(二)自恋的"语法"

病态自恋有一系列的症状,性格化的自恋或自恋个性也有类似的"症状",其中最为典型的是自恋者有特定的"语法"。自恋"语法"是自恋特性的语言显示,即自恋特性通过语言表达的方式显露出来。第一,自恋者总是下意识地使用第一人称,将"我"挂在嘴上,使用"我"的频率远高于使用"我们"的频率。① 当然,也存在例外情况,比如戴沃尔(C. N. DeWall)等人发现,有时候自恋者也会下意识地克制自己使用"我"的频率,因为在大家都在使用的时候,不使用或少使用反而更能吸引注意力。② 用词上的习惯,映射出在自恋者那里,"我"是最为重要的,而融入他人的"我们"则少有位置。例外情况虽然反常,其核心仍然是突出"我",只不过方式不同,即以不用"我"来突出"我"。第二,自恋者最为常用的句式是"我是最好的""没有人比我更……",这样的句式表达的重点有两个:一个是膨胀的自我,即对自我品质与能力的夸大;另一个是比较,即将自己与他人比较以证明自己的优越。如前所论,自大自恋有主体自恋与人际自恋两种亚类,这两种亚类在自恋"语法"上是基本一致的,只不过前者通过自恋句式表达的是自己的能力或品质,后者表达的则是自己在人际关系上的完美,其实也是一种品质,即人际关系品质。比如,"我是最乐于助人的""没有人比我更值得信赖",等等。当然,自恋者也有"境界"之别,"境界"稍高一点的自恋者,这样的句式是不轻易说出口的,不然就显得过于直白、露骨。嘴上不说,并不意味着心里不想。对有些自恋者来说,这样的句式已经变成了一种思维方式,一种看自己、看他人的思维方式,变成了一种内在的声音。第三,脆弱自恋者的句式又有所不同,往往以愤世嫉俗的方式来表达,比如"世界如此不公,我只能……",这种句式与上一种句式相比,焦点似乎不在自我,而在外部世界,自恋特性似乎不那么扎眼,但实际上其所映射的自恋程度一点儿也不低,即以自己为标准来衡量世界,与自我相比,整个世界都是黯然失色的。比较而言,在自恋"语法"中,"没有人比我更……"更为常见,可以说是自恋的基本句式与基本思维方式,"世界如此不公,我只能……"句式则处在从属地位。这也与自大自恋是自恋的基本形态,脆弱自恋是自恋的变异形态的基本结构是一致的。

(三)自恋的内在构成

自恋"语法"反映的是自恋的内在结构。在自恋中,首先是对自我能力与品质的自夸,这是自恋的"逻辑起点",即"我"能力如何大、品质如何高。也就是说,自恋源于不真实的自我评价。如前所论,人有自我意识,对自我作出评价甚至不是意志所能控制的事情,没有人能以强大的意志控制自己始终不对自己作出评价。对自我作出评价与对环境作出判断,对人来说都

---

① A. Vater et al., 2018: "Does a Narcissism Epidemic Exist in Modern Western Societies? Comparing Narcissism and Self-Esteem in East and West Germany", *PLoS ONE*, May.

② C. N. DeWall et al., 2011: "Narcissism and Implicit Attention Seeking: Evidence from Linguistic Analyses of Social Networking and Online Presentation", *Personality and Individual Differences*, July.

是生存与生活的基本能力,否则就没有办法生存、生活。如果自我评价是基本符合真实状态的,哪怕是非常积极的自我评价,也不是自恋,而是自豪。比如,一个勇敢的人知道自己勇敢且对此感到满意,当然不是自恋而是自豪。自恋在起点上就是扭曲的,即对自我进行夸大式的扭曲评价。

如果止于自夸,顶多是自吹自擂。自恋者自夸的目的在于特权。克里赞(Z. Krizan)将自恋界定为"特权化的自我重要性"(entitled self-importance)。[①]自恋者总是以为自己能力、品质出众,重要性超过他人,所以配得额外权利。在群体生活中,如果只获得与其他人同等的对待,自恋者往往会感到不满、不公,感到受到了伤害(在这里,自大自恋与脆弱自恋合而为一),因为同等对待未能标识他们"特权化的重要性"。特权不易获得,别人也不会轻易给你特权,但优势地位是获得特权的捷径,因此自恋者往往是对社会地位热情,甚至是狂热的追求者。获得优势社会地位,对自恋者来说,具有双重功效:一方面,优势社会地位作为一种外在确认,是对自己夸大自我评价的"背书";另一方面,又可满足自身的特权要求。自恋者对优势社会地位的追求,成功率很高,这种高成功率既有自恋者的个性原因,也有社会结构原因。从自恋者个性来看,自恋者对自我的热情与夸大,往往很有感染力,带有很强的欺骗性。而且,自恋者既会建构关于自己的幻象,也会毫无顾忌地描绘事业远景,很能激励人心。[②] 从社会制度来看,人类社会迄今为止都是由等级制度主导,而等级制度就是设计好让人去争夺的,有人争夺,等级的价值才能尽显。从这个意义上讲,等级制度本身对社会地位的热切渴望者更为友善。[③] 自恋者渴望社会地位,而等级制度对这类渴望者则是鼓励的,可以说自恋者与等级结构是相互契合的。

自恋者对自我的夸大伴随着对他人的贬低,自恋"语法"其实已经透露出自恋者的比较思维与逻辑,即"我比别人强"或"别人不如我"。自恋者虽然贬低他人,但对他人也是依赖的,正如拉什(C. Lasch)所言:"尽管自恋者不时幻想自己权力无限,但是他要依赖别人才能感到自尊。离开了对他崇拜得五体投地的观众他就活不下去。"[④]根源在于,自恋者对自我的能力与

[①] Z. Krizan, 2018: "The Narcissism Spectrum Model: A Spectrum Perspective on Narcissistic Personality", *Handbook of Trait Narcissism*, Gewerbestrasse, Springer International Publishing AG, p. 19.

[②] E. A. Williamsa et al., 2018: "Did Charisma 'Trump' Narcissism in 2016? Leader Narcissism, Attributed Charisma, Value Congruence and Voter Choice", *Personality and Individual Differences*, August.

[③] V. Z. Hill et al., 2019: "Narcissism and the Pursuit of Status", *Journal of Personality*, April.

[④] 〔美〕克里斯托弗·拉什:《自恋主义文化:心理危机时代的美国生活》,陈红雯、吕明译,上海,上海译文出版社,2013,第1版,第7页。

品质是夸大的,没有他人的崇拜与赞美,这种自夸于人于己都不那么真实、可信,有了他人的崇拜与赞美,自夸的能力与品质就得到了认可,就变成了"事实"。用他人的崇拜与赞美来维系膨胀的自我观念,是自恋者的常用策略,因此,自恋者通常都极端依赖他人的阿谀奉承。他人的崇拜与赞美不仅是自恋者维护虚幻自我的工具,还是体现自身优越性的方式。自恋者往往很享受别人的崇拜、奉承,因为崇拜者、奉承者其实已经以自己的崇拜、奉承表明了自己的低下,是对自恋者优越性的一种隐含确认。

正如自恋者可以建构关于自身能力、品质的虚幻一样,他也可以建构他人崇拜与赞颂的幻象。自恋者需要他人的崇拜,没有他人的崇拜,其所建构的关于自我的幻象就有摇摇欲坠的危险。如果有他人的崇拜,那当然好,如果没有,自恋者也会建构他人崇拜的幻象以支撑其所建构的自我幻象。自恋者建构这种幻象的基本策略是吸引注意力。无论在现实世界还是虚拟环境中,自恋者都渴望引人注目,获得高关注度。为了获取关注度,甚至可以不择手段,哪怕是恶名昭著也在所不惜。网络上那些哗众取宠者、高调炫耀者,其实多是自恋者。这些人把别人对自己的关注,无论正面的还是负面的一律理解为崇拜与赞美,用来支撑自恋幻象、满足虚荣心。

桑内特(R. Sennett)认为自恋就是不断追问"这个人、那件事对我有什么意义"①,总是将自己作为判断事物价值的尺度,与己有关、符合自身利益的就关注,否则就不去关注,哪怕别人处在生死存亡的关口。这种自恋更多地体现出自私倾向,即只关注自身,不关注他人、不关注世界。桑内特所理解的自恋其实未能抓住自恋的本质,那就是自恋者不但自我膨胀,还会渴望特权,渴望控制他人,渴望来自他人的崇拜与赞美。但桑内特提及的自恋以自己作为价值判断尺度的思想对理解自恋很有启发。人是差异性存在,每个人都是生而不同的,除了基本道德原则之外,我们在很多问题上各有看法、各有立场,因而尊重差异是人之为人的一项基本要求。自恋者并不接受这一基本要求,总是将自己当作标准或原则,当作"立法者",强迫别人接受。② 对一件事,人们往往有不同的理解,自恋者却将自己对事物的理解当作"标准答案",当作权威解释。如果别人有另外的"答案"、不同的理解,自恋者就会将这种理解斥为谬误、蠢话。如前所论,自恋者渴望优势社会地位,他们一旦获得权势地位,往往会将自身作为尺度与权势地位结合起来,呈现明显的专制性人格。

---

① 〔美〕理查德·桑内特:《公共人的衰落》,李继宏译,上海,上海译文出版社,2008,第9页。
② K. Moran, 2014: "Delusions of Virtue: Kant on Self-Conceit", *Kantian Review*, November.

(四) 自恋不是自爱

自恋很容易与自爱(self-love)、自尊(self-esteem)混淆,在很多人的观念里,自恋虽然有贬义,也只不过是自爱、自尊过度一些而已。也就是说,在很多人的认识里,自恋与自爱、自尊密切相关,虽然有些过度,但根源在于自爱、自尊,或者说来自于自爱、自尊。这样的理解,很容易为自恋开脱,因为自爱是我们每个人的本性,也是我们每个人作为人的基本使命,人人都应自爱,稍微过度一些既是难免的,也是可以理解的。

自恋真的是自爱过度吗?完全不是,自恋者并不自爱。亚里士多德在《尼各马可伦理学》中区分了两种自爱者:一种是"贬义的自爱者",即贪恋钱财、荣誉和肉体快乐的人;另一种是做符合德性、高尚的事情的"真正自爱者"。所谓"贬义的自爱者",在亚里士多德那里,其实就是"不自爱者",行文中甚至直接以"坏人"替代。亚里士多德为什么将这些"贬义的自爱者"当作"坏人"呢?这与他对人之本性的理解相关。在亚里士多德看来,能定义人的只能是人灵魂中逻各斯或理性的那一部分,而不是非逻各斯或欲望的那一部分。"贬义的自爱者"服从于欲望,实际上是未实现作为人的功能,未能上升到作为人的高度。从客观后果来看,这样的人因为未按人的要求去行事,所以首先伤害了自己,同时也会伤害到别人,可谓害己又害人。① 如果用亚里士多德的理论框架来分析,自恋者基本上就是他所谴责的贪恋虚荣(也包括地位、利益)的人,这种人显然也是他所指的"不自爱者"或者说"坏人"。当然,应该承认,亚里士多德所说的"贬义的自爱者"主要不是自恋者,而是自私自利者。这里就牵涉自恋与自私的关系问题。显然,自私不限于自恋,自私有大于自恋的内容,但自恋可以视为自私的一种(前文桑内特所界定的自恋其实就是自私),即一切活动都以维护虚幻的自我为核心。如果自恋是自私的一种类型这一判断能够成立的话,那么亚里士多德所说的自私者(坏人)"必定不是自爱者"②,一样适用于自恋者,即"自恋者必定不是自爱者"。

亚里士多德主要是从"爱什么"的维度去区分"贬义的自爱者"与"真正自爱者",包括自恋者在内的"贬义的自爱者"因为爱的不是人之为人的规定性,因而不是真正的自爱。除此之外,判断自恋是不是自爱,还可以看自爱者与自己的关系。自爱是对自己的爱,也就意味着自爱者与自己的关系良好。一个人与自己的关系好不好,首先看这个人是否了解自己,了解自己

---

① 〔古希腊〕亚里士多德:《尼各马可伦理学》,廖申白译,北京,商务印书馆,2003,第1版,第274—277页。

② 〔古希腊〕亚里士多德:《尼各马可伦理学》,廖申白译,北京,商务印书馆,2003,第1版,第276页。

是爱自己的一种方式。如前所论,自恋者并不了解真实的自己,或者说因害怕而回避了解自己,与自己的关系并不好。自恋者看似很爱自己,但置真实的自己于不顾,却去爱虚构的关于自己的幻象。① 这种对真实自我的回避,恰是不自爱的表现。只有不自爱的人,才总去寻找这样那样逃避面对真实自我的方式。当然,人是不完善的存在,当我们面对真实的自己的时候,都会发现自己的缺陷与脆弱。不回避自己的缺陷与问题,且不断克服缺陷、解决问题以完善自我,才是自爱的方式。自恋者回避缺陷和问题,或者将缺陷与问题扭曲、变形为能力或品质,显然不是爱自己,而是在害自己。由此来看,拉什所说"自恋与其说是自我欣赏,不如说是自我仇恨"②,是相当精准的。

自恋不是自爱,也不是自尊,那种认为自恋是自尊膨胀(inflated self-esteem)、自尊过度(excessive self-esteem)的观点在理论上也是说不通的。如果自恋是自尊过度,那么低自尊的人就不会自恋,但事实并非如此,相关研究发现,相当一部分自恋者是低自尊的。③ 布鲁迈尔曼(E. Brummelman)等人发现,自恋与自尊在核心信念,即如何看待自己与他人上有本质的差别。自恋者视自己为优越者、优等者,视他人为低等者、从属者,突出自己的居先与出众,把别人的失败当作自己的胜利,自我与他人关系呈现"上下关系"。而自尊的逻辑则完全不同,自尊者与他人之间是"平行关系",即我是有价值的,你也是有价值的,我们都能实现所想所愿,人与人之间并不是失败与成功二选一的零和关系。自尊者对自己的价值深信不疑,对自己感到满意,但并不由此感到优于他人。④ 一言以蔽之,自恋者实际上既不爱自己,更不爱他人;与之相对,自尊者则既爱自己,也爱他人。除此之外,自恋与自尊的来源也是截然不同的(下文再论)。

二、自恋对道德与道德教育的伤害

自恋作为性格倾向,如果只与自身相关,即便是性格缺陷也无大害。问题是,自恋既牵涉人与自身的关系,也涉及人与他人的关系,将这两种关系

---

① J. Mackenzie, 2018: "Knowing Yourself and Being Worth Knowing", *Journal of the American Philosophical Association*, November.
② 〔美〕克里斯托弗·拉什:《自恋主义文化:心理危机时代的美国生活》,陈红雯、吕明译,上海,上海译文出版社,2013,第 1 版,第 29 页。
③ E. Brummelman et al., 2018: "What Separates Narcissism from Self-Esteem? A Social-Cognitive Perspective", *Handbook of Trait Narcissism*, Gewerbestrasse, Springer International Publishing AG, p. 48.
④ E. Brummelman et al., 2016: "Separating Narcissism from Self-Esteem", *Current Directions in Psychological Science*, February.

都导向非道德化。

（一）自恋者与自身之间的非道德关系

如前所论，自恋者恋的不是真实自我，而是关于自我的幻象，即扭曲夸大的能力或品质。这一性质决定了自恋者与自我之间的关系是非道德关系。自恋者在处理与自我关系时，是基于扭曲、夸大的评价，导致其与自身关系的虚假、扭曲。人与自我之间道德关系的首要原则是真实、真诚，符合这一原则，人与自我之间的道德关系才能建立起来，否则人与自我之间的一切道德关系都是没有根基的。以诚实为例，我们通常会下意识地以为诚实是人际美德，但实际上诚实首先是待己以诚，我是什么样就什么样，不自夸也不自贬。有了待己以诚这一基础，才能真正做到待人以诚，因为不能待己以诚，也就意味着其以一个虚假的自我与他人交往，从起点上就是待人以伪。自恋者夸大、扭曲自己的能力或品质，实际上是自欺，违背的正是人与自我之间道德关系的首要原则。

自恋者热衷于追逐关于自我的"虚幻气泡"，反而将真实自我弃而不顾。这种弃而不顾是对真实自我的"遗弃"，本身就违背了作为人首先要自爱这一道德使命。前文论及，自恋者与自我的关系并不好，从其对自我的遗弃来看，何止是不好，简直是糟糕。自恋者对真实自我的遗弃不但是态度问题，还会产生相应的后果。一个人，只有在了解、认识、关心真实自我的条件下，才能在克服、弥补自我缺陷的同时，丰富发展自我中的积极维度，实现自我的不断生成与提升。自恋者沉溺于"虚幻气泡"之中不能自拔，既看不到真实自我的潜能、潜质，也不了解真实自我的缺陷与问题，失去了发展、提升自我的机会与方向。

有些自恋者并不承认对自我的认识是扭曲与夸大的，相反，他们认为自己才是真实的，因为他们敢于说出自己的私欲，敢于追求自己的利益，不像那些表面上教养良好的人，只是用自己的教养来掩盖自身的私欲与利益追求罢了。[①] 自恋者的辩护策略是以"真实"取胜，即以承认自己追求私欲与利益为条件来否定对自我的扭曲与夸大。应该承认，自恋者的这种辩护不是完全没有道理，其对私欲与利益追求的坦诚是符合事实的。不符合事实的是，自恋者所要求的是超出其应得的私欲与利益。每个人都有私欲和利益要求，文明社会并不否认个人的私欲与利益追求，相反还会以道德与法律的方式予以保护。自恋者在为自己辩护的时候，承认自己的私欲与利益追

---

① M. B. Thompson, 2015: "Authenticity in Education: From Narcissism and Freedom to the Messy Interplay of Self-Exploration and Acceptable Tension", *Studies in Philosophy and Education*, November.

求,但没有承认这种追求的超限与过度,依然犯了对人对己不诚的道德错误。此外,亚里士多德对自私者的剖析揭示出自恋者"真实"辩护的另一个道德问题,即人不单是欲望与物质存在,单纯追求欲望与利益,或者以牺牲理性与精神存在的方式去追求欲望与利益,实际上就是放弃了人之为人的使命,就是用人的物质与欲望维度否定了人的灵魂维度,看似在追求自身的利益,实际上是被欲望所控制,不能自主,否定、放弃了自身更为根本的利益。①

自恋者与自身的非道德关系还集中体现于道德情感上,即自恋者缺乏基本的道德情感。自恋者最缺乏的道德情感是同情,同情的本质在于对他人痛苦的感同身受,看上去是一种朝向他人的情感,但实际上也是一种内向情感,也是人与自我关系的反映。同情由他人痛苦所激发,但核心在于"我的感同身受",即由他人痛苦所引发的关于自我有限性的体悟。卢梭认为同情最深的根源还是在于自我保存及由此发展出来的自爱,同情派生于自爱。② 按照卢梭的逻辑,他人痛苦之所以引发我的同情,就在于我感受到我也可能经受同样的痛苦,他人经受的艰难与困苦也会发生在我身上。在同情中,他爱与自爱是统一的,他爱虽然明显,但自爱更为根本。自恋者之所以缺乏同情,一方面,正如卢梭所言,同情的根源在于自爱,是自爱的延伸。自恋者本身并不真正自爱,也就失去了同情的根基,自恋者不自爱,更不会同情他人。另一方面,自恋者的自我是虚幻的、夸大的、超群的,自认为不会遭受他人那样因低下而导致的痛苦,他人的痛苦都是因为其低下或自身缺陷而导致的,我不但不用同情,反而可以加以利用以获取优势。

愧疚是因错而生的一种规范性情感。做错了,就应该感到愧疚,为了缓解愧疚,就要改正错误,以自己的行为作出补救。愧疚这种道德情感的产生依赖于待己以诚,即诚实地面对自己的错误。自恋者无法做到待己以诚,其所建构的自我本身就是扭曲夸大的,为了维护膨胀的自我,自恋者很少承认自己的错误,在不得不承认错误的时候,也总是倾向于将错误归结为客观原因、外在原因,因而很少或基本没有愧疚之情。在生活中我们经常会遇到这样的局面,作为局外人,我们已经对自恋者的错误感到羞愧了,自恋者本身却没有丝毫的愧疚感,还在那里大言不惭、振振有辞。

羞耻是与愧疚相邻的另一种道德情感。如果说愧疚源于行为错误,那

---

① 〔古希腊〕亚里士多德:《尼各马可伦理学》,廖申白译,北京,商务印书馆,2003,第1版,第276页。
② P. DeArmitt, 2013: *The Right to Narcissism: A Case for an Im-Possible Self-Love*, New York, Fordham University Press, p. 40.

么差耻则源于整体自我的缺陷。① 愧疚产生之后的"第一反应"是补救,而差耻产生之后的"第一反应"是隐藏。表面上看,自恋者因为觉得自己优越于他人而没有需要隐藏的缺陷,因此不会感到差耻,实际上,自恋者也是"知道"自身缺陷的,却用自夸去隐藏自身缺陷,久而久之,连自己也相信自己没有缺陷了,欺人进化为自欺,欺人与自欺融为一体。也就是说,自恋是很好的一条逃避差耻的"心路"。自恋者通过自恋逃避了差耻,在摆脱差耻情感的同时,也摆脱了差耻所具有的孕育道德的多种可能性。②

自恋者缺乏道德情感,但并不缺乏"反道德情感"。自恋者虽然极端重视他人评价,但只希望听到称赞与颂扬,不愿意听到真话与直言。他人的真话与直言对其夸大的自我定位是一种危险,是戳破"气泡"的危险武器,因此自恋者回避真话与直言,将他人的真话与直言当作冒犯,产生非理性愤怒这种反道德情感。自恋者渴望他人崇拜,一旦别人不能满足自恋者的这种需要,就会在内心产生怨恨这种反道德情感。如前所论,脆弱自恋者的基本情感基调就是愤怒与怨恨。而且,自恋者总是认为自己是最好的,在遇到比自己更强的人时,嫉妒这种反道德情感会油然而生。

(二) 自恋者与他人之间的非道德关系

自恋者不一定处处损人利己,但其与他人之间的关系本身就不是道德关系。道德关系的建立,一个首要的前提,就是彼此之间平等的道德主体(moral agency)地位,或者说道德关系是平等道德主体之间的关系。人与人之间客观上存在着能力、地位等方面的差异,但这种差异并不否定"比较劣势者"作为平等道德主体的地位,在道德主体地位上,"比较优势者"也并不存在优越性。如前所论,自恋有两个关键性的内在构成,一个是自夸,一个是优越感,相对而言,优越感对自恋者更为根本,自恋者所享受的就是相比别人而言的优越感。如果没有他人存在,估计自恋也就消逝了。如前所论,由于自恋者往往更热衷于地位追逐,而等级社会对自恋者又是友好的,导致自恋者往往能够占据超出他们应得的社会地位,自恋者所占据的优势社会地位又强化了他们的优越感。优越感虽然是关于自身的一种感觉,却总是指向他人的,本身就包含着对他人的贬低。优越感体现于自恋"语法"之中,而自恋"语法"自身就包含着对他人的贬损("我是最好的。"),在突出"我的好"的同时,也暗示了"他人的差"。

如前所论,自尊的人在笃信自身价值的同时也承认他人的价值,其所建

---

① J. P. Tangney et al.,2003:*Shame and Guilt*,New York,The Guilford Press,2nd ed,p. 13.
② 高德胜:《羞耻教育:可为与不可为》,《教育研究》2018 年第 3 期。

构的人际关系是平行的道德关系。与此相反,自恋者在突出自身价值的同时否定他人价值,其所渴望建立的人际关系是以优越感为特征的"纵向"支配关系。也就是说,自恋者将自己置于"纵向"人际关系的上端,将他人置于下端,其看他人的方式不是平视,而是俯视。这样的人际关系建构,内在包含着对他人的不尊重。不尊重人是一种道德缺失,一般人一旦犯了这种道德错误,往往会感到羞愧,但自恋者不同,他们常常将这种不尊重合理化。自恋者以"成就"或能力作为尊重的条件,因为他人的"成就"与能力弱于自己,所以不值得尊重。自恋者的这种合理化实际上是站不住脚的。一方面,即使能够以"成就"与能力作为获取尊重的标准,自恋者对自身与他人"成就"、能力的理解都是扭曲的,存在着自夸与"他贬"双重问题;另一方面,自恋者不懂得"尊敬"与"尊崇"的区别。"尊敬"(respect)是对人性的尊重,即一个人无论成就如何,都应该获得作为人所应有的尊重,是对人之为人的承认,而"尊崇"(esteem)则是由成就大小所获得的尊重。① 也就是说,即使自恋者的成就标准是真实的,也违反了"尊敬"这一承认性尊重的基本要求。

  自恋者突出自己的优越感,对他人没有基本的尊重,但自恋者又离不开他人,对他人有强烈的依赖。如前所论,如果没有他人的称赞与奉承,自恋者的自夸难以维系,因此自恋者的自恋需要他人的颂扬来加以"喂养"。自恋者对他人的需要,不是平等道德主体之间的交往需要,而是将他人作为满足自身自恋需要的工具,是一种工具化的功能性需要。当然,并不是所有人都能如自恋者之所愿,都去称赞、颂扬他们,即便如此,自恋者也可以将他人工具化,那就是用他人的"低下"来衬托自身的优越。这种衬托在自恋"语法"中有明显的流露,"没有人比我更……",就是将所有人都当作衬托自身优秀、优越的工具。

  如前所论,自恋者缺乏应有的道德情感,这既是与自身的非道德关系的反应,也是与他人非道德关系的体现。比如,愧疚既是指向自身的,也是指向他人的。愧疚是因错而生的情感,如果错误的后果由自身承担,引发的感情往往是后悔;如果给他人造成了伤害,引发的感情更多的是愧疚。要消弭愧疚,既要诚实面对自己,承认错误,也要对由错误而给他人造成的伤害作出补救。自恋者很少或没有愧疚,也就意味着对自己给他人造成的伤害无动于衷。自恋者缺乏同情,既是缺乏自爱,也是对他人的冷漠。他人痛苦对他人来说是一种"道德急需",对我来说,就是一种"道德命令",我需要听从

---

① J. Clarke, 2009: "Rousseau, Recognition and Self-Love", *Inquiry*, December.

命令去满足他人的需要。① 自恋者因为缺乏同情,缺乏对他人痛苦的感同身受,也就感受不到他人的道德急需,听不到由这种道德急需所发出的道德命令,体现出道德麻木与道德冷漠。

（三）自恋盛行对伦理文化的消解

在一种文化中,如果自恋者是少数人,其对自我的夸大、对他人的贬低必然遭致多数人的反感与抵抗,在这种文化氛围中,少数人的自恋掀不起多大的风浪。现代社会情势则完全不同,已经是"自恋大流行"的时代。如果说在以前,伦理文化是克制自恋的主导性力量,如今则颠倒过来了,自恋文化成了消解伦理文化的巨大力量。在"自恋大流行"的时代,你是自恋的,我也是自恋的,彼此都有自恋的心理需求,既然如此,我不去干预你的自恋,你也不要试图妨碍我的自恋,自恋的人们之间需要新的相处方式。我们可以把这种新的相处方式称为"自恋的默契"。"自恋的默契"有几个层次,首先是理解、容忍彼此的自恋,互不干预。自恋成了人们的基本心理需求,有了类似于基本权利的色彩,可以得到普遍的理解。自恋可能给彼此带来一定程度的贬低与伤害,但因为是双向的,可以相互抵消,也就可以容忍。其次是互相配合,因为自恋不能单纯依靠自夸,还依赖他人的注意与夸赞,没有彼此的配合,自恋则很难维系。既然自恋是大家共同的基本心理需求,在不违背自身利益的情况下,可以"成人之美",适当给予他人以浅表化的注意与夸赞,以换来他人的注意与夸赞。这种基于自恋需要的"夸赞交换"在自媒体时代甚为方便、广为流行。比如,在朋友圈中,一个人发了一段自我表现、自我陶醉的图文,很多"好友"则根本不看内容,"点赞"秒至,营造出一种"赞扬纷纷"的景象。这种积极点赞的"善意",虽然并不真实,但彼此都有默契,不但不去说破,反而要承情于心并以点赞回报。最后,在需要的情况下,自恋的人甚至愿意"牺牲"一下自己的自尊,去扮演他人的"粉丝",以满足他人的自恋心理。比如,生活中有时候会遇到自视甚高的人放下身段自称是某人的"粉丝",其实就是"刻意牺牲"以满足他人自恋需求的"自恋默契"行为。

"自恋默契"具有多方面的伦理后果。对自夸的普遍认可削弱了诚实美德的社会意义。"自恋的默契"在自夸的维度上实际上是"自夸的默契",即将彼此的"自夸"当作通行做法,互相维护这种自夸。在这样的默契下,诚实面对自己、诚实面对他人也就失去了重要性,甚至变成了"自恋默契"的障碍。在抑制自恋的伦理文化中,人们即使有自夸的冲动,也会因为担心受到他人的鄙视、抵制而有所克制。在自恋盛行的文化中,这种担心完全没有

---

① 高德胜:《再论道德冷漠与道德教育》,《教育研究与实验》2015年第5期。

了,因为彼此都是自恋的,都有自夸的需要。在彼此的默契与怂恿之中,自我克制变得没有必要,人们变得放纵、张扬。自我克制不像诚实那样本身就是美德,但"无克制不成人",几乎每一种美德之中都有克制,比如勇敢之中有对恐惧的克制,慷慨之中有对自我利益的约束,宽容之中有对自我观念的抑制,等等。总起来看,"自恋默契"导致人们是非观念模糊,道德意志力下降,道德敏感性钝化。

自恋盛行对伦理文化的消解不限于人际之间。在自恋文化下,人人都是独立的"太阳",都围绕着虚幻的自我"自转",对自我光环之外的世界漠不关心。正如桑内特所言:"处在个人界限之外,处在公共领域之内的社会交往已不再有意义。"[①]自恋者以自身作为衡量标准,凡是对自己没有直接利益的事情都与己无关,哪怕世界毁灭。自恋者不仅不关注世界,更不关心过去与未来,对自恋者来说,未来,尤其是群体、人类的未来根本不在其思虑之中,而过去则更是妨碍其自我迷恋的负担。[②] 由此看来,随着自恋者不断增多,我们的世界,人类的未来在很大程度上都要落入自恋者手里,也就命运堪忧了。

(四) 自恋作为道德教育的障碍

自恋夸大自我、贬低他人,追求"特权化的自我重要性",整体上呈现一种反道德性,是道德教育的巨大挑战。这种挑战有两个维度:一个是道德观的维度,另一个是道德影响的维度。从道德观的维度看,自恋以其反道德性挑战道德教育。社会、学校、家庭所进行的直接或间接道德教育,都以自尊自爱、诚实待人、尊重他人等基本道德观念为基础,而自恋及自恋文化则以解构这些基本道德观念为前提。从道德影响的维度看,自恋及自恋文化有自己的"道德教育",即"教育"人们不要羞于自夸,要敢于追求优越感、特权感,不惜贬低他人、将他人工具化。在年轻一代伦理道德上出现问题的时候,社会大众有一种惯性的归责思维,指责学校教育、学校德育苍白、无力,却不去客观看待整个社会文化,包括自恋文化给学校德育所造成的巨大障碍。学校德育所面临的艰难处境是,尽管作出了巨大的努力,却不得不面对自恋文化无时不在的消解。

自恋的盛行还体现在对教育的沾染上。自恋作为文化现象,被媒介、广告、商业、竞技体育所鼓动。这种鼓动一方面本身就是一种社会教育,即自恋文化的社会性传播,另一方面也会通过不同的课程结构与教学实践进入

---

① 〔美〕理查德·桑内特:《公共人的衰落》,李继宏译,上海,上海译文出版社,2008,第1版,第9页。
② 〔美〕克里斯托弗·拉什:《自恋主义文化:心理危机时代的美国生活》,陈红雯、吕明译,上海,上海译文出版社,2013,第1版,前言。

学校教育之中,使学校教育也被自恋文化所沾染。① 比如,学校教育以自我利益获得为激励动机,就是在"教育"学生漠视他人、漠视世界;学校教育以竞争为基本运行逻辑,就是在鼓动学生去追求相对于他人的优越性、特权感;学校教育对成绩优异者的娇宠,满足的恰恰是这些学生的自大需求。② 由于当代学校纵向是阶梯性结构、横向则是等级性关系,处在教育体系中的优势学校也往往是自恋的,体现出机构自恋的特性(后文还会论及),还会以机构自恋向社会、学生传播自恋文化、自恋观念。

三、自恋的社会与教育"孕育"

自恋有先天因素,有些人走向自恋的可能性相对较大,有些人则小很多。但自恋主要还是后天"孕育"的,是家庭教育、媒体技术、机构与群体、学校教育综合作用的结果。

(一) 家庭教育的"膨胀赞誉"

心理学的研究发现,自恋最早出现在 7 岁左右,因为在此之前,儿童虽然已经有了自我意识,但自我评价尚不稳定,尤其是比较性的自我评价能力还不成熟。到了 7~8 岁,儿童不但能够进行自我评价,还能够将自身与他人进行比较,自恋也就由此开始。③

自恋有先天的一面,但主要来自父母与家庭的教养方式。心理分析理论认为,自恋来自父母联结剥夺的补偿,即因为缺少父母关心以自恋来补偿这种缺失。而社会学习理论则认为自恋来自父母的"膨胀称赞"(inflated praise),是父母不切实际、比较化的过度赞美引出的个性倾向。④ 从自恋的发生来看,"膨胀称赞"理论更有解释力。从自恋性格形成概率来看,缺少父母关注的孩子虽然也偶有发展出自恋性格者,但发生概率并不大,而在父母总是过度赞扬的家庭,子女自恋性格发生概率要大很多。有人发现,在过度赞誉家庭中长大的孩子,虽然自大自恋性格发生的概率比较大,也有一部分孩子比较脆弱,一旦遇到负面评价或小小的挫折就会崩溃,似乎与社会学习

---

① F. Ryan et al.,1999:"Technology,Narcissism,and the Moral Sense:Implications for Instruction", *British Journal of Educational Technology*,April.

② F. Ryan et al.,1999:"Technology,Narcissism,and the Moral Sense:Implications for Instruction", *British Journal of Educational Technology*,April.

③ E. Brummelman et al.,2016:"Separating Narcissism From Self-Esteem", *Current Directions in Psychological Science*,February.

④ E. Brummelman et al.,2018:"What Separates Narcissism from Self-Esteem? A Social-Cognitive Perspective", *Handbook of Trait Narcissism*,Gewerbestrasse,Springer International Publishing AG,p.48.

理论对自恋的解释不符。实际上,这恰是自恋的另外一种形态,即脆弱自恋。如前所论,脆弱自恋者将自己与世界对立起来,将自己视为完美存在,而世界则是不完美的,自恋者以自己之完美"抗议"世界的不完美,其崩溃恰是一种激烈的抗议方式。

另一方面,自恋的盛行,与少子化、父母对子女过度关注、过度赞扬这一家庭教育方式的变化同时发生,进一步证明了自恋性格的形成,在很大程度上是家庭教养方式的结果。父母都是爱子女的,但这种爱的表达有适宜与不适宜之别。如果父母对子女是关爱与欣赏的,将感情聚焦于孩子自身的品质、个性上,既不过分夸大,也不刻意压抑,更不着意与其他孩子进行比较,更可能教育出自尊自重的孩子。如果父母总是将自己的孩子视为享有特权的个体,对孩子的知识、智商、表现进行夸大性评价,总是以比较的眼光去看自己的孩子,总是觉得自己的孩子优于别人家的孩子,就很可能养育出有自恋性格的孩子。孩子会内化父母看自己的方式,将自己视为中心,很少去顾及他人的看法与感受,将他人视为衬托自身优异的工具。

在任何时代,每个家庭的子女教育方式都是不同的,但也有时代总体特性。过去时代,家庭教育有严格、严厉的总体特性;现代家庭教育在进步主义、儿童权利运动等多重力量的驱动下,似乎走向了另外一个极端,几乎每个家长都觉得自家孩子是"人中龙凤"、卓然不群。在这样家庭教育氛围中成长的孩子,听惯了赞誉之声,慢慢也就以为自己是世界的中心,别人都是自身优越性的衬托。从这个角度看,自恋的盛行,在一定程度上是由家庭教育方式的变化所推动的。当然,膨胀的赞誉并不必然导致自恋人格。诚然自恋有先天性的一面,但是,成为什么样的人,也是个人选择的结果。即使是双胞胎,生活在同一个家庭,其个性发展也会有所不同。教育影响是一回事,接受什么样的影响则是另外一回事。单从影响来看,影响一个人成长的因素也是多维的。即使是生活在过度赞誉的家庭,儿童也还会受到同伴、社区、学校的影响,这些影响也可能中和一部分父母的过度赞誉。

(二) 媒体技术的利用与孵化

如前所论,过去时代有种种抑制自恋的文化机制,如今不仅这些文化机制已经解体,现代科技还成了自恋的助推器,给自恋插上了"技术的翅膀"。网络世界一开始以匿名为基本特征,在网络世界中我们都是"身体退隐"的行者[①],网络世界的匿名隐形曾给了我们巨大的自由,但随着网络世界与现

---

① 高德胜:《身体退隐的道德后果——论网络世界中的身体、道德与教育》,《教育研究与实验》2007 年第 2 期。

实世界的深度融合,匿名隐形已经不再能够满足人们的数字化生存需要,人们不但要在现实世界中扬名立万,也要在网络世界中博取关注与声望。社交媒体的发明、发展,让自恋有了新的技术表达方式,一方面为自恋或潜在自恋提供展示平台,另一方面也为他人或真或假的关注、点赞提供技术方便。① 可以说,自恋与社交媒体是互相成全的,没有人们普遍自恋的加持,社交媒体无法生存,正是利用了人们的自恋倾向,通过为人们的自恋提供自由展示的平台,社交媒体才获得了极大的发展。与此同时,自恋借由社交媒体得到了释放与催化,使得当代人获得了前所未有的自恋自由与自恋表达形式。对几个广为流行的社交媒体的研究都显示,自恋者痴迷社交软件,主要在于社交软件是一个高度自控的环境,自恋者拥有自夸与表现的全部权利。② 自恋甚至借由社交媒体获得正名,成了人们理所当然的思想与行为方式。

自恋是对自我能力、品质的夸大,但从来都与自我形象的美化密切相关,或者说,自恋作为对自我的迷恋,一直包括对自我形象的痴迷与美化。社交媒体作为自恋展示的平台,当然也要为自我美好形象的展示提供方便。与此同时,一个人即使再自恋,如果自身形象确实欠佳,也很难罔顾事实。在这里,技术再一次为自恋提供了便利——通过美颜技术,人们在镜头前可以展示任何自己想要的形象。如前所论,自夸是自恋的基本要素。如果说自恋者自夸的是自己的品质与能力,那么美颜技术就是对身体形象的"自夸"工具。通过美颜技术,人们在网络世界、社交媒体上的形象美化已经不需要刻意去努力,交给美颜相机就可以自动化完成。

人们曾对网络等新科技领域寄予厚望,期望通过新的通信交流技术创造更为广阔的公共交流空间,但是,经过几十年的发展,网络交流终端由电脑主导演化为手机主导,越来越私人化、个人化。当代网络技术从人们自恋与自我表现等原始本能中嗅到了无限的商机,开发出种种利用、催化自恋的技术形式,将人们的注意力牢牢锁定于个人感受、私人生活、自我荣耀、人际吸引、形象美化、身形塑造上,桑内特所预言的"公共人的衰落"在网络时代变成了真真切切的现实。在很大程度上,现代技术,尤其是通信与图像技术成了当代人自恋的新的"孵化器"。

---

① C. T. Barry et al., 2018: "Social Media: Platform or Catalyst for Narcissism?", *Handbook of Trait Narcissism*, Gewerbestrasse, Springer International Publishing AG, p. 435.

② P. Sheldon et al., 2016: "Instagram: Motives for Its Use and Relationship to Narcissism and Contextual Age", *Computers in Human Behavior*, May.

（三）机构与群体自恋的熏染

自恋不但有个人形态，还有机构形态。一个成熟的机构往往有比较牢固的机构认同，有的机构认同以伦理价值为基础，有的机构认同则以机构优越感为基础。所谓机构自恋，就是不惜代价维护以优越感为基础的机构认同。根据杜铿（D. Duchon）等人的研究，机构自恋往往呈现这样一些特征：成员对机构卓异与优越的深信不疑；由权力感与特权感引发的机构全知、全能感；对其他机构、人员的贬低与不屑态度。[1] 与个体自恋的内在结构相似，机构自恋也是以对自身的品质、能力的迷恋为起点，以对自身的优越与特权为追求，以对其他机构及其成员的贬低为特点。个体自恋者对特权的寻求有完成状态，也有进行状态，机构自恋则有所不同，基本上都是完成状态。也就是说，机构自恋往往以机构事实上的特权与优越为基础，与其说是对特权与优越的追求，不如说是对特权与优越的维护。个体自恋者有时候可以建立于虚幻的能力与品质之上，而机构自恋则往往有这样或那样的实力作为自恋之资本。

机构自恋对机构内、机构外的人都有熏染作用。自恋机构的成员对机构的卓异、优越深信不疑，将机构的特权与优越代入个人思想与行为方式之中，一边享受作为机构成员的高高在上，一边贬低机构之外的人。比如一些优势行业，其从业人员往往自带一种行业优越感，对行业之外的人流露出一种轻视态度。当今社会上流行的所谓"鄙视链"就是机构自恋的露骨体现。作为特定机构的个体，不问自身品质与能力，只要有了机构身份，就可以对其他机构的人员表现出轻视态度。行业内部，优势机构的自恋对其成员也有强大的熏染作用。以中小学为例，一些名校的学生明显对自己的名校身份特别看重，在同龄人中有明显的优越感，甚至在日常生活中都不愿意脱下作为名校标志的校服。对机构外的人来说，被轻视的滋味并不好受，但在结构固化的情况下，被轻视者往往不是去反抗这种机构自恋所催化的轻视，而是想方设法获得优势机构的身份以有机会去轻视别人。

机构可以自恋，群体也可以自恋。所谓群体自恋，即一个群体及其成员对该群体之优异的盲信。[2] 理论上讲，最大的群体是人类，但因为没有可以与人类并列的其他群体，人类这一群体的认同还相对松散。但人类作为群体的自恋其实古已有之，比如将人视为"万物的尺度"。人类之下，最大的

---

[1] D. Duchon et al., 2009: "Organizational Narcissism and Virtuous Behavior", *Journal of Business Ethics*, March.

[2] A. G. de Zavala et al., 2009: "Collective Narcissism and Its Social Consequences", *Journal of Personality and Social Psychology*, December.

群体就是民族或国家了。在全球化时代,不同的民族、国家被纳入同一个体系之下,人类真正开启了"世界历史"。人类的这一境遇,既为相互交流学习奠定了基础,也为相互间的竞争、排斥提供了条件。全球化时代的群体自恋,是个体自恋的群体孵化器,本身就是危险的,是当今时代全球冲突的重要根源。因为群体自恋与群体攻击行为直接相关,群体自大形象必须得到持续确认,一旦遇到来自群体内外的"冒犯",就会激发恨意与攻击行为。

群体自恋不限于大群体,各种层次的群体都有自恋的可能。最明显的群体自恋往往以地域优越感的方式体现出来。在一国之内,政治、经济中心往往有很强的优越感,这种优越感常常伴随着对其他地方及其居民的歧视。群体优越感当然不是固定不变的,一些群体优越感的丧失,还会导致这些群体及其成员的心理失落,甚至演化为对其他地域的怨恨与敌意。与机构自恋一样,群体自恋也会对个体自恋产生催化作用。在多数情况下,群体自恋与个体自恋都是正相关关系,自恋者往往对自己所属群体也是自夸、自大的,将群体理想化;反过来,群体的优越也给自恋者以荣光,可以成为个体自恋的群体之源。[1]

(四) 学校教育的助长

从应然的维度看,教育本身就是预防、破除自恋的人类活动。教育虽然在预防、消解自恋中发挥着重要作用,也存在着助长自恋的因素与效应。如前所论,家长的"膨胀赞誉"是家庭教育中重要的自恋诱发因素,以此视角观察学校教育,我们也能发现类似的问题。在当今的教育话语中,表扬与批评是两极,教师借助自身的优势身份,要么给予学生以表扬,要么给予学生以批评。[2] 由于当代学校教育以同龄人聚集共同接受教育为基本形式,为教师的比较性评价提供了方便,现实中得到表扬的往往是一批人,而受到批评的则往往是另外一批人。在当代教育中,对"赞誉教育"推崇有加,很多教师对学生的表扬也不免沾染膨胀风气。即便不那么浮夸的表扬,因为发生在人群之中的,对个体的表扬也会因为群体的存在而得到放大。反过来,批评的效果也是一样,在多数情况下,对一批人的批评,其实就是对另外一批人的表扬与赞誉。教育话语的两极化,对一部分人是娇宠,对另外一部分人则是伤害。娇宠的后果是诱发、催化自恋、自我中心,而伤害的后果则是激发反社会性倾向与情绪。在教育生活中,一些得到特殊照顾、得到教师娇宠的学

---

[1] A. G. de Zavala et al., 2009: "Collective Narcissism and Its Social Consequences", *Journal of Personality and Social Psychology*, December.

[2] 高德胜:《直言:在表扬与批评之间》,《教育发展研究》2017 年第 22 期。

生在升入大学之后并不领情、感恩。很多教师对此类现象很不理解,是因为他们没有明白,学校之娇宠激发的是这类学生的自恋,他们往往将升学成功归结为自身的优异,并不将学校与教师的特别付出视为关键因素。

自恋不是自爱,或者说自恋者并不了解、认识真实的自我。"认识你自己""关心你自己"曾经是教育的根本使命。自恋盛行,虽然有这样那样的社会原因,也反映出当代教育在完成根本使命上的懈怠。当代教育着力于引导学生认识外部世界,将受教育者的"目光"由人自身引向自然世界。有人说古典教育教导年轻一代探索人性与人本身的复杂与丰富,现代教育则是带领年轻一代探索自然世界的无限奥秘。[①] 现代教育的这一转向,有其功绩,也有缺损,功绩在于促进科学发展,缺损在于对人自身的遗忘。当然,要说现代教育完全遗忘了人,也不是事实。现代教育也是关心人的,但与古典教育关心人的灵魂不同,现代教育关心的是人的物质利益,或者说关心的是人获取物质利益的能力。现代教育引导年轻一代去探索自然世界的奥秘,其中自有超功利的科学探索精神,但用以作为驱动力的主要是获取物质利益的能力。总起来说,现代教育的转型从正反两个方面助长了当代社会的普遍自恋。从正面来看,现代教育所推动的科技发展,给了现代人以物质上、能力上前所未有的膨胀自信,使现代人的自恋有了科技与物质的支撑;从反面来说,由于对人性及人自身缺乏关注,失去了预防、消解自恋的教育与文化防线。

当代学校虽然是教育机构,但在很大程度上已经融入经济体系,带有了浓重的经济气息。各国学校教育作为本国经济体系的构成部分,就要为本国经济发展与经济竞争力提供服务。实现这种服务的一个重要方式就是人才选拔。在人才选拔任务的驱使下,学校教育涵养育人的精神淡化,以纵向的阶梯化与横向的等级化激发的竞争精神得到了前所未有的强化。纵向的阶梯化,就是制度化的筛选设计,越往教育体系的上端攀爬,阶梯越陡、越窄、越难,就是要将不够优秀的多数人阻挡下来而只让足够优异的少数人通过。横向的等级化,即在同一个层次上学校是分为三六九等的,特权化的学校,其学生在阶梯攀爬中能够获得优势位置与机会,更有可能上升到教育阶梯的顶端。这样的教育结构设计,确实能够激发竞争,让受教育者始终处在竞争的压力之下以发掘自身潜力,成长为经济发展所需要的人才,与此同时,也将人们对自身价值的认识始终放在人际比较的维度上,以超过、战胜

---

① 高德胜:《我们都是自己的陌生人——兼论教育与人的放逐和"归家"》,《高等教育研究》2013年第2期。

他人为标准。而人际比较、对自身价值的认识以胜过他人为标准,恰是自恋的逻辑。

四、自恋的教育疗治

自恋是社会现象,其产生虽然有学校教育因素,但主要不是学校教育的问题,而是社会文化的问题,因此自恋的预防与疗治不能单单指望制度化教育。制度化教育虽然不能靠一己之力来解决产生于社会文化的自恋问题,也不能以此为借口对自恋问题视而不见,甚至去加剧自恋问题。自恋文化作为"社会疾病",自恋性格作为"人性疾病",都需要"教育的治疗",因为教育本身就是一种治疗活动。[1]

(一)敢于、甘于育常人

如前所论,自恋有家庭根源,在一定程度上是父母"过度赞誉"所造成的,那么对自恋的预防首先就要从家庭教育做起。父母对子女的"过度赞誉",追究起来,有两个根源:一个是偏爱,另一个是竞争压力。一方面,亲子关系是一种特殊的关系,父母对子女有一种本能性、天然的独特之爱。子女的一点点优点,对父母来说都是生命的惊奇,都会让父母发出巨大的赞叹。另一方面,当今社会生存竞争压力空前,父母生怕子女落后,所谓"不要输在起跑线上"就是这种压力的反映。在竞争压力下,父母总是有将自己的子女与其他孩子进行比较的冲动,在偏爱情感支配之下,就会觉得自己的孩子卓然不群,远超同龄伙伴。

作为父母,发现子女潜能、能力与品质并给予充分肯定,是对子女的认可与肯定,是子女成长与发展所必不可少的家庭支持因素。这里面的分寸在于,一个是适度,不能过分夸大,充分肯定是一回事,过度地、无限地夸大则是另外一回事;另一个是针对子女本身予以肯定,而不是出于比较。对子女的认可与肯定,是对其自身行为与品质的认可与肯定,不是从比他人强的角度所给予的认可与肯定。针对行为与品质本身的评价,将子女的注意力引向并定位于自身;出于比较的评价则将子女的注意力引向比较并定位于比较。前者所培育的是自尊、自我效能,后者则孕育比较型人格与优越感,催生自恋。两个分寸的把握,第二个更难。对子女的赞誉,即使有些夸张,只要没有到离谱的程度,危害相对小一些。最难把握的是比较冲动,父母总是抑制不住将自己的子女与别人的子女进行比较,或者以"别人家的孩子"之优异来给自家孩子制造压力,造成自家孩子的自卑,或者以"自家孩子的

---

[1] 金生鈜:《教育何以是治疗——兼论教育与人的健康的关系》,《教育研究》2020 年第 9 期。

优越"对别人家的孩子进行隐形贬低,塑造自家孩子的优越感。

几千年的等级社会所造就的"望子成龙""望女成凤"思想与当代社会的生存压力汇流,导致当下父母的普遍性焦虑,即跨越阶层的焦虑。处在社会底层的父母,焦虑子女不能突破阶层界限向上移动,所谓"寒门难出贵子";处在社会中层的父母遭遇的是"夹缝境况",既想子女向上流动进入社会上层,又担心向下滑落堕入社会下层;处在社会上层的父母,也没有安全感,生怕地位不保,子女会向下滑落堕入社会中下阶层。在这种普遍焦虑的社会境况下,父母教育子女的眼光总是比较的,总是渴望子女在同龄人中获得优势与优越地位。一方面,父母往往下意识地以为自己的"过度赞誉"能带来子女的自信;另一方面,很多父母即使明了自恋的危害,也世故地知晓当下社会对自恋者其实也并不坏,甚至相当友善,所以也不那么担心自恋这一性格缺陷会给子女带来伤害。

对很多父母来说,只要子女能成为"人上人",子女有个性与性格缺陷、心理问题等代价都是可以接受的,优秀、优越、出众成了很多家庭教育的价值追求。在优越的前提下,代价可以接受,最不能接受的是子女"沦为"普通人。这是当下家庭教育最需要革新的观念,即改变不惜代价培养比较意义上的优越观念,敢于、愿意培养健康、健全的普通人。第一,带有自恋等人格缺陷的人,即使有所成就,也因人格不健康、不健全而不幸福。父母是爱子女的,是要子女获得"病态的成功",还是希望子女健康、健全、幸福?这是需要认真思考并加以选择的。第二,教育子女专注于自身发展,不刻意与他人比较。父母所应重点培养的是子女的自尊,即认同、维护自身价值,不自贬、不自夸,也不允许别人侵犯、不接受他人虚夸。第三,人是社会性的,免不了拿他人作为参照,但不能总是以别人为衡量自身价值的标准。父母应该有这样的观念,从小引导孩子既维护自身价值,也承认他人价值,不将自身价值与他人价值对立起来,不以贬低他人来抬高自己。总之,当下家庭教育最缺乏的是敢于、甘于育常人。这不是甘于平庸,而是一种理智、淡定、平和的教育心态,是一种将健康、健全本身视为价值的教育观念,是守住家庭教育本心的不凡教育格调。

(二)育自爱防自恋

人与自己的关系是最深奥的关系,需要时刻关心、终身修炼,稍有不慎,就会变得疏远、扭曲。当我们醉心于外在物质、权力、利益的时候,我们与自己的关系就疏远了,甚至是遗忘了自己。当我们被欲望控制,被他人对我们的评价左右,被自大、自负蒙蔽时,我们与自身的关系也就扭曲了。人与自身关系的疏远与扭曲,是不自爱的表现,虽然并不必然导向自恋,但都与自恋密切相关,或者说是为自恋开了方便之门。我们与自身关系疏远,甚至遗忘自我,不珍惜自己,也就意味着失去了预防自大、自夸的屏障,很容易在外在物质、权力、利益的加持下走向自我的外向膨胀。比如,一个被权力欲支配的人,会从权力那里获得一种自我优越感,将获得的权力等同于自身能力。与自身关系的扭曲与自恋的联系更为直接,比如自负,即以为自己的主观原则或利益有法则上的权威性,将自己的倾向与偏好当作原理,是自负的典型表现,但与自恋也已很难区分开来,可以说是自负与自恋的双生体。①

不自爱,为自恋开了方便之门;反过来,如果自爱,就不会或不易自恋。正如亚里士多德所说,自爱的人爱自身之善,希望与自己在一起,与自身悲欢与共。② 自恋的人也是"爱"自己的,但"爱"的不是自身之善,而是欲望、名利、幻象(欲望、名利并不等于恶,但需要服从于自身之善,服从于德性,否则就容易走向恶)。一方面,自爱的人爱的是自身的灵魂、德性,从根本上杜绝了自恋;另一方面,自爱的人因为爱的是自身之善,是自身之德,因此敢于面对自己的缺陷与问题,敢于待己以诚,将自身的缺陷与问题当作超越与完善自我的机会,不会以自夸、自大来掩盖缺陷,从诚实待己这个方向上堵住了自恋的发生。自爱者愿意与自己在一起,不愿意与自己疏离,厌恶以虚假的自我占据真实自我之位置,堵住了由自夸、自大滑向自恋的"心路"。自爱者同自身悲欢与共,即以德性的实现为快乐,以德性的失去为悲伤,不会因为行道德之事而感到痛苦、悔恨,不会热衷于他人赞扬,对自恋的诱惑有精神上的抵御能力。

当然,自爱的意义不限于预防自恋,自爱不但是人之使命的承担,还是他爱的根基。正因为如此,古典教育以引导年轻一代学会"关心你自己"作为教育之本心。苏格拉底将提醒雅典同胞"关心你自己"作为终其一生的使命,一方面时刻警醒雅典同胞不要为外物所惑,忘了关心自己的灵魂;另一方面则是警示雅典同胞正视自己的无知,切不可妄自尊大。③ 自此以后,"关心你自己"慢慢成了古希腊、古罗马哲学与教育思想的一个基本原则,以至于成了"一个真正总体的文化现象"。④ 后世的各种哲学流派提出的自我审查、修身学说,都是指向"关心你自己"的,比如,塞涅卡的"独立自我审

---

① K. Moran, 2014: "Delusions of Virtue: Kant on Self-Conceit", *Kantian Review*, November.
② 〔古希腊〕亚里士多德:《尼各马可伦理学》,廖申白译,北京,商务印书馆,2003,第1版,第267—268页。
③ 高德胜,安冬:《"关心你自己":不能失落的教育之"本心"》,《教育研究与实验》2018年第2期。
④ 〔法〕米歇尔·福柯:《主体解释学》,佘碧平译,上海,上海人民出版社,2005,第1版,第11页。

查"(solitary self-examination)①就是"关心自己"的思想与践行方法。卢梭也是非常重视自爱的思想家与教育家,他的教育思想始终贯彻着克服自恋(amour-propre)以达成真正自爱的原则。② 教育史上曾经绵延数个世纪的人文教育传统,虽然主题是"认识你自己",但其实是"关心你自己"的一个理性表达,也是自爱教育传统的体现。

如前所论,当代教育致力于引导受教育者认识自然世界。人在世界中生存,当然需要认识世界,但这种认识需要以对人性的探索为参照,如果失去人性探索的参照,就会在认识世界的过程中遗忘了人自身,或者也将人与人性物质化。这种疏远人、遗忘人,虽然不是自恋发生的直接原因,也为自恋的大流行奠定了精神与心理基础。从人类与教育的未来出发,兼顾对自恋的预防,未来教育应该扭转过于关注外在世界的倾向,转向自然探索与人性探究兼重,不能把"关心你自己"这一教育"本心"丢了。当代教育承认个人利益,甚至以个人利益追求作为驱动力,赞成者说这是当代教育的开明、进步之所在,批评者说这是教育精神的失落。在一个市场化的时代,不承认个人利益的教育无法立身,即便如此,也不能将个人利益狭隘化。德性与精神也是一个人的利益,或者说是最大的利益。诚如亚里士多德所论,如果只爱欲望与物质利益,不顾德性与精神,那是不自爱的表现。因此,从预防、疗治自恋的角度看,未来教育也应该在物质利益与"精神利益"之间保持平衡。如前所论,自恋在很大程度上由比较所激发,要预防、疗治自恋,未来教育亟须抑制对"成就尊重"(esteem)的追捧,在普遍性尊重(respect)上多下功夫。将成就作为尊重的条件,激发的是人的比较、胜过他人之心,也是对自恋的催化;将尊重奠基于人性,奠基于人之为人的价值,则有内敛、安顿人心的功用。成就尊重并非没有道理,在一定程度上也是正义的体现,但成就尊重的泛化,则是对人性之扭曲。在这个问题上,现代教育"贡献卓著",有值得反思的地方。反过来,如何超越能力与成就,给予每一个人以人之为人的尊重,则是现代与未来教育需要努力与完善的地方。

(三) 看见苦难

自恋一方面是自夸、自大,聚焦于自身,将自己与他人脱离开来;另一方面则是将他人工具化,视他人为衬托、体现自身优越性的工具。如果一个人有同情心,能够体会到他人的痛苦,自恋的内外两个"闭环"就很难建立起来。能够体会到他人的痛苦、不愿意他人经受痛苦,就是对聚焦于自身这一

---

① M. Foucault, 2001: *Fearless Speech*, Los Angeles, Semiotext(e), p. 139.
② J. Clarke, 2009: "Rousseau, Recognition and Self-Love", *Inquiry*, December.

"闭环"的刺破,已经意味着走出了自我封闭,看见了他人。同时,能够体会到他人痛苦、不愿意他人被痛苦折磨,也即意味着将他人视为与己同样之人,是自爱的延伸。正是在这个意义上,卢梭认为同情是善的、正义的,因为同情将自己运送到自身之外,运送到他人,将自爱与对他人痛苦的排斥融合在一起。[①] 如前所论,自恋者缺乏同情,这也从反面印证了同情对自恋的预防与抑制作用,一个有同情心的人,不太可能自恋;反过来,一个自恋的人,也不大可能有同情心。

同情是中和、抑制自恋的情感力量,同情来自对他人痛苦的感受与体察,因此要借助同情来抑制自恋,前提是要让年轻一代看见他人的痛苦、人间的苦难。从常识来看,我们身边只要有痛苦发生,就不难看见。问题是,生活纷繁复杂,每天呈现在我们眼前的是交织、混杂的生活景象。比如,正常情况下,我们可以直接看见他人痛苦,如果经受痛苦之人是我们的竞争对手,或者是我们圈子之外的人,我们就不一定能够看见,即使看见了,引发的也不一定是同情。在学校生活中,竞争激烈,学生将精力放在自身优越与超过他人上,也是很难看到他人痛苦的。身边的痛苦如此,远处的痛苦则更难看见。年轻一代被竞争的框架所限定,大家都生活在"系统"之中,都在竞争框架内争取自身最好的位置,很难去顾及整个社会的问题、远方他人的生活,也就很难看见他人的苦难。比如,对很多在都市中为考试排名而努力的学生来说,乡村留守同龄人的艰辛与苦难就很难进入他们的视野。

帮助年轻一代看见痛苦与苦难具有多重意义,不限于预防与疗治自恋。第一,要帮助学生,教育自身首先要看到痛苦与苦难。不少批评者认为学校教育本身就不乏痛苦,佐藤学说,上学对一些孩子来说,就是经受伤害的过程。[②] 学校教育如果无视这些伤害及由此所造成的痛苦,那么多数学生也就很难看见这些就在眼前的痛苦。当然,看见不是目的,看见是为了消除,是为了不再制造类似的痛苦。学校对痛苦的敏感与反应,对学生来说,就是一种教育引导。第二,学校教育既要关注人类、国家、民族的成就,也不能忘记人类、国家、民族所经历的苦难。成就让人自豪,但回避苦难、只讲成就或片面突出成就,其实也是一种自夸。这种自夸一方面是一种自我暗示,另一方面也是对苦难的遮蔽,使学生失去了接触苦难、激发同情与仁慈之心的机会。第三,学校教育不能依靠个人利益竞争来作为运行逻辑,这样的逻辑,

---

① P. DeArmitt, 2015: *The Right to Narcissism: A Case for an Im-Possible Self-Love*, New York, Fordham University Press, p. 39-40.

② 〔日〕佐藤学:《学习的快乐——走向对话》,钟启泉译,北京,教育科学出版社,2004,第1版,第77页。

将年轻一代引入个人发展的狭小世界,不能抬起头来去关心国家、民族、人类的前途与命运。正规教育的一个使命就是将学生从私人性、地方性、当下性中脱离出来,站在人类的高度去看人类的成就与苦难。

单纯从看见苦难的角度看,如今的电子媒介比学校教育做得好。电子媒介有"灾难嗅觉",哪里有灾难,电子媒介就直播哪里。问题是,电子媒介对灾难的展示不是为了教育,不是为了同情,而是为了获取流量与利益,结果是苦难展示越多,人们的同情心则越淡,因为别人的苦难对电子媒介消费者来说就是一种消费品,是消磨时间的一种方式。学校教育对待苦难的态度与方式,不能落入电子媒介的套路,应该反其道而行之。首先,学校教育引导学生看见他人痛苦与人间苦难,不是为了消遣、娱乐,而是为了激发同情与仁慈,为了引导学生克服自我封闭。其次,学校与学生对痛苦的看见,不能止于看见,还要在看见之后有所行动,以行动去消除痛苦。当然,对痛苦的消除有不同的层次,对身边痛苦的消除不同于对远方苦难的援助。最后,有态度的学校教育还应引导学生戒备电子媒介对痛苦与苦难的态度,提升电子媒介素养,建构电子媒介批判意识,形成抵御媒介消极影响的能力。

参考文献

一、中文文献

1. 〔德〕艾·弗洛姆:《爱的艺术》,李建鸣译,上海,上海译文出版社,2008,第1版。

2. 〔德〕爱德华·封·哈特曼:《道德意识现象学——情感道德篇》,倪梁康译,北京,商务印书馆,2012,第1版。

3. 〔古希腊〕柏拉图:《柏拉图对话集》,王太庆译,北京,商务印书馆,2004,第1版。

4. 〔古希腊〕柏拉图:《柏拉图全集(第一卷)》,王晓朝译,北京,人民出版社,2002,第1版。

5. 〔英〕伯纳德·威廉斯:《羞耻与必然性》,吴天岳译,北京,北京大学出版社,2014,第1版。

6. 〔英〕C.S.路易斯:《四种爱》,汪咏梅译,上海,华东师范大学出版社,2007,第1版。

7. 〔美〕查尔斯·霍顿·库利:《人类本性与社会秩序》,包凡一、王源译,北京,华夏出版社,1999,第2版。

8. 〔美〕大卫·洛耶:《达尔文:爱的理论》,单继刚译,北京,社会科学文献出版社,2004,第1版,第5页。

9. 〔英〕大卫·休谟:《人性论(下)》,关文运译,北京,商务印书馆,1980,第1版。

10. 〔美〕黛安娜·阿克曼:《爱的自然史》,张敏译,昆明,花城出版社,2008,第1版。

11. 〔英〕德斯蒙德·莫里斯:《人类动物园》,刘文荣译,北京,文汇出版社,2002,第1版。

12. 〔爱尔兰〕弗兰克·M.弗拉纳根:《最伟大的教育家:从苏格拉底到杜威》,卢立涛、安传达译,上海,华东师范大学出版社,2009,第1版。

13. 〔法〕弗朗索瓦·勒洛尔、〔法〕克里斯托弗·安德烈:《我们与生俱来的七情》,王资译,北京,生活·读书·新知三联书店,2015,第1版。

14. 〔法〕弗朗索瓦·于连:《道德奠基:孟子与启蒙哲人的对话》,宋刚译,北京,北京大学出版社,2002,第1版。

15. 〔德〕弗里德里希·包尔生:《伦理学体系》,何怀宏、廖申白译,北京,中国社会科学出版社,1988,第1版。

16. 高德胜:《道德教育的30个细节》,北京,中国人民大学出版社,2019年,第1版。

17. 高德胜:《道德情感:本质、类别与意义》,《当代教育与文化》2021年第11期。

18. 高德胜:《节俭·人性·教育》,《高等教育研究》2010年第1期。

19. 高德胜:《竞争的德性及其在教育中的扩张》,《华东师范大学学报(教育科学版)》2016年第1期。

20. 高德胜:《论爱与教育爱》,《中国教育学刊》2018年第7期。

21. 高德胜:《论标准化对教育公平的伤害》,《教育科学研究》2018年第1期。

22. 高德胜:《人的尊严与教育的尊严》,《高等教育研究》2012年第2期。

23. 高德胜:《身体退隐的道德后果——论网络世界中的身体、道德与教育》,《教育研究与实验》2007年第2期。

24. 高德胜:《时代精神与道德教育》,北京,教育科学出版社,2013,第1版,第41页。

25. 高德胜:《我们都是自己的陌生人——兼论教育与人的放逐和"归家"》,《高等教育研究》2013年第2期。

26. 高德胜:《羞耻教育:可为与不可为》,《教育研究》2018年第3期。

27. 高德胜:《义务教育教科书〈道德与法治〉(七年级下册)》,北京,人民出版社,2016,第1版。

28. 高德胜:《再论道德冷漠与道德教育》,《教育研究与实验》2015年第5期。

29. 高德胜:《直言:在表扬与批评之间》,《教育发展研究》2017年第22期。

30. 高德胜:《追求更有道德意蕴的核心素养》,《西北师大学报(社会科学版)》2021年第1期。

31. 高德胜:《自恋及其教育疗治》,《教育研究与实验》2021年第3期。

32. 高德胜、安冬：《"关心你自己"：不能失落的教育之"本心"》，《教育研究与实验》2018年第2期。

33. 〔美〕汉娜·阿伦特：《责任与判断》，陈联营译，上海，上海人民出版社，2011，第1版。

34. 金生鈜：《教育何以是治疗——兼论教育与人的健康的关系》，《教育研究》2020年第9期。

35. 〔德〕康德：《单纯理性限度内的宗教》，李秋零译，北京，商务印书馆，2012，第1版。

36. 〔美〕克里斯托弗·拉什：《自恋主义文化：心理危机时代的美国生活》，陈红雯、吕明译，上海，上海译文出版社，2013，第1版。

37. 〔印〕克里希那穆提：《恐惧的由来》，凯锋译，上海，学林出版社，2007，第1版。

38. 〔德〕孔汉思、〔德〕库塞尔：《全球伦理——世界宗教议会宣言》，何光沪译，成都，四川人民出版社，1997，第1版。

39. 〔捷〕夸美纽斯：《大教学论》，傅任敢译，北京，人民教育出版社，1984，第2版。

40. 〔美〕L.科尔伯格：《道德发展心理学》，郭本禹、何谨、黄小舟等译，上海，华东师范大学出版社，2004，第1版。

41. 〔英〕莱恩·多亚尔、〔英〕伊恩·高夫：《人的需要理论》，汪淳波、张宝莹译，北京，商务印书馆，2008，第1版。

42. 〔美〕理查德·J.伯恩斯坦：《根本恶》，王钦译，南京，译林出版社，2015，第1版。

43. 〔美〕理查德·桑内特：《公共人的衰落》，李继宏译，上海，上海译文出版社，2008，第1版。

44. 廖申白：《亚里士多德友爱论研究》，北京，北京师范大学出版社，2009，第1版。

45. 〔法〕吕克·费希：《什么是好生活》，黄迪娜、许世鹏、吴晓斐译，长春，吉林出版集团有限责任公司，2010，第1版。

46. 鲁洁：《走向世界历史的人——论人的转型与教育》，《教育研究》1999年第11期。

47. 鲁洁、高德胜：《义务教育教科书道德与法治（六年级下册）》，北京，人民教育出版社，2020，第1版。

48. 〔美〕马克·马陶谢克：《底线：道德智慧的觉醒》，高园园译，重庆，重庆出版社，2013，第1版，第15页。

49. 〔德〕马克思·舍勒:《道德意识中的怨恨与羞感》,林克等译,北京,北京师范大学出版社,2014,第1版,第169页。

50. 〔德〕马克思·舍勒:《情感现象学》,陈仁华译,台北,远流出版事业股份有限公司,1991,第1版。

51. 〔美〕玛莎·努斯鲍姆:《告别功利:人文教育忧思录》,肖聿译,北京,新华出版社,2010,第1版。

52. 〔美〕迈克尔·L.弗雷泽:《同情的启蒙:18世纪与当代的正义和道德情感》,胡靖译,南京,译林出版社,2016,第1版。

53. 〔古希腊〕迈克尔·欧克肖特:《人文学习之声》,孙磊译,上海,上海译文出版社,2012,第1版。

54. 〔法〕米歇尔·福柯:《主体解释学》,佘碧平译,上海,上海人民出版社,2005,第1版。

55. 〔德〕尼古拉斯·洛布科维奇:《宽容的缺陷》,《国外理论动态》2014年第8期。

56. 倪梁康:《心的秩序——一种现象学心学研究的可能性》,南京,江苏人民出版社,2010,第1版。

57. 庞朴:《当代学者自选文库·庞朴卷》,合肥,安徽教育出版社,1999,第1版。

58. 〔英〕齐格蒙特·鲍曼:《通过社会学去思考》,高华、吕东等译,北京,社会科学文献出版社,2002,第1版。

59. 任现品:《略论儒家文化的感恩意识》,《孔子研究》2005年第1期。

60. 〔古罗马〕塞涅卡:《道德和政治论文集》,袁瑜琤译,北京,北京大学出版社,2010,第1版。

61. 〔荷〕斯宾诺莎:《伦理学》,贺麟译,北京,商务印书馆,2005,第1版。

62. 唐燕:《人心暴戾的化育:学生暴力行为的诗教可能》,《湖南师范大学教育科学学报》2016年第5期。

63. 王迪、高德胜:《道德愤怒:愤怒与道德结合的可能性及其可教性》,《中国教育学刊》2020年第11期。

64. 〔德〕沃尔夫冈·霍尔、〔德〕贝恩德·海特尔、〔德〕斯特凡妮·罗森穆勒:《阿伦特手册——生平·著作·影响》,王旭、寇瑛译,北京,社会科学文献出版社,2015,第1版。

65. 〔英〕西蒙·梅:《爱的历史》,孙海玉译,北京,中国人民大学出版社,2013,第1版,第6页。

66. 〔英〕休谟:《道德原则研究》,曾晓平译,北京,商务印书馆,2001,第1版。

67. 徐元诰:《国语集解》,北京,中华书局,2006,第1版。

68. 〔古希腊〕亚里士多德:《尼各马可伦理学》,廖申白译,北京,商务印书馆,2003,第1版。

69. 〔古希腊〕亚里士多德等:《诗学、修辞学、喜剧论纲(罗念生全集第一卷)》,罗念生译,上海,上海人民出版社,2007,第1版。

70. 〔古希腊〕亚里士多德:《修辞学》,罗念生译,北京,生活·读书·新知三联书店,1991,第1版。

71. 颜志强、苏金龙、苏彦捷:《同情与共情:词源、概念和测量》,《心理与行为研究》2018年第4期。

72. 〔德〕伊曼始尔·康德:《论教育学》,赵鹏、何兆武译,上海,上海人民出版社,2005,第1版。

73. 喻承甫等:《感恩及其与幸福感的关系》,《心理科学进展》2010年第7期。

74. 余纪元:《亚里士多德伦理学》,北京,中国人民大学出版社,2011,第1版。

75. 余清臣:《论感恩教育的限度——以师生关系为例》,《教育学报》2009年第4期。

76. 〔美〕约翰·杜威:《民主主义与教育》,林宝山译,台北,五南图书出版公司,1989,第1版。

77. 〔美〕约翰·杜威:《学校与社会·明日之学校》,赵祥麟、任钟印、吴志宏译,北京,人民教育出版社,1994,第1版。

78. 〔美〕约翰·罗尔斯:《政治自由主义》,万俊人译,南京,译林出版社,2000,第1版。

79. 〔德〕约翰·罗尔斯:《正义论》,何怀宏、何包钢、廖申白译,北京,中国社会科学出版社,1988,第1版。

80. 朱熹:《四书章句集注》,济南,齐鲁书社,1992,第1版。

81. 〔日〕佐藤学:《学习的快乐——走向对话》,钟启泉译,北京,教育科学出版社,2004,第1版。

二、英文文献

1. Aristole, 2009: *The Nicomachean Ethics*, translated by D. Ros, New York, Oxford University Press, 2nd ed.

2. A. Chakrabarti, 1992: "Individual and Collective Pride", *American Philosophical Quarterly*, January.

3. A. E. Galeotti, 2021: "Rescuing Toleration", *Critical Review of International Social and Political Philosophy*, May.

4. A. G. de Zavala et al., 2009: "Collective Narcissism and Its Social Consequences", *Journal of Personality and Social Psychology*, December.

5. A. G. Zavaliy, M. Aristidou, 2014: "Courage: A Modern Look at an Ancient Virtue", *Journal of Military Ethics*, September.

6. A. Halmburger et al., 2015: "Anger as Driving Factor of Moral Courage in Comparison with Guilt and Global Mood: A multimethod Approach", *European Journal of Social Psychology*, February.

7. A. Isenberg, 1949: "Natural Pride and Natural Shame", *Philosophy and Phenomenological Research*, September.

8. A. Kauppinen, 2018: "Valuing Anger", *The Moral Psychology of Anger*, London, Rowman & Littlefield International Ltd.

9. A. O'Hear, 1976: "Guilt and Shame as Moral Concepts", *Proceedings of the Aristotelian Society*, December.

10. A. Pascual et al., 2020: "Moral Pride: A Paradoxical Effect Also Present in Young Adults?", *The Journal of Psychology*, August.

11. A. Peterson, 2017: *Compassion and Education: Cultivating Compassionate Children, Schools and Communities*, London, Palgrave Macmillan.

12. A. Salic, A. M. Sánchez, 2016: "Pride, Shame, and Group Identification", *Frontiers in Psychology*, April.

13. A. Tolland, 2013: "A Defense of Aristotelian Pride", *Johanssonian Investigations: Essays in Honour of Ingvar Johansson on His Seventieth Birthday*, Berlin, De Gruyter.

14. A. Vater et al., 2018: "Does a Narcissism Epidemic Exist in Modern Western Societies? Comparing Narcissism and Self-Esteem in East and West Germany", *PLoS ONE*, May.

15. B. Dubreuil, 2015: "Anger and Morality", *Topoi*, October.

16. B. Maxwell, 2017: "Pursuing the Aim of Compassionate Empathy in Higher Education", *The Pedagogy of Compassion at the Heart of Higher Education*, July.

17. B. Morgan et al., 2015: "Educating Gratitude: Some Conceptual and

Moral Misgivings", *Journal of Moral Education*, January.

18. B. Von Waarden, 2017: "Teaching for Toleration in Pluralist Liberal Democracy", *Democracy & Education*, May.

19. B. Weiss et al., 2018: "Distinguishing Between Grandiose Narcissism, Vulnerable Narcissism, and Narcissistic Personality Disorder", *Handbook of Trait Narcissism*, Gewerbestrasse, Springer International Publishing AG.

20. B. Williams, 1996: "Toleration: An Impossible Virtue?", *Toleration: An Elusive Virtue*, New Jersey, Princeton University Press.

21. C. D. Batson et al., 2007: "Anger at Unfairness: Is It Moral Outrage?", *European Journal of Social Psychology*, November.

22. C. H. Rushton et al., 2020: "Moral Outrage: Promise or Peril?", *Nursing Outlook*, September.

23. C. H. Tarnopolsky, 2010: *Prudes, Perverts and Tyrants: Plato's Gorgias and the Politics of Shame*, New Jersey, Princeton University Press.

24. C. L. S. Pury et al., 2007: "Distinctions between General and Personal Courage", *The Journal of Positive Psychology*, April.

25. C. L. S. Pury et al., 2015: "Is Courage Always a Virtue? Suicide, Killing, and Bad Courage", *The Journal of Positive Psychology*, September.

26. C. Macleod, 2010: "Toleration, Children and Education", *Educational Philosophy and Theory*, February.

27. C. N. DeWall et al., 2011: "Narcissism and Implicit Attention Seeking: Evidence from Linguistic Analyses of Social Networking and Online Presentation", *Personality and Individual Differences*, July.

28. C. R. Rate, 2007: "Implicit Theories of Courage", *The Journal of Positive Psychology*, April.

29. C. R. Woodard, C. L. S. Pury, 2007: "The Construct of Courage: Categorization and Measurement", *Consulting Psychology Journal: Practice and Research*, June.

30. C. T. Barry et al., 2018: "Social Media: Platform or Catalyst for Narcissism?", *Handbook of Trait Narcissism*, Gewerbestrasse, Springer International Publishing AG.

31. D. Carr et al., 2015: "Learning and Teaching Virtuous Gratitude", *Oxford Review of Education*, November.

32. D. Duchon et al., 2009: "Organizational Narcissism and Virtuous Behavior",

Journal of Business Ethics, March.

33. D. Edyvan et al., 2011: "Introduction: Toleration Re-Examined", *Critical Review of International Social and Political Philosophy*, June.

34. D. Fielding, 2018: "The Co-Evolution of Education and Tolerance: Evidence from England", *Social Forces*, June.

35. D. Heyd, 2003: "Education to Toleration: Some Philosophical Obstacles and Their Resolution", *The Culture of Toleration in Diverse Societies: Reasonable Toleration*, Manchester, Manchester University Press.

36. D. Shoemaker, 2018: "You Oughta Know: Defending Angry Blame", *The Moral Psychology of Anger*, London, Rowman & Littlefield International Ltd.

37. E. A. Holberg, 2016: "The Importance of Pleasure in the Moral for Kant's Ethics", *The Southern Journal of Philosophy*, June.

38. E. A. Merçon-Vargas et al., 2018: "The Development of the Virtue of Gratitude: Theoretical Foundations and Cross-Cultural Issues", *Cross-Cultural Research*, February.

39. E. A. Williamsa et al., 2018: "Did Charisma 'Trump' Narcissism in 2016? Leader Narcissism, Attributed Charisma, Value Congruence and Voter Choice", *Personality and Individual Differences*, August.

40. E. Brummelman et al., 2016: "Separating Narcissism from Self-Esteem", *Current Directions in Psychological Science*, February.

41. E. Brummelman et al., 2018: "What Separates Narcissism from Self-esteem? A Social-Cognitive Perspective", *Handbook of Trait Narcissism*, Gewerbestrasse, Springer International Publishing AG.

42. E. Press, 2018: "Moral Courage: A Sociological Perspective", *Society*, April.

43. F. Cova et al., 2015: "Introduction: Moral Emotions", *Topoi*, September.

44. F. Cownie, 2017: "Gratitude and Its Drivers Within Higher Education", *Journal of Marketing for Higher Education*, October.

45. F. J. Ryan et al., 1999: "Technology, narcissism, and the moral sense: Implications for instruction", *British Journal of Educational Technology*, April.

46. G. Karlsson et al., 2009: "The Experiences of Guilt and Shame: A Phenomenological—Psychological Study", *Human Studies*, September.

47. H. D. Lewis et al., 1947: "The Problem of Guilt", *Proceedings of the Aristotelian Society (Supplementary Volume, Explanation in History and Philosophy)*, New York, Oxford University Press.

48. H. Katchadourian, 2009: *Guilt: The Bite of Conscience*, Stanford, Stanford University Press.

49. H. Lerner, 2009: *The Dance of Fear: Rising above Anxiety, Fear, and Shame to Be Your Best and Bravest Self*, New York, Harper Collins Publishers.

50. H. Smit et al., 2011: "The Moral Significance of Gratitude in Kant's Ethics", *The Southern Journal of Philosophy*, December.

51. I. Ashman et al., 2007: "For or Against Corporate Identity? Personification and the Problem of Moral Agency", *Journal of Business Ethics*, March.

52. I. Carter, 2013: "Are Toleration and Respect Compatible?", *Journal of Applied Philosophy*, August.

53. I. Etxebarria et al., 2014: "Antecedents of Moral Pride: The Harder the Action, the Greater the Pride?", *Spanish Journal of Psychology*, July.

54. I. M. Young, 2011: *Responsibility for Justice*, New York, Oxford University Press.

55. J. A. White, 2015: "A Model of Moral Courage: A Study of Leadership for Human Rights and Democracy in Myanmar", *Journal of Civil Society*, January.

56. J. Aufderheide, 2016: "Aristotle against Delos: Pleasure in 'Nicomachean Ethics' X", *Phronesis*, July.

57. J. C. Oxley, 2011: *The Moral Dimensions of Empathy Limits and Applications in Ethical Theory and Practice*, London, Palgrave Macmillan.

58. J. Clarke, 2009: "Rousseau, Recognition and Self-Love", *Inquiry*, December.

59. J. Deigh, 1999: "All Kinds of Guilt", *Law and Philosophy*, July.

60. J. Drerup, 2019: "Education, Epistemic Virtues, and the Power of Toleration", *Critical Review of International Social and Political Philosophy*, May.

61. J. Haidt, 2009: "The Moral Emotions", *Handbook of Affective Sciences*, Oxford, Oxford University Press.

62. J. Horton, 1996: "Toleration as a Virtue", *Toleration: An Elusive Virtue*, New Jersey, Princeton University Press.

63. J. Horton, 2020: "Conceptualising Toleration", *Critical Review of International Social and Political Philosophy*, April.

64. J. Mackenzie, 2018: "Knowing Yourself and Being Worth Knowing", *Journal of the American Philosophical Association*, November.

65. J. Nakamura, 2013: "Pride and the Experience of Meaning in Daily

Life", *Positive Psychology in Search for Meaning*, November.

66. J. P. Tangney et al., 2003: *Shame and Guilt*, New York, The Guilford Press, 2nd ed.

67. J. P. Tangney et al., 2007: "Moral Emotions and Moral Behavior", *The Annual Review of Psychology*, January.

68. J. R. H. Tudge et al., 2018: "Methods for Studying the Virtue of Gratitude Cross-Culturally", *Cross-Cultural Research*, February.

69. J. Räikkä, 2005: "On Irrational Guilt", *Ethical Theory and Moral Practice*, January.

70. J. Steutel et al., 2004: "Cultivating Sentimental Dispositions through Aristotelian Habituation", *Journal of Philosophy of Education*, November.

71. J. Von Doorn et al., 2014: "Anger and Prosocial Behavior", *Emotion Review*, July.

72. J. Wilson, 2001: "Shame, Guilt and Moral Education", *Journal of Moral Education*, March.

73. K. Kristjánsson, 2005: "Can We Teach Justified Anger?", *Journal of Philosophy of Education*, November.

74. K. Kristjánsson, 2015: "An Aristotelian Virtue of Gratitude", *Topoi*, October.

75. K. Moran, 2014: "Delusions of Virtue: Kant on Self-Conceit", *Kantian Review*, November.

76. L. A. Seneca, 2010: *Anger, Mercy, Revenge*, Translated by R. A. Kaster and M. C. Nussbaum, Chicago, The University of Chicago Press.

77. L. Agosta, 2010: *Empathy in the Context of Philosophy*, London, Palgrave Macmillan.

78. L. Burwood et al., 1998: "Should Schools Promote Toleration?", *Journal of Moral Education*, December.

79. L. E. Sekerka et al., 2009: "Facing Ethical Challenges in the Workplace: Conceptualizing and Measuring Professional Moral Courage", *Journal of Business Ethics*, January.

80. M. B. Thompson 2015: "Authenticity in Education: From Narcissism and Freedom to the Messy Interplay of Self-Exploration and Acceptable Tension", *Studies in Philosophy and Education*, November.

81. M. C. Aufhauser, 1975: "Guilt and Guilt Feeling: Power and the Limits

of Power", *Ethics*, July.

82. M. C. Howard, J. E. Cogswell, 2019: "The Left Side of Courage: Three Exploratory Studies on the Antecedents of Social Courage", *The Journal of Positive Psychology*, January.

83. M. C. Nussbaum, 1996: *Poetic Justice: the Literary Imagination and Public Life*, Boston, Beacon Press.

84. M. C. Nussbaum, 2001: *Upheavals of Thought: The Intelligence of Emotions*, New York, Cambridge University Press.

85. M. C. Nussbaum, 2009: *Hiding from Humanity: Disgust, Shame, and the Law*, New Jersey, Princeton University Press.

86. M. C. Nussbaum, 2016: *Anger and Forgiveness: Resentment, Generosity, Justice*, New York, Oxford University Press.

87. M. Cherry, 2018: "The Errors and Limitations of Our 'Anger-Evaluating' Ways", *The Moral Psychology of Anger*, London, Rowman & Littlefield International Ltd.

88. M. Cherry, O. Flanagan, 2018: "Introduction: The Moral Psychology of Anger", *The Moral Psychology of Anger*, London, Rowman & Littlefield International Ltd.

89. M. E. Dyson, 2006: *Pride: The Seven Deadly Sins*, New York, Oxford University Press.

90. M. E. Jonas, 2012: "Gratitude, Ressentiment, and Citizenship Education", *Studies in Philosophy and Education*, January.

91. M. Foucault, 2001: *Fearless Speech*, Los Angeles, Semiotext(e), p. 139.

92. M. Fox, 1999: *A Spirituality Named Compassion: Uniting Mystical Awareness with Social Justice*, Rochester, Inner Traditions International.

93. M. Ghorbani et al., 2013: "Guilt, Shame, and Reparative Behavior: The Effect of Psychological Proximity", *Journal of Business Ethics*, May.

94. M. L. Hoffman, 1998: "Varieties of Empathy-Based Guilt", *Guilt and Children*, San Diego, Academic Press.

95. M. L. Hoffman, 2000: *Empathy and Moral Development: Implications for Caring and Justice*, New York, Cambridge University Press.

96. M. Lugones et al., 2003: *Pilgrimages/Peregrinajes: Theorizing Coalition against Multiple Oppressions*. New York, Rowman & Littlefield Publishers.

97. M. Miceli et al., 2017: "The Ambiguity of Pride", *Theory & Psychology*,

August.

98. M. Miceli et al.,2019:"Anger and Its Cousins",*Emotion Review*,January.

99. M. Silfver,2007:"Coping with Guilt and Shame:A Narrahoffmantive Approach",*Journal of Moral Education*,June.

100. M. Zembylas,2011:"Toleration and Coexistence in Conflicting Societies:Some Tensions and Implications for Education",*Pedagogy, Culture & Society*,October.

101. P. Balint,2011:"Education for Tolerance:Respecting Sameness, Not Difference",*Religious Tolerance, Education and the Curriculum*,Rotterdam,Sense Publishers.

102. P. Bronstein et al., 2007:"Parenting and Gender as Predictors of Moral Courage in Late Adolescence:A Longitudinal Study",*Sex Roles*,May.

103. P. Cam, 2011:"Education for Tolerance", *Religious Tolerance, Education and the Curriculum*,Rotterdam,Sense Publishers.

104. P. DeArmitt,2013:*The Right to Narcissism:A Case for an Im-Possible Self-Love*,New York,Fordham University Press.

105. P. Gibbs,2017:"Higher Education:A Compassion Business or Edifying Experience?",*The Pedagogy of Compassion at the Heart of Higher Education*,Gewerbestrasse,Springer International Publishing AG.

106. P. Königs, 2021:"The Simplicity of Toleration", *The Politics and Ethics of Toleration*,January.

107. P. N. Jones, 2010:"Toleration and Recognition:What Should We Teach?",*Educational Philosophy and Theory*,February.

108. P. O. Ruiz et al.,1999:"The Role of Compassion in Moral Education",*Journal of Moral Education*,March.

109. P. S. Greenspan,1994:"Guilt and Virtue",*The Journal of Philosophy*,February.

110. P. Sheldon et al.,2016:"Instagram:Motives for Its Use and Relationship to Narcissism and Contextual Age",*Computers in Human Behavior*,May.

111. P. White, 1999:"Gratitude, Citizenship and Education", *Studies in Philosophy and Education*,January.

112. R. Avramenk,M. Promisel,2018:"When Toleration Becomes a Vice:Naming Aristotle's Third Unnamed Virtue",*American Journal of Political Science*,October.

113. R. E. Wagoner, 1997: *The Meanings of Love: An Introduction to Philosophy of Love*, West-port Connecticut, Praeger Publishers.

114. R. F. Baumeister et al., 1994: "Guilt: An Interpersonal Approach", *Psychological Bulletin*, March.

115. R. F. Baumeister, 1998: "Inducing Guilt", *Guilt and Children*, San Diego, Academic Press.

116. R. Greenbaum et al., 2020: "Moral Emotions: A review and research agenda for management scholarship", *Journal of Organizational Behavior*, April.

117. R. Leys, 2009: *From Guilt to Shame: Auschwitz and After*, New Jersey, Princeton University Press, 2007.

118. R. Rogoza et al., 2016: "Differentiation of the two narcissistic faces in their relations to personality traits and basic values", *Personality and Individual Differences*, June.

119. R. W. Davis, 2017: "Autonomy and Toleration as a Moral Attitude", *Journal of Social Philosophy*, March.

120. R. White, 2017: "Compassion in Philosophy and Education", *The Pedagogy of Compassion at the Heart of Higher Education*, Gewerbestrasse, Springer International Publishing AG.

121. S. Baron-Cohen, 2011: *The Science of Evil: OnEmpathy and the Origins of Curelty*, New York, Basic Books.

122. S. Brinkmann, 2010: "Guilt in a Fluid Culture? A View from Positioning Theory", *Culture & Psychology*, May.

123. S. Conejero et al., 2019: "Moral Pride Only Under the Positive Gaze of Others? Effects of Praise and Criticism on Moral Pride and Guilt", *International Journal of Social Psychology*, September.

124. S. Fagin-Jones et al., 2007: "Courageous Altruism: Personal and Situational Correlates of Rescue during the Holocaust", *The Journal of Positive Psychology*, April.

125. S. J. Lopez et al., 2003: "Profiling courage", *Positive Psychological Assessment: A Handbook of Models and Measures*, Washington, DC, American Psychological Association.

126. S. J. Rachman, 1984: "Fear and courage", *Behavior Therapy*, January.

127. S. Lægaard, 2010: "Recognition and Toleration: Conflicting Approaches to Diversity in Education?", *Educational Philosophy and Theory*, February.

128. S. M. Yoshimura et al.,2017:"Grateful Experiences and Expressions: The Role of Gratitude Expressions in the Link between Gratitude Experiences and Wellbeing",*Review of Communication*,April.

129. S. Osswald et al., 2011: "Moral Courage", *Justice and Conflicts: Theoretical and Empirical Contributions*, London,Springer Heidelberg Dordrecht.

130. S. P. Albert,2013:"Philosophy,Recognition,and Indignation",*Peace Review:A Journal of Social Justice*,July.

131. S. Pihlström,2007:"Transcendental Guilt:On an Emotional Condition of Moral Experience",*Journal of Religious Ethics*,March.

132. S. R. Tucker,2016:*Pride and Humility:A New Interdisciplinary Analysis*, New York,Palgrave Macmillan.

133. S. Rice,2009:"Education for Toleration in an Era of Zero Tolerance School Policies:A Deweyan Analysis",*Educational Studies*,November.

134. S. Simola,2018:"Fostering Collective Growth and Vitality Following Acts of Moral Courage:A General System,Relational Psychodynamic Perspective", *Journal of Business Ethics*,March.

135. S. Smilansky, 2010: "Gratitude, Contribution and Ethical Theory", *Critical Review of International Social and Political Philosophy*,June.

136. S. T. Hannah et al.,2011:"Relationships between Authentic Leadership, Moral Courage,and Ethical and Pro-Social Behaviors",*Business Ethics Quarterly*, October.

137. S. Todd, 2001: "Guilt, Suffering and Responsibility", *Journal of philosophy of Education*,November.

138. S. Li,2016:"A Mechanism for Gratitude Development in a Child", *Early Child Development and Care*,March.

139. T. Krettenaue et al., 2015: "Moral Identity Development and Positive Moral Emotions:Differences Involving Authentic and Hubristic Pride",*Identity*, July.

140. T. L. Sonnentag et al.,2018:"Characteristics Associated With Individuals' Caring,Just, and Brave Expressions of the Tendency to Be a Moral Rebel", *Ethics & Behavior*,May.

141. T. Malti et al.,2012:"Moral Emotions",*Encyclopedia of Human Behavior*, Amsterdam,Elsevier Science & Technology,2nd ed.

142. T. Malti et al.,2015:"A Developmental Perspective on Moral Emotions",

Topoi, October.

143. T. Manela, 2016: "Negative Feelings of Gratitude", *The Journal of Value Inquiry*, March.

144. T. R. Cohen et al., 2012: "Guilt Proneness and Moral Character", *Current Directions in Psychological Science*, October.

145. T. Scheff, 2014: "Goffman on Emotions: The Pride-Shame System", *Symbolic Interaction*, February.

146. UNESCO, 1996: "Declaration of Principles on Tolerance", *Diogenes*, December.

147. U. Steinvorth, 2016: *Pride and Authenticity*, London, Palgrave Macmillan.

148. V. Brandstätter et al., 2016: "Self-Regulatory Processes in the Appraisal of Moral Courage Situations", *Social Psychology*, January.

149. V. Z. Hill et al., 2019: "Narcissism and the pursuit of status", *Journal of Personality*, April.

150. W. A. Rothenberg et al., 2017: "Grateful Parents Raising Grateful Children: Niche Selection and the Socialization of Child Gratitude", *Applied Developmental Science*, May.

151. W. Neblett, 1974: "The Ethics of Guilt", *The Journal of Philosophy*, October.

152. Z. K. Rothschild et al., 2017: "A Cleansing Fire: Moral Outrage Alleviates Guilt and Buffers Threats To One's Moral Identity", *Motivation and Emotion*, April.

153. Z. Krizan, 2018: "The Narcissism Spectrum Model: A Spectrum Perspective on Narcissistic Personality", *Handbook of Trait Narcissism*, Gewerbestrasse, Springer International Publishing AG.

索 引

（词条后页码为该词在正文中首次出现的页码）

A

爱　1

B

"本心"　48
表扬　262
标准化　74

D

道德爱　189
道德愤怒　2
道德教育　1
道德冷漠　2
道德情感　1
道德情感的意义　14
道德情感分类　11
德性　1

F

反道德情感　1
愤怒　2
附体　50

G

古典教育　263
关键能力　47
"关心你自己"　48

H

核心素养　47

J

教育　1
教育爱　169
教育公平　240
教育话语　51
教育疗治　245
竞争　21

L

"灵恶"　232

P

批评　48
品德　15

R

人性　21

S

"身体退隐"　259

W

网络世界　206

X

现代教育　49

心灵　14
羞耻　1
羞耻教育　56

Y

与自己离异　162

Z

直言　118
主体样态　5
自爱　13
自恋　9
尊严　26

后记 以言行事

做道德情感研究有偶然性。在做"道德想象力与道德教育"这一话题时,总能遇到关于"羞耻"的研究,尤其是"想象的羞耻"方面的文献。再加上当年清高,故意回避荣耻问题(荣辱观研究曾经很热门)的记忆,在做完道德想象力研究之后,就搜集了能搜集到的关于羞耻的中英文文献,完成了关于羞耻与教育的研究(本书第二章)。由羞耻牵出愧疚,然后是勇气、感恩,慢慢拓展,就有了本书的原始概貌。

偶然之中也有必然。"生活德育"可以说是我终生都要为之思虑的课题。而生活本身就是情感性的,生活总是要处理快乐与痛苦问题,总会面对善恶,对善恶问题、现象、行为总会有认可或不认可的情感反应。思虑生活,总会牵涉到情感与道德情感。诸如同情、羞耻、愧疚、勇气、自豪、感恩、宽容等道德情感,本身就是生活的构成要素。我们习惯于从为生活增添色彩的角度看待情感,实际上,情感不单是生活的色彩,而且是生活的构成,没有这些情感反应,生活也就称不上生活。

对道德情感的研究还与我中小学德育教材的编写经历有关。10多年前,我主编人民出版社初中《思想品德》教材时,就遇到过如何面对"愤怒"情绪的问题。当时几乎所有的教材都是"制怒"导向的,基本上都是只讲愤怒对人对己的伤害,不讲愤怒本身的道德价值。我们在处理这个内容的时候,除了"怒火熊熊易伤人"这样的内容之外,专门增加了一个环节"愤怒的力量",引导学生体会愤怒是抗恶的心理力量。但当时这样处理,其实还是一种直觉,没有理论支撑,进行教材设计时心里没底,也遭遇了不少质疑。这次做这个课题,就专门对愤怒进行了理论研究,今后再编写这一主题内容时,就有了理论指引。同样,在编写小学《道德与法治》教材时,我们遇到了如何处理感恩、宽容、尊重等教育主题的问题,当时也是查了很多理论资料,但还是没有形成系统的思考。借这次课题研究,对这些问题进行了相对系统的思考,今后如果有机会修改教材,算是有了一些理论准备。

即便有了这些研究积累,我对道德情感的研究还是比较零散的。2020年春天,有了以"道德情感与道德教育"为题目申请国家社科基金后期资助项目的想法。要申请,就要有一个基本的框架,要有一个基本的研究思路。申请资助的正规要求促使我将前期零散的研究进行整合性思考,尤其是找到不同道德情感之间互通的因素,即各种不同的情感为什么都能称之为道德情感呢?性质差别如此巨大的不同道德情感如何归类呢?申请时的思考还比较粗浅,当时还没能认清何为道德情感,还没有形成自己独有的道德情感思想,只是简单地将道德情感分为"内向道德情感"(即指向自身的道德情感,包括羞耻、愧疚、自豪等)与"外向道德情感"(即指向自身之外的道德情感,包括宽容、感恩、勇敢等)。现在回头看,后期资助项目的评审专家真是"独具慧眼",在如此粗浅的论证中看到了潜力,竟然给予我立项与资助。在获得资助之后的两年里,我也是"士为知己者死",埋头于这一领域,才有了今天这种进展,但愿没有辜负评审专家的厚待。

说起来,本书写作也是用了 5 年多的时间。从学术上讲,这 5 年可以说是我最轻松自由的时光。没有了行政上的压力与负担,也在一定程度上超脱了考核的无形约束,更没有功利任务的驱使,只是单纯的热爱与喜欢。每天早上坐在书桌前开始读书、写作,都是美好的享受。古人日出而作、日落而息,我也过着类似节奏的生活,早起而读,午夜而眠,终日悠游于浩瀚而空灵的思想、学术世界。不敢说有资格与先贤、同时代的思想者对话,但起码能够跟随他们所开创的话语与思想之路默默独行。这样的世界,只有灵魂的纯良与高贵。现实世界纷繁复杂,我等书生常感不适、无力。聊以自慰的是,书生也可"以言行事",以自己的文字切入世界,对人世与人事发表自己的看法。哪怕听者寥寥,但说了总是说了,说了就是行了。即便不能发挥作用,但我将文字留在这里,总有可能为后来者垫一垫脚,这本身就是学术意义之所在。

也就是在这 5 年,我进入了孔子所言的"知天命"的人生阶段。很多人拿孔子的人生体悟自比,其实也是一种自不量力,一般人哪有圣人的那种人生悟性!很多人即使到了古稀之年,依然做不到"不惑",更谈不上"知天命"。因此,不敢自比孔子的"知天命"境界,但起码生理年龄是到了这个阶段。我的感悟是,到了这个阶段,人生定型,自己几斤几两是应该明白了,能做什么,不能做什么,做什么愉快,做什么痛苦,应该是有比较清楚的认识了。自己这几年,安心学术,度过了人生之中难得的几年好时光,可以说非常享受。有了这个体验垫底,其他的都不在话下。不求名、不逐利,不讨好谁,也不去伤害谁,以最大的善意待人、待己,虽不敢说是孔子的"知天命",但起码可以说是"知己命"。当然,还有一点值得说的是,对能够促进学术、帮助他人的资源,我也不去刻意排斥,不接受他人的道德绑架,不将自己放在故作清高的高寒之处,这也算是另外一种意义上的"知己命"吧。

对我恩重如山的导师鲁洁先生于2020年12月25日辞世;生我养我的母亲马德珍女士也在2021年2月13日离世,前后也就两个月时间。母亲马德珍女士与鲁洁先生都是1930年生人,母亲目不识丁,在父亲早逝(1976年去世)的艰难境况下将我们兄弟姐妹六人养大成人,真的是历尽了人间艰辛。是母亲教会了我如何面对人世的艰难,如何在生存边缘依然保持作为人的真情实感。跟随导师鲁洁先生学习工作20年,是先生将我引入德育与德育课程研究领域,我们20年来都是在一起从事教育学术研究工作的。先生指导我完成博士后研究,带领我开展《品德与生活》《品德与社会》课程标准研制工作,指导我进行小学、初中德育教材开发与编写工作。尤其是在先生人生的最后10年,我们同心协力一起做小学《道德与法治》统编教材的编写工作,如履薄冰、历尽艰险。在我内心里,鲁先生就是我"学术上的母亲",妈妈给了我生命,将我养大,先生则养育了我的学术生命!

写这本书的这5个年头,也恰好是我到华东师范大学的5个年头。非常感谢华东师范大学所提供的学术资源,尤其是图书馆所提供的英文数据库。就我的感受而言,从教育学术文献来看,华东师范大学图书馆所提供的学术文献与国外大学是同等水平的。道德情感所牵涉的诸多问题,中文文献资料相对较少,而学校图书馆所提供的英文数据库为我的研究提供了极大的便利。感谢教育学部所提供的宽松、自由的学术环境,保证了我能够没有压力、没有纷扰地读书、写作。更感谢课程与教学系所友爱、自由、宽松的工作环境。同事们个个都极其优秀,但又那么善良且乐于助人,每次到系所,都是愉快而来、愉快而去。能够进入这样的平台,享受这样的学术生活,真是我最大的幸运。

感谢国家社科基金后期资助项目成果鉴定专家在鉴定报告中所给予的中肯意见。成果鉴定通过后,书稿得到高等教育出版社接收,非常荣幸。感谢王玉衡编辑、丁扬编辑所给予的支持,特别感谢卢彦名编辑对书稿文字的精细审读。

最后一段留给学生。随着年龄的增长,我带学生的风格也在发生变化,如果说过去是严厉风格的话,如今则是"宠爱"风格。风格的变化,也许是心态的变化,但也是自身进步的体现,如今,我更能看到每个学生身上的潜力与闪光点。家人之外,学生是与我感情最为深厚的一群人,非常珍惜与学生之间的这种非功利关系。作为老师,我无职无权,不能为学生谋什么利益,却愿意奉献真心;学生们也是如此,无论是已经毕业的,还是尚在学校的,都能给我很多关心与帮助。看到学生们一个个的成长与发展,就是做老师的最大幸福!感恩那些爱我与我爱的人!

上海·未来街区
2024 年 3 月

郑重声明

高等教育出版社依法对本书享有专有出版权。任何未经许可的复制、销售行为均违反《中华人民共和国著作权法》,其行为人将承担相应的民事责任和行政责任;构成犯罪的,将被依法追究刑事责任。为了维护市场秩序,保护读者的合法权益,避免读者误用盗版书造成不良后果,我社将配合行政执法部门和司法机关对违法犯罪的单位和个人进行严厉打击。社会各界人士如发现上述侵权行为,希望及时举报,我社将奖励举报有功人员。

反盗版举报电话　　(010)58581999　58582371
反盗版举报邮箱　　dd@hep.com.cn
通信地址　　北京市西城区德外大街4号
　　　　　　高等教育出版社知识产权与法律事务部
邮政编码　　100120

读者意见反馈

为收集对学术著作的意见建议,进一步完善学术著作编写并做好服务工作,读者可将对本学术著作的意见建议通过如下渠道反馈至我社。

咨询电话　　400-810-0598
反馈邮箱　　gjdzfwb@pub.hep.cn
通信地址　　北京市朝阳区惠新东街4号富盛大厦1座
　　　　　　高等教育出版社总编辑办公室
邮政编码　　100029